思
问
siwen

思有境·问无穷

思问

第一辑

熊林 主编

四川大学出版社
SICHUAN UNIVERSITY PRESS

目录

中国哲学

外国哲学

逻辑学

伦理学

宗教学

中国哲学

恻隐之心到舍生取义

——论儒家"生生"思想的一贯性

张茹梦

摘要："恻隐之心"与"舍生取义"都揭示了孟子人性思想的核心内涵。"恻隐之心"之为道德情感，表现了人性中本有的对"生命"之欲生而不忍伤；"舍生取义"则彰显了人对于自己生命的主宰能力，以及"取义"而成就"生德"的超越生死之意义。从"恻隐之心"到"舍生取义"，揭示了此"生意"从端绪到成就、萌发到结果的德性内涵，此儒家"生生"思想的通遂流畅，着实广大。

关键词：恻隐之心　舍生取义　生意　生生

导　言

"恻隐之心"与"舍生取义"是《孟子》中经典的话题，二者都揭示了孟子思想中关于人性的核心内涵。在《孟子》全文中，有两处直言"恻隐之心"，一于《孟子·公孙丑上》，二于《孟子·告子上》。前者以欲人识此扩而充之为言说用意，后者则因用著其本体以明"性善"之旨。二者重点虽有侧重，却无疑表明"恻隐之心"无论在工夫还是本体层面都有着十分重要的意义。所以关于"恻隐之心"的话题是可以开出很多的方向和维度，或正因为其处于最核心的地位，才能作为出发点到达各种不同层面的问题。而从"恻隐之心"到"舍生取义"，体现的是从端绪到成就、萌发到结果的德性内涵。但本文不拟从工夫的角度探讨此如何达成，而望从二者各揭示的人性道德含义，以见其间是如何通遂流畅，而互相成就其意义的。

一　恻隐之心的生生义

在《公孙丑上》中，孟子首先提出了"不忍人之心"与"不忍人之政"。

> 孟子曰："人皆有不忍人之心。先王有不忍人之心，斯有不忍人之政矣。以不

忍人之心，行不忍人之政，治天下可运之掌上。"

这三句囊括了此章之主旨，其用意有三：一为揭示人皆有不忍人之心这一事实；二为明确行不忍人之政的根据和必然性；三则劝为政者充此心、行此政，达其效而平治天下。这与孟子一贯推行的"仁政"有着密切的关联，不过这不是本文论说的重心，本文的重心首先在不忍人之心上。

对不忍人之心的解释，汉赵岐注为：

> 言人人皆有不忍加恶于人之心也。①

那么在赵岐看来，"不忍人"在于"不忍加恶于人"。而对于"加恶"的施为者，其着重点在己身上，则似乎忽略了非己之"加恶"的情况。同时这里的"恶"更像是直接的判断词，对于何为"恶"者，其并没有给出实质性的内容。以及何以有"不忍"的这种"情感"，其也没有做更多的描述和解释。于是这无疑让人依然有所不明，为何孟子能以"不忍人之心"为"人皆有"？其实质性内容又是什么？而再看朱子对这句的注解，其言：

> 天地以生物为心，而所生之物因各得夫天地生物之心以为心，所以人皆有不忍人之心也。②

朱子此注则直接从天地说起，以人之不忍人之心乃禀承于天地之心，而天地又是以生物为心的。这样的话，不仅将人之心与天地之心联系起来，更将其实质内涵"不忍人"与"生物"联系了起来。

不过在孟子的论述中，其本身并没有从天地的角度从上往下说，而是直接从发用之情中指见。那么我们先回到孟子的论述，即"乍见孺子入井"这一经典场景中。《孟子·公孙丑上》：

> 所以谓人皆有不忍人之心者，今人乍见孺子将入于井，皆有怵惕恻隐之心。非所以内交于孺子之父母也，非所以要誉于乡党朋友也，非恶其声而然也。

"乍见"便有此"怵惕恻隐"，非"内交""要誉""恶其声"之思量计较而有以，乃其当下之"不忍"由然。没有人会否认在此情形下有"怵惕恻隐之心"的必然性，或者说这种否认是无意义的。而"乍见"揭示了此一事件之纯正性，即不受任何可能的经验

---

① 阮元校刻：《十三经注疏·孟子正义》，北京：中华书局，1987年，第232页。
② 朱熹：《四书章句集注·孟子集注卷三》，北京：中华书局，1983年，第237页。

因素影响，对于这一层含义已多有学者论述，此处不加赘述。但涉及对"恻隐"之所以发生的条件或描述，本文依然针对可能的两种说法给予一些辨清。

其一，"孺子入井"显然是一个涉及生命的问题，或有以为，在此事件中对生死的认知似乎是一个前提，也就是我知道入井意味着死亡，我所以有恻隐之心的发动。[①] 然而，以生死的基本认知为前提的说法是不妥当的。事实上，在此恻隐之心的当下发现中，就是对生命对象包括生命本质认知的发现。也即是说，正是有恻隐之心的发动，意味着我们对生命及生死的认知，它并不是作为前提而独立存在，而是与恻隐之心一并存在，甚至由恻隐之心而见其存在。其二，在对"恻隐"的描述中，若引入"同情心"的视角，确实会为我们的理解提供一种面向，但直接以"同情"对应"恻隐心"是不准确的。[②]"同情"乃以己假设入他人所正遭遇的情形，而由此体会其痛苦，又将此"同情"而来之痛苦直承下来而以为己之痛苦。这是先有了一个"人""己"之区分，而以"同情"之能力又将两者合二为一。但真正"恻隐之心"的发动不在于我能体会到他人多少程度的痛苦，而在于我知道他人正在经历着不幸之事，我之"恻隐"乃全然由于我不愿他者遭受此不幸之事而来。也即，自己痛苦来源的本质非感受他人之痛苦，而是他人要遭受不幸这件事让内心有恻隐之痛。这样的"恻隐"是一个"无我"的"恻隐"，而不是"有我"的"同情"。[③] 在"孺子入井"的场景中，这不幸的事，就是其生命将要遭受伤害。

对这两个问题的澄清，表明在"恻隐"当下的发用中，就表现了全部的欲其生而不忍其死。这其中并不需要对生死的认知作为前提，则凡言"恻隐"者必见其"生意"；也不需要"同情"的能力为之转换，则凡"恻隐"又非有对象之限制。此亦说明"孺子入井"事件的成立以及其可能的讨论都必须基于"恻隐之心"的发动上，没有"恻隐之心"，"孺子入井"只是与己无关的客观存在。再结合"乍见"所表现的先天超越意义，由此"恻隐之心"便可窥见人性本有的对于生命的欲生而不忍伤之"仁"，此孟子所谓"恻隐之心，仁之端"。

---

① "对生死的认知"并不是说基本知识的认知，如幼儿之无知识、知道是孺子，知道是井等知识判断是基本知识。"对生死的认知"比如知道入井是危险的，这与知道孺子入井会发生变化的意味是不同的，"危险"一词包含对生死的理解。看起来我们是要先知道入井意味着死亡，我们所以有恻隐之心的发动。即我们对危险事件有一定的经验积累判断，所以我们判断孺子入井是危险的。但之所以我们知道孺子入井意味着死亡，亦必在于一次次恻隐之心的发见，也就是在以往的每一次恻隐的发见中，让我知道了什么是"危险"，使我们明白孺子入井也是一种危险。所以这也不只是"趋利避害"的本能，"趋利避害"乃对己而言，而"对孺子意味着危险"或"会危害孺子"这里是针对孺子而不是我的，如"雨水入井"我们并不会觉得是危险的。又，通过一种抽象的、纯理性的对生死意味着什么的探讨，也属于我所言"对生死的认知"。

② "同情"在古语中一般以同其心思而言，如《史记》："同恶相助，同好相留，同情相成，同欲相区。"现则常用于表示在情感上对他人的遭遇产生共鸣。

③ 所谓"无我"表示"恻隐"之发不着私我之意，即不先视己与他人为二。"有我"则需自身有充分之体会，"同情"所以能同得他人之情，但如此则己之一心而有二情，必然将导致"他""己"相碍与矛盾。

　　以上稍明孟子由发用指见其本体之意，而回到朱子的注，其则更进一步将此"不忍人之心"溯源于天地生物之心。这里提出"生物"显然是和"乍见孺子入井"所揭示的对生命受到伤害的不忍相应。而对于为什么人是得此天地生物之心以为心，朱子言：

> "人皆有不忍人之心"者，是得天地生物之心为心也。盖无天地生物之心，则没这身。才有这血气之身，便具天地生物之心矣。[①]

　　在朱子看来，此身在则天地生物之心在。也就是说因为有天地生物之心人物之生成才得以可能，而此血气之身不仅为天地生物的直接证明，其天地所生之身亦当承禀着此生物之心以为心。这是从人之有生的方面揭示人禀此天地生物之心的含义。若以对天地之心的体贴照见上看，朱子言：

> 天地生物，自是温暖和煦，这个便是仁。所以人物得之，无不有慈爱恻怛之心。[②]

　　天地生物，如春生而见得大地生意萌动，自是一片温暖和煦之感。体会得万物之生意，即是仁的气象，则反身而体认得自家心中之生意，便见其慈爱恻怛之心。以见人乃与天地之气和而相感通，人心乃与天地之心通而同发用，由其相通之感，而亦可明其一贯之理。当然，关于"天地以生物为心"的阐发还有很多，朱子在解释"不忍人之心"时之所以引入"天地之心"这个维度，一方面是确立"人皆有"的根据性，另一方面也是通过"生物"的内涵理解"生"与"不忍人之心"的密切联系和其广大包容性。

　　所以，如果说孟子是以已发之情指见人性之本，朱子的注解则是在孟子的基础上进一步向上溯源，而欲点明此"恻隐之心"的来源与根据。由二者有以见出，人之生即禀天地生物之心以为心，而于万物所以莫不欲其生生不息，非限制于殊类、他己，此乃"恻隐之心"之生生义。

二　生与义之间

　　从"恻隐之心"中可以知道我们对生命的伤害是有不忍的，但有时候我们在一些直接表现的行为中，又不得已会做伤害生命的事情。这样的例子有很多，比如诛杀恶者、杀食动物以及我们将要探讨的舍生取义，这些事情虽然有对生命的伤害，但我们似乎又是可以普遍接受的。当然，比如现在盛行的"废除死刑"和"动物保护主义"，前两个

---

① 黎靖德编：《朱子语类》卷五十三，北京：中华书局，1986年，第1280页。
② 《朱子语类》卷五十三，第1280页。

话题在部分人这里依然存在争议性，因为此二者是涉及他者的生命。但关于舍生取义，对此的价值认同感却是比较统一的。我们或许能在舍生取义中，通过对生与义之间的区别和联系，获得看待此类事情的资源或角度。

在《孟子·告子上》中：

> 孟子曰："鱼，我所欲也；熊掌，亦我所欲也，二者不可得兼，舍鱼而取熊掌者也。生，亦我所欲也；义，亦我所欲也，二者不可得兼，舍生而取义者也。"

孟子此处直接将生与义作为我之取舍的两个对象。而其为了将问题说的更鲜明，特别以生与义之不可得兼而言。这种不可得兼的情况，孟子先以熊掌与鱼来做比喻，即使二者都是我想要的，但在必须做出抉择的情况下肯定只会选择更想要的。而生与义就如这样，义比之于生是人更想要的，此即"所欲有甚于生者"。然而虽然比喻生动、对比强烈，却不免让人或对生和义之间此时的关系或产生误解。生和义虽皆人之所欲，生与义和鱼与熊掌间的权衡还是有些不同。朱子言：

> 义在于生，则舍死而取生；义在于死，则舍生而取死。上蔡谓："义重于生，则舍生而取义；生重于义，则当舍义而取生。"既曰"义在于生"，又岂可言"舍义取生"乎？……明道云："义无对。"①

上蔡之意，乃将生与义并列对等衡量，而以为孟子只是列举其一端"舍生取义"，则亦有生重于义者，则当舍义而取生。这样就是把生与义如鱼和熊掌一样，以不同之物与物的思维打量。朱子则批评上蔡将生与义相割裂而看，义既在于生，则取生而义在，义非舍去，舍者乃死而已，并不存在生重于义的情况。生与死乃皆在义之衡量取舍下构成一可并列项，而义是无对的。也就是说义是唯一的标准。同时，孟子言生与义不可得兼的情况，显然是想要形成一种似乎为难的情形，但事实上其抉择依然是毅然决然的，即"不可得兼"虽非我所能变，亦不害我之所能行。所以我们首先不能错认了这里的选择是一种勉强。如此则可言，义比之于生不仅是有比较优先性，更是有绝对优先性。然而"恻隐"所表现的对生命的不忍也是有绝对意义的，一定程度上"欲生"本身就暗含着人所禀的天地生物之心。这样，如果说以义为胜于生，则表明"取义"已经包含了"欲生"的全部道理。

而要揭示"取义"和"欲生"之间的联系，我们可以先从道心、人心的角度切入。《语类》中言：

---

① 《朱子语类》卷五十九，第 1404 页。

蚩卿问："生，人心；义，道心乎？"曰："欲生恶死，人心也；惟义所在，道心也。权轻重却又是义。"①

关于"人心""道心"，朱子在《中庸章句序》中有详细论述：

心之虚灵知觉，一而已矣，而以为有人心、道心之异者，则以其或生于形气之私，或原于性命之正，而所以为知觉者不同，是以或危殆而不安，或微妙而难见耳。然人莫不有是形，故虽上智不能无人心，亦莫不有是性，故虽下愚不能无道心。二者杂于方寸之间，而不知所以治之，则危者愈危，微者愈微，而天理之公卒无以胜夫人欲之私矣。精则察夫二者之间而不杂也，一则守其本心之正而不离也。从事于斯，无少闲断，必使道心常为一身之主，而人心每听命焉，则危者安、微者著，而动静云为自无过不及之差矣。②

概括而言，人莫不有人心，以人莫不有形气，所以不能说人心是不好的，但若以人心为主则易使自己陷于形气之私中，就会沦为人欲，所以就要以原于性命之正的道心来做主。欲生恶死便是起于人之形气者，而"人心惟危，道心惟微"，一旦人欲起，常人难以克服己之私欲，便"贪生怕死"而无所不为，则沦落如孟子所言："凡可以得生者，何不用也？""则凡可以辟患者，何不为也？"所以，若在"贪生怕死"的人欲层面说"生"，那么"欲生"本可能彰显的生生之理就被歪曲和埋没了。但若只是在"人心"的层面言"生"，那"生"之于"义"却是极其重要的。事实上道心人心只是一心而已，理是敷于形气中的，不言人心，道亦无所表现。人心表明的是此形气之私所不得不有的，道心所表现的是心之主宰力量，二者的区分只是为了严防天理人欲的混淆。就通常情况而言，义乃常在于生。生死乃人须所慎者，这是对天之所予的敬慎，也关乎着"身体发肤受之父母不敢毁伤""父母唯其疾之忧"的孝道，亦体现于君王"使民养生丧死无憾"的仁政。所以夫子云："危邦不入，乱邦不居，天下有道则入，无道则隐。"（《论语·泰伯》）孟子："知命者不立乎岩墙之下。"（《孟子·尽心上》）守身以保道，生养以传道。这便是"恻隐之心"中所蕴涵的常在而不息的生生之意，而对生命的保护和延续就是最直接的体现，"义"无非就是使此"生意"流动而不息。可见"舍生"并不代表"取义"，只有义在于死时的"舍生"才是正当的。

那么，生命显然不是无关紧要说舍弃就舍弃的，那舍生取义究竟会是在什么情况下发生的呢？我们先来看孟子对于舍生取义的具体事例描述，《孟子·告子上》：

---

① 《朱子语类》卷五十九，第 1404 页。
② 《四书章句集注·中庸章句序》，第 14 页。

一箪食，一豆羹，得之则生，弗得则死。呼尔而与之，行道之人弗受；蹴尔而与之，乞人不屑也。

"呼尔""蹴尔"皆辱人之举动，其人乃分明视己如禽兽，若己卑而食之，则真以己为禽兽乎？很显然，我们没有感受到他人应有的"不忍人"之心，反而其伤害行为为恶劣明显。我们对于他人的这种行为是深恶痛绝的，即使我们此时多么的想得之而生，但在这种情形下，内心都会产生痛恶和不屑之感，而拒绝食物是直接表达我们痛恶之感的举动，表明自己即便饿死，也不会接受和忍受他者这样的行为。事实上，无论对象或施恶者是他人还是自己，都会有类似的情感产生。此便是孟子所言之"羞恶之心"，"恶"乃对他者所为之厌恶，"羞"则是对自己的这种行为的羞耻。正是这种"羞恶"，使我们有所不为，此之为"羞恶之心，义之端也"。在这种情况下，"得"意味着对恶的成全而不义，"不得"则意味着"死"，这就回到了"舍生取义"的问题上。孟子此例直接单纯，亦能唤起人之"羞恶之心"，但较之"孺子入井"，却未必容易接受，非不能接受有"不屑""不愿"之心，而是不易接受"弗受"之为。因为在这个事例中，一方面为己身之生死大利所系，不到其有所为私欲便涌然杂入；另一方面，若涉及复杂情形，其所为又似乎不能以此一事而限定。第一方面则可不讨论，针对第二个方面，或如言父母之所养以一朝之辱而死，又如何忍得遗其双亲无人照看而终。世有所谓"忍辱负重"者，则似乎义之当死不当死又需权衡轻重以看。但夫子又有言："是可忍，孰不可忍？"（《论语·八佾》）则此又必不可忍可知。此必于其用心处考量，非三言两语所能尽者，但依然可以知道的是，即使有此问题之纠结依然不在于"贪生怕死"，而在于对他人的爱和责任等。而"生"之于"义"却是可以放弃的，无论最终结果是生是死，但能知其有"舍生取义"之心。

三 取义而生

由上可知，"舍生取义"所着重要表达的意思是义之当死，而不惧生死，从容就义。但其"舍生取义"之心如何使心之"生意"不受隔断，此亦还待说明。前尸略有言，之所以有"羞恶之心"，乃是对无"不忍人之心"的憎恶，所以其本质上是来源于"恻隐之心"的发动，亦即仁之生意。朱子有言：

或问："仁有生意，如何？"曰："只此生意，心是活物。必有此心，乃能知辞逊；必有此心，乃能知羞恶；必有此心，乃能知是非。此心不生，又乌能辞逊、羞恶、是非！"①

"只此生意，心是活物"，有"生意"，表明心之发用的根本力量，所谓"活物"，不仅表示其能有所感应，亦其能使心中之理明而不昧，常流行而活泼泼的。所以无"仁"，则"义、礼、智"之裁断、恭敬、是非无所从出，其"断""处""判"亦都无"根据"，遂至于残忍、淫乱无度、自私用智等等。

此意朱子在《玉山讲义》中亦有言：

> 见得仁是个生底意思，通贯周流于四者之中。仁，固仁之本体也；义，则仁之断制也；礼，则仁之节文也；智，则仁之分别也。正如春之生气，贯彻四时，春则生之生也，夏则生之长也，秋则生之收也，冬则生之藏也。②

这里朱子更清晰地言明了仁与义礼智的关系。仁义礼智固有本体、断制、节文、分别之不同，但皆是仁之流行于其间。此正于春夏秋冬中生气的生、长、收、藏相同。

所以"义"中必有"恻隐"之生意，其只是"恻隐"中生意的断制。而之所以有断制，此亦为生意流动的本有义。以春夏秋冬而言，生意不敛藏则万物一直如春夏般生长，若至秋冬不减落枝叶，又无春夏之气供其生长，其必将自身所有给耗散了，其所以敛藏者只为此生意之周流不息。可见即使天地以生物为心，由此生意之生、长、收、藏，而其所表现者亦会有不同的样态。就人而言亦然，有恻隐心才能为所动，而应之于不同的事物又不得不有收杀者，收杀非其目的，收杀只是欲其生意不息的一种表现。所以天地生物之理乃自有条脉，而非懵懵懂懂的生，朱子《语类》中与学生论"天地之心"，有言：

> 如公所说，只说得他无心处尔。若果无心，则须牛生出马，桃树上发李花，他又却自定。程子曰："以主宰谓之帝，以性情谓之干。"他这名义自定，心便是他个主宰处，所以谓天地以生物为心。中间钦夫以为某不合如此说。某谓天地别无勾当，只是以生物为心。一元之气，运转流通，略无停间，只是生出许多万物而已。③

此节主要是针对有心无心的讨论，无心即不着意思造作，以见顺其自然而已；有心又见得其自然之中又非胡乱，乃自见其中有个主宰，顺应道理。不过这中间，朱子言

---

① 《朱子语类》卷二十，第 468 页。
② 《朱子全书》第二十四册，上海：上海古籍出版社，合肥：安徽教育出版社，2002 年，第 3589 页。
③ 《朱子语类》卷一，第 4 页。

"牛生出马，桃树上发李花，他又却自定"。"某谓天地别无勾当，只是以生物为心"。在朱子看来，如果牛生出马，桃树发李花，这就是只有无心了。而牛生马也是生，但却是胡生乱生，这样并不是天地生物之心，所以天地"生物"之心显然并不只是"化生"的发用意，还需见得这流行发用里面是有定的。"胡生"是不能化生出万物的，其之所以能够"一元之气，运转流通，略无停间"皆在于其中有定处，此即生道、生理之璨然条脉。这样对生的理解，就可不只停留在春之生意上看，也即，万物之生不只在春看，亦在夏秋冬而见其整个生意的周流。仁也是这样，我们要见得仁如何周流于义礼智之间，也要看到是义礼智成全仁使其周流不息。

由此再看"不忍人之心"，此"不忍"更表现为丰富的内涵，或可概之为欲其"善生"。"善生"或只是"直生""合道理之生"，非"妄生"，这里的"生"依然是在造化之"生"的意义上说，但并不是要把"生"与"道理"或"善"的意思说开了，只是要见得在"生"之中，其实是这生的道理的流行。

再回到"舍生"如何使"生意"不断绝的问题上。首先，"舍生取义"的"舍生"不是惩罚性质的，即不是以身死赎罪；而是成全意义的，即以死得心之安和道理的彰显。从对"仁心"的成全上看，"舍生取义"之"舍生"并不意味着此心对生命的伤害无"不忍"，对于"舍"的意味，或可从被动和主动的双层含义来看。从被动的意味而言，"舍生"只是在描述一种表现和样态，并不表示这就是我所欲和要追求的，选择死并不意味着不愿"生"，而是不得不死。这里的生死虽看似自己的选择，但其实自己只是择义，或生或死乃看当下之命数，所谓"莫非命也，顺受其正"。所以亦可说我之死乃他人而害或命数不周，我不是此"杀心"的承担者。若从主动的意味看，是人之道心的主宰力量。知死而就义，一往无悔，乃在于我能真正明白何为"善生"，而这又必然是人才能选择的，所谓"人能弘道，非道弘人"。"苟生""妄生"者，君子不会将其作为"生"看待，以其"生理"已经在此割断。人有"恻隐之心"所以能活泼泼地对待此活泼泼的世界，若舍此而不顾，心即是死的，世间也是死的，所谓虽生若"死"。同理，亦有虽死若"生"者，这就是"舍生取义"所充分展现的，"取义"乃成就那"生"之大德。则所谓"生"者，亦在了人能由此心而将此"生理"通遂不断，此"生理"之在人即是"仁"。

所以夫子之言"杀身成仁""守死善道"，孟子之言"舍生取义""以身殉道"，无私欲所以能不见此身，只见义之所安，此儒家超越生死的意义，而有"生不安于死"者。且人之于生本只是顺其自然生死，不求其长生不死，既不能顺其自然之生死，亦以义衡之而已，这样的生死才得其生死之理。而知其生者所以能知其死，所谓"能原其始而知所以生，则反其终而知所以死矣"①，知其生理则知其死之理，死生一理也。所以生死之为始终，天善其始君子又能善其终，则所以不害此生理。君子即使天命不寿，亦尽其人事，谓之"正命"；小人则行险侥幸，即使有生亦"幸而免"，而失其"正命"。

于常人而看，"恻隐"之生意只是最易见得的"生"，"舍生取义"则是那不易见得的"生意"，若圣贤之所见，则无非那广大不息的"生意"。而无"恻隐之心"则不能"舍生取义"，但有"恻隐之心"亦未必能"舍生取义"。由"恻隐之心"所见乃仁之端，则欲全其性者，亦必在于人扩而充之，所以能充塞天地而不为一己之身所限，则天地之"生意"便能在人这得到最好的彰显和发挥，人心所以能尽天地之心。此其人与禽兽有别，而与其自然生存有所不同，真正能使得此"道理"流行不已、生生不息者亦必在于人为之，所谓人能"赞天地之化育""为天地立心"。

① 《朱子全书》第十三册，2010年，第76页。

朱子的敬论

——以《敬斋箴》为中心

王欣雨

摘要：儒家思想对"敬"从来都十分重视。朱子论敬，彻头彻尾地贯通动静表里，存心与事一，处事与理合。朱子尝作《敬斋箴》，用以自警自省。本文将围绕《敬斋箴》一文，对持敬工夫做提炼精要的表述，逐一探讨动静表里诸条目、主一无适之核心。亦关联《朱子语类》中关于"敬"的若干讲学内容，试对朱子的敬论进行梳理和探讨。文章内容从《敬斋箴》中"敬"的处己接物、主一无适和敬与义和理的联系，逐步讨论朱子的敬论如何贯穿人之成长立世的全过程。

关键词：朱子　敬　《敬斋箴》　动静无违　表里交正　主一无适

绪　论

在儒家思想中，对"敬"的关注从未止歇。如，《周易》中即有"君子敬以直内，义以方外，敬义立而德不孤"之语，成为后世儒者发明敬论的重要依据。宋代理学蓬勃，如二程同言敬乃入德之本，对"敬"的探察颇多，敬之实践工夫趋于完备，而二程先生本身亦"践履极其纯正"[1]。正如朱子所言："圣人言语，当初未曾关聚……到程子始关聚说出一个'敬'来教人。"[2]

至于朱子之为学，"穷理玩索功密，故义理极其纤悉"[3]，此其特点，也表现在持敬之论方面。如《朱子语类》中，论敬之含义，则曰"敬只是一个'畏'字"；论持敬之工夫要义，则曰"主一无适""收敛身心""整齐严肃""常惺惺法"等。

朱子作于乾道八年《敬斋箴》写作时间说法不同，本文取束景南教授的"乾道八

---

① 胡居仁等编：《胡文敬集》卷一，上海：上海古籍出版社，1991年，第17页。
② 黎靖德编：《朱子语类》卷十二，北京：中华书局，1986年，第208页。
③ 《胡文敬集》卷一，第17页。

年说"①)的一篇《敬斋箴》,将持敬工夫说了个明白简炼。《康熙字典》曰:"古者以石为箴,所以刺病。《汉书·艺文志》'用度箴石箴石汤火所施',注:'箴,所以刺病也。石谓砭石,即石箴也。'又,规诫也。《书·盘庚》'犹胥顾于箴言',《左传》襄公十四年'工诵箴谏'。"姚鼐《古文辞类纂》卷五十九有曰:"箴铭类者,三代以来有其体矣。圣贤所以自戒警之义,其辞尤质而意尤深。若张子作《西铭》,岂独其理之美耶?其文固未易几也。"此可知,"箴"同针砭的"针",既有刺病药石之义,也是一种表示规诫、警敕的文体,用来提醒人们有则改之、无则加勉。朱子甚是看重箴铭之文,还作过《调息箴》、《四斋铭》、《又四斋铭》、《学古斋铭》、《求放心铭》以及《书字铭》等,皆有以文字令自己时时提撕警觉、以防放纵之意。

朱子此箴论敬,以"主一无适"为核心,"动静无违,表里交正"为纲目。朱子于《敬斋箴》前题曰:"读张敬夫《主一箴》,掇其遗意,作《敬斋箴》,书斋壁以自警云。"可见,朱子是从张南轩处得了契机而作此箴,以图自警。

张南轩《主一箴》全文,特录如下,以为对照:

> 伊川先生曰:"主一之谓敬。"又曰:"无适之谓一。"嗟乎!求仁之方,孰要乎此!因为箴,书于坐右,且以谂同志:
>
> 人禀天性,其生也直;克顺厥彝,则靡有忒。
>
> 事物之感,纷纶朝夕;动而无节,生道或息。
>
> 惟学有要,持敬勿失;验厥操舍,乃知出入。
>
> 曷为其敬?妙在主一;曷为其一?惟以无适。
>
> 居无越思,事靡它及;涵泳于中,匪忘匪亟。
>
> 斯须造次,是保是积;既久而精,乃会于极。
>
> 勉哉勿倦,圣贤可则!②

朱子《敬斋箴》正文如下:

> 正其衣冠,尊其瞻视;潜心以居,对越上帝。
>
> 足容必重,手容必恭;择地而蹈,折旋蚁封。
>
> 出门如宾,承事如祭;战战兢兢,罔敢或易。
>
> 守口如瓶,防意如城;洞洞属属,罔敢或轻。
>
> 不东以西,不南以北;当事而存,靡他其适。

① 束景南:《朱熹年谱长编》上,上海:华东师范大学出版社,2001年,第567~569页。
② 张栻:《张栻集》第四册,北京:中华书局,2015年,第1318页。

弗贰以二，弗叁以三；惟精惟一，万变是监。

从事于斯，是曰持敬；动静无违，表里交正。

须臾有间，私欲万端；不火而热，不冰而寒。

毫厘有差，天壤易处；三纲既沦，九法亦斁。

於乎小子，念哉敬哉！墨卿斯戒，敢告灵台！①

朱子此箴将持敬工夫做了个集结，要领精辟，辞质而意深。

陈北溪有言："文公《敬斋箴》，正是铺叙日用持敬工夫节目最亲切，宜列诸左右，常目在之，按为准则做工夫，久久自别。"② 朱子后学纷纷为此箴做注解，陈北溪和熊节就有逐句的详细注释。元代吴草庐作短注，视每四句为一章，将其划分为十章，结构鲜明："其一言静无违，其二言动无违，其三言表之正，其四言里之正，其五言心之无适而达于事，其六言事之主一而本于心，其七总前六章，其八言心不能无适之病，其九言事不能主一之病。"③

但笔者拙见略有不同，以为动、静、表、里之分并非与前四章一一对应，而应将动静时的表里、表里中的动静言说得融贯起来，不必苛求顺序对应上的工整。而且，敬始终只是一个事，只是从不同的体面去认识和持守罢了。

本文聚焦《敬斋箴》这百六十字，关联《朱子语类》，借鉴陈、熊、吴三人的注解去分析文本。姑且将本文分为三个部分：

（1）前四章，言动静中的处己接物，即持敬之节目；

（2）五、六章，言动中无适、静中主一，即持敬之核心；八、九章，言间断偏差之恶果，即持敬工夫未到之害；

（3）关联《朱子语类》，从敬与义、敬与理的关系讲敬之效验。

概括之语的第七章和全篇结语的第十章，成就箴文完整结构。本文将依照这三部分次序，对朱子的敬论作进一步的梳理和探究。

一 动静无违，表里交正

《敬斋箴》前四章，可谓持敬工夫最直接的表达。这里提示出了，一人修己涵养，必须面对动静两种境况，同时关照自我内外两面。所谓"动静无违，表里交正"，若是

---

① 朱熹：《晦庵先生朱文公文集》卷八五，福建刻本，北京：北京图书馆出版社，2006年，第3996～3997页。

② 陈北溪：《北溪字义》卷上，北京：中华书局，1983年，第36页。

③ 吴文正：《吴文正集》卷五十九《题朱文公〈敬斋箴〉后》，北京：商务印书馆，1986年，第1页。

补上关联词，有两种理解的可能：一、动静无违，方能表里交正；二、动静无违，且表里交正。一是前因后果关系，二是并驾齐驱关系。那么，《敬斋箴》本义究竟如何？

（一）处己之正

1. 正衣冠，尊瞻视

> 正其衣冠，尊其瞻视；潜心以居，对越上帝。[①]

此四句主要阐释"动容貌，整思虑"[②]的必要性。一人静处时，容貌衣冠、仪表神态要严正肃然，沉潜内心以合天理。"动容貌"，在此指收拾一人通体仪容，与"正其衣冠，尊其瞻视"相照，"整思虑"，是指整顿内心思虑所行，与"潜心以居，对越上帝"相应。容貌思虑中也有个是非，因此要动之整之，从而持敬修身，静中存此心，敬便在。

先来看衣冠之说。《礼记·中庸第三十一》曰：

> 齐明盛服，非礼不动，所以修身也。○正义曰："齐明盛服"者，齐，谓整齐；明，谓严明；盛服，谓正其衣冠：是修身之体也。此等"非礼不动"，是所以劝修身。[③]

"正其衣冠"，收拾衣裳，摆正冠帽，是合于礼的一项基本要求。上服为衣，下服为裳，冠在人头之顶，标志人身的最高处。衣冠自古以来便是身份、职位、品阶等等之象征，从颜色到款式，小到纹饰，皆有特定之意味，因而地位极重，也是人循礼的开端。《礼记·冠义》亦曰：

> 礼义之始，在于正容体、齐颜色、顺辞令。容体正，颜色齐，辞令顺，而后礼义备。

再来看瞻视之说。《礼记·少仪第十七》曰"不戏色"，郑玄注："暂变倾颜色为非常，则人不长，失敬也。"

> ○正义曰：人当恒自矜持，尊其瞻视。若暂倾变颜色，为非常亵慢，则人不复

---

① 《晦庵先生朱文公文集》卷八五，第3996~3997页。
② 孔安国传：《尚书正义》卷十二，上海：上海古籍出版社，2008年，第359~360页。
③ 郑玄注：《礼记正义》卷五十二，上海：上海古籍出版社，2008年，第1686~1687页。

长久，失他人所敬，故云"则人不长，失敬也"。①

"尊其瞻视"，眼神端正，不飘离，不轻佻，不躲闪。陈北溪注曰："早起时主敬。"② 这一解读言明，每日自晨间开始，服容神态皆以敬端守，从日用上开个好头。但这不意味着此事只是早起时做，而应是及时地正其不正，静处时慎独。未有事之时，与自己相处，仍要衣冠严正、目容庄定，此谓制外主敬。

《论语·尧曰》亦曰：

> 君子正其衣冠，尊其瞻视，俨然人望而畏之，斯不亦威而不猛乎？

外表容貌得体，旁人远远望去就会肃然起敬，威重气度方可从衣冠瞻视上显露，主敬制外，亦要安内。内心思虑有序，专注深入，潜存此心，才可合于天理。《诗经·周颂·清庙》有曰：

> 济济多士，秉文之德。对越在天，骏奔走在庙。

"对越"，有相配相衬之意。天，朱子此言"上帝"，应是指"天理"。《宋史》卷九十九《志》第五十二有曰："按《开宝通礼》：元气广大，则称昊天；据远视之苍然，则称苍天；人之所尊莫过于帝，托之于天，故称上帝。"

天地间只是一个理，人之行事如果合乎天理，则其天性得以葆有。天是立人极的一种想望，人是天理下贯的灵动表现之所在，故人当沉潜其心，静处时对自己不断体认省察，方能正大光明。

2. 足容重，手容恭

> 足容必重，手容必恭；择地而蹈，折旋蚁封。

举手投足有规有矩，成其方圆。一举一动间要庄重恭敬，选合宜之所进行不同的活动，行动之时不受扰、不发乱。

一人行动，步伐要稳当持重，不可无序疾行，毫无章法；手臂的摆动姿势也应当谨慎，不能够因轻慢偷懒而有不恭之态。《论语·乡党》记载孔子作为使臣聘问邻国之时的神情举止曰：

> 执圭，鞠躬如也，如不胜。上如揖，下如授。勃如战色，足蹜蹜，如有循。

---

① 《礼记正义》卷三十五，第1294～1295页。
② 陈北溪：《北溪大全集》，北京：中华书局，1983年，第318页。

孔子礼容毕至，敬意十足。授玉之时用敬，如同作揖一般。授玉完成，依然不敢忘礼不敬。战栗谨慎，脚上不敢有所懈惰，迈着小步子，如同依循着道路行走一般。"择地而蹈，折旋蚁封"，又不失从容不迫之态，这是将敬之工夫用得得心应手后才能有的处之泰然的气象。

从处静时的衣冠容貌、内心沉潜，到处动时的举手投足，都是为成其"整齐严肃"之君子仁人所下的工夫。在容貌仪表上下工夫，这是相较于张南轩《主一箴》有所增益的部分。同时，愚以为朱子强调就敬之容下功，其意也有谨防学者忽视身体力行踏实做事的重要性，一味求心上直内，可以视为对张南轩《主一箴》大力强调心上主一工夫的回应与补充。

陈北溪认为："整齐严肃，敬之容。如坐而倾跌、衣冠落魄，便是不敬。"① 君子持敬直内，必然需要制外以为之功。

朱子曰：

> 持敬之说，不必多言，但熟味"整齐严肃"，"严威俨恪"，"动容貌，整思虑"，"正衣冠，尊瞻视"此等数语，而实加功焉，则所谓直内，所谓主一，自然不费安排，而身心肃然，表里如一矣。②

持敬须是清醒警觉着去下工夫。朱子这般提醒以上数语须得熟稔又踏实践行，可见修身主敬，可以从外在行为上规范收整，然后心之思虑便可依此自然行之。从制外的礼乐规矩中将习惯定型，塑造出敬之容，自然不会在行为上有越矩轻慢之态，心中思虑也可肃然合之，制外而养内，此谓由表及里的敬之用。

《诗》云：

> 有斐君子，如切如磋，如琢如磨。瑟兮僩兮，赫兮喧兮。

君子文貌如澄澈水岸之茂林修竹，习惯于挺拔中正而立，不歪不斜，呈其威严庄重之仪表、武毅宣著之气象，不拘泥于时辰与方所。好似璞玉美石在琢磨之间，渐渐显露自己的温润剔透，颜色淡而不次，质地纯而不杂。寒来暑往，如若皆是像翠竹那般保持住笔直不曲的模样，思虑自然可随之整顿，心中守明德之通透光明而无时不新之，从而能够厚重不轻浮，坚定不摇摆。如儿时应师者所训，读经典而成诵，以当时之心智未能将文字深意领会个明白，但读的都是应循之礼教、为人的基本道理，故彼时已经开始规

---

① 《北溪字义》卷上，第36页。
② 《朱子语类》卷十二，《朱子全书》第十四册，上海：上海古籍出版社，合肥：安徽教育出版社，第373页。

塑习惯，待到年岁渐长，对自己的仪容举止就能自我约束，心中自然有个是非，表里如一。

（二）接物之谨

对于《敬斋箴》三四章，余未取吴草庐"表之正""里之正"之说。由于"战战兢兢""洞洞属属"皆是内在心绪之事，若是将第三章视为由表说敬，却不免有表里划分模糊之嫌，故直面此两章文字本义，在动中看应事之慎，在静中看言意之守。

1. 应事之慎

> 出门如宾，承事如祭；战战兢兢，罔敢或易。

"出门如见大宾，使民如承大祭"[1] 是孔子对弟子仲弓问仁作出的回答。一旦走出家门，就要像即将迎接贵宾一般有谨慎庄重的气象，出门这个平常的举动也可比喻临近接物应事的时候，须态度中正；已经承接事务，着手做事的时候，就要像承办庄严的祭祀活动一样，谨慎小心。始终伴随以一种畏惧、恐戒之感，才不敢有所轻易怠慢。在行动中待人接物，不仅要有自己独处时对衣冠容貌的自觉修正，也要谨慎面对各种真实的状况。

朱子曰：

> 无事时固是敬，有事时敬便在事上。[2]

无事之时，自处涵养便是；但凡有事，持敬就在形形色色的事情上见得。这就是要讲求，面临纷扰世事的时候，能否持守如一、随事而敬。如父母差使去料理家务，却逃之夭夭、仿如无事，硬是不接应；又如宾客满堂，心生厌烦，觉得自家受扰，想要驱赶逃避。这都是少了人活于世的活泼生气，也是不庄不敬的表现。生活于周遭烦事之中，感知它们，顺势承接，才不至于心死如未活之貌。

动静二者交接，静处修己者，动时接事者，始终是自己一心一身。战栗戒惧之感随时不去，可提防避事之怯懦，谨戒惰懒之散漫。

2. 言意之守

> 守口如瓶，防意如城；洞洞属属，罔敢或轻。

---

① 朱熹：《四书章句集注·论语集注》，北京：中华书局，2012年，第168页。
② 《朱子语类》卷一百一十八，《朱子全书》第十八册，第3739页。

正欲开口时，应当思量话语是否恰当严正，将酝酿之辞句谨慎输出，就像把水存入瓶器般不恣意妄为向外倾泻；正欲起私意时，应当检验审度，将芽苗斩断，就像筑起坚不可摧的城墙般抵御外物侵扰。此处主要说杜绝私意之事。私意起，易生轻慢之心，流于邪僻，与持敬的要求就渐行渐远了。

朱子曾向人解释此句，曰：

"守口如瓶"是言语不乱出，"防意如城"是恐为外所诱。①

若单看言意上的谨守，也可就处己之正而论。但《敬斋箴》首章既说"潜心以居，对越上帝"，要与天理相合，必是沉潜一心，静时于一己内在用功，并不会牵连外物。到此第四章，守口是谨防出口言语有失，词章误导他人；防意是谨挡外界事物引诱，私意由内而发。从朱子解释就可看出，此处言意之守更适合就接物之谨而论。

言语一来一去，可能牵涉言语本身、说者、听者，听者若有"他意"的弊陋，抑或是说者妄加陈词，便会埋下祸端的种子。所以，言语所达之效，可远超乎出语者所设想。私意一旦兴起，便已全然不是天理，若不及时防范，就会如陷深渊，受困于人欲之流无可自拔。所以，要守之防之。

"洞洞属属，罔敢或轻"，熊节注曰"质悫专一"②。内心质朴诚挚，专一于事而不轻忽，言语一出，私意无路，只觉恳切。

二 主一无适

"主一无适"，既是张南轩《主一箴》的主题，在《敬斋箴》中，也是作为核心义理呈现。

（一）惟精惟一

1. 心之无适而达于事

不东以西，不南以北；当事而存，靡他其适。

持敬，应是收敛此心，不走作。引东西南北四个方位说无适，心既向东边去，又再朝着西边走，既向南边去，又再朝着北边走，既已有一条路去行，还要再毫无章法地奔

---

① 《朱子语类》卷一百五，《朱子全书》第十七册，第 3456 页。
② 熊节集编：《性理群书句解》卷二，台北：商务印书馆，1969 年，第 31 页。

宕到他处，这便是不敬。愚以为，从方位的关系上思量，其一，东西相背，南北相对，从互为反面去看。正要向东，再朝西，便是向后行，犹退缩不前、犹豫不决之貌，恰似人正面临要决断的情况，却畏手畏脚，走一步退两步，心中无甚着落，于是常常不安，难以心无旁骛，不得凝神贯注，则亦无以全力以赴；其二，一旦向南就丝毫不是北了，从互为否定去看，正要向北行，又往南驰，此处的"南"皆"不是北"，也就是正要有个指向行去，却偏偏四处走作，无一在正经指向上，犹航行方向偏颇，开始时就背离于终点，所失甚大。

朱子尝向人说明前儒之义，曰：

> 今人若能专一此心，便收敛紧密，都无些子空罅。若这事思量未了，又走作那边去，心便成两路。①

这就讲求方遇一事，便要将心收敛操存起来，不容一物，别无他适，才可纯然专一。读书为学于室，但凡丝毫风吹草动，用心便不再集中于手中书卷，文中含义皆受其扰，心思跑往窗外之声响，自是奔走乱行。心须专在一事上，哪里都不去，自是收敛起来，不轻放别处，不走往他途。就是放在当下，心主一不放纵，无适而达于事。

心有有事时，也有无事时。遇上一事，想到别事；事来，却想无事；无事，又惦念有事。这都是在有事、无事之间未能收敛专一，心分两路，不成其为持敬。

2. 事之主一而本于心

> 弗贰以二，弗叁以三；惟精惟一，万变是监。

心已经寓于一件事中，就不能再有第二件事冒出来做掺杂，更不能再来第三件事共占一心。若三心二意，一心去应上两件、三件事，不得以专，何以主一？何谈持敬？

为学用功，当凝神专一，不能杂乱无章，一件事还未处理完善，就企图一心多用地兼顾而做，以为可以加快进度，结果只能是事不成事，功不成功，白费一番力气，还可能会误了原有一事的计划。此章提醒学者不可好高骛远，有冒进意图。

"人心惟危，道心惟微，惟精惟一，允执厥中"出自《尚书》，朱子曾在《中庸章句序》中着力阐释此"十六字传心诀"之意义。而在《敬斋箴》之中，他将"惟精惟一"用在此处，正是强调专一于一事，在万千无常的花花世界中持敬以有监临，不受蛊惑，提撕警醒。

---

① 《朱子语类》卷二十四，《朱子全书》第十四册，第573页。

张南轩《主一箴》有曰："事物之感，纷纶朝夕；动而无节，生道或息"，他视敬为主宰，去应对纷繁世事，就要以敬主心，去理那无序的百态事物。

朱子对"惟精惟一"的理解是：

> "惟精惟一"是两截工夫：精，是辨别得这个物事；一，是辨别了，又须固守他……又曰："'惟精惟一'，犹'择善而固执之'。"①

将事物中的天理、私欲识别清楚，理会个中深意，"博学之，审问之，慎思之，明辨之"，然后加以"笃行之"的专一工夫，才是持守之要。其实，若熟稔专一，别的事自然无二三之之机可乘，才能够将这一事体贴得愈发精细。

《敬斋箴》此两章主说主一无适，即"心不走作"和"心不二三"②。心不胡乱走作，方可于事上不转移，以求达事之效；心不作二三用，便是于一个事上死磕到底，抵住千条万绪的繁琐叨扰。故主一无适，是心之主一与事之主一两方面自然契合所成。

（二）无间无差

1. 轻忽小节之害

> 须臾有间，私欲万端；不火而热，不冰而寒。

从时间上看，物惑之流甚是烦杂，充斥在日常诸事中，一旦惰性作用，省察之功稍有片刻间隔，人欲之私悖逆天理之公，便极易受外物所诱乱，心不得安定，敬字工夫便失了继续下手着力处。恶念丛生，其势如烈火烧身，心浮气躁，善端如坚冰冻结不通，心生寒栗之感，人犹如身处水深火热之地，不堪其苦。

> 毫厘有差，天壤易处；三纲既沦，九法亦斁。

从事之细小处看，差之纤微，缪失可有天地之别，甚至造成伦理纲常崩坏沦丧，先王遗存的洪范九畴之法破而无补，山河失色，天下之人无所适从，率兽食人，人将相食之大伤或将接踵而至。

总之，须臾有轻忽，丝毫有差错，就易生极大危险，这便是"人心惟危"之理。

"人心惟危，道心惟微"，人心、道心其实是一个心，只是知觉不同，故有一心之两

---

① 《朱子语类》卷七十八，《朱子全书》第十六册，第 2664 页。
② 《朱子语类》卷一百五，《朱子全书》第十七册，第 345 页。

面。人心，程子说是"人欲也"①。朱子认为，人心自人身上出，知觉到的是形骸上的饥食渴饮之欲与喜怒哀乐之情，在饮食上渴求美味，又有无缘无故的喜乐忧愁，未能发之中节；道心自义理出，知觉到的是自然天理流行与当发之食饮喜怒，但其义精微深潜，须格物致知穷理以得其实。朱子说：

> 或问"人心"、"道心"之别。曰："只是这一个心，知觉从耳目之欲上去，便是人心；知觉从义理上去，便是道心。人心则危而易陷，道心则微而难著。微，亦微妙之义。"②

圣贤能够"惟精惟一，允执厥中"，是辨别得清明晰澈，之后便下深厚持守工夫，将其心存在那里，主一无适。小人虽也辨得一二，却纵其心随物欲流摆，终是人心胜，从而淹没道心，人心做了主，道心隐晦不得明。朱子对人心道心有个很形象的比喻：

> 人心如卒徒，道心如将。③

学者面临的总是人心、道心谁来做主的问题，倘能不动摇、不放辍，勤加修习持敬工夫，心上主一，一事一事应过去，一日一日存在此间，则亦可以无偏倚过不及之失。

朱子《斋居感兴》诗之三曰：

> 人心妙不测，出入乘气机。凝冰亦焦火，渊沦复天飞。至人秉元化，动静体无违。珠藏泽自媚，玉韫山含晖。神光烛九垓，玄思彻万微。尘编今寥落，叹息将安归。④

人心出入难测，易于在恍惚间便走作他处千万里，瞬间变化，无迹可循，妄动难安，陷于危险。故须臾有间断，处事生偏差，都是基于对人心之出入莫测的考虑，从而更加需要自警醒觉。所以，朱子也常常引谢上蔡提出的"常惺惺法"来说敬。

2. 常惺惺法

人心本初为明，只是在物欲流袭之中受其遮蔽，便有所不明，因此需要反求诸己。"常惺惺"，就是时时将本初明澈之心醒觉着，不昏暗，不杂昧。从事于敬字工夫，关键就是在心上保持通明敞亮，如此才可在修习持敬上有个开头处，从明这一颗心发动出

---

① 《朱子语类》卷七十八，《朱子全书》第十六册，第2663页。
② 《朱子语类》卷七十八，第2663页。
③ 《朱子语类》卷七十八，第2667页。
④ 《晦庵先生朱文公文集》卷四，《朱子全书》第二十册，第360～361页。

来，才可能达至敬之境界。

《语类》曰：

> 问谢氏惺惺之说。曰："惺惺，乃心不昏昧之谓，只此便是敬。今人说敬，却只以'整齐严肃'言之。此固是敬；然心若昏昧，烛理不明，虽强把捉，岂得为敬！"①

明觉而存，省察而存，皆须用敬才可达成。操存此心不舍之，却须知道"习"字最重。孔夫子曰："性相近也，习相远也。"习是一个个日升月落的日用常行之累积，点滴之水亦有穿石之功力，因此，习便是落实地去狠下功夫，无间断，无散漫。朱子曰：

> 习是用功夫处，察是知识处。今人多于"察"字用功，反轻了"习"字。②

"天理人欲，几微之间。"③ 习得脚踏实地，体察自是不可漏放掉。自省自察，即省即察，当时而明，当事而存。将道心摆在主导之位，人心随之省习，内心惺惺，丝毫不敢散乱放肆，无时无刻不在间断处接续卜，就是"常惺惺法"的敬字工夫。此处之习，叫作涵养来看。朱子说：

> 须是平日有涵养之功，临事方能识得。若茫然都无主宰，事至然后安排，则已缓而不及于事矣。④

便是要先去涵养，习之熟之，积蓄深厚有所存，才可有省察根据，识之明之。

> 吾儒唤醒此心，欲他照管许多道理；佛氏则空唤醒在此，无所作为。其异处在此。⑤

释氏讲究个明心见性，有静心入定之修炼法门，因此与"惺惺"心上工夫之说易被视作相近相似。但若真的将明此心看作全部事，就辜负了朱子的劝诫警示，而大错特错了。敬之常惺惺，不仅仅是醒觉了就停留在这里，去专求个无事静悟、超然物外一般，而是将心唤醒守住明德光辉，同时必须看顾在事理上，心之明要发之于活生生世间待人

---

① 《朱子语类》卷十七，《朱子全书》第十四册，第 573 页。
② 《朱子语类》卷十二，《朱子全书》第十四册，第 377 页。
③ 《朱子语类》卷十三，《朱子全书》第十四册，第 389 页。
④ 《答胡广仲》第四，《晦庵先生朱文公文集》卷四十二，《朱子全书》第二十二册，第 1899 页。
⑤ 《朱子语类》卷十七，《朱子全书》第十四册，第 573 页。

接物时，循礼乐法度，遵绳墨规矩，格物致知，敬在事上，敬在理上，才是心与事与理合。

三　敬之效验

第一章既言动静表里诸节目，第二章有心与事上下敬之工夫。待到此章，意在前文《敬斋箴》文意基础之上，一是延伸至敬义关系，细致到孝中的敬爱尺度；二是联系到敬理关系，敬在穷理时如何发用，终至敬而和的功熟之效验。

（一）敬与义

1.　敬义夹持

> 君子主敬以直其内，守义以方其外。①

敬与义并非两事，只是两个着力的方向。敬讲究个主一无适，持之居之于内，使心地正直无歪曲；而义就是凡事明个是非，求那个是，正大光明。故朱子说：

> 敬者，守于此而不易之谓；义者，施于彼而合宜之谓。②

"直内"与"方外"看似是将二者分别对应了内外，容易让人误以为敬字工夫只是无事之时可谈，义字工夫只在事来时才有发挥余地。其实不然。敬义相对，只是下手处在一事两面。居敬，是自己在内心有个坚守不摇摆犹如定海神针一般的支柱，事来依然能抵抗外物勾连私欲，不至于三心二意，一己依然严肃整齐，待人应事也是本于心中之敬，出门如宾，承事如祭；集义，是应酬之际，辨别是非曲直，将事情处理得妥帖恰当，而可以判断出出门如宾、承事如祭做得是否应当合宜，其间是否尚有什么非义之处。故敬是着眼于一己之修身涵养，义则着眼于周遭的人、物、事，二者恰是"惟精"与"惟一"的关系。

朱子曰：

> 敬要回头看，义要向前看。③

回顾是敬，前瞻是义，此说甚有意思。敬要关注自己过往之动静表里的种种痕迹，

---

① 朱熹、吕祖谦编：《近思录·为学卷二》，上海：上海古籍出版社，2010年，第50页。
② 《朱子语类》卷十二，《朱子全书》第十四册，第378页。
③ 《朱子语类》卷十二，第378页。

事还未到，就看能否安定持守，事已到来，看能否洞洞属属，战战兢兢面对，及事毕，看心能否仍安放于此，不随事毕而游走四方；义要去正面应对处理当前之事，当断而断，以避免错漏，杜绝弊病。敬有内省收敛之自觉，观照一己周身，警醒提撕；义有对外处事之明智，观察周边境况，决断修整。但二者务必互相扶持而行，才可谓之活敬、活义，处己接物应事皆可自然合理。

朱子曰：

> 敬有死敬，有活敬。若只守着主一之敬，遇事不济之以义，辨其是非，则不活。若熟后，敬便有义，义便有敬。静则察其敬与不敬，动则察其义与不义。⋯⋯须敬义夹持，循环无端，则内外透彻。①

2. 敬爱有度

敬乃修持立身之本，义乃整顿处事之本，《论语·学而》有言："孝弟也者，其为仁之本与"，孝道乃人伦之大头，故论敬之意义，亦须到孝道中的敬与爱之间加以细致把握。

孟子曰："大孝终身慕父母。"事亲而孝须用敬，但血亲之近又当待之以爱。《礼记·祭义》中有这样一段文字，提出孝子在持敬时的容貌辞气方面的问题：

> 孝子之有深爱者，必有和气；有和气者，必有愉色；有愉色者，必有婉容。孝子如执玉，如奉盈，洞洞属属然，如弗胜，如将失之。严威俨恪，非所以事亲也，成人之道也。②

事亲为孝，必出自深爱，自然胸中有和气，面上有愉悦之色，身体恭顺有婉容，心之所想所感方显于外。同时，尽孝须用敬，如执玉捧盈，小心翼翼，洞洞属属，生怕随时会失去一般，一心专注在这个事上。然而严威俨恪这般端肃庄正的姿态却不可用来侍奉亲长，威重之貌不免有以上临下意味，面对父母亲长，如何能一板一眼，失了亲和近密之宽？

《语类》有曰：

> 安卿问："恪非所以事亲，只是有严意否？"曰："太庄、太严厉了。"③

---

① 《朱子语类》卷十二，第378页。
② 《礼记正义》卷第四十八，第1539页。
③ 《朱子语类》卷一百五，《朱子全书》第十七册，第3448页。

关于敬与"严威俨恪"之外在要求，需要特此澄清。尽管朱子也总括着说过，若是将"动容貌、整思虑""严肃整齐""严威俨恪"等熟习，便是持敬，但事亲之时的严威俨恪之态，却不能成其为敬。孝亲是一件事，孝亲定出自爱亲，无爱之孝并非真孝。持敬是一心主于孝亲此事上，精神收敛在此，不容一物。事亲以孝，此心必主于爱，心主一于爱，发于外者，自然是一派和气愉色婉容。严恭俨恪绝非爱心之所发，只会将严厉威重之容施加给父母亲人，一是难免有居高临下之态，面对亲长却以高位自居；二是令人难以亲近，血缘至亲却疏离冷漠，两者皆非人伦也。故通常作为敬之要求的严威俨恪，这时候却成了不敬的表现。

事亲主敬，爱心之主一，遂有和气愉色婉容，这一番容貌辞气不可谓其不敬。但须留意，不能说敬即是和气愉色婉容。小心谨慎地专注做一件事，就是敬。只是事亲之时，需要全神贯注的心中存爱一事。朱子理解爱敬，实为一体：

> 爱而不敬，非真爱也。敬而不爱，非真敬也。①

侍奉亲长，使其四季舒惬、早晚得安，已经可谓依于礼；若要父母亲人真正畅怀，还须敬爱为一。爱，方不嫌恶；敬，方无轻慢。如事亲于病榻之前，任劳任怨，出自亲爱之深厚，只须潜存此爱心，主一不放纵，便是真敬真爱。只爱中便有敬，敬中便有爱。

《语类》曰：

> 问："《小学·明伦》一篇，见得尽是节文事亲之实。"曰："其中极有难行处。"曰："爱、敬与倪为一，自无难行。"曰："此便是爱敬尺度。须是把他去量度，方见得爱敬。"②

爱敬尺度，必是在侍亲尽孝的每一件事上落实着。亲长训诫时，须视听言动皆专一而持敬以对，虚心聆听；父母唤，行勿缓，须有爱意驱使发动，不怠慢，不懒惰，应接其所需；家逢悲喜，安顿父母，心怀爱而自去关怀，心存敬而自去承担。皆是遇事有所衡量思度，爱敬相一，尺度既在。上述对话是朱子与倪之间的问答，"爱、敬与倪为一"，便是要将爱、敬与自己的行为处事浑然一体，明伦事亲，有敬便有爱，有爱便有敬。爱敬尺度，只是做一个事。

---

① 《朱子语类》卷二十三，《朱子全书》第十四册，第824～825页。
② 《朱子语类》卷一百五，《朱子全书》第十七册，第3448页。

（二）敬与理

1. 致知穷理

敬则主一无适而心存，方可有"道问学"的一个进门之基。有个敬，如得一股助力推进，静处"俨若思"，有个定性，事来方动时乃可一一格物，致知穷理。敬须从一开始便用功去做，立住个根本之心，后来格物事，求知识，明道理，敬也要一直在那里持守支撑，贯穿为学之始终。朱子曰：

> 今人将敬、致知来做两件事。持敬时只块然独坐，更不去思量，却是今日持敬、明日去思量道理也。岂可如此！但一面自持敬，一面去思量道理，二者本不相妨。①

这便如前文所说"惺惺"与佛家之别。持敬并非端守一心，就静坐放空去，不理世事，不接人常，将自己隔绝开来，只求个无事。持敬是内外动静交相养之。从事物未到，待事物初来，应接事物之中，及事毕物去，敬皆不可离。格物致知，以明是非善恶，每格一物，判断得清楚；致知，识别得明白，思索道理通透。如此，才能在择善的基础上继而固守牢靠，时日有积，遂能为学有进。

朱子曰：

> 敬则心存，心存则理具于此而得失可验，故曰："未有致知而不在敬者。"②

致知是为学的首要大事，能致知，才能取善好，摒恶邪；取当然之宜，摒偏错之病。后面再读书进学，就能有个参照依凭，不会将路走偏去还全然未觉。而敬是个彻首彻尾的重要工夫，致知时无不有敬在收敛其心，使莫放纵，克协和顺，收拾精神，会聚在那事上。

朱子曰：

> 穷理涵养，要当并进。非稍有所知，无以致涵养之功；非深有所存，无以尽义理之奥。正当交相为用，而各致其功耳。③

---

① 《朱子语类》卷一百一十五，《朱子全书》第十八册，第 3631 页。
② 《朱子语类》卷十八，《朱子全书》第十四册，第 610 页。
③ 《答游诚之》第二，《晦庵先生朱文公文集》卷四十五，《朱子全书》第二十二册，第 2061~2062 页。

朱子讲学，便是如此回环相扣，生怕不详尽细致，便有流弊。今人多说敬，和"畏"字相连。敬畏之心固然应存之于内，但若只是将其视作情感上的忧惧，更多的只是对未能为仁恐生祸端之畏，总有些子无奈受迫之感，非是"为仁由己"，也将主敬之意义看低了。人在认知事物、理解是非曲直时，敬就已经具备于内，敬是我们从事格物致知工作时最紧要的看护者和陪伴者。朱子强调说，勿去寻什么敬之本体，敬本就是门踏踏实实下的工夫，但敬字工夫要炉火纯青，亦须致知穷理，到各处工夫皆纯熟，方能有个境界在。若是额外去想有个敬之体，就会自寻烦扰，别生一事，不得专注于本来事物，这岂不是与"弗贰以二"南辕北辙了吗？

《语类》有曰：

> 敬只是敬，更寻甚敬之体？似此支离，病痛愈多，更不曾做得工夫，只了得安排杜撰也。①

朱子以《敬斋箴》教人持敬，便是要慎防妄思妄动，衷心劝导猛下工夫去。而敬虽是要在心地上用功，却也要在容貌辞气的外在上用功，若将它仅仅作为一个道理，那就失去其实践价值了。敬字工夫通贯动静表里，无间断地伴随着成人成事之全程。

2. 敬而和

动静表里只是融贯景象，敬只是一事。但表里之间的持敬又是如何能互相成就而不互相阻扰的？或有人说，礼上繁琐促迫，攻于形式，会耽误时日，亦会妨碍"敬以直内"的自得自若。关于此问题，明道曾有所回应：

> 今学者敬而不自得，又不安者，只是心生，亦是太以敬来做事得重。此"恭而无礼则劳"也。恭者，私为恭之恭也。礼者，非体之礼，是自然底道理也。只恭而不为自然底道理，故不自在也。须是"而安"。今容貌必端、言语必正者，非是道独善其身、要人道如何，只是天理合如此。本无私意，只是个循理而已。②

朱子解释程子之意曰：

> "只是心生"，言只是敬心不熟也。"恭者，私为恭之恭"，言恭只是人为。"礼者，非体之礼"，言只是礼，无可捉摸。故人为之恭，必循自然底道理，则自

---

① 《朱子语类》卷十二，《朱子全书》第十四册，第376页。
② 《近思录·存养卷四》条十六，第159页。

在也。①

敬心不熟，持敬工夫不扎实不牢靠，如何能循得自然天理？不能从容自得是当然之事。明道将恭、礼之真意解说明了，恭只是人的自家作为；礼只是自然安顺合于天理，并无形体可求。只是一味埋头行恭依礼，不明其中自然道理，人为意图过甚，勉强以为恭，不知礼本自然，皆是劳而无所安，便是敬而不和之病了。

敬而不和，劳而不安，实乃工夫未到之症。要下工夫，须是笃行。

朱子曰：

> 问"行笃敬"。曰："笃者，有厚重深沉之意。敬而不笃，则恐有拘迫之患。"②

笃行工夫到位，可常存敬于心。和也是在心上去做，但要在事上见得。从心上发出来，处处中节便可成和处。朱子谈敬与和，认为二者只是一事：

> 凡恰好处皆是和。但敬存于此，则氤氲磅礴，自然而和。③

又曰：

> 或问："《敬斋箴》后面少些从容不迫之意，欲先生添数句。"曰："如何解迫切！今未曾下手在，便要从容不迫，却无此理。除非那人做工夫大段严迫，然后劝他勿迫切。如人相杀，未曾交锋，便要引退。今未曾做工夫在，便要开后门。然亦不解迫切，只是不曾做；做著时，不患其迫切。某但常觉得缓宽底意思多耳。"④

朱子《敬斋箴》中的恭、重、守、防之训，意在警戒提醒，以补缺漏，以防差错。"制于外所以养其中"，将行敬之要义提炼，初学者须诚谨依凭之，规范自己的行为，以察日日习以为常的不敬之容貌举动、不敬之言语心意，使自身能趋于敬，坚持不辍，才有可能通达"从心所欲不逾矩"之自然和乐之敬，天理流行，毫无滞碍，活泼泼地，不着一丝勉强桎梏。

结 论

钱穆先生说："说心兼须说身，论理兼须论事，内外本末一贯，此朱子论学大宗旨。

---

① 《朱子语类》卷九十六，《朱子全书》第十七册，第3236页。
② 《朱子语类》卷四十五，《朱子全书》第十五册，第1586页。
③ 《朱子语类》卷二十二，《朱子全书》第十四册，第766页。
④ 《朱子语类》卷一百五，《朱子全书》第十七册，第4357页。

所以能一归于实，而不落空虚。"① 朱子的《敬斋箴》中说敬，皆是下工夫处。"动静无违，表里交正"是敬之目，于各种情形境况中实地行之为之，方能见效；"主一无适"是敬之内核，心专于事而能与理相合，既是工夫又是境界。至于《朱子语类》中又反复说明，持敬居敬是自我持守涵养之功，待到格物致知、为学穷理、集义事亲等，便与事有所接应，与一己之外的人世有所通联。敬便是一人立身之本，厚积薄发之基，无一不须敬之贯彻，方能稳妥以继。

《小学》里，朱子也重于说敬。题序有言：

> 古者小学教人以洒扫应对进退之节，爱亲敬长隆师亲友之道，皆所以为修身齐家治国平天下之本。而必使其讲而习之于幼稚之时，欲其习与智长，化与心成，而无扞格不胜之患也。

《小学》之书，意在使人在儿童阶段便接触最基本的洒扫应对、恭敬亲善之事，为《大学》教人修齐治平铺垫底蕴。《小学》说敬，总要往日常细处的应然做法上说，爱亲敬长，敬身成孝，所教之事都是在润物无声般使其有所养，随年龄日长，心智愈熟，这习惯逐渐成形，基础便立下了。待到通达事物、致知穷理，便能根底纯正地去理会、去明澈。

朱子尝自言：

> 《小学》多说那恭敬处，少说那防禁处。②

到《敬斋箴》之自警，便多说些防禁处，盖以人成长后，物事烦杂，难以如孩童般诚心接纳许多道理。故朱子又曰：

> 持敬以补小学之阙。小学且是拘检住身心，到后来"克己复礼"，又是一段事。③

《敬斋箴》则专是"克己复礼"之"又一段事"，而对《小学》有着"补阙"之效。故朱子论敬，从孩提及成年，从动静表里之工夫及防谨戒慎之警，从处一己之身心及应一己之外的世界，从日用勉强之功到自然熟稔之境，将敬融贯在了各个时空阶段，有始有终，而无片刻纤毫之离。

---

① 钱穆：《朱子新学案》中，成都：巴蜀书社，1986年，第428页。
② 《朱子语类》卷一百五，《朱子全书》第十七册，第3449页。
③ 《朱子语类》卷十七，《朱子全书》第十四册，第530页。

王鲁斋作《元正》之诗曰：

> 开正又展一年期，霞脸醺醺酒半卮。
>
> 独坐晴窗无一事，呼童和墨写梅诗。
>
> 吟诗犹是少年情，要复当初赤子心。
>
> 心出入时何以御？手持一卷《敬斋箴》。①

念赤子少年心性，收敛出入无时之心，便须朱子《敬斋箴》这百六十字时刻提撕警觉。

---

① 王鲁斋：《鲁斋集》卷三，《影印文渊阁四库全书》，北京：商务印书馆，1986 年。

礼之常变与天命人心

——朱子视域下的孟子"不尊周"问题初探

吴江天

摘要：孟子接续孔子道统，本应如孔子一般以尊周为义，但是事实上孟子屡屡劝诸侯行天子所行之王道，似乎是不尊周乃至违礼的举动。后世学者对此亦多有争论。本文通过引入李觏对于孟子不尊周的质疑，引出朱子对于孟子的辩护，由礼有常变引申至天命与人心之间的关系，并由此见得孔孟思想一贯之处。

关键词：孟子 李觏 朱子 礼 天命

引 言

孔子殁后，儒分为八，至战国初孟子传孔子之学，以其所处时势与孔子不同，故其思想内容虽有所变异，但终是"述仲尼之意"[1]，不违孔子之道。不过就其政治主张之分别而论，孔子终其一生以尊周为本，致力恢复周礼，"周监于二代，郁郁乎文哉！吾从周"（《论语·八佾》）。然是时礼崩乐坏，唯有在从周的基本立场上以周礼正君臣名分，才能结束乱局，使得大道行于天下。故孟子称夫子作《春秋》以彰尊周之义：

> 世衰道微，邪说暴行有作，臣弑其君者有之，子弑其父者有之。孔子惧，作《春秋》。《春秋》，天子之事也。是故孔子曰："知我者其惟春秋乎！罪我者其惟春秋乎！"[2]

程子亦云：

> 又曰："王者之迹熄而《诗》亡，《诗》亡然后《春秋》作。"又曰："《春秋》无义战。"又曰："《春秋》天子之事，故知《春秋》者莫如孟子。"[3]

---

① 朱熹：《四书章句集注·孟子集注卷六》，北京：中华书局，1983年，第97页。
② 《四书章句集注·孟子集注卷六》，第276页。
③ 《四书章句集注·孟子序说》，第197页。

但是知《春秋》者如孟子，却屡屡劝齐梁之君行王道，这似乎有违孔子之意。围绕孟子尊周与否，自宋代以来的学人展开了激烈的辩驳，程子朱子也对于这个问题展开了自己的回应。因此值得注意的是，程朱对于孟子不尊周问题的回应主要是应对来自疑孟派学人对于孟子的批驳。故在进一步展开程朱对于其解释的补充之前，有必要重新回到孔孟对于尊周问题的理解以及北宋疑孟学者的问题语境下展开分析。

一　对孟子不尊周的质疑：以李觏为例

北宋一代，《孟子》在升格为官定经典的同时，面临来自与之相对的疑孟思潮的挑战。疑孟如李觏所言：

> 《孟子》曰：五霸者，三王之罪人也。吾以为，孟子者，五霸之罪人也。五霸率诸侯事天子，孟子劝诸侯为天子。苟有人性者，必知其逆顺耳矣。孟子当周显王时，其后尚且百年而秦并之。呜呼！孟子忍人也，其视周室如无有也。[1]

李觏从孟子违礼的角度出发，认为孟子不尊周违背了君臣之礼。孟子在周游列国到齐、魏劝君行仁之时，距离秦灭周尚有百年之久，这种行为似乎是视周天子不存在，相较于诸侯尚且事大子来说，孟子此举更是无视君臣之本的表现。而这本身也是孟子假学孔子之道、违背孔子原意的表现：

> 孔子之道，君君臣臣也；孟子之道，人皆可以为君也。天下无王霸，言伪而辩者不杀，诸子得以行其意。孙、吴之智，苏、张之诈，孟子之仁义，其原不同，其所以乱天下，一也。[2]

"孟子之仁义"所以"其原不同"，在李觏看来，在于孟子以仁义智信为人皆有之之性，并以此主张"人皆可以为君"。而李觏则主张以礼统摄仁义智信：

> 夫礼，人道之准，世教之主也。圣人之所以治天下国家，修身正心，无他，一于礼而已矣。[3]

这即是说，礼是人道世教的根本准则和主导内容。在李觏看来，礼包含了仁义礼智和乐政刑，二者不能离开礼而单独起作用。也就是说，礼和乐政刑、仁义智信之间存在

---

① 李觏、王国轩点校：《李觏集》附录一，北京：中华书局，2011 年，第 512~513 页。
② 《李觏集》附录一，第 512 页。
③ 《李觏集》卷第二，第 5 页。

内在关系，礼内在地统摄了乐政刑和仁义智信。① 而其原因所在，李觏认为：

> 圣人率其仁、义、智、信之性，会而为礼，礼成而后仁、义、智、信可见矣。
>
> 仁、义、智、信者，圣人之性也。礼者，圣人之法制也。性畜于内，法行于外，虽有其性，不以爲法，则暧昧而不章。②

李觏认为，礼的制定是"圣王有作"的结果，因为圣人的天性就是仁义智信，圣王只是把自己的仁义智信之性汇聚起来，从人的日常生活出发，制定出礼，而礼又包含了仁义智信，并通过礼体现出仁义智信。在这个意义上，李觏认为礼的制定完全是必然的，也是自然的。但是这其实是说只有圣人具有立法权，众人只能遵礼而行，而没有立法权。由此李觏批评孟子说：

> 学者又谓孟子权以诱诸侯，使进于仁义。仁义达则尊君亲亲，周室自复矣。
>
> 应之曰：言仁义而不言王道，彼说之而行仁义，固知尊周矣。言仁义可以王，彼说之则假仁义以图王，唯恐行之之晚也。尚何周室之顾哉！③

"不言王道"，即不以先王礼法为言仁义之本。如前所述，在李觏看来，仁义同礼之间有着内在一致性，而孟子舍礼言仁，已然失去了圣王仁义之实，既不能让诸侯行王道，又会反过来戕害仁义。因此，在李觏看来，诸侯皆秉王霸之心，以仁义为王进于诸侯，只会让诸侯假仁义而霸天下。所以要真正彰明孔子仁义之道，必须在申明仁义的同时申明礼法，并具体落实为周礼规定的君臣关系之下。因为先王礼法不容变更，故而君臣位分不容变易：

> 君为君焉，主政令，必生杀，不得不从矣。臣爲臣焉，守职事，死干戈，不得少变矣。④

先王礼法不容变更，在于礼法皆出于圣人仁义智信之性，故依李觏之意，天命不易：

> 愚观书至于"天聪明自我民聪明，天明畏自我民明威"，未尝不废书而叹也。

---

① "三支者，譬诸手足焉，同生于人而辅于人者也。手足不具，头腹岂可动哉？手足具而人身举，三支立而礼本行。四名者，譬诸筋骸之类焉，是亦同生于人而异其称者也。言乎人，则手足筋骸在其中矣；言乎礼，则乐、刑、政、仁、义、智、信在其中矣。故曰：夫礼，人道之准，世教之主也。圣人之所以治天下国家，修身正心，无他，一于礼而已矣。"《李觏集》卷第二，第7页。

② 《李觏集》卷第二，第11页。

③ 《李觏集》附录一，第518页。

④ 《李觏集》卷第二，第10页。

嗟乎！天生斯民矣，能为民立君，而不能为君养民。立君者，天也；养民者，君也。非天命之私一人，为亿万人也。民之所归，天之所右也；民之所去，天之所左也。天命不易哉！民心可畏哉！是故古先哲王皆孳孳焉以安民为务也。①

但是，尽管李觏也申明"圣人无高行"，至少有几点是李觏无法回避且尚未解决的：为什么只有圣人而不是每个人都有制礼的内在能力和行为？以及在孟子不尊周问题中，周室、诸侯同样没有圣人之性，那么为什么在周室没落至极的情况下，只能让周天子承担圣王之礼而不能让诸侯实行周礼呢？而这些都为之后朱子对于孟子的辩护留下了余地。

李觏之后，尊孟派如朱子对疑孟派对于孟子不尊周的主张进行回应。朱子在"寡人之于国"一章引程子语如是说：

> 孔子之时，周室虽微，天下犹知尊周之为义，故《春秋》以尊周为本。至孟子时，七国争雄，天下不复知有周，而生民之涂炭已极。当是时，诸侯能行王道，则可以王矣。此孟子所以劝齐梁之君也。②

依程子意，孔子之时，天下仍然以尊周为义，但是到了孟子之时，一方面，天下形成了七国争雄的局面，诸侯国为了扩张自己的实力，不断吞并周围小国。这个时候诸侯已经随意地、明目张胆地发动战争，且不需要假借周天子的名义，天下甚至已经不知道还有周王室的存在，更谈不上尊周了。另一方面，诸侯国战争不断，民不聊生，百姓的生存状况到了极端恶劣的程度。因此，只要有诸侯能够行王道，则"天下之民望之犹大旱之望云霓也"。是以孟子劝诸侯行王道，以救百姓于水火之中。但是，正如李觏所担忧的，即便孟子是迫于时势而劝诸侯，最终也会导致诸侯以力害仁。其原因在于李觏认为礼出于圣人之性，本身是恒常的、不变的，圣人之性凌驾于众人之性之上，唯有恪守先王之礼才能以合乎圣人之仁义，否则便是对仁义的戕害；而孟子主张人皆可为君，即便是为了救民于水火而申明王道，在仁义的层面终究是不正当的。换言之，李觏认为孟子对于圣人礼法的忽略其实是对于圣人之性的降格，圣人之性通过礼法从而成为社会基本价值标准，个人仁义的成就也便以蕴含圣人之性的礼法的匡扶为前提。由此，在不尊周问题上，李觏认为只有匡扶周礼才能匡正人心，只有扶立天子之位才能真正让"礼乐征伐自天子出"，树周礼而王道行。故天子之位优先于王道，尊天子方能尊王道。朱子对此批评李觏云：

---

① 《李觏集》卷第十八，第168页。
② 《四书章句集注·孟子集注卷一》，第205页。

又曰：李氏谓天下可无孟子，不可无六经；可无王道，不可无天子。愚谓有孟子而后六经之用明，有王道而后天子之位定。①

与李觏相反，朱子认为天子之位并不决定或优先于王道，天子是否得位，以及是否以天子之位尊天子的前提在于天子是否施行王道，王道先于礼法而非礼法规定王道。朱子认为，在孟子看来唯有义主才能行王道，而判定是否为义主，则需视天命之更易与否：

盖王者，天下之义主也。圣贤亦何心哉？视天命之改与未改耳。②

朱子此处表述勾连起了义同王道、天命之间的一致关系。如果说李觏对于礼的看法是绝对的、恒定的，那么通过对于孟子心性的再次阐发，朱子对于礼法以及君臣位分的态度则是相对的、不定的：王者即义主，而孟子所以将王者诉诸义主，朱子认为，其最深层次的原因便是天命有变，具体体现为礼制有常，亦有其变。通过朱子的表述，我们也可以进一步追问：义主之义体现在哪里？以及天命更易如何得见？

二　礼与四端

回到朱子对于李觏的回应，朱子对于孟子的辩护首先是对于孟子心性四端之说的再次阐释。《公孙丑上》章六云：

人皆有不忍人之心。先王有不忍人之心，斯有不忍人之政矣。以不忍人之心，行不忍人之政，治天下可运之掌上。所以谓人皆有不忍人之心者，今人乍见孺子将入于井，皆有怵惕恻隐之心。非所以内交于孺子之父母也，非所以要誉于乡党朋友也，非恶其声而然也。由是观之，无恻隐之心，非人也；无羞恶之心，非人也；无辞让之心，非人也；无是非之心，非人也。恻隐之心，仁之端也；羞恶之心，义之端也；辞让之心，礼之端也；是非之心，智之端也。③

朱子《仁说》云："天地以生物为心者也。而人物之生，又各得夫天地之心以为心者也。"④ 在朱子这里，天地之心和人物之心有着非常紧密的联系。天地运行有其深微的主宰趋势，亦即天地之心；朱子以天地之心为生物，亦即化生万物。人自身之运行也

① 蔡模撰：《孟子集疏》卷十四，孟子集注卷第一，《清文渊阁四库全书本》。
② 《四书章句集注·孟子集注卷一》，第205页。
③ 《四书章句集注·孟子集注卷三》，第237～238页。
④ 刘源渌：《近思续录》卷一，上海：华东师范大学出版社，2015年。

有其深微的主宰趋势，亦即人心；人心在天地生人后对应天地之心而生，却又不同于天地之心。如朱子所言，"人物则得此生物之心以为心，所以个个肖他，本不须说以生物为心"①。那么人心和天地之心的区别在哪里呢？如果说天地之心和人心是对应而生，那么这个对应之处又是什么呢？

首先看天地之心。天地以生生为心，生生背后的更深层次原因则是"仁"。"是那生气方发，这便是仁"②，仁之道伴随生气之方发，亦可将仁之道作为天地生物之心，生生发用于万事万物的同时，仁也体现在每一个事物之中，贯通一切。（不过这里存在生气与仁之间关系次序的问题，笔者以为朱子之意是生生即仁，一如后文之恻隐即仁，其内在有着紧密的对应关系）"天地生物，自是温暖和煦，这个便是仁。所以人物得之，无不有慈爱恻怛之心。"③朱子在这里指明了天地之心和人心之间的对应之处：仁对应慈爱恻隐之心，恻隐之心同仁心类似，亦是在"生气方发"的一瞬发动，故恻隐之心无须"见人我一理"④之后才有此心。天地生物之心即天地的爱的体现，天地以生物为心，指的是天地完全以对于万物生养的爱为心。正是因为天地以爱为心，作为天地所生之物的人也无不具有不忍人之爱心。

和天地之心的对应使得人之不忍人之心为人生来就有，而非后天习得；人、我之间也因为恻隐之心生来共有一理，而非先知人、我之别后以恻隐之理沟通此种差别。后文之"乍见之时，便有此心，随见而发"，其缘由便是在此。

回到朱子对于心以及不忍人之心的理解，朱子认为心之本体虚明，"人之一心，湛然虚明，如鉴之空，如衡之平，以为一身之主者，固其真体之本然"⑤。关涉道心和人心，朱子认为"道心人心只是一个物事；但所知觉不同"⑥。"一个物事"是说心皆能知，而决定道心、人心不同在于其所知不同。以此句朱子所解来看，朱子注解将"众人"与"圣人"对举：众人持人心，圣人持道心。前者所知物欲，则"物欲害之"而"存焉者寡"；后者所知道心，则"全体此心"（这里的心当指道心）而能"随感而应"。心本来是没有偏蔽和成见的，"物欲"会造成人心上的偏差，而圣人能做到保持内心虚明，在于圣人将心之所知全部体贴道心，从而能时刻以普遍的不忍人之心行动、思虑，故圣人所行无非不忍人之政也。

---

① 黎靖德编：《朱子语类》卷第五十三，北京：中华书局，1986年，第1280页。
② 《朱子语类》卷第五十三，第1280页。
③ 《朱子语类》卷第五十三，第1280页。
④ "不是为见人我一理后，方有此恻隐。而今便教单独只有一个人，也自有这恻隐。若谓见人我一理而后有之，便是两人相夹在这里，方有恻隐，则是仁在外，非由内也。"《朱子语类》卷第五十三，第1281页。
⑤ 《近思续录》卷四，第331页。
⑥ 《朱子语类》卷第七十八，第2010页。

由此，人心普遍的一面是为"仁心"，亦即"不忍人之心"，朱子以"恻隐之心"释之，以表明此心之真。真心如恻隐之心所发，不思而得，无所为而然，自然而然，乃是天理：

> 乍见而恻隐，天理之所发见，而无所计较也。恶其声之念一形，则出于人欲矣。人欲隐于天理之中，其几甚微，学者所宜体察。①

与"无所为"相对的"有所为"，如"内交""要誉"等，都是人欲。进一步，朱子以恻隐解仁："说仁，只看孺子将入井时，尤好体认"②，仁在恻隐之先："这仁与义，都在那恻隐、羞恶之先。未有那恻隐的事时，已先有那爱的心了"。③与恻隐之心相同，无论是羞恶之心、辞让之心还是是非之心，义、礼、智皆在前三者之先。这是因为恻隐、羞恶、辞让、是非皆为情，仁义礼智为性：

> 恻隐之心，仁之端也；羞恶之心，义之端也；辞让之心，礼之端也；是非之心，智之端也。

朱子注云：

> 恻隐、羞恶、辞让、是非，情也。仁、义、礼、智，性也。心，统性情者也。端，绪也。因其情之发，而性之本然可得而见，犹有物在中而绪见于外也。④

性，朱子认为"仁自是性，性即是这道理"。情，是仁中间的"爱之理"，发出来方有四端。"仁义礼智"是尚未发出的道理，四端则是道理已经发出的端倪。仁义礼智之本体不得而见，而是依凭四端得以发见，由四端可以推得仁义礼智，而进一步可以推得性情之次序。朱子以四端为情、仁义礼智为性，仁先于恻隐，故性先于情。"因情之发露，而后性之本然者可得而见"⑤，性是情之所发的原因，而由情之发动可以窥见性之本然。情的发动体现在具体的事情之中，且人气质各异，性情不尽本然，但是朱子的解释使得人可以由事至理、由情至性。但这并不意味着性情随事，依朱子意则当为心统性情、性、情囊括于心中。就心与性的关系，朱子认为"心性只是一个物事，离不得"⑥，

---

① 《朱子语类》卷第五十三，第 1282 页。
② 《朱子语类》卷第五十三，第 1281 页。
③ 《朱子语类》卷第五十三，第 1282~1283 页。
④ 《四书章句集注·孟子集注卷三》，第 239 页。
⑤ 《朱子语类》卷第五十三，第 1285 页。
⑥ "王（文）〔丈〕说：'孟子恻隐之心，一段，论心不论性。'曰：'心性只是一个物事，离不得。孟子说四端处最好看。恻隐是情，恻隐之心是心，仁是性，三者相因。横渠云"心统性情"，此说极好。"（《朱子语类》卷第五十三，第 1286 页）。

似将心性合一。仁之体存于心，使得此心本然，"仁之体存之于心，若爱亲敬兄，皆是此心本然，初无可见"①，或可说心之本然是为四端之情发动的前提，心中有情，由情见性。具体而言，朱子把性情归结为心的体用，性是心之体，情是心之用，心是包括性情的全体，而又时时感应周遭事物，发动不同的情性。即便人的性情禀赋不一，而因为人皆有此心，故皆具有以我之四端"阔而充之"的能力，是以"四端在我，随处发见。知皆即此推广，而充满其本然之量，则其日新又新，将有不能自已者矣"②。

因此，朱子通过将孟子四端以及仁义礼智纳入心性情的框架之下，很好地解决了李觏遗留下来的问题：无论是从仁心的普遍性还是从人皆有扩充本然之心的能力而言，即便人心存在凡与圣之间的差别，在孟子看来，人人皆可通过本然之性加以扩充，"若火之始然，泉之始达。苟能充之，足以保四海；苟不充之，不足以事父母"③。人也因此皆有朝向仁义礼智的可能，也皆有立法的可能。而圣人所以不同于凡人，在于圣人之心即道心，而道心即仁心，即天地之心。

回到不尊周的问题上，李觏强调的礼制中的凡圣之别也因此出现了一个新的向度：

> 圣人心与天同，而无所适莫，岂其拳拳于已废之衰周，而使斯人坐蒙其祸无尸哉！④

"已废之衰周"，是为上天所废。天命的更易是为圣人不拳拳于周邦旧法的原因，也是礼法更易的最深层次原因。但是，李觏遗留下来的另一个问题仍然没有解决：李觏和朱子一样，都认为天命决定着君主的废立，但是李觏认为君与民的位分关系也是天所立定的，即便存在暴君欺压百姓的事实，但是君与民之间的位分仍然因为上天的规定无法变更，唯一的出路便是试图让君主以安民为务⑤。那么，礼法之下的君臣位分真的只是依天命而立么？

三　礼之常变与天命有变

不光是朱子，孟子对于君臣位分的变更其实是持一种变通的态度。如《梁惠王下》章七云：

---

① 《朱子语类》卷第五十三，第1287页。
② 《四书章句集注·孟子集注卷三》，第240页。
③ 《四书章句集注·孟子集注卷三》，第239页。
④ 《孟子集疏》卷十四，孟子集注卷第一。
⑤ "嗟乎！天生斯民矣，能为民立君，而不能为君养民。立君者，天也；养民者，君也。非天命之私一人，为亿万人也。民之所归，天之所右也；民之所去，天之所左也。"《李觏集》卷第十八，第168页。

国君进贤，如不得已，将使卑踰尊，疏踰戚，可不慎与？①

朱子注云：

> 盖尊尊亲亲，礼之常也。然或尊者亲者未必贤，则必进疏远之贤而用之。是使卑者踰尊，疏者踰戚，非礼之常，故不可不谨也。②

"尊尊亲亲"，是就位分而言，如臣事君以尊、子事父以亲，皆是"礼之常"者，但是与"礼之常"相对的"礼之变"，便是"卑者逾尊""疏者逾戚"，因为就事实而言，位分上应当尊敬之人未必可敬、应当亲爱之人未必可亲，可敬可亲，是为孟子所述之"贤"，但是当面临位分、贤德的冲突时，孟子主张"如不得已"，贤德应先于位分，并以审慎的态度加以对待，具体而言，便是将"礼之变"置于"礼之常"中加以检验。③换言之，在孟子看来，礼本身有常变之分，当礼之常同变发生冲突时，礼应当以在不失其常的前提下，随具体情况作出积极的改变。就礼所以变的原因，《礼记·礼器》云：

> 先王之立礼也，有本有文。忠信，礼之本也；义理，礼之文也。无本不立，无文不行。礼也者，合于天时，设于地财，顺于鬼神，合于人心，理万物者也。……礼，时为大，顺次之，体次之，宜次之，称次之。尧授舜，舜授禹；汤放桀，武王伐纣，时也。④

"礼，时为大。"时，实时运。先王在本于"忠信义理"的基础上，以合乎天地人鬼之时运而制定礼仪，从而"合于人心、理万物"。天地人神之位分亘古不变，而天地人神之时则变动不居。如果天时不变、人心不易，便也无所谓"顺次之""体次之"之说。因此，礼之常便是人心之忠信义理，而就礼之变而论，或可分为两种，一种是"天时、地财、鬼神"之变，一种则是人心之变。前者不为人所控制，后者则是礼所出，亦是礼所用。也就是说，先王制礼，本是出乎忠信义理之人心，而用于人心。如朱子所言："礼器出人情，亦是人情用"⑤，礼之常变皆是出于人之性情，而当礼以"时"而变，则既涉及人情之变，也涉及天地鬼神等人所不及之事，是以《礼器》称"尧授舜，舜授禹；汤放桀，武王伐纣，时也"。上古易代伴随的君臣位分之变，皆是因"时"而发

---

① 《四书章句集注·孟子集注卷二》，第220页。
② 《四书章句集注·孟子集注卷二》，第220页。
③ "左右皆曰贤，未可也；诸大夫皆曰贤，未可也；国人皆曰贤，然后察之；见贤焉，然后用之。左右皆曰不可，勿听；诸大夫皆曰不可，勿听；国人皆曰不可，然后察之；见不可焉，然后去之。"
④ 孙希旦撰，沈啸寰、王星贤点校：《礼记集解·卷二十三》，北京：中华书局，1989年，第625页。
⑤ 《朱子语类》卷第八十七，第2244页。

生。这也同样为孟子所讨论，而在孟子的语境下，礼的变易所依据的"时"转化为
"天命"：

万章曰："尧以天下与舜，有诸？"孟子曰："否。天子不能以天下与人。"天下者，
天下之天下，非一人之私有故也。"然则舜有天下也，孰与之？"曰："天与之。"①

万章问曰："人有言：'至于禹而德衰，不传于贤而传于子。'有诸？"孟子曰：
"否，不然也。天与贤，则与贤；天与子，则与子。……丹朱之不肖，舜之子亦不
肖。舜之相尧，禹之相舜也，历年多，施泽于民久。启贤，能敬承继禹之道。益之
相禹也，历年少，施泽于民未久。舜、禹、益相去久远，其子之贤不肖，皆天也，
非人之所能为也。莫之为而为者，天也；莫之致而至者，命也。"②

万章问孟子是不是因为尧禅位给舜，所以舜才获得了天下。孟子说，并非尧将天下
给舜，而是天将天下给舜。虽盛德如尧舜之禅让，但天子位分的更易并不以个人的德性
为转移，而为天所定。因此在另一章中，万章说因为有人说禹没有像尧舜那样禅让，而
是把天下传给他的儿子，便以为禹的德性不足。孟子回应说，天欲给贤则贤，欲给其子
则给其子。究其原因，在于人生来的德性、气禀皆有差异，尧舜以及禹之子的贤或者不
肖皆是天生的，并非人力所为。虽然后天环境会对人有影响，如若按照朱子的解释，如
前所述，人出生的时候气禀、资质就已经千差万别。人的死生、吉凶都是由天所定，如
果仅仅是以后天环境而论，那么尧舜都是圣人，他们的子孙从小受到熏陶，如何不肖？
况且以舜父母之恶毒，如何会成就舜的盛德？因此，"非人力所能为而使人如此者，便
是天；非人力所招致而自致者，则是命"③。是以《中庸》④ 云：

天命之谓性，率性之谓道，修道之谓教。⑤

朱子注解"天命"为天命万物以理、理成就人之性的过程。但是因为人的气禀有
异，并不是所有人都能尽其性，而圣人则是例外，其言行无不率性而为，因此也能通达
众人之性，是以圣人根据众人性情背后所循之理加以节文，形成圣人之教，而礼、乐、

---

① 《四书章句集注·孟子集注卷九》，第 307 页。
② 《四书章句集注·孟子集注卷九》，第 308 页。
③ 吴丹：《天命与人心——从孟子不尊周谈起》，《切磋四集》，北京：华夏出版社，2014 年，第 157 页。
④ 依朱子意，《孟子》所述为发挥《中庸》中孔子的思想，因此朱子在注释的时候以同样的方法和思路
对待《孟》《庸》，故此处尝试引《庸》证《孟》。参见陈来：《中国近世思想史研究》，北京：生活·读书·新
知三联书店，2010 年，第 225 页。
⑤ 《四书章句集注·中庸章句》，北京：中华书局，1983 年，第 17 页。

政、刑皆包括在圣人之教中。① 不同于李觏将圣人制礼看成圣人仅仅依据自己的性情加以节文，圣人所行固然无不率性，但是朱子认为人皆秉有天理，人皆可依理修道而至于圣人之境。在朱子看来，圣人制礼设教，其来源有二：一是本于天理，二是合乎人性，前者灌注于后者之中、后者又是为前者的具体体现，而二者均为天命所定。由此，礼乐政刑均可上溯至天命所定，而天命却并不会为人所更易，如孟子所言：

> 莫非命也，顺受其正。是故知命者，不立乎岩墙之下。尽其道而死者，正命
> 也。桎梏死者，非正命也。②

无论是人物之生，抑或是吉凶祸福，皆天所命，但并非都是"正命"。只有"莫之致而至者"才是"正命"。比如孟子所说的桎梏死者，则是自己所招致的，而非正命。尽道是人所当为，不应招致死亡，但是如果尽道而死，便是人意料之外，即正命。由此，人的死生祸福，都是天所命，而非人力能为。因此，天子受位，本身也是天命所为，而非天子能力所为。但是，既然天命所降超出人的能力之外，我们又应当如何知道天命呢？

如前所述，李觏引《皋陶谟》印证天命有定之说，而朱子则针锋相对，采取了截然不同的解读：

> 圣人心与天同，而无所适莫，岂其拳拳于已废之衰周，而使斯人坐蒙其祸无已
> 哉！皋陶曰："天聪明，自我民聪明。天明畏，自我民明威。达于上下，敬哉有
> 土。"知此则知天矣。圣人之心，岂异是邪？③

天之聪明，并不是天直接视听于民，而是天以民之视听为聪明。天之明畏，并不是说天有好恶，而是天凭借民的好恶而展现为明畏。"达于上下"，即合天、民为一。因此有天下者在敬畏天命的同时，还需要敬畏百姓民心，因为民心本身便是天命的直接反映。只有以德行仁，才能享有天命，如果残贼仁义，就会丧失天命：

> 上帝既命周以天下，则凡此商之孙子，皆臣服于周矣。所以然者，以天命不

---

① 命，犹令也。性，即理也。天以阴阳五行化生万物，气以成形，而理亦赋焉，犹命令也。于是人物之生，因各得其所赋之理，以为健顺五常之德，所谓性也。率，循也。道，犹路也。人物各循其性之自然，则其日用事物之间，莫不各有当行之路，是则所谓道也。修，品节之也。性道虽同，而气禀或异，故不能无过不及之差，圣人因人物之所当行者而品节之，以为法于天下，则谓之教，若礼、乐、刑、政之属是也。盖人之所以为人，道之所以为道，圣人之所以为教，原其所自，无一不本于天而备于我。（《四书章句集注·中庸章句》，第17页）
② 《四书章句集注·孟子集注卷十三》，第349~350页。
③ 《孟子集疏》卷十四，孟子集注卷第一。

常，归于有德故也。……此章言不能自强，则听天所命；修德行仁，则天命
在我。①

但是在孟子的时候，周王并不是残贼之人，那么为什么周仍然会丧失天命呢？周之
天命丧失并非一人之原因。平王东迁之后，周室一落千丈，且无圣贤之君作而保其天
命。如朱子所述：

> 孔子作《春秋》，虽云尊周，然贬天子以达王事，二百四十二年之闲，亦屡书
> 矣。至于显王之时，天下不知有周室，盖人心离而天命改久矣。②

即便是尊周如孔子，在《春秋》中也屡屡贬斥天子违礼之事。而到了孟子之时，周
室已经完全丧失天命，而至于独夫的处境。如程子所言：

> 夫王者，天下之义主也。民以为王，则谓之天王、天子；民不以为王，则独夫
> 而已。二周之君，虽无大恶见绝于天下，然独夫也。③

依孟子言，君王因违背仁义而成为独夫。而违背仁义具体而言，便是程子所说的
"民不以为王"，由民意之向背可见君王之仁义与否。因此，孟子之所以置周王于不顾，
不去辅佐周王平治天下，是因为深知天命已改，周大势已去，无力回天。孔子以尊周为
本，而孟子却力劝诸侯行仁政而王，也在于此。孔孟所做的，并非李觏所说唯周礼是从
与否，而是顺从天命、顺应时势，君臣相待之礼也因为天命时势的变化具有变易的余
地。因此，若孔子在孟子的位置，也会劝诸侯行王道而王，而孟子处于孔子之时，也会
以尊周为义。因此，尊周抑或是不尊周并非孔孟最终的目的，"周邦"背后的天命与仁
义，才是孔孟所尊之处。至于诸侯之假仁害义，李觏、朱子争论中体现出的经学层面的
问题，以至于疑孟派解释同北宋政局之间的诸种关系，只能留待之后进一步探讨与琢磨。

---

① 《四书章句集注·孟子集注卷七》，第 279 页。
② 《孟子集疏》卷十四，孟子集注卷一。
③ 程颢、程颐撰，李吁、吕大临等辑録，朱熹编定，朱杰人、严佐之、刘永翔主编：《程氏遗书·二十
一下　附师说后》，上海：华东师范大学出版社，2010 年，第 343 页。

外国哲学

马基雅维利是否自相矛盾：阿加托克雷有德性、光荣么？

摘要： 马基雅维利在《君主论》中对阿加托克雷的态度似乎前后有所矛盾，他作为马基雅维利夸赞的最有德性的君主之一，有时却因为没有美德而遭到指责——然而马基雅维利却同时在《君主论》中劝告君主不要真的按照美德来行事。这里似乎有一种自相矛盾，本文通过分析"德性""光荣"的概念以及马基雅维利对它们的使用来指出并深化这一文本解读上的张力，并尝试说明这一解释张力的本身就可以是马基雅维利将其学说应用于写作上的尝试。

关键词： 马基雅维利　君主论　德性　政治哲学史

吴
鹏

马基雅维利昭著的臭名或许和"误解""诋毁"之类的词没有太过直接的联系，以至于施特劳斯认为仅仅复述一下这位"教授邪恶之人"的原话就足够做出断言："那么我们就别无选择，只能说马基雅维利是一个邪恶的人。"① 而斯金纳则拒绝这样的"传统解释"，认为马基雅维利所赞扬的那些卑劣手段只不过是因为他"意识到自己是一位政治专家"，因此"有时是以纯技术的方式发言的"（即将道德与否排除在外后的作为技术专家的考量）。② 斯金纳拒绝承认马基雅维利在以恶为善，而其中一个关键的论据便是《君主论》第八章中马基雅维利对阿加托克雷的评论："但是，屠杀市民，出卖朋友，缺乏信用，毫无恻隐之心，没有宗教信仰，是不能够称作有德性（virtu）的。以这样的方法只是可以赢得统治权，但是不能赢得光荣。"③ 然而我们很难仅仅因为这句话就转而支持斯金纳的论断，因为与之冲突的表述比比皆是，例如十五章中，马基雅维利认为对那些不至于亡国的恶行"可以毫不踌躇地听之任之"，而如果面临亡国的危机，那

---

① 施特劳斯：《关于马基雅维里的思考》，申彤译，南京：译林出版社，2003年，第2页。
② 斯金纳：《现代政治思想的基础》，奚瑞森、亚方译，南京：译林出版社，2011年，第147页。
③ 马基雅维里：《君主论》，潘汉典译，北京：商务印书馆，2005年，第40～41页。原译文将virtu译为"能力"，为了行文统一，我将此处virtu译为德性。

"他也不必要因为对这些恶行的责备而感到不安"，① 换言之，避免亡国优先于避免恶行；于是，一个显然的推论就是，至少面临亡国的危机时，上述阿加托克雷的恶行也都是能被马基雅维利所接受乃至可能称颂的。

那么，一个矛盾是：马基雅维利批评阿加托克雷没有德性（virtu）且无光荣的理由在其他地方却正是他对君主的建议，难道马基雅维利在试图教导出一个暴君以供他批评么？这过于荒谬，而本文将尝试对这一矛盾予以解释。

一　德性

（一）德性种种

马基雅维利说阿加托克雷是不能够被称作有德性的，不过文艺复兴时期"德性"（virtu）一词的使用并不完全符合当今的直觉。在那一时期，人文主义者们主张人的力量，要求人同命运（fortune）抗争，高度肯定人的能力、努力和劳作，被认为只要保持"人的德性"，那么即使命运带来种种不幸也总是能完成"最伟大和最崇高的事业"，达到"荣耀的最高顶端"②。"德性"与"命运"的联系并非偶然，不如说"德性"正是透过反抗"命运的反复无常的肆虐"而被理解③。命运，马基雅维利将之比喻为洪水，"当它怒吼的时候，淹没原野，拔树毁屋，把土地搬家"④，它破坏力巨大，然而如果提前修好堤坝和水渠，那么也将能够很大程度上避免其危害。而这正是那时人文主义者认为的"德性"的作用，即拥有德性意味着拥有诸种能力（或品质），这些能力能够应对命运给予的诸种苦难，甚至能够主宰命运⑤。

但这些能力在他们那里往往是许多张细琐的美德清单⑥，这或许和今天的德性更接近，然而马基雅维利在《君主论》中却多次暗示美德往往只是装饰品，如果有利则应该采取，如果有害则应当摒弃⑦。可见马基雅维利的"德性"并不必然包含美德，而更重视运用策略以抵御困难的能力，即"拥有德性就是掌握了能够卓有成效地运用权力/力

① 《君主论》，第74～75页。
② 《现代政治思想的基础》，第106页。
③ 《现代政治思想的基础》，第102、104页。
④ 《君主论》，第118页。
⑤ 见波考克：《马基雅维里时刻：佛罗伦萨政治思想和大西洋共和主义传统》，冯克利、傅乾译，南京：译林出版社，2013年，第39页。
⑥ 见斯金纳：《马基雅维里》，李永毅，南京：译林出版社，2014年，第40页。
⑦ 《君主论》，第1、74页，第84页。

量（power）的所有规则"①。此外，只就君主而言，马基雅维利所用的"德性"则更多指"君主为了'保持他的国家'和'成就大事业'而可能认为需要的那些品质"②。但重要的是，这也并不绝对，如施特劳斯所说，马基雅维利对德性的使用有一定的含混，有时的确是指美德善行③，在第三章第一节与第二节中我将分别尝试以这两种对德性的理解来分析阿加托克雷。

（二）解读的张力

然而，即使不考虑用语的含混，仅就马基雅维利对德性和命运（或现实的境况）的同时强调就带来了一种解读上的张力。马基雅维利的"德性"真的只要求"能力"或"美德善行"么？马基雅维利并不相信一种康德式的无关经验的永恒法则能够回应所有的现实困难，而声称自己的知识是"依靠对现代大事的长期经验和对古代大事的不断钻研而获得的"④，并且劝告说"一个明智的人总是应该追踪伟大人物所走过的道路的，并且效法那些已经成为最卓越的人们"⑤。取法于更优秀者的经验，就像把用弓瞄准时应该抬高一些一样，因为命运总是让人不能正好抵达目标。而想要真的提出卓有成效的策略以解决现代的现实问题，除了模范更卓越的人之外还当然需要钻研经验性的"现代大事"，其中不同现代国家的策略既提供了可参考的经验又同时是在做出当下决策时需要考虑的内容；古代大事除提供经验外，还一定程度上决定了现代的许多制度和观念，这对于策略而言仍然不可或缺。马基雅维利对经验的如此重视以及要求"抬高"目标，依 Kahn 所说正是因为"对于政治，愿望和结果之间并不存在一种模仿的关系，或至少可以说它们之间留有空隙"⑥，而马基雅维利对现实境况的重视让他并没有无限乐观到认为人只要有着美德善行就能够让一切遂心如意；所谓能力，如果缺乏对流变的现实的把握那么也并不能发挥什么作用。甚至很可能是，所有德性（例如维持统治的德性、写书的德性等）都要求对现实境况的研究和承认并且能够加以利用，换言之，是对反复无常的命运的驾驭，然而人真的能够做到这一点么？如果不能，那么难道那些伟大的英雄

---

① Nederman，Cary，"Niccolò Machiavelli"，*The Stanford Encyclopedia of Philosophy*，（Summer 2022 Edition）. 英文文献的引用均为自译。
② 《现代政治思想的基础》，第 148 页。
③ 《关于马基雅维利的思考》，第 56 页。
④ 《君主论》，第 1 页。
⑤ 《君主论》，第 24 页。
⑥ Kahn，Victoria，"Virtù and the Example of Agathocles in Machiavelli's Prince"，*Representations*，No. 13，（1986），p. 66.

是有德性的其实是因为他们最终结果的成功，因而实际上这很可能也有命运的眷顾？①
那么我们甚至是否应该说，一个人是否具有某种德性也需要根据其结果而定，因为命运
女神从来不肯提前告知人们她的计划而我们也不知道究竟下一次对抗中到底人和神谁会
胜出？

如果我们不把一切失败都归于能力的不足，那么无论是同意还是否认这一命题都将
在马基雅维利的论述中找到相反的意见以使得论证至少将变得无比复杂艰深，但我并不
意在消除这一张力，不如说我正是认为马基雅维利对阿加托克雷评价的复杂性正是这一
张力的体现，马基雅维利极为重视现实境况及其后果，然而同时也并不只因为后果就彻
底赞颂或否认一个人及其行为，这一张力带来的复杂性也正是其德性论所吸引人的一个
特点。

二　马基雅维利笔下的阿加托克雷

马基雅维利对阿加托克雷的集中描述在《君主论》的第八章，我将概述其中引起马
基雅维利注意的特点或事迹②：1. 阿加托克雷作为陶工的儿子而成为锡拉库萨的国王；
2. 他的成就毫无或者很少可以归功于幸运，而是出自他的能力和大勇；3. 他在一生的
各个时期都过着邪恶、野蛮残忍和不人道的生活；4. 他欺骗锡拉库萨的人民和元老院，
将其中最富豪的人和全体元老统统杀掉；5. 他以计谋迫使作为进攻者的迦太基人同他
议和，也因此得以保有西西里的领土；6. 他没有遭到市民的谋反，也得以善终③。

而在此处，他对阿加托克雷的评价大致可以概括为：1. 他的恶行使他不能被称作
有德性（virtu）的，也不配得到光荣；2. 他保持国家的能力极为卓越④；3. 他能够妥
善使用暴力⑤，因此他在和平时期也不会被他人以阴谋反对。

---

①　马基雅维利自己以"机缘"的概念来试图增强德性的作用，然而这最多只能说是增强了信心而难以
说服人相信"机缘"和命运无关以及遂着机缘行事就一定不会被命运干扰。更何况，在德性和命运之间已然
互相缠绕的情况下，我们很难相信真的还可以存在一个中间地带，见"Virtù and the Example of Agathocles in
Machiavelli's Prince"，p. 68.

②　《君主论》，第39~43页。

③　施特劳斯指责马基雅维利"对于他的可悲下场，却甚至没有暗示"，但施特劳斯自己也没有提到阿加
托克雷的下场究竟如何可悲，在我阅读的文献中也没有提到对这一史实的讨论，所以不得不暂时忽略这一质
疑。引文见《关于马基雅维利的思考》，第24页。

④　"如果奥利韦罗托没有上博尔贾的当，他的灭亡就会像阿加托克雷的灭亡一样困难了"，此句中阿加
托克雷保存国家的能力得到了极高的承认。见《君主论》，第43页。

⑤　"采取上述第一种办法（即妥善地使用暴力）的人们，同如阿加托克雷那样，由于神与人的帮助，对
于他们的地位会获得某种补益，而采取另一种办法的人们却不可能自保。"此处阿加托克雷同样作为这一能力
的代表而被提出。见《君主论》，第43页。

三　德性的审视：阿加托克雷有德性么？

（一）作为“能力”的德性

对于阿加托克雷，我们首先假设马基雅维利在批评他时所用的德性正是保持国家和成就大事业的能力，而不是特指的美德善行。那么一个快速而初步的结论将很可能是：马基雅维利自相矛盾，因为阿加托克雷在无论从能力上还是结果上来评论都将是极有德性的。

首先，据前所述，阿加托克雷有着极为卓越的军事能力，这使他在马基雅维利的表述中成为“保存国家”这一能力的代表，且在事实上击败了强大的敌人，最终也没有亡国；此外，他还能够妥善地使用暴力手段，以使他不会招致其统治下民众的反对，甚至不如说是受到他们的爱戴和保护[①]。前者使他不必担心外患，后者使他没有内忧，而这不正是一个君主保持自己国家的能力么？

还是说，这样的能力和成就可以被阿加托克雷的所谓恶行而掩埋？然而阿加托克雷的恶行却正像是听从了马基雅维利的建议似的。阿加托克雷以欺诈、暴力的手段而不是美德善行成为锡拉库萨的君主，但这并不应招致马基雅维利的批评，因为“我以为有一件事情是千真万确的：小人物不靠欺诈和武力而跻身于权贵，这种事却是极为罕见，或根本不可能发生”[②]，而他立即作为例证的是“最出类拔萃的范例”[③] 之一的居鲁士：“不靠欺诈，居鲁士不可能取得那些丰功伟绩。”[④] 除此之外，为了卫国而不择手段也显然不会招致马基雅维利的反对，不如说这正是他所提倡的。[⑤]

于是，我们将可以发现，对于这种德性而言，阿加托克雷不仅不是缺乏德性的，反而是饱有德性的，并且其德性还无比卓越：他可以带领军队绝处逢生，同时还能够妥善地使用暴力而不招致民众憎恨，甚至得到民众的爱戴和保护，这一卓越的能力和成就使得马基雅维利对他没有德性的宣称显得无比矛盾。

---

① “如果阿加托克雷如同那些作家所称的那样是一个暴君，那么马基雅维利就仿佛在暗示说他事实上是一种怪异的暴君”，因为对这一从不雇佣护卫的暴君来说“民众正是他的护卫”。见 McCormick, J., Machiavelli's Inglorious Tyrants, "On Agathocles, Scipio and Unmerited Glory", *History of Political Thought*, Vol. 36, No. 1, (2015), p. 35.

② 马基雅维里：《论李维》，冯克利译，上海：上海人民出版社，2005 年，第 242 页。

③ 《君主论》，第 25 页。

④ 《论李维》，第 242 页。

⑤ “凡是一心思虑祖国安危的人，不应考虑行为是否正当。是残暴还是仁慈。是荣耀还是耻辱，他应把所有的顾虑抛在一边，一心思考能够拯救其生命、维护其自由的策略。”见《论李维》，第 429 页。

（二）作为美德善行的德性

如果假设此处的德性恰好就是指美德善行，那么我们将很可能同意斯金纳的论断：阿加托克雷诚然有着卓越的能力，但他在"一生的各个时期都过着邪恶的生活"①，他冷酷无情地使用罪恶手段，这使得他丧失了荣誉以及美德的称号②。但这看上去将是可疑的，因为"传统解释"中马基雅维利缺乏对美德的敬意，那么也就没有必要去指责一个君主在美德上的缺失了。这不无根据，在同时代人的主流论述还是为君主开出布满华丽辞藻的美德清单时，《君主论》中清楚无误地用"德性"意指美德的情况只有三次③，以至于 Hexter 总结说"他轻蔑地把大部分美德抛在一边，因为它们对指导人类的行动毫无用处。"④ 这在《君主论》的第十五到十八章中得到了极好的体现，马基雅维利也列出了一张美德和恶德的清单，然而语言平实简约，甚至看上去根本不意在于倡导美德，反而是劝导君主只是显得有美德就足够了，而最好不要真的按照美德的清单去践行。他说"如果具备这一切品质并且常常本着这些品质行事，那是有害的；可是如果显得具备这一切品质，那却是有益的"，君主要"做一个伟大的伪装者和假好人"，而尤其是新君主，将"不得不背信弃义，不讲仁慈，悖乎人道，违反神道"。⑤

这种传统而常见的说法有其解释上的合理之处，然而马基雅维利对美德的态度并没有如此简单。在同一章中，他说"如果可能的话，他还是不要背离善良之道"⑥，而不能遵守美德也是因为现实的情况下人必然是有限的，因而不可能同时具备一切美德，而如果一个君主试图强行做到全部传统的美德，那么他将很可能得为自己的天真而付出亡国的代价⑦。如史蒂芬·史密斯所说，"马基雅维利把极端处境当作正常状态，因而让道德适应于极端"⑧，我们最好也将马基雅维利的主张置于诸种极端情况当中来予以考虑，那么，"如果必须的话，他就要懂得怎样走上为非作恶之途"这一教导的价值将更加得以体现：他劝导君主在命运或环境极为恶劣时，也必须拿出充足的勇气和能力以挑战传统美德，由此才得以在现实的不确定性、命运女神的偏私、传统力量的裹挟等中拥

---

① 《君主论》，第 39 页。

② 《现代政治思想的基础》，第 147 页。

③ Hexter, J. H., "The Loom of Language and the Fabric of Imperatives: The Case of *Il Principe* and *Utopia*", *The American Historical Review*, Vol. 69, No. 4, (1964), pp. 956—957.

④ "The Loom of Language and the Fabric of Imperatives: The Case of *Il Principe* and *Utopia*", pp. 957.

⑤ 《君主论》，第 84~85 页。

⑥ 《君主论》，第 85 页。

⑦ 《君主论》，第 74 页。

⑧ 史密斯：《政治哲学》，贺晴川译，北京：北京联合出版公司，2015 年，第 135 页。

有立足的力量，而不是因为天真而牺牲掉一个国家的自由。这种仿佛在让"极端"情景常态化的表述可能让人感到不安，但考虑到马基雅维利劝告把目标"抬高"一些，强调以"迅猛"来对抗反复无常的命运①，那么他在劝告君主时采取的极端化的戏剧风格也将可以被理解为将自己信念实践于写作的尝试②。

这种对美德善行的复杂态度与德性的能力论解读有所联系，正是在考虑人现实境况的有限性时，马基雅维利对命运的忌惮显出了他所述德性与结果之间的空隙，因而美德善行正成为君主尽量不要冒犯的东西，因为它完全可能带来超出能力控制范围的恶果，但同时又以夸张和极端化的劝告以使得君主在遭遇命运肆虐的时候又能够有能力去突破其束缚。

而阿加托克雷，如果根据马基雅维利对他的描述，则显然走到了有能力却没有美德的一面，因为他在"一生的各个时期都过着邪恶的生活"。他当然有为了卫国而不择手段的一面，然而如果在毫无必要的情况下也滥用邪恶手段的话则不能成为马基雅维利的模范君主。看上去，这就是马基雅维利为何对这一卓越君主也加以批评的理由了。然而问题在于：阿加托克雷不正是被他评价为能够妥善使用暴力的君主么？一个受到民众爱戴和保护的君主和一个一生过着邪恶生活的君主之间是否可能没有矛盾呢？

四　光荣的审视：阿加托克雷有光荣么？

我认为这一质疑是较为关键的，事实上，如果考虑马基雅维利对塞韦罗、居鲁士等人的描写，会发现他们与阿加托克雷是高度相似的。然而区别至少在于，马基雅维利宣称阿加托克雷是没有光荣的③。上述马基雅维利对美德善行的复杂态度展示了对其德性解读的张力，而光荣则增强了张力两端的关联。

对光荣，马基雅维利说"一位君主如果能够征服并且保持那个国家的话，他所采取的手段总是被人们认为是光荣的"④，这将光荣和现实境况中的结果高度关联在了一起，并且这种与现实境况的关联还被进一步强化了：即使欺诈本不具有任何光荣，如果欺诈的是敌人，那么越精妙的欺诈将配得上越大的光荣⑤，而即使是对公民施以卑劣的手段

---

① 《君主论》，第121页。
② "简而言之，马基雅维利式的政治世界本质上具有反讽的意味，在这个世界中最有效的行为方式始终是戏剧性和夸张的。"见"Virtù and the Example of Agathocles in Machiavelli's Prince"，p. 67.
③ 这并不让人意外，如 McCormick 所说，在马基雅维利时代以及更久远的历史学家、散文家等都倾向于无视或贬损阿加托克雷，或至少也是倾向于矮化他的成就。McCormick, J., "Machiavelli's Inglorious Tyrants, On Agathocles, Scipio and Unmerited Glory", *History of Political Thought*, Vol. 36, No. 1, (2015), p. 36.
④ 《君主论》，第86页。
⑤ 《论李维》，第427页。

54

也不必然使他的光荣减少，因为"群氓总是被外表和事物的结果所吸引，而这个世界里尽是群氓"①，可见光荣与行为方式、对象及其现实结果有着很高的关联。

那么"光荣"意味着什么呢？1. 根据前引，光荣在于能够保卫国家不至倾覆，为此无论什么手段都仍然光荣；2. 根据前引，在战场上以精妙的方式战胜敌人；3. 光荣意味显示出美德②；4. 最大的光荣"莫过于由他创制新的法律和新的制度"③。其中1、2、4都意味着对能力有极大的要求。

和德性一样，光荣既要求一个君主有卓越的能力，也要求他在现实中有所成就。但一个区别是格外值得注意的：相较而言，一个人是否有德性更关乎他个人，但一个人是否有光荣则更需要关注别人对他的评价，也正因此才可能靠欺骗群氓的方式来防止自己的光荣减少。于是，实际上光荣比德性还要更加关注结果和对结果的评价，因为光荣甚至可以在由残酷而得来的现实成就之上通过对美德的表演来获取，同样地，即使是真正值得称颂的行为也可以因为错误的展现乃至矫饰的缺乏而失去光荣。于是这里就将得到第一个阿加托克雷没有光荣的原因了：他对恶行不加矫饰。

甚至他不仅不加矫饰，还迫害了能够分配光荣的群体。在马基雅维利所处的时代，元老和能写作的精英能够极大地塑造或摧毁一个人的光荣④，"要获得荣誉，至少传统上，一个人必须展示出对元老和作家的顺从"而"阿加托克雷则对元老院和作家都不屑一顾；他只关心自己和自己的广大公民士兵"⑤，甚至他还以欺骗的方式杀害了锡拉库萨共和国中的元老和富豪们⑥，这将可以作为其没有光荣的第二个理由，这在一定程度上解释了为什么阿加托克雷既然得以善终甚至民众就是他的护卫，却同时又在那个时代广受批评，毕竟掌握光荣的分配权的群体将被他的行径所激怒，而敌国则能以他不加矫饰的恶行作为宣战的理由。

然而即使如此，马基雅维利也不必一定顺从他同时代人的主流意见，毕竟他已经冒犯他们太多了。如果阿加托克雷果真能力和结果都极具有德性，因而他正是马基雅维利的模范君主，那为之再冒犯一次同时代人并不让人感到奇怪。然而阿加托克雷却未必如此有能力，也未必真的实现了足够好的结果。阿加托克雷诚然有着无比卓越的能力，却

---

① 《君主论》，第86页。

② 不贪婪、不自私、率领贵族和武装的平民英勇作战而不是找雇佣兵都被视作美德、光荣。见《君主论》，第46、55、60～61页。

③ 《君主论》，124页。马基雅维利为何如此在乎创制律法可参考《论李维》第一卷，第16～18章，还可参考《马基雅维里时刻》，第178～180页。

④ "传统上，是元老们将'Africanus'这样的荣誉称号授予胜利的指挥官和模范的行政长官的；随后，作家们在历史上宣传这些人的名声和他们的称号。"On Agathocles, Scipio and Unmerited Glory", p. 31.

⑤ "On Agathocles, Scipio and Unmerited Glory", p. 31.

⑥ 《君主论》，第40页。

也还不能赢得最大的光荣，即建立"新的法律和新的制度"①，他没有如那些英雄一样建立一个新的繁荣昌盛的国家，而是将一个共和国变回了君主国，甚至是僭主国，而马基雅维利在《论李维》中丝毫不掩饰自己对共和国及其自由的偏爱和维护②；同时，阿加托克雷的出身也让他难以得到马基雅维利的全部认可，马尔科因世袭而能够"不依靠军队也不依靠人民的力量"③ 从而被认为荣耀，而《论李维》中马基雅维利也并不信任篡权者④："鲜有恶人在登上王位后打算行善，即使他有过运用自己以卑鄙手段篡夺的权力去行善的念头。"⑤ 那么，这将可以得到第三个阿加托克雷没有光荣的理由：他破坏了一个共和国而取代之以一个僭主国，这一行为让马基雅维利也不愿意将光荣授予于他。

结　语：关于"矛盾"与"张力"

总结以上所述，阿加托克雷基于如下原因而没有得到光荣：1. 对恶行不加矫饰；2. 杀害元老及富豪；3. 以僭主国取代原有的共和国。光荣的获取和"能力"与"命运"都有着莫大的关联，马基雅维利承认作为陶工儿子的阿加托克雷除了以邪恶之道外几乎不可能成为君主；而杀害元老这样的做法几乎可以只是某种为此的"不得不"；而出于人们的恐惧或贵族的利益，他即使以善良之道而成为君主，那么其出身也让他未必能逃开"僭主"的称号。因此可以得出的结论是，至少对于光荣，马基雅维利没有在阿加托克雷这里自相矛盾。

然而对于德性呢？似乎总是可以设想，如果他再有能力一些，犹如为防水灾而提前修筑河堤一样，如果他拜托历史学家对自己的出身做谱系考察而伪证自己其实是贵族呢？如果他杀害元老之后将他们污名化而正当化自己的行为呢？如果他不只是关心自己的民众而士兵还很关心与各国维持友好关系并派吟游诗人传唱自己的颂歌？是否这样他将不会遭到那么多贬斥也能使他的国家繁荣昌盛以至成为一个帝国？⑥ 但我们真的又可以将这些视作他能力的缺乏么，还是或许我们只能依靠结果去反推其能力一般？然而如果只能如此反推的话，那马基雅维利将什么也没有教导。

---

　　① 显然破坏掉一个文明国家然后新颁布一部野蛮法律并不会是这里所表达的"新的法律和新的制度"，而是说要使得腐败的民众移风易俗，见《论李维》第一卷，第 18 章。

　　② 部分理由概述于此：人民比君主更聪明，更忠诚（《论李维》，第一卷，第 58 章）；共和国比君主更信守承诺，比君主更值得信赖（第一卷，第 59 章）君主和城邦的利益往往互相冲突（第二卷，第 1 章）。

　　③ 《君主论》，第 98 页。

　　④ 但这并不必然，例如居鲁士。

　　⑤ 《论李维》，第 100 页。这并不奇怪，这也只是对阿加托克雷的一种"传统谴责"，见《关于马基雅维利的思考》，第 106 页。

　　⑥ 显然这是在马基雅维利的语境下进行的设想，对他而言，这些卑劣的手段并不必然值得谴责。

于是对于阿加托克雷是否"不能被称作有德性"这一问题，回答起来要比光荣困难很多。然而即使马基雅维利在这里自相矛盾了，我也不认为这意味着他的教导缺乏价值①。被视为政治现实主义先驱的马基雅维利②认为自己"最好论述一下事物在实际上的真实情况"③，而现实的政治世界的确有相当足够的复杂性以使他保持一种灵活，甚至 Kahn 说，马基雅维利的"德性"根本没有一个"实质的定义"（substantive definition）④，我认为这一论说太强了，因为无论如何马基雅维利至少会认同德性中包括君主保持国家和成就伟大这两项，但这里对这种灵活性的强调我认为是确实无误的。

一如马基雅维利要求"随时顺应命运的风向和事物的变化情况而转变"⑤，灵活而不是固定某个特定规则，这或许更契合其"德性"。由此他的"极端"甚至矛盾也将能够得到一种辩护，即他正是以此来挑战人的固有观念，为新的规则、信念和解读提供可能性，他以夸张和反讽挑战既定的认知，例如挑战原有的美德清单以揭露其伪善⑥，而对阿加托克雷这样传统解释中的僭主、暴君也在能力方面给予极高的认可；如果我们都能够想象有更为温和的写作方法，那么为何他要如此写作就是一个值得提出的问题，而我想这将可以是一个答案：马基雅维利对德性的要求包括一种极为灵活的特质，这使得他的模范君主不能是一个囿于某些固定规则的人，而他正就以此夸张和反讽作为一种"抬高"目标的教育方法，那么或许在他想象中即使一个保守的君主认为他这样太离经叛道了，那或许也将比之前更可能灵活。

对于实际上无比复杂同时也并不完全可控的现实而言，这种灵活、这种解读上的张力与对于矛盾的争论本身也显示了一种反思性的审慎，而这或许正是担任过外交官和史官的马基雅维利对"命运"、对现实留有的极大敬意。我想，保留这样的张力和灵活比提供一本写满具体规则的《君主守则》要有价值得多，而这也是直到今天阅读《君主论》仍有价值的一个原因；而留下了这样分析和解释空间的"德性"概念，也正因此张力和灵活而显得吸引人，因为随着读者个人的成长，"马基雅维利的智慧"可能也将一并成长。

---

① 但有价值并不意味着需要全盘接受。

② Korab-Karpowicz，W. J.，"Political Realism in International Relations"，*The Stanford Encyclopedia of Philosophy*，（Summer 2018 Edition）.

③ 《君主论》，第73页。

④ "Virtù and the Example of Agathocles in Machiavelli's Prince"，p. 67.

⑤ 《君主论》，第85页。

⑥ 可参考格兰特：《伪善与正直——马基雅维利、卢梭与政治的伦理》，刘梽彤译，上海：华东师范大学出版社，2017年，第37～38页。

"所有的先验构成都是社会机制"？

——从丕平、图尔肯、霍耐特的批评探讨布兰顿的黑格尔解读是否可行

唐滋芃

摘要：布兰顿想要借助黑格尔的资源，以从物解读的方式回答 20 世纪后半叶分析哲学语境中出现的一个著名问题，即如果理解一个概念的意义等同于理解语言游戏的规则，那么对语言内容的理解与对规范的理解之间哪一个具有优先性？其成功解读的标准有三：1. 是否能够回避黑格尔的形而上学—逻辑学预设；2. 是否能避免自然主义的倾向；3. 是否能够解决在康德那里就已经出现的规范无穷倒退问题。从图尔肯、丕平、霍耐特的批评和布兰顿的回应中，可以看出如果布兰顿想要达到标准 3，那么他要么达不到标准 1，即不能避免借助黑格尔的形而上学构想；要么达不到标准 2，即不能将自己的方案与自然主义者有效地划清界限，在这个意义上，布兰顿的"解读"以及分析哲学与德国观念论的对话仍然具有很大的空间。

关键词：布兰顿　黑格尔　相互承认　自然主义

导　言

罗蒂（Richard Rorty）曾在 20 世纪 90 年代在为塞拉斯（Wilfrid Sellars）的《经验主义与心灵哲学》（1956）所写的导言中提出了一个判断：如果说塞拉斯的哲学方案是"试图将分析哲学从休谟阶段推进到康德阶段"，那么布兰顿（Robert Brandom）的哲学方案是"试图将分析哲学从康德阶段推进到黑格尔阶段"①，罗蒂对此并没有进一步说明其中关涉的三个问题：分析哲学遇到的问题是什么？布兰顿提出的解决方案是什么？该解决方案与黑格尔的关系？对于以上三个问题的回答的意义不仅在于把握布兰顿本人

---

① Rorty，R.，"Introduction"，*Empiricism and the Philosophy of Mind*，（Cambridge：Harvard University Press，1997），pp. 3，8.

的思想及其所在实用主义传统中的位置，而且可以发现德国古典哲学与英美哲学对话和交融的契机。

穷举以上问题的答案几乎可以囊括布兰顿的整个思想，而本文试图探讨的是其黑格尔解读中争议相对较大的一个角度："相互承认"概念的实用主义解读，其中的核心思想可以被表述为"所有的先验构成都是社会机制"。① 下文将对此解读的评估分为五个步骤，首先，介绍布兰顿提出此思想的文本脉络及其解读的目的，并归纳其具体论证；在第二部分，本文将引入图尔肯（Alper Turken）和丕平（Robert Pippin）对布兰顿提出的质疑以总结布兰顿文本资源中可能提供的回应；第三部分与第四部分旨在重构《信任的精神》一书中对于自然主义的可能回应，并且借助霍耐特（Axel Honneth）对布兰顿的批评，试图论证布兰顿借助黑格尔文本对于自然主义的回应，要么会陷入循环论证的危险，要么可能引入形而上学预设；第五部分总结以上评估，并提出可能的问题和回应。

一 "所有的先验构成都是社会机制"——黑格尔的"规范实用主义"解读

促使布兰顿走向德国哲学的动因有两个，一方面需要一种新的"话语规范来源"的解释理论以解决无穷倒退问题，另一方面又不能走向一种自然主义以模糊规范与非规范之间的界限。

语用学的意义理论认为，"掌握一个词的意义当且仅当说话者能正确地使用它"，然而这一理论面对的问题是如何处理"话语规范的应用"与"话语规范的理解"之间的问题，如果认为后者先于前者，无疑会面对一种"无穷倒退"的问题，我们仍有理由追问"我们出于什么样的规范理解要使用的话语规范"？

---

① 本文涉及对于布兰顿理论中相关术语的翻译，除"所有的先验构成都是社会机制（all transcendental constitution is social institution）""《先哲往事》（*Tales of the Mighty Dead*）""《信任的精神》（*A Sprit of Trust*）"参考孙宁：《布兰顿思想中的黑格尔资源：考察与评估》，《哲学分析》，2021 年第 4 期，第 69～84 页；其余术语均参考陈亚军：《实用主义：从皮尔士到布兰顿》，南京：江苏人民出版社，2020 年，第 258～284 页。"相互承认"的实用解读最早可以追溯到其 2002 年的讲座稿《黑格尔观念论中的实用主义诸主题》（*Some Pragmatist Themes in Hegel's Idealism*），此讲稿后收录在《先哲往事》中，2007 年出版的《哲学的理性》（*Reasons in philosophy*）中进一步指出，康德与黑格尔的不同正是在于后者提出了一种基于相互承认的"规范的产生机制"，这种机制扩展了康德—卢梭式的"启蒙主义"理想，将"通过理性整合活动综合规范性个体自我或者主体"扩展为"通过相互承认的实践，将个体（具有规范性地位的主体）及其共同体进行综合"，类似的说法出现在 2014、2016 年的讲座稿中，直到 2019 年的专著《信任的精神》（*A Spirit of Trust*），布兰顿的大致说法几乎没有变动。见 Brandom, R., "Some Hegelian ideas of note for contemporary analytic philosophy", *Hegel Bulletin*, Vol. 35, No. 1, （2014）, pp. 1－15. 以及 Brandom, R., *Heroism and Magnanimity: The Post-Modern Form of Self-Conscious Agency*, （Milwaukeeq: Marquette University Press, 2019）, pp. 2－24.

尽管在《先哲往事》中尚未提及，但在更早的文本《使之清晰》中，布兰顿明确反对了另一种解被他称为"规律主义"（regularism）的解决方案。规律主义试图将规范行为理解为根据自然法则进行的"行为习惯"。布兰顿在《使之清晰》中对此的回应是，以上做法会模糊"智性生物"与动物、简单的反应装置之间的界限，[①] 因而会模糊"实际做什么"与"应当做什么"之间的界限。[②]

在本节当中，本文将介绍布兰顿如何借助黑格尔的资源实现第一个动因，在第三、四部分介绍其如何借助对《精神现象学》的解读实现第二个动因。

布兰顿认为，从康德—黑格尔的理论转向的问题意识与其具有相似的问题域。康德认为区分自然生物与智性生物的关键在于，后者是"承诺"（commitment）的承担者，其能够承担一定的义务而非简单地回应外界的刺激，具体到话语实践中，"概念"（concept）就是规范，它决定了我们所说的话语是否具有意义，因此，任何一个"判断"都是一个实践行为，它关乎是否正确地遵循概念隐含的规范。[③] 这使得对于"必然性"（是否符合规范）的追求取代笛卡尔主义对于"确定性"的追求（心灵内部的知识是否符合于外在世界）。康德的上述解决方案仍然会带来"话语规范理解"与"话语规范应用"之间的紧张关系，[④] 因为康德给出的答案是"规范是先验的"：

> 因为康德讲述了一个两阶段的故事，根据这个故事，一种活动建立了概念规范，然后另一种活动应用这些概念。首先，一个反思性的判断（以某种方式）做出或找到阐明经验性概念的确定规则。然后，也只有在那时，这个概念才能被应用于确定的判断和准则，这些判断和准则是前两个批判的最终主题。[⑤]

尽管康德的"二元论"通过强调"规范态度决定规范地位"（attitude-dependence of normative statuses）的启蒙主义"积极自由"理想，但它却"悖论性"地阻碍了"自由"的达成。在前现代社会中，主体是否遵循规范独立于主体对此的认同状态，即主体的"规范态度"（norm-attitude）独立于规范所确定的"规范地位"（norm-statue）。然

---

① 布兰顿与自然主义者的关系还可以勾连更多的哲学讨论，蒯因的自然主义曾受到戴维森（Donald Davidson）的批评，后者在指称问题上要求引入一种"三元关系"（语词—世界—解释者）以区别自然物对于刺激做出的反应与说话者话语实践，而塞拉斯进而强调说话者与动物、人工反应装置的不同在于，前者能够在一个"理由空间"内进行推理实践，以此建立语言的意义，详见 Redding, P.：*Analytic Philosophy and the Return of Hegelian Thought*，（New York：Cambridge University Press，2007），pp. 69~79.

② Brandom, R., *Making it Explicit*，*Reasoning*，*Representing*，*and Discursive Commitment*，（Cambridge：Harvard University Press，1994），p. 27.

③ Brandom, R., *Tales of the Mighty Dead*，（Cambridge：Harvard University Press，2000），p. 212.

④ *Tales of the Mighty Dead*，p. 212. "紧迫的任务是理解我们如何能够承诺自己，让自己对一种规范负责，从而确定我们所做的事情的正确性？"

⑤ *Tales of the Mighty Dead*，p. 213.

而在康德及其所代表的启蒙主义传统中，哲学家们崇尚一种积极自由的理念——我们具有能够做什么的自由（free to do sth.），积极自由的基础在于每个人具有一种能动性（Spontaneity），即自我做出承诺，自我负责的能力，通过自我负责，自身具有某种权威性，即自我约束自身的权威，[①] 在这个意义上说，任何规范的本质都不是"给定的"，而是人依靠自身理性能力而建立的，"规范地位依赖于规范态度"（attitude-dependence of normative statuses）。在康德的对于语言游戏的规则的二元论解释方案当中，我们并不对规范的内容承担责任，而仅仅对于规范的实际应用承担责任，因为前者由先验统觉发挥作用而产生，并且是所有人普遍具有的能力，我们的任务只是在经验活动中不断修正以使得规范能够正确运用，[②] 因而康德—卢梭的方案总是会面临一个两难：要么承认规范是绝对的，这个意义上说话者总是存在"被规范束缚"（constraint by norms）[③] 的不自由的情况；要么承认每个人根据自身不同的态度得到不同的规范，然而这又可能陷入无穷倒退的危险，因为必须要新的标准以确立哪一个规范是"理性"的。

布兰顿说，正是在这一点上黑格尔批判康德，黑格尔是一个一元论者，概念的内容（规定性）与概念的使用应当是同一个过程，但不同于自然主义，黑格尔的思路是使用基于"相互承认"的主体间模型去代替康德提出的个人视角的先验统觉过程：

> 在我看来，黑格尔正是在这一点上批评了康德。他认为康德对于经验性概念内容的确定性的起源和性质，一反常态地不加批判。黑格尔的主要创新之处在于，为了贯彻康德关于心灵、意义和理性的本质上的规范性的基本见解，我们需要认识到，诸如权威和责任这样的规范性地位根本上是社会地位。他把康德关于通过理性整合的活动来综合规范性的个人自我或主体（统觉的统一体）"的论述，扩展为"个体统觉自我（规范性地位的主体）与其共同体通过相互承认的实践活动完成的综合活动"的论述。[④]

将某人称作"自我"，当且仅当，此人能够自我立法，即能够做出承诺和承担责任——因而是一个潜在的认知者和行为主体。x 所遵循的规范的内容，来源于他人 y 的行为，而 y 之所以做出这样的行为，是因为 y "认为 x 具有××权威"（taking sb. to），

---

① Brandom, R., *Reasons in Philosophy*: *Animating Ideas*, (Cambridge: Harvard University Press, 2009), pp. 58—59.

② *Reasons in Philosophy*: *Animating Ideas*, p. 65. 例如，某人看到远处走来模糊的身影，他将其判断为"狗"，借助连续的经验（模糊的身影逐渐向他走来），他更改之前的判断，将其认作"狐狸"。在康德的理解中，某人产生"狗"和"狐狸"的概念生产过程是自发的过程，他并没有对此承担义务，仅仅在根据经验产生的信念修改过程中，某人才对其信念的正确与否承担义务。

③ *Reasons in Philosophy*: *Animating Ideas*, p. 60.

④ *Reasons in Philosophy*: *Animating Ideas*, p. 66.

这样的行为在 y 看来就是 y 对其责任的实践，简而言之，规范的内容来源于他人的规范态度以及相应的行为，反之亦然，主体也可以根据自己对于自身规范地位的理解而赋予其他人"规范地位"。因而，某人之所以建立对自身"规范"的理解，一方面来源于自身的规范态度，另一方面来源于他人对于"规范"的"应用"（做出什么承诺取决于你自己的思考，但是诸承诺的内容却是他人规范态度的结果）以上即是一种通过"相互承认"的态度对规范进行理解和应用的过程，它预设了参与话语实践的个体需要处于某个交往的共同体当中，才能够获得其实质上的权威"。因而我们可以在两个维度解释"规范应用"与"规范理解"之间的同一关系：

1. 在主体间维度，共同体某些成员之间规范的建立过程即是其他成员规范的应用过程。

2. 在主体内部，主体以其他规范为标准来确定不同规范之间发生自由的取舍和整合过程，在这个意义上，规范的确立同时也是其他规范的运用过程。①

1 与 2 的过程被布兰顿称作一种理由的索取－给予游戏，我们通过一种类似记分游戏的机制参与话语实践和建立话语规范。

因此布兰顿断言，一切先验的构建都是一种社会机制，② 而这使得通过"积极自由"阐释话语共同体的理想得以可能——"我们设定规范，我们遵守规范"③，因而我们能够彼此信赖地交流。

二 布兰顿的"从物解读"能否避免自然主义的批评？——图尔肯、丕平 vs 布兰顿

布兰顿的解读招致了一些批评，以丕平、图尔肯为代表，主要集中在两个方面，首先是布兰顿是否给出了一个精确的黑格尔解读；其次是基于"相互承认"建立的一元论模型是否能与自然主义提出的基于"自然规律"建立的一元论模型之间划清界限。

对于第一个问题，丕平认为布兰顿只是提出了一个规范生成"形式化"机制，而黑格尔探讨的不仅是对十规范的理解如何在人类精神中的演化过程，并且通过此过程对于

---

① 新的规范的理解同时也是社会过程的产物，在一个交往共同体当中，人们不可能对于一切断言都追问理由，人们反而会向对此断言的质疑所要理由，"如果很多断言在被证明是有罪之前，都被当作无辜的话……那么无穷倒退的威胁就会得到消解"。(*Making it Explicit*，*Reasoning*，*Representing*，*and Discursive Commitment*，p. 177)，翻译参考《实用主义：从皮尔士到布兰顿》，第 268 页。

② *Tales of the Mighty Dead*，p. 216－217.

③ *Reasons in Philosophy*：*Animating Ideas*，p. 76.

思维与存在的同一性立场进行哲学的证成，① 类似地，图尔肯认为布兰顿忽视了黑格尔对于理性结构先于"承认结构"。②

布兰顿对丕平的回应是，他承认自己与黑格尔是在"不同层级"工作，前者并非对于"规范"的实质性探讨而是对于"规范"的"清晰化"说明，这意味着黑格尔更关注"思辨逻辑"在规范变化中的体现，而自己则关注"日常经验概念"与规范的关系：

> 更重要的是，我想在基础层面上应用这个模型，以此来思考普通经验性概念规定性的发展，而不是体现和表达对规范性权威本身性质的看法的更高层次的哲学、逻辑、"思辨的"（speculative）概念。③

从布兰顿对于丕平的回应来看，他似乎承认自己并不想做出一个精确的黑格尔解读，因为后者的工作关乎"更高层级"，而自己则旨在关注日常语言的建立机制是如何逐渐清晰化地被揭示，换句话说，布兰顿想将黑格尔引入分析哲学讨论的同时拒绝他的形而上学—逻辑学规划。

这样的解释路径合法性在什么地方？布兰顿承认自己的解读可能会给读者带来的印象是，自己的观点和其被解读的哲学家之间的差异可能过大，④ 然而这并不意味着将自己的想法"强加"给死者，他在多处提及自己的解释学方法是一种"从物（de re）解读"以区别于"从言（de dicto）解读"。⑤

任何的文本都具有其"语境"，这意味着任何对于哲学文本的解释都是一种"推理活动"，解释者关心眼前的文本如何通过一系列前提"推论"得出，以及通过这些文本能够得到什么样的结论。"从言解读"使用的前提是文本的作者的其他文本，得到的结论是作者自己想要回答的问题，因而这样的解读的目的是对文本给出一种精确的解读。而"从物解读"的目的是弄清楚作者"事实上"（in truth）会回应哪些问题，这些问题并不一定是作者本人提出过的。⑥

布兰顿认为两种解读方式都是合法的，因为这关乎不同解读者个人的"意图、兴趣

---

① Hammer, E.(ed.), *German Idealism: contemporary perspectives*, (New York: Routledge, 2007), p. 164.

② Turken, A., "Brandom vs. Hegel: The Relation of Normativity and Recognition to the True Infinite", *Hegel Bulletin*, Vol. 36, (2015), pp. 225.

③ Brandom, R., "Responses to Pippin, Macbeth and Haugeland", *European Journal of Philosophy*, Vol. 13, (2005), pp. 432−433.

④ *Tales of the Mighty Dead*, p. 90.

⑤ *Tales of the Mighty Dead*, pp. 90−107; Brandom, R., "Hermeneutic Practice and Theories of Meaning", *SATS-Nordic Journal of Philosophy*, Vol. 5, (2004), pp. 5−26. 以及 Brandom, R., *A Spirit of Trust: A Reading of Hegel's Phenomenology*, (Cambridge: Harvard University Press, 2019), pp. 306−313.

⑥ *A Spirit of Trust: A Reading of Hegel's Phenomenology*, p. 308.

和计划"，① 显然，他自己的解读采取的就是后一种策略，② 在此前提之下，如果要对于布兰顿提出质疑，要么质疑布兰顿引用的前提本身是不真实的，要么质疑他试图借用的文本与它自己的其他前提可能是不融贯的。

即使区别了两种解读方式，布兰顿仍然需要解决的问题是由相互斗争形成的不对称的"权力关系"多大程度上能够影响到由"相互承认"态度进行的理由交换活动。这关乎布兰顿"从物解读"的理论目标，即提出一种不同于自然主义的社会生成机制，图尔肯与丕平都对此表示质疑：

> 我还应该指出，布兰顿当然也意识到了这个问题，并在对哈贝马斯的回应中提出了这样一个"福柯"问题。但在这里，他又一次指出，进行给予和要求理由的游戏与用行使权力这样的词语在范畴上（categorically）是不同的，却没有告诉我们如何做出这种区分，而且仿佛后者不能很好地伪装成前者，就像早期福柯的说法那样。

> 对弗洛伊德来说，作为超我立场的规范地位（normative statue）往往是症状性的，来自更深层的无意识态度和构成。它们远不是自主、自由或自我决定的。③

三 "仆人眼中无英雄"——自然主义者的自相矛盾

在 2019 年出版的《精神现象学》的解读专著《信任的精神》中，布兰顿显然意识到了这个问题，他将"自然主义"定义的特征归纳为"通过生成史的方式刻画规范生成的因果机制进而削弱规范的理性效力"，④ 因而在 19—20 世纪持有类似观点的许多思潮，包括马克思主义的某些观点，尼采、弗洛伊德、福柯都被他算作在规范来源问题上带有还原主义倾向的"自然主义"。他借用《精神现象学》回应此问题的"从物解读"主要有两处：一处出现在"自我意识"章对于"欲望"部分的介绍，另一部分出现在"精神"章第三部分结尾关于"仆人眼中无英雄"这一寓言的解读中。⑤

"仆人眼中无英雄"是一个法国谚语，意思是同一个行为在英雄眼中与在仆人眼中

---

① *Tales of the Mighty Dead*，p. 101；*A Spirit of Trust：A Reading of Hegel's Phenomenology*，p. 309.

② *Tales of the Mighty Dead*，p. 103，正如布兰顿承认的，这篇文章"关键取决于我自己的宣称"。

③ *German Idealism：contemporary perspectives*，p. 171；"Brandom vs. Hegel：The Relation of Normativity and Recognition to the True Infinite"，p. 234.

④ *A Spirit of Trust：A Reading of Hegel's Phenomenology*，pp. 561—562.

⑤ *A Spirit of Trust：A Reading of Hegel's Phenomenology*，p. 24. "黑格尔一开始就把自我意识说成是起源于欲望……，这是对规范/自然二元论威胁的回应的首期付款。这一回应在对作为这种二元论和关于规范的还原性自然主义的共同根源的错误的诊断中得以完成，这种错误是在第三部分关于精神的讨论的结尾处对英雄和他的仆人的寓言的阅读中出现的。"

总是具有"普遍性"和"个别性"两种不同的意义，分别代表了两种对于规范的不同态度。① 英雄代表了一种规范主义的态度，他使用规范语言去为自己的行为进行辩护，比如为了实现道德意志、为了遵守道德义务；而仆人则是作为判断者对于英雄的行为进行评价，他使用自然语言去描述英雄的行为，比如为了英雄"自己的个人幸福""为了好大喜功的野心"等。

黑格尔对仆人的评价是"自身行为不一致"。"这种判断意识，其本身就是卑鄙的，因为他把行为割裂开来，制造出行为自身的不一致性，并坚持如此。"② 布兰顿对此的解释是，仆人"隐含地"（implictly）认同了英雄的规范态度，只不过他并没有清楚地意识到这一点。如果一个人采取严格的自然主义态度，那么他将使用"自然的方式"向他人传达信息而不是采取论证的方式，如果他诉诸论证的方式向读者证明人类行为具有的规范性只是假象，那么他隐含已经做出了承诺，即自己是话语共同体的一员，他必需遵守理由交换的规则而不是自然因果规律：

> 但从广义上看，一个坚定的自然主义者可能会坚持认为，他想否认的正是我们必须对我们的行为和态度作出有意的说明（也就是说，在概念内容上对它们进行识别或个性化的说明）。如果他愿意完全用噪音、标记和身体运动的限制性语言来描述他自己的行为，为什么不谈论"隐含的承诺"，而只是对他的观点提出问题？……他也是一个有欲望的有机体，他只能将自己变成这样。因为他可以停止说话——尽管正如塞拉斯所说，只是以无话可说为代价。但是，如果他继续说话，那么无论他在做什么，他都是在对作为理由的理由做出反应，进行推论和提供说明。因为他正在进行有意义的言语行为，不管他对这件事的看法如何，都是在宣称概念上明确的权力和承担概念上明确的责任。③

因此，布兰顿建议我们在不同的层面上使用两种态度：当我们需要对世界进行认知（cognition）层面的描述时，使用自然语言就足够了，④ 因果链条可以对话语"行为"进行解释；但是在话语的"内容"层面上，规范语言是必要的，因为只有进入由"相互承

---

① "谚语说，'侍仆眼中无英雄'；但这并不是因为侍仆所服侍的那个人不是英雄，而是因为服侍英雄的那个人只是侍仆，当英雄同他的侍仆打交道的时候，他不是作为一位英雄而是作为一个要吃饭、要喝水、要穿衣服的人，总而言之，英雄在他的侍仆面前所表现出来的乃是他的私人需求和私人表象的个别性。同样，在判断意识看来，没有任何行为它不能从中找出个人的个别性方面以与行为的普遍性方面相对立，不能以道德的侍仆身份来看待行为者。"（黑格尔：《精神现象学》下卷，贺麟、王玖兴译，北京：商务印书馆，1979年，第194~195页）

② 《精神现象学》下卷，第195页。

③ *A Spirit of Trust：A Reading of Hegel's Phenomenology*，p. 579.

④ *A Spirit of Trust：A Reading of Hegel's Phenomenology*，p. 571.

认"构建的"理由空间"，话语才具有意义，即使像仆人一样做出反对理由空间有效性的判断，只要他声称自己是在对他人进行"评价"，他也需要在后一个层面上遵循推理活动的规则，并进行理由的交换活动。简而言之，仆人以诉诸他人"承认"的方式，试图让他人接受"放弃承认"的自然主义立场，这显然是自相矛盾的。[1]

四 "承认"的自然主义解读是否充分？——霍耐特 vs 布兰顿

布兰顿能否成功地回应丕平和图尔肯？如果区分两种意义上的"还原论自然主义"，我认为答案可能没有那么确定，因为以上论证成立的前提是，仆人持有一种"强还原主义"，也就是说，他相信：

1. 由"相互承认"建构的"规范""义务""承诺""规范地位"等"规范世界"不存在。
2. "义务""规范""应当"等规范语言无意义。
3. 存在某个可以使用因果关系描述的世界，在这个世界中，如果某人在声称自身遵循"规范"（或者使用类似的规范概念），那么他的上述状态受到这个世界的因果关系影响。

自然主义者可以同意"规范语言"是有意义的并且与"自然语言"是两种不同的范畴，规范状态是存在的且可以建立关系网络，但是一个人具有什么样的规范状态受到这个世界的因果关系束缚，这个因果关系甚至不一定是物理因果关系。布兰顿是否会接受一种弱还原论立场的自然主义呢？这样做的话起码面临的问题是：在什么意义上通过"相互承认"的社会机制建立规范来源的机制能够称得上是对于"积极自由"的补充呢？图尔肯就此批评道：

> 值得注意的是，我并不是在谈论任何特定规范性地位的有效性，而是在谈论一种规范性地位在一般情况下自主或自我决定的可能性条件……。因此，这种假定的形式上的自主性在其实现的每一次尝试中都会丧失，因为其实现依赖于与他人的谈判以获得承认……，这或多或少相当于一种观点，无法摆脱不幸的结论：每个人都被困在她自己的社会、文化和历史领域的价值观和规范性承诺中。[2]

① *A Spirit of Trust*：*A Reading of Hegel's Phenomenology*，p. 574.
② "Brandom vs. Hegel：The Relation of Normativity and Recognition to the True Infinite"，pp. 235－236.

如果要拒绝弱还原主义立场的自然主义，那么反驳上述命题 3 是必要的，《信任的精神》第 8 章中对于"欲望"如何向"承认"过渡的解释似乎能够看作布兰顿的尝试，他试图借助黑格尔的论述，回答具有"欲望"的自我是如何发展为能够自觉遵守规范的自我，在这条生成序列上，"非规范语言"并不能充分地解释后者。

某人具有"自我意识"当且仅当某人能够自觉地遵守某种规范，因而具有某种身份（identity）。"自我意识"意味着"自我概念"（self-concept），也就是自我认为自身"本质"上所是，布兰顿引用"生死斗争"一节中的语句解释某人认为自己本质上是 x，当且仅当，某人愿意在此观点受到挑战时，为之做出"牺牲"。① 布兰顿的解释是，"牺牲"并不是实质上的付出生命，而是给出理由对于自身"规范地位"的捍卫，换句话说，具有"自我意识"的个体是能够遵守规范的自我，并且对此能够提供理由。

具有"欲望"的个体能够对于环境做出某种反应，并且能够根据环境的变化进行一定的自我调节，这意味着"欲望"具有"三元结构"（a triadic structure），即它具有 a. 欲望态度（比如说饥饿）：被环境中对某种东西的需求所激发；b. 能够赋予满足这种需求的"物"以"意义"（significance）（比如食物）；c. 通过恰当的活动，使得自身的需求得到满足，（比如吃、消化）。通过欲望态度，个体被激发做出某种行为，并建立对象的意义。揭示这个结构的意义在于，② 第一，它回答了什么是"自我"，"自我"即"某物能够为其具有意义的事物"（things can be something for）；第二，它具有"规范性"的潜在结构，因为一个"行为"是否是恰当的，不取决于个体的态度，而是对象的性质（我可以吃面包但是不能吃石头）。

"承认"与"欲望"具有相同的三元结构。"承认"意味着"赋予对象某种'实践意义'，即他们展示意识的三元结构：将他们视为接受者、事物对其具有实践意义的主体、相对于欲望的主体，并通过行动进行自我调节"。③ 也就是说，"承认"是一种态度，即将他人认作"欲望者"的意义，如果一个人具有此态度，那么他就会被激发实际地采取合适的行动，比如给他人提供自己认为的具有"食物"意义的事物，而自身行为成功与否的标准在于对方"自身"（in itself）是否为"欲望者"，承认者可以通过对方的"欲望行为"是否停止来判断其是否"满足"。

布兰顿认为，当欲望自我能够具有"承认"态度时，他就已经进入了"规范王国"，在欲望结构中，某人的欲望态度是否得到满足，及其行动很大程度上由自然因果规律决定，而在承认结构中，某人的承认是否得到满足取决于他人的实际态度，承认者需要根

① *A Spirit of Trust*：*A Reading of Hegel's Phenomenology*，p. 238.
② *A Spirit of Trust*：*A Reading of Hegel's Phenomenology*，p. 247.
③ *A Spirit of Trust*：*A Reading of Hegel's Phenomenology*，p. 249.

据被承认对象的态度调节自己的行为，在这个意义上，他赋予他人规范地位，将他人作为"权威"来规定自我的行为。

接下来的问题是，"欲望自我"发展为"具有承认态度的自我"的动机是什么；为什么"承认"自我能够发展为一个具有自我意识的自我，即意识到自身在遵守规范；最后，非规范语言在上述转化中的限度在什么地方。

关于第一个问题，布兰顿的回答是，欲望个体具有"对承认的欲望"（desire for recognition），也就是需要他人将自己认作具有欲望结构的自我。

布兰顿对于第二个问题的回答是，通过承认的"对称性"（symmetry）和"传递性"（transmissibility）来达到承认的"自反性"（reflexivity）。承认的对称性意味着，当 x 对 y 采取承认态度时，y 同时对于 x 采取承认态度；而"传递性"意味着，如果 x 承认 y，y 承认 z，那么 x 承认 z。布兰顿说，只有处于一个社会共同体当中，"相互承认"才能稳定地实现。[①]"传递性"之所以可能，则通过"承认"本身的语义来回答，布兰顿首先区分了两种"承认"：一种是"简单承认"（simple recognition），一种是"稳定承认"（robust recognition），前者的意思是"承认他人是欲望者"，而后者的意思是"承认他人是承认者"，即承认他人具有"承认他人"的能力。考虑以下句子"x 对于（y 对 z 是欲望者具有承认 1 的态度）具有承认 2 的态度"，如果这个句子为真，那么蕴含"x 对 z 是欲望者具有承认 1 的态度"（简单来说就是，如果 x 承认 y 有能力承认他人是欲望者，那么 x 也会承认 z 是欲望者），同样，考虑这个句子"t 对于 [x 对于（y 对 z 是欲望者具有承认 1 的态度）具有承认 2 的态度] 具有承认 3 的态度"，那么 t 也对 y 具有承认 2 且对 z 具有承认 1，因而我们可以在 "y 对于 z 是欲望者具有承认 1" 之前加上无数个不同的他人的不同承认，这都能够使得新添加的个体具有既有的所有的承认态度，而除了承认 1 以外，其他所有的承认都符合"稳定承认"的定义，因而"稳定承认"具有"传递性"。"传递性"与"对称性"蕴含自反性，那么就可以得到具有"自我意识"的个体。

第二个问题的回答关乎布兰顿如何在前两个问题的基础上，如何回应弱还原论的自然主义者，他的答案是，规范语言对于描述自我意识的结构来说是必要和充分的：

> 我所展示的关于当正确的意识的三元结构被应用于自身作为意义的时候所发生的故事表明，承认是如何从欲望中发展出来并可以被理解的。但它也显示了为什么仅仅是生物的意识（being orectically aware）还不足以给人以自我的概念。那是一

---

① *A Spirit of Trust: A Reading of Hegel's Phenomenology*, p. 260.

个人只有通过承认他人才能得到的东西······在这一点上很清楚，承认他人对于拥有自我或意识主体的概念是必要和充分的。①

简言之，在"欲望"如何发展为"承认"问题上，自然主义只能解释"欲望结构"如何运行，以及欲望结构是如何"运用于"自身并发展出承认结构；但是在承认态度如何发展为自我意识的问题上，承认的"传递性"是由"稳定承认"的语义决定的，不需要自然语言进行解释，而承认的"对称性"是一项"社会成就"，它的达成需要共同体成员之间实质的"相互承认"，这意味着我们必须使用一套规范语言去描述共同体成员相互之间的承认机制。因此，我们可以从上述回应中推论出布兰顿的态度：使用非规范语言对于解释"自我意识"是不充分的，即使是弱还原主义立场的自然主义，布兰顿也有理由不接受。

布兰顿的上述论述是否能充分回应自然主义的挑战，关键在于"欲望结构"向"承认"结构的过渡是否可以使用非规范语言进行充分解释。因为按照布兰顿的看法，不论是"简单承认"还是"稳定承认"，人们之所以会对他人采取规范态度，总是源于一种对于自我承认的需要，这才能解释为什么一个具有自我意识的个体在面对其他承诺的时候，能够捍卫或者调整自己原本的自我概念，②而承认态度之所以产生，是因为个体具有了基本的欲望结构并且受到这样一种"原始冲动"的激发，因而如果二者都能够使用非规范语言充分说明，那么"相互承认"乃至"自我意识的个体"仍然也可以"还原"为非规范语言的描述。因此，布兰顿仍然需要回答的关键问题是"欲望结构"与"对承认的欲望"之间的关系是什么。

寻求承认的欲望也不能出于规范性动机，因为这样的预设可能使布兰顿陷入一种循环论证的嫌疑，霍耐特就对此批评道：

> 黑格尔试图将这一转变建立在我们从"欲望"的角度对世界采取的态度的认知不足上，而布兰顿似乎将这种欲望视为人类本性的一个稳定的事实。但他这样做有可能使事情回到前面，只是假设需要解释的东西；即为什么人类主体应该受到"道德"的激励，努力在其他主体眼中算作"某物"，从而满足规范性要求（不管是哪一种）。③

如果要避免向自然主义妥协，又不陷入循环论证，布兰顿就必须给"为承认的欲

---

① *A Spirit of Trust：A Reading of Hegel's Phenomenology*，p. 254.
② *A Spirit of Trust：A Reading of Hegel's Phenomenology*，p. 260.
③ Honneth, A., "Demoralizing Recognition：Comments on R. Brandom, A Spirit of Trust"，*Philosophy and Phenomenological Research*，Vol. 103，（2021），p. 744.

望"的来源找一条新的解释路径，在对于霍耐特的回应文章中，他似乎求助于黑格尔的文本以证明"一阶欲望蕴含二阶欲望"是一个可以从语义中得来的"分析命题"：

> "欲望概念"分析地表明，一阶欲望可以被认为包含（involving）一般的二阶欲望，即一个人的一阶欲望得到满足……在黑格尔的术语中，这个陈词滥调显示为希望事物"自在"地所是（in itself）成为"为他（for one）"地所是的动机。（这个一般的描述有认知的种类，也有实践的种类。）①

布兰顿的回应仍然很模糊，为什么如果一个人具有种种特殊欲望，就蕴含着一种想要被承认为"欲望者"的欲望？对于霍耐特来说，欲望结构对于解释"对承认的欲望"是远远不够的，他曾在自己的著作中认为，《精神现象学》中可能提及了一种"对承认的欲望"（尽管黑格尔并没有明确地使用这个词语）。在霍耐特的解读中，这一欲望不是一种可以使用非规范语言描述的自然冲动，而是关乎人类"主体性的精神状态"，这种状态关乎对于"理性"的追求：

> 显然，《精神现象学》或《法哲学原理》（*Philosophie des Rechts*）的作者不可能有任何经验主义的倾向，他指的也不可能是感官的需要和自然的欲望……但承认涉及的，却并不可能是主体那自然的、感性的追求的客体，因为承认追求的是实现我们那个理性的主体性……当黑格尔指出存在一种对于承认的"需要"时，他更多是在谈一种更为深入人类的主体性精神状态的东西，因此他指的也就必定是某种理性的追求，即将自我规定的能力付诸客观的表达。②

具体到布兰顿所解读的"自我意识"章，只有采取"从言解读"的策略（预设一种"理性冲动"），"欲望"向"承认"的过渡才是可理解的。③ 这一文本预设了"自我意识"具有一种"自我确信"的需要，即确信"自在"的对象转化为"自为"的对象，这一命题关乎《精神现象学》的写作目的——寻找一种"对象"与"意识"之间的某种特定形态（Gestalt），在其中对象与意识之间的达到不可怀疑的统一性，即"绝对知"所要求的确定性。《精神现象学》的目的在于为任何一种"自然意识"（普通的，没有受过

---

① Brandom, R., "Replies to Honneth, McDowell, Pippin, and Stern", *Philosophy and Phenomenological Research*, Vol. 103, No. 3, (2021), p. 742.

② 霍耐特：《承认：一部欧洲观念史》，刘心舟译，上海：上海人民出版社，2021 年，第165~166页。

③ 黑格尔：《精神现象学》上卷，贺麟、王玖兴译，北京：商务印书馆，1979 年，第121页。

哲学训练的）提供一个"阶梯"，① 这样一个"阶梯"由不同的"意识形态"通过辩证的方式勾连在一起组成，在其中，不同的"意识形态"具有各自的"确定性"，而这种确定性在"现象学家"的怀疑论考察中将揭示其虚假性、非绝对性，因而过渡到下一个意识形态，使得前者暴露出的问题能够得以克服。黑格尔试图通过这样一个目的论的结构证明，任何一种"意识形态"都能够在上述阶梯中找到自己的位置，并且能够通过"现象学的反思"达到这个梯子的顶点，即"绝对知"。这样的立场（思维与存在的同一性）将成为其哲学体系的开端，也就是《逻辑学》的立场：

> 在《精神现象学》（班堡和武茨堡，1807 年）中，我曾经从意识与对象的最初的直接对立起直到绝对的知这一前进运动，这样来表述意识。这条道路经过了意识与客体的关系的一切形式，而以科学的概念为其结果。所以这种概念（且不说它是在逻辑本身以内出现的），在这里（《逻辑学》）无需论证，因为它在它自身那里（《精神现象学》）已经得到了论证；并且它除了仅仅由意识使它发生而外，也不能有其他的论证；意识特有的形态全都消解于概念之中，正如它们之消解于真理之中那样。②

以上对于《精神现象学》方法和目的的概括是粗疏和精简的，但对于理解以下命题来说已经足够了，即理解不同的意识形态间的过渡，必须要预设两点：第一，这样的转变要以追求"对象"与"意识"之间的确定性为目标；第二，新的意识形态的确定性来源于对前一个意识形态的"补充"。

在结束"意识"章的考察后，得到的确定性是一种"自我确定性"，即"自我并非被动的接受对象，而是对于对象具有一种建构性的能力"。而对这种确定性在哪一种意识形态中能够经得起怀疑论的挑战，是"自我意识"章考察的主题。"欲望一般"是"自我意识"章中出现的第一个新的"意识形态"，黑格尔对其定义是"然而自我意识的这种现象和真理性的对立，只是以真理性，亦即以自我意识和其自身的统一为它的本质。自我意识必须以这种统一为本质，这就是说，自我意识就是欲望一般"③。而"欲望一般"实际上并不能达到确定性，原因在于"欲望"的对象总是"否定性"的，当"自然的意识"通过一系列行为（比如吃）达到满足后，新的欲望总是会随之产生，即"由于这种关系，它毋宁又产生对象并且又产生欲望"，一种新的不确定的状态会因为满

---

① "科学从它自己这一方面出发，要求个体的自我意识去超越这种以太，以便能够与科学一起生活，能够生活在科学里，并且真正地生活。另一方面，个体却又有权要求科学至少给他提供达到这种立足点所用的梯子并且给他指明这种立足点就在他自身。"（《精神现象学》上卷，第 134 页）
② 黑格尔：《逻辑学》上卷，杨一之译，北京：商务印书馆，1996 年，第 73 页。
③ 《精神现象学》上卷，第 116～117 页。

足的"瞬时性"而重新产生。出于对确定性的追求，新的意识形态需要达到的目标是，如何使得自我达到一种自我建构性的确信，并且这种确定性能具有持久性？意识只能放弃在"自然世界"中寻求"对象"，而进入通过"相互承认"建立的"精神世界"，自然与精神之间的辩证关系将成为"主奴关系"探讨的主题。

综上，布兰顿不能借助黑格尔的资源解决霍耐特提出的批评，除非他采取黑格尔的立场将"为承认的欲望"奠基于对逻辑学立场的追求，即一种对于理性的追求，然而这意味着他将接受《精神现象学》中的本体论—逻辑学预设，这就与他"从物解读"的实用主义立场所不兼容。

结　论：本文可能存在的问题及回应

如果理解一个概念的意义等同于理解语言游戏的规则，那么对于规则的应用与对规范的理解之间哪一个具有优先性？布兰顿给出的回答是，这一问题与康德—黑格尔所面临的问题语境具有相似性，他因而借用黑格尔的"相互承认"概念试图论证，"规范"的应用过程同时是"规范"建立过程，存在的是话语共同体当中的理由交换过程，而非一种"前规范"或者"前内容"的二元状态。

丕平和图尔肯的丕平认为布兰顿的解读：1. 放弃了黑格尔的形而上学—逻辑学的维度，因而并没有给出精确的黑格尔解读；2. 难以回答自然主义的批评。

对于批评 1，布兰顿的回应是，通过给出不同的解释学原则，论证自己的解读策略的合法性，即在不引入"形而上学—逻辑学"的前提下，借助黑格尔的资源回答分析哲学语境中的问题；对于批评 2，布兰顿在其最新专著《信任的精神》中给出了两个论证：第一个论证表明，"自然主义"者是自身不一致的；第二个论证表明，"自然主义"不能充分解释"自我意识"的来源。

通过区分两种意义上的"自然主义"，可以判断布兰顿的第一个论证不能成功地回应自然主义，通过霍耐特与布兰顿的交锋不难看出，如果第二个论证要避免陷入循环论证，那么布兰顿就需要引入黑格尔的形而上学—逻辑学构想。因此，布兰度与丕平、图尔肯的分歧不仅关乎解释学原则，而且关乎布兰顿的解读是否能融贯地达到理论目标。

本文可能面对的问题是：1. 是否忽略了布兰顿及匹兹堡学派对于自然主义的其他回应，它们有可能挫败弱还原主义立场的自然主义，或者布兰顿的理论实际上并非严格地排斥任何一种版本的自然主义；2. 本文的解读是否忽略了布兰顿接受一种关于"对承认的欲望"弱形而上学假设的可能性，这样的假设并不一定导向黑格尔的形而上学计划。

对于第一个问题的回应是，布兰顿和匹兹堡学派是否具有更加丰富和复杂的论证以反对自然主义，是值得进一步探讨的问题。但本文关注的重心则是布兰顿的"黑格尔"解读中出现的资源，即布兰顿是否可以借助黑格尔的文本达到他的理论目标，因而本文聚焦于布兰顿的黑格尔解读以及黑格尔专家对布兰顿的批评。

对于第二个问题的回应是，如果布兰顿预设话语共同体中的成员先天地具有某种对于承认的需求，可能会影响他的黑格尔解读的最初目的，即是否能够建立一种"规范建立"和"规范应用"的一元论，以避免无穷倒退的危险。因为，对于承认的需求如果不会因话语实践的具体情况而改变，也就意味着某些规范态度不会依赖于规范地位，基于这样的规范态度产生的对于规范的理解也不因为规范的应用而改变。布兰顿的理论是否能够接受一种弱的形而上学预设的同时建立话语规范的"应用—理解"的一元论，这也是值得进一步探讨的问题。

阿伦特论判断力：一种针对"意义"的理智能力

任芮妮

摘要： 阿伦特在政治哲学思考中提出一种新的"理智生活"，为其公民参与政治公共事务的主张提供基础。这种理智生活不是古希腊哲学中所推崇的"沉思"生活，其所思考的对象也并非知识和真理，而是对"意义"尤其是"行动意义"的思考。阿伦特在康德的批判哲学中找到了这种"思"的能力及其可能根据。这种能力既非理性能力也非知性能力，而是判断力。它能把一个个联系断裂的孤立化、原子化的个体在一般化立场中联结起来，形成公共领域和公共生活。这种"思"能激活和阐扬行动的意义，以消除"不思"带来的个体与群体无意识脱轨行为这种隐患。本文将以阿伦特所提出的这一"判断力"为对象，结合康德文本分析阿伦特是如何从康德哲学中提炼出这种"理智能力"的。由此理解这一能力对我们今天政治生活实践的意义。

关键词： 判断力　意义　公开性　共同感觉

导　论：一种对特殊对象之意义的判断力是什么？

（一）判断力在政治生活当中的提出

人们在政治实践中面对的是一个个具体的对象，一件件特殊的事务。那么企图依循某些普遍法则和一般规律来处理它们便会是不合适的，即使仅仅是想要以这样方式去做判断和理解也不恰当。因为这种方式是知性能力的运用，它本质上是一种认知活动。水往低处流的现象和地球重力的理论可以成为认知活动的对象。但是由人所构成的政治实践却不是这种对象。人是什么？人在时间上永远具有未知的敞开空间，无数的人汇集而成的政治生活无疑便不会是知识形成的场所。至于真理，恐怕也很难作为某种规律或原则应用于其中，更别说要在政治实践中找到某种真理。另外，知性能力的运用是仅单个理性存在者就可以完成的。它并不需要预设或考虑他人。我们判断水往低处流的原因在于地球重力时，需要和别人商议吗？或者需要考虑旁人是不是也会赞同我这个说法吗？很遗憾，没有商酌的余地，这种认识和判断甚至是强制的。任何人在认识水往低处流的现象时，所需依据的标准和原理都是相同的，并且不得不依循这个原理，否则就会出错。没有人能在这上面再有发挥的余地，除非在这上面再发现一个更加强制的什么原理或公式，但那种原理和公式也是不容商讨的。因此，认知活动不能算是我们所要说的那种判断活动，认知活动当中对真假对错的判断也不能算是真正的判断力，只有在没有任何标准和原则的情况下，人们又不得不对某个对象、某个事件下判断时，才是真正在使用判断力。并且判断什么呢？不是判断对象是真是假，或者事件是对是错，而是判断它们的意义是什么。

（二）康德批判哲学中的启示

如果我们都承认在实践生活中对某件事下一个好的判断仍是必要的，那么如何能独自做出一个真正的好的判断就会是一个问题。

这一问题，在阿伦特对康德政治哲学的独特阐释中得到了充分发挥和探索。阿伦特大胆地将整个康德的批判学说都看作一种能产生政治意蕴的基础。其关键就在于批判性思索本身具有政治意蕴。因为批判性思索是一种公开运用理性的能力，它本身要求着一种公共领域和对话场所，在这其中要求形成一种一般化立场和心智的扩展。对此，阿伦特在《判断力批判》中又为它们找寻到了更本原的心智原理，即审美判断力中起作用的想象力和共通感。在政治判断中，这种对特殊事物做出判断的一般化立场最终在阿伦特看来是一种旁观者立场。也就是说判断力作为政治领域中的关键能力，实际上在于旁观者立场的作用。旁观者和行动者的关系就好比鉴赏家和天才之间的关系，旁观者采取一般化立场，运用共同体感觉将自己置身于共同体中来思索特殊对象，以复数形式存在而构成了真正的公共领域；而行动者做出的行动本身是具体的、特殊的、单独的，其本身无法在做出自己行动的同时看到实际的整体行动和宏观局面，行动的效果和意义总是要在行动做出之后才能判断。而对这一意义的把握和理解需要的正是具有一般化立场的旁观者来做出的。因此，旁观者才是真正构成政治领域的人。也正因此，扩展了心智、采取了一般化立场的判断力便能在不依靠任何普遍法则或规律的情况下，将特殊行动、特殊事件的自身意义解读出来。正是在这种共同体感觉中，人不断思索着、判断着，才有了存在的意义。

一　批判性思索与复数理性存在者

判断力之所以竟成了政治哲学的一个核心概念，源于阿伦特对康德《判断力批判》

的特殊定位和解读。康德在《判断力批判》中本来处理的是审美判断和目的论判断两个问题，某种程度上也是为了弥合《纯粹理性批判》和《实践理性批判》中理性两个领域之间不可逾越的鸿沟。但是阿伦特认为康德的《判断力批判》是有政治意蕴的。这体现在审美判断力和目的论判断力涉及的主体似乎是复数的人，不像前两个批判学说那样，处理的是单个的理性存在者。并且，判断力在第三批判中要处理的对象是特殊物。审美判断力没有任何可使用的规则。目的论判断所关涉的是对自然界的任何一种特殊之物的合目的性理解，也非从一般性缘由出发去解释对象。如前文所述，政治事务所要处理的对象也是特殊事务。因此，阿伦特认为，康德的《判断力批判》似乎是能产生政治哲学的地方，甚至康德的批判学说也可以理解为是一种政治学说的奠基。

（一）批判学说产生了"平等"的普遍理智

康德的三大批判似乎从来没有明确谈及关于政治性存在的人：康德的三个核心问题（我能知道什么？我应该做什么？我可以希望什么？）关注的都是作为个体的我、单个的理性存在者，但阿伦特从批判学说中解读出了一种隐含的政治关切。通过这三个核心问题的追问和解答，"人"拥有了不同于在传统哲学中一贯处之的地位。

前人哲学家普遍无视政治领域。人的生活、生命本身的价值是成问题的，活着是次好的。康德同样有此忧伤。[①] 对于前人哲学家来说，哲学和政治的关系当然是前者至上。哲学上的思辨生活而非政治生活似乎才是真正的指归。所以哲学家常常将自己和人事领域隔绝开来。因为人事领域中的感性、肉体和物质搅扰着健康的心智。肉体就是心智生活的负累。[②] 但在对感性的态度上，康德不同于前人，他认为一切认知都有赖于感性与知性的配合。《纯粹理性批判》就是对感性地位的证成，这同时也达成了"平等"。由于理性存在者共同分享着同一套认知结构，有着共同认知结构、共同感觉经验的人们在人事和政治领域中就有着平等的身份和地位。另外，对生活评价，也就可以期待每一个具有良好感受力的普通人都能完成这样的任务。如果政治领域、人事领域曾经对于哲学家来说是个负累的话。那么它也应该是所有人要面对的共同的哲学难题。因此，虽然三大批判表面上是关注个体的人，但事实上其背后有一种深刻的关切：通过三个核心问题的回答，将人置于一种平等的地位。

---

① 古希腊哲学家对死亡有一种偏爱，认为活着是次好的事情，基督教时代的哲学家对生活抱有一种怀疑态度，而康德把生活称为一段"缓刑期"，他们都认同生命/生活本身的价值是成问题的。参考阿伦特、贝纳尔：《康德政治哲学讲稿》，曹明、苏婉儿译，上海：上海人民出版社，2013年，第35~40页。

② 柏拉图：主张哲学家应该成为王，这样整个共和国能带来彻底的宁静、绝对的和平，这也是哲学家生活的最好条件；亚里士多德：崇尚理论生活，只有哲学才让人们独立地享受自我而无须他者的帮助或在场。斯宾诺莎：主张哲学自由而不是政治自由。参考《康德政治哲学讲稿》，第35~36、44页。

（二）批判性思索的政治意蕴：公开性和可交流性

阿伦特认为康德批判学说"批判"本身就蕴含某种政治意蕴。康德的批判学说本身是要处理独断论和怀疑论的种种纠葛。一方面扫除权威、教条；一方面考察我们的认识官能，来确定知识的合法性。"批判性地思索，也即穿过偏见、穿过未经省察的意见和信仰，从中开辟出一条思想的道路。"① 这样一个哲学工作受启于苏格拉底的"助产术"。苏格拉底的"助产术"事业就是通过对话，将思索过程公共化。阿伦特把"对话"这一行为类比于像长笛演奏一样的表演。表演有自己所要遵循的规则，对话这一行为同样有自己的规则——一贯性规则（不矛盾律）。②

苏格拉底的对话是公开的，开放的。苏格拉底从不自诩为某个学派。他也从不寻求对话之后有什么答案或教条性的什么收获。这一对话旁人也可不断参与。康德对自己的学说也有这样的态度。康德一直有计划将《纯粹理性批判》的思想通俗化。因为批判性地思索本身就是要让自己面向经受"自由而公开的省察的考验"③。康德还希望他的省察者的圈子能逐渐扩大。

康德在《什么是启蒙》一文中说到，政治自由就是"在任何时候都能公开地运用自己的理性"④。言论自由和思想自由并不是个体表达自己想法、意见以说服他人来分享我的想法的权利，而是将自己的思索能力公开运用。没有经过自由而公开的省察的考验，连意见都是不可能的。

（三）批判性思索的内在要求

思索本身是独立的，不需要也无法容纳他人的陪伴。但是思索能力还在于你能将独处时的任何发现交流出来经受他人的检验。科学上的真在于别人可以重复操作，即具有一般有效性；思想上的真则需要一般的可交流性。可交流性就预设了一个人们可以相互对话、相互聆听的共同体。公开性和可交流性也向思索活动本身提出了以下几个要求：

（1）亲自独自思索，不被动地接受他者的思想、偏见；

---

① 《康德政治哲学讲稿》，第 57 页。
② 一贯性规则康德在《判断力批判》中描述为知性的三条准则之一。它也可以用来解释鉴赏力批判的原理。在康德的实践理性领域它成了道德教义的基础，一个公理。"你的行为应该能够让你怀有这样的意愿，即想让你的行为准则变成一条一般性的法"，也就是说，成为一条你自己也会服从的法。一贯性规则在此就是：不要与你自己相矛盾。参考康德：《判断力批判》，邓晓芒译，北京：人民出版社，2002 年，第 136 页。
③ 《康德政治哲学讲稿》，第 60 页。
④ 《康德政治哲学讲稿》，第 61 页。

（2）扩展心智，撇开我们判断中的主观私人化的状况，比如自我利益，扩展自己的思想以便考虑他者的思想；

（3）采取一般立场，通过前两个步骤将思索的涉及面尽可能扩大而成为一般化的思索，这个一般立场就是不偏不倚。[①]

综上所述，批判性思索意味着公开地将自己的一般化思索在共同体中与他者交流，接受检验。

经过对康德批判学说的这样一种阐释，阿伦特指出了其中所蕴含的种种政治意义。三大批判将所有人都放置在一个平等的地位上，属于哲学家独自狂欢的"沉思"专利被打破，这为思想交流的普遍化和一般化提供了可能——也就是康德自己所说的——公开运用你的理性。批判性思索本身就是这样一种公开运用理性的行为。因此，人们都能在政治上进行批判性思索就可以成为一种现实。

但需要注意的是，我们所讨论的内容都不涉及行动层面。批判性思索是用来反思实践事务的，并不预先告诉人们该如何行动。人们也不可能真的依据批判性思索的规则去行动，因为人们在具体的行动中将牵涉各方利益考量。思索只是在行动完成之后对事情进行反思和考量，对行动的意义进行判断。因此，批判思索的一般立场事实上是一种旁观者立场。而旁观者对行动所进行的批判性思索运用的就是判断力。人类事务的意义也在此处——旁观者对行动者行动的判断——得以阐发。

二 什么是旁观者立场？

以上论述看起来有一个疑点：如果一般立场就是旁观者立场的话，那岂不是又回到了传统哲学当中独自"沉思狂欢"的状态了吗？旁观者和行动者的这种区分不就和传统哲学中哲学家和政治的分割一样了吗？

第一个问题从我们以上对批判思索的分析中已经得到解答。为了厘清第二个问题，现在有必要回到康德，看看旁观者的立场是什么。

（一）旁观者地位的优先性

旁观者是什么？这一问题的答案从康德对法国大革命的态度上可以得出。在康德对法国大革命的立场问题上似乎一直存在一个矛盾。康德对法国大革命的崇敬和对法国公民的革命行为的反对几乎都是毫无保留的。一方面，革命违反了行动上的道德法则。人

---

① 《康德政治哲学讲稿》，第 67 页。

的权利是神圣的，但是"这些权利……始终是一种当且仅当实现的手段符合道德性（morality）时才能得以实现理念"①，实现的手段应当符合道德性。因此，人民通过革命的手段来追求权利，无论如何都是不正义的。另一方面，法国大革命是伟大辉煌的，在于这桩事件中的旁观者们将他们的思索方式公开声明了出来，他们表现出了一种一般化的且"无兴趣无利益的"同情。这种思索方式证明了人类种族共享着的一种特性——道德特性。这种特性让人们对更好地进步怀有希望，并且这种特性本身也是一种进步。因此，无论如何，这种旁观者的视角使得法国大革命成为一个有世界历史意义的公共事件。

值得注意的是，康德对法国大革命的态度之所以存在矛盾，就在于行为所依据的公开性原则和判断所依据的进步原则之间的冲突。在《论永久和平》中，康德又将这一冲突称为政治和道德的冲突。阿伦特认为康德两个隐含的假设似乎可以避开政治和道德的冲突。这两个假设一是：人类作为一个整体的进步；一是：恶的本性是自我毁灭的。而进步和恶之自毁都需要旁观者的视角才能够被看到。因此所发生之事，其重要性仅仅在于旁观者的视角。康德在与门德尔松关于莱辛"人类作为一个整体的进步"辩论时说，"若没有进步的假设，一切都毫无意义；进步可能会中断，但永远不会中止"②。在此，旁观者的视角是决定性的。

（二）旁观者立场的意味

与行动者相比，旁观者似乎拥有至高无上的地位这一观念，就像哲学中那个相当古老的观念一样："沉思性的生活方式至高无上。"在这古老观念中，人通过灵魂中属神的那部分从意见的洞穴中抽离，寻求永恒持存的事物的真。但康德的旁观者完全不是这样一个形象。康德的旁观者确实也要撤退到理论的、观看的立足点上，但他是为了达到一个一般化的立足点，就像法官在做裁决时的那种不偏不倚的立场。因此，康德的旁观者立场并不具有任何神圣的、至高无上的地位，他只是作为意义的见证者，并且康德的旁观者判断是具有明确的标准的——进步观念，它将特殊事物与一个更大的整体的进程联系起来。因此，一般立场的旁观者立场与"沉思性的生活方式"完全不是一回事。

（三）旁观者与公共领域

在整个传统哲学的深厚影响下，沉思的生活方式就是抽身而退，使人独特化、单数

① 《康德政治哲学讲稿》，第72页。
② 《康德政治哲学讲稿》，第77页。

化。沉思是一件孤独的事，并且可以孤独地进行，这导致了政治生活方式和哲学生活方式的分隔。柏拉图中理想的统治者就是一种秘而不宣其意图和目的的形象。① 但康德与此相反，公开在康德那里是统摄所有行动的先验原则。②

康德不可能有像柏拉图那样的关于行动与沉思（判断、知道）的观念。虽然思索本身是独自进行的，但它同时也是要面向某种公共空间的，需要公开自己，向他者交流。旁观者所处的因此是一个公开的场所，并且这公开的场所也只能是由旁观者构成的。对于康德来说，他所想到的行动仅仅是当局者的行为，即政府行为。政府与行政的领域恰恰是秘密的、不可接触的。真正的公众，公共领域便是阅读的公众。并且旁观者本身也不是独立的、单个的。根据康德的意见，是旁观者的同情让法国大革命革命成为一个不会被遗忘的现象，成为一件具有世界历史意义的公共事件。因此，是旁观者构成了公共领域而不是由行动者们。虽然行动的原则也是公开的先验原则，但是旁观者所面对的实际行动者是现实生活中的行动者。现实里的行为是否实际上依据了先验原则是无法肯定的，行动者是否构成公共领域也是值得斟酌的一个问题。但旁观者所进行的观看活动、下判断就其是属于批判思索来说，本身就要求了公开性和可交流性。所以旁观者是公共领域的构成所在。

（四）旁观者与行动者的分裂问题

不管是在康德还是在阿伦特那里，旁观者和行动者的区分是自身就得存在的。也就是说，旁观者和行动者本身就是职责不同、功能不同的两种身份。所以，这一区分是不同于传统上哲学家和政治事务的分割的。

不过在康德那里，旁观者和行动者的冲突仍然以政治和道德法则之间的冲突形式存在。旁观者和行动者所依据的原则是相互冲突的。阿伦特虽尝试将康德的进步观念这一假设来为他回避这一冲突，这一尝试却似乎透露出这样一种主张：没有旁观者以进步观念为判断标准的见证，遵循了道德法则的行为也是没有意义的。康德本人是否会持有这样的观念，这是不敢肯定的。但旁观者和行动者之间的冲突包含"意义"问题，那么问题可能恰恰在于"用整体进步观念来判断特殊事物是否有意义"是否可取。有没有一种旁观者可以依据的标准不会和道德原则冲突，或者说根本不会牵扯道德原则？与之相关

---

① 《康德政治哲学讲稿》，第 89～90 页。
② 关于公开，康德那里涉及两个先验原则。一个是否定的，"一切与他人权利相关的行动，但凡其准则与公共性不一致，就是不正义的"，也就是说，行动的准则如果不能公开，就是不正义的。但因为这是否定性的先验原则，它只能用来辨认什么不是正义、公义的。因此康德提出了一个肯定的先验原则："任何准则，为了不至达不成目的而必须具备公开性者，均与政治和权利二者是一致的。"即使准则只要具有公开性就是正义的。（《康德政治哲学讲稿》，第 74～75 页。）

的一个问题是，旁观者如何能在批判思索中对行动者的"表演"下一个好的、正确的判断。

可以肯定的是，阿伦特是不赞成康德将整体上的进步观念作为特殊事物意义的判断准则的，因为特殊事物在这当中自身本来的意义被取代。她在康德的《判断力批评》中尝试了另一种进路。

三　反思性判断

依据阿伦特对康德政治哲学的解读，康德的批判性思索是旁观者判断所依据的能力，康德的进步观念是旁观者下判断所依据的准则。旁观者下判断本来是要"拯救"、见证行动的意义。但如果以进步观念为准则，那么结果终将会与其目的背道相驰。并且判断也不再是真正的判断。原因在于：（1）行动，事件是作为特殊事物而存在的，如果以进步观念为标准来对它们进行判断，那么它们自身本来的意义将被整体进步的意义所取代。（2）将特殊事物归摄于某一原则、准则（进步观念）的判断是归摄性判断，它是构成知识的判断而不是处理特殊事物的判断。因此，标准一旦树立，那么我们需要做的就是把特殊事物和这一标准比对，看看是否吻合就可以了。这里需要的就只是对比分析的能力，完全不需要判断的能力。阿伦特认为要想发掘康德在这一主题上究竟会如何思考。最好求助于"审美判断力批判"。"批判性思索"仅仅是为判断提供了外在要求，并没有提供判断力如何可能的基础，也即其在心智上的运用原理。鉴于我们所要寻求的是一种针对特殊事物的判断力，那么断不能求助于"归摄性判断"，而当诉诸《判断力批判》当中所涉及的反思性判断。①

（一）旁观者与行动者：品味和天分

旁观者和行动者的关系就像康德所区分的天分和品味的关系。天才（天分）创作美的对象；对美的对象作出判断，需要品味。并且品味的地位在天分之上。天才能够将我们心智状态中所无法表达的东西表达出来，使得这种状态"普遍可交流"。品味则是负责对这种可交流性加以引导的官能。旁观者的判断在这一关系里构成了一个空间，美的

---

① 康德在《判断力批判》中区分了两种判断。一是归摄性判断，一是反思性判断。"如果普遍的东西（规则、原则、规律）被给予了，那么把特殊归摄于它们之下的那个判断力就是规定性的。但如果只有特殊被给予了，判断力必须为此去寻求普遍，那么这种判断力就只是反思性的。"前者是从特殊到普遍的判断，如判断对水往下流（特殊现象）是万有引力的作用（普遍法则）。后者是让普遍之物在特殊事物上体现出来的判断，比如判断"这"朵花是美的，那就是"美"的特性寓于这朵花的特殊形式之中。因此归摄性判断是将大量需要判断的事实归入已有的法则之下。而反思性判断是为被给予的特殊寻求普遍。参考《判断力批判》，第13～14 页。

对象只有在这个空间里才能呈现出来。批评者和旁观者构成公共领域，没有他们的话，做事者和制作者就会与旁观者隔绝，无法被察觉。这是一个公共领域，因此旁观是以复数形式存在的。旁观者本身不卷入任何行为，但他总是牵连着一同旁观的其他旁观者。他们没有制作者和行动者的天分和独创性，但与行动者共同具有一种官能——判断力。① 在这里做出判断和辨别是非的能力是共同感觉，但为什么在这里判断力（共同感觉）需要品味为基础呢？

原因在于，只有品味能促成判断所需要的几个条件，即不偏不倚，无兴趣无利益；有辨别力，针对特殊对象，蕴含社会性。在其中，想象力和共同感觉一同发挥作用。

（二）想象力和共同感觉的作用

品味具有辨别力，"某物是否让我快乐"是势不可挡地呈现在其中的。而且品味并不像视觉、听觉、触觉那样感觉某一直接对象，品味是感觉着某一感受，它是个依附对象的。想象力通过将不在场的东西呈现出来，也就是将某一对象转化为我不必径直面对的东西。此时，人们通过表象已经建立起了适当的距离，在表象中那触动人的东西就能被纳入为判断的对象。原本直接触动发生在品味感受中，从而得知某物是否让人快乐。现在快乐的触动发生在表象中，因此可以做出相应的判断。并且这一判断因为与对象存在距离而是不偏不倚、无兴趣无利益的。

共同感觉的作用在于，尽管品味是非常私人化、主观的感觉，但它仍然存在某种非主观的东西——社会性。只有当我们处在社会之中时，美的东西才会让我们感兴趣。人如果不能跟他者一起共同地从某一对象中感到满足，那么，他是不会中意于这个对象的。② 判断，尤其是品味判断是存在某种主体间性的。判断当中的这种他者取向似乎与品味的本性对立，但其实并不对立。一方面，我个人认为某物是令人愉悦的，是美的；另一方面，我同时相信并且期待他人对这一对象同样会产生相同的美感。这两者是不矛盾的。共同感觉的他者取向保证了判断采取了全局的视角。旁观者看到的是整个表演以及表演中的每一个演员，而演员因为他只关注局部本质上是偏狭的。

因此，在《判断力批判》审美判断的品位这里，依据想象力和共同感觉，我们为旁观者的判断力找到了何以可能的基础。

---

① 《康德政治哲学讲稿》，第 92～93 页。
② 《康德政治哲学讲稿》，第 100 页。

（三）下判断所依据的基准

想象力在判断中的作用是准备对象，是"想象力的运作过程"；针对这一对象（某物某事）下判断的实际活动被称为"反思的运作过程"。现在对象已经拥有了，如何对它下判断呢？判断的基准是共同感觉。共同感觉在品味判断中的作用是保证我们能够对事物产生美的兴趣，甚至说，它使"我们认为某物是美的这件事"是有意义的。并且共同感觉作为基准通过决定某一事实/情绪是否可交流，来判断对象是否让人快乐以及是否赞许这一快乐的事实或情绪。保证共同感觉的种种功能并且将之区分于我们其他的那些感觉的是：共同体感觉。共同体感觉就像一种附加的心智能力一样，是一种附加的感觉。它把我们置于并让我们适于某个共同体，它是专属人类的感觉。共同体感觉要能正确发挥作用需要遵循以下三个准则：1. 亲自独自思索；2. 扩展心智（在思想中把自己放到每一个他者的位置上）；3. 一贯性准则，即与自己保持一致。[①] 这和我们前文所讨论的对话遵循的规则和批判思索的准则是一致的。

但是难题恰恰也在于判断本身的基准上，即在内容上，判断究竟如何对对象意义做出定论呢。上述仅仅是说明了判断活动过程所要遵循的基准。判断是思索特殊物的官能，一方面它的对象是特殊物，一方面思索要求着"一般化"。如何为给定的特殊寻求普遍物呢？这一标准既不能是经验借鉴而来的，也不能是某种先天法则。康德那里给出了两个解决方法来针对这一难题，阿伦特倾向于范例有效性这一解决道路。范例有效性可以想成是类似于柏拉图式的理念或康德式的图示。比如在我们心智当中，存在一个所有桌子都与之相符合的"图示式的桌子之型"，但它仍然是特殊的，并不是某种标准，就像阿喀琉斯作为勇气的典范一样。这样的判断保证了事物自身所有的意义和目的。反思性判断的意义对人的尊严也是同样有效的，人的尊严在于他自身的特殊性，这一特殊性同时也反映着一般的人类。

小 结：判断力这种"思"对政治实践的真正意义

不管是对康德的批判思索这一概念的解读还是对判断力的分析，阿伦特都格外强调扩展心智、共同感觉的运用。对阿伦特来说，判断力也应是政治哲学的一个核心概念。由此下判断的旁观者就成了其中尤为重要的角色，行动者在这里不是关注的对象。这和阿伦特的政治关切十分密切。阿伦特极力拒绝一种私人化/主观化的现代性生活样式，

---

① 《康德政治哲学讲稿》，第107页。

因为人在这种极端私人化的生活中失去了人类的基本需要——一个有着共享体验的公共世界。她尝试寻求一种由种种可交流可共享的、主体间判断所构成的公共领域。判断中的共同感觉保障了这种公共领域的可能。对这一公共空间中的种种行动、事件下判断，行动的"意义"才会被激活出来。

这样一种心智能力对于重建公共领域，重新将单个的个体回归于一种相互有机联系着共同体关系中来说具有重要意义。但也因此它也许仅能针对阿伦特所关注的"不思"的人，也就是对公共事务无动于衷、对政治问题漠不关心的人。阿伦特的政治哲学思考是从对极权主义的分析出发的。她看到了在官僚机械流水线的每一个节点上不思的人。他们并不是过于愚蠢的人，也并不是什么十恶不赦的人。只不过是因为不思，不去判断而脱离了共同生活，成为一个个孤立的原子化个人。阿伦特认为，当人脱离共同体、脱离复数存在维度时便可不再称之为"人"，他已经失去了人性。以判断力为核心的"思"便是要唤起他们之为人的本性。心智扩展和一般化立场固然也能防止个人因社会联系的断裂而成为"多余人"和"孤立的人"。但现代政治社会的症结和风险可能不单单在于此。

不思可能有多重原因，但都可以归为两种。一种是无意识不思，一种是有意识不思。前者忘记判断，后者可能非常懂得如何判断却有意避之甚至拒绝判断。无意识不思在记起判断这回事之后同样也可能因为某种外界原因而选择有意识不思。设想一下，如果无意识不思是进一步促成极权主义的推进器。极权主义或专制主义初现端倪之时则通过恐怖统治造成集体有意不思，或者对已形成的极好判断缄口不言。所以恐怖统治首先往往表现为，旁观者活动的场所——公共领域受到钳制甚至取消。我们不知道哪一天恐怖就来临了，当极权主义已经形成的时候，这种有意不思、有意不判断却要如何应对呢？问题更凸显为：我非常懂得如何判断，但我个人来说为什么要这样做呢？或者：是什么才真正让旁观者迈出脚步，做一个好判断并公开分享给另一个人的？从这个问题我们能看到，阿伦特对心智生活的思考究竟做到了哪一步。她也许很好地为一种能力的可能性和运用原理做出了论证和阐释。但却没有谈及实际判断行为的"勇气"和"必然"来自于何。

或许之前所述康德对法国大革命的双重暧昧态度值得我们重新斟酌，政治和道德的矛盾究竟意味着什么。一个人可能博闻强识，具备良好的认知能力；也可能同时世事洞明，拥有极好的判断能力。但这些能够为他积极参与公共事务和政治实践提供充足的理由吗？似乎还缺了点什么。康德的矛盾态度一定不是弄错了或者实在没有解决的办法。这绝非举棋不定或所有犹疑，只能是两者不可偏废。

第二次启蒙
——福柯前期主体哲学视野浅论

—周晴思月—

摘要：福柯以主体原则研究作为自己的哲学任务，在其前期工作中就已展现对主体问题的兴趣，而其中一个重要的兴趣来源就是康德。对于福柯来说，康德意味着对主体原则的确定，这个确定体现在自然律和自由律对主体的作用上，而两个原则都将主体归结为理性主体。正是在对此工作的反思中，福柯看到了理性主体奠基工作的不完善。由此，他进一步考察了康德主体的启蒙方案，并反思得到一条以历史主体建构路径作为研究的方法论引导。与此同时，福柯试图从康德之后的主体哲学方案和人类学与人文科学的发展中找寻解决主体问题的可能性，并最终在宾斯万格梦之主体——一种心理学和先验本体论考察方法的弥合中找寻到了新的主体原则可能。在此，福柯的主体方案与其从对启蒙的现代性反思中得到的主体构成方案相一致，而二者皆指向福柯随后主体研究的核心：一种历史性的话语主体。本文将以《何为启蒙》① 及《〈梦与存在〉导言》② 为核心文献，通过呈现福柯对启蒙和人类学两条线索上的主体思想的批判工作，展现福柯对于主体兴趣的建构过程，最终呈现福柯主体研究方式的开创性和前后工作之贯通性，并以此作为理解福柯后期工作的重要入手点。

关键词：主体　理性　启蒙　康德　宾斯万格

一　反思康德理性主体规划

在法国哲学传统内，有两条主体哲学发展路径，第一条是以唯灵论—现象学为代表

---

① Foucaul, M., «Qu'est-ce que les Lumières?»*Dits et Ecrits*，Tome I, (Paris: Gallimard, 1984), pp. 562—578.

② Foucaul, M., «Introduction, in Binswanger, *Le Rêve et l'Existence* (trad. J. Verdeaux)» *Dits et Ecrits*，Tome I (Paris: Gallimard, 1994).

的观念论式路线，他们强调对主体精神和意识活动的考察；而第二条路径则是科学哲学与实证哲学的发展，在此，思想家们主要从生物性的证实考察主体的持存。[①] 两条路径皆以启蒙宣告的理性思维模式为基础，在这样的启蒙现时代背景下，福柯参与到反思启蒙这个时代性哲学任务中，并从中建立起了自己的主体哲学兴趣。在他看来，受益于启蒙而迅速发展自身的科学哲学在构建自己的形成历史的过程中汲取了启蒙中蕴含的对普遍性历史的批评态度，对启蒙做出了重新思考。

康德作为启蒙规划的重要奠基者之一，成为福柯接触主体哲学不可回避的考察对象。在福柯看来，康德哲学之核心内容即为对主体原则的讨论，而其认识论先行，服务于实践。因此，他首先考察了康德对主体的理性奠基工作。康德主体原则被自然律和自由律共同确定为理性，但福柯认为，康德在这个过程中对理性原则过度强调，而对感性经验连接实践主体与精神观念存在的作用有所忽略，使主体的实践活动难以真正奠定理性基础。并且，在后期以人类学视野补充论证经验的意义时，康德虽然看到了感性经验超越性的可能性，但理性能力依然处于优先地位，使康德仍旧陷入了两难的境地。福柯的批评也使当代学界开始集中考察康德《判断力批判》中的感性问题。

同康德的对话中，福柯产生了与之不同的对经验性的理解。康德将经验视作被动活动，观念先行于经验，并范导经验的整理工作，使得实践最终服务于观念（如律令立法等）。但在福柯看来，经验性问题自身即包含主体原则，而理性的功能是使人认识到这个原则，而非构造这个原则，因而他把理性功能作为主体的多样互动功能之一，而非决定性的构成基础。

在此基础上，福柯进一步对康德启蒙概念展开了批评，该批评工作从实践角度为反思理性主体哲学提供了重要线索。启蒙不仅是一个纯粹理性思辨事业，还是一种带着对人类理性充满乐观主义的政治主张，不仅使主体从教会的蒙蔽中走向拥有理性思考的自由，也使得哲学朝向关注现时性的批判维度发展。而在《何为启蒙》中，福柯即从此角度出发，通过《回答这个问题：什么是启蒙？》（以下简称《什么是启蒙》）一文进入对康德主体启蒙思想的考察，明确其理性主体意涵在具体历史情境中呈现出的问题。

在中世纪的欧洲，风靡社会的宗教信奉、权力团体等权威占据着人思想和行为的导向地位。康德认为，这些权威蒙蔽了人真正的思维能力，限制了人的自由，阻碍了人类正常发展。若想真正实现自由之目的，需从敢于使用自己的理性开始，主动走出"监护状态"。"启蒙就是人从他咎由自取的受监护状态走出。受监护状态就是没有他人的指导

---

① 康吉莱姆：《正常与病态》，李春译，西安：西北大学出版社，2015 年，第 261~263 页。

就不能使用自己理智的状态。"① 这种通过主体主动反思、正确使用理性以维持自身自由的路径即为启蒙任务的内涵。

在福柯看来，康德《什么是启蒙》一文是其研究从认识论过渡到实践哲学的体现。"当对理性的普遍使用、自由使用和公共使用相互重叠时，便有'启蒙'。"② 理性的普遍使用接续康德前作《纯粹理性批判》中理性对理念和科学知识的认知能力，而自由使用和公共使用的要求考察的是理性在实践中的自我规定。在这篇文章中，康德通过启蒙任务展现了理性认知活动的实际状态，但更多着墨于理性主体构建自由王国的实践方案。

福柯认为，理性实践方案实际上是一个名为启蒙的人类发展规划，而规划的核心即为如何合理运用理性。在《什么是启蒙》中，可以找到这个规划的全部内容。规划的有效对象群为全体人类，而全体人类达成"合理运用理性"必须满足两个基本条件：1. 要在一定的服从下公开使用理性；2. 需要一个具有普遍理性的公共政府作为政治保障。而启蒙规划存在的问题正从这两个条件体现出来。

条件一对理性的私人使用和公开使用提出了要求：人们需在工作和私人场合之外运用自己的理性。在康德的语境中，"私下"指当人在一个社会确定的位置上时，必然伴随着当下特殊的工作目的和任务，在此，理性是一种工具理性，需服务于既定环境，而无法满足自由性。而在公开使用理性时，康德强调"为了使用理性而使用理性"③，这是对《纯粹理性批判》中理性原则的延续，此时，主体不仅保证了思想自由，更使得理性活动从个体之事转为全人类集体活动，理性开始为人性代言，具有道德意涵。

在此，福柯将康德的启蒙规划与犹太人的哈斯卡拉运动做了类比，以呈现理性主体启蒙规划中的问题。"德语中的'启蒙'（Aufklärung）和犹太的'启蒙'（Haskala）属于同一个历史，这两个词正努力确定产生它们的共同过程。或许也是借此宣称接受某种共同的命运——现在我们可知道，它会导致怎样的悲剧了。"④ 哈斯卡拉运动是18—19世纪犹太人的启蒙运动，其内容主要是将犹太教与世俗内容相结合，强调宽容精神和普

① 李秋零主编：《康德著作全集》（第8卷），北京：中国人民大学出版社，2010年，边页码第35页。
② 福柯：《何为启蒙》，见杜小真编选《福柯集》，上海：上海远东出版社，2012年，第532页。
③ 康德原用词：räzonieren，可见《纯粹理性批判》《实践理性批判》等著作。
④ 《何为启蒙》，第529页。

遍理性，以使族群更好融入欧洲社会。① 哈斯卡拉运动以理性装点犹太教旨，使其影响力自德国蔓延至整个欧洲地区，但在此过程中，却也引来了思想家的反感。在他们看来，真正的宗教是建立在纯粹的道德信仰之上的。然而，对于犹太教而言这种条件。哈斯卡拉运动中宣扬的理性和宗教信仰，仍旧在一种民族性的禁锢之中，而非纯粹思想自由。因而，哈斯卡拉运动不仅没有使犹太教与启蒙之时代精神达成一致，反而最终导致了欧洲国家对犹太民族的歧视与迫害。

在福柯看来，康德的启蒙规划导致的后果与哈斯卡拉运动一样，在规划中，主体原则被理解成单一理性，不仅不能完全解释主体形成的复杂条件，限制了主体个体性的展现，更使理性以一种强制性的态度而非真正主体自由的选择代言人性部分，阻碍了继续向更大化的自由迈进。

而在条件二中，公开使用理性需要具有更高普遍理性的政治建构作为保障，至此，对考察理性的使用要求的视角进入社会领域，并显示为一个政治问题。

> 人需要一个主人，来制服他自己的意志，并强迫他去顺从一个普遍有效意志，在这个意志那里每个人都能够是自由的。②

对于康德而言，公民之普遍意志必然包含理性，这是毋庸置疑的，在社会中，普遍意志将首先形成法律，以保障服从和公开使用理性之间的秩序，以契约的形式使权威掌控者的监控处于绝对无效的状态。普遍意志同时要求自己的执行者——政府具有较高理性程度，以保证政府有能力给予公众公开运用理性的环境，保证公众能够在各司其职的同时也可以以学者身份公开运用理性，并能够进一步给予这些理性思想检验的空间。③但福柯却不认为这是政治真相，也不是政治理想的真实，虽然这样的政治建构是合理运用理性所必需的公共形式，其本身却依然需要由能够合理应用理性的人作为前提要素。因此，理性主体的问题便集中到了合理运用理性的方式的有效性上。其中，条件一中"为了理性而运用理性"会导致的问题已在前文做出讨论，而私下运用理性所需的服从则与条件二的政治形式息息相关，体现出启蒙主体具有政治意涵后存在的第二个隐患：

---

① 哈斯卡拉运动是由以门德尔松为代表的犹太启蒙思想家群体发起的犹太启蒙运动，其兴起于18世纪德意志地区，然后蔓延到欧洲，最终于19世纪初期在俄国达到了高潮。各国犹太思想家以言说教学、文学写作的方式提出对自由意志与犹太教旨之关系的讨论，但由于理性原则的树立，哈斯卡拉运动后期犹太教信徒大幅减少，对于犹太教的启蒙也名存实亡。同时，其自由意志背后无法割舍的民族性也使许多人站在保守主义的一端，当哈斯卡拉运动渐趋衰落时，压抑许久的反犹浪潮顺势而起，再次全面限制犹太群体，而随之出现的迫害犹太行动也自19世纪中后期持续至二战时期。参考张倩红：《犹太启蒙运动初探》，《世界历史》，2002年第5期，第62～69页。
② 《康德著作全集》（第8卷），边页码第23页。
③ 《康德著作全集》（第8卷），边页码第39～40页。

理性自由难逃专制主义之窠臼。

在条件一讨论理性的私下运用时，康德强调，人类需要履行职责义务以及作为一个社会共同体公民对集体的服从。[①] 在他看来："它（一个普遍管理法权的公民社会）拥有最大的自由，从而有其成员的普遍对立，但毕竟对这种自由的界限有最精确的规定和保证，以便他们能够与别人的自由共存。"[②] 服从是出于自由之目的，合理使用理性的表征，在服从的基础上使用理性是对于世界公民社会的共同努力。但在条件二中，主体与政治体之间的关系实际上表现为有理性的专制主义同自由理性之间的契约，公共意志在政制上的表达仍旧是专制的，只不过专制的手段变成了理性，理性也通过契约关系替代了原有的宗教信仰成为新的律令。

因此，康德的启蒙规划并没有保证理性的合理使用，而"正是对理性的不正当使用，加上想象，产生出教条和他律"[③]。此时，理性极易被大众盲目顺从接受，成为新的思想权威。在福柯看来，这与康德自己所要消除的旧权威具有同样的形成模式："或者，我们是否也可以这样理解：正是启蒙所带来的变化，使人类真正获得了人性？但这又涉及到另一个问题：这变化是什么？康德在此给出的回答又是相当的含糊。不管怎么说，这问题看起来似乎简单明了，但内涵却相当复杂。"[④] 在强调理性原则的过程中，主体内涵湮没在了理性新权威下，不仅没有得到更多发展，反而在此被新的理性化的规训机制所控制，再次落入"监护状态"中。

理性的推进过程虽然的确破除了中世纪教会机构对社会运转以及人之思想的"监护"，也使得理性实证思维获得长足发展，奠定了西方社会现代化以及科学发展的基础，但同时也引发了更大的问题。"这种理性发出某种普遍性的宣言，却又在偶然性中发展；它宣称某种统一性，却又通过局部的修订而继续推进，而不是通过整体的重造；它通过自身的主权而显示出了独创性，然而在自身的历史中，并没有和压迫它、抑制它的惯性、压力完全分离。"[⑤] 从认识论角度而言，感性经验的地位下降，阻碍了对主体的完整表达；而政治实践方面，理性虽为专制权力划界，但由于其结构并未真正达成自主性，造成的后果使得启蒙之路与其预设的启蒙总目标——达成人类自由仍存距离。

因而在福柯看来，二次启蒙是不可回避的任务。在之后的工作中，他进一步反思了去除蒙昧思维结构本身的必要性，从话语与权威的关系考察蒙昧思维也由此成为其发展启蒙的重要路径。并且面对理性压抑主体发展、理性究竟应如何被合理使用等问题，福

---

① 《康德著作全集》（第 8 卷），边页码第 35 页。
② 《康德著作全集》（第 8 卷），边页码第 22 页。
③ 《何为启蒙》，第 533 页。
④ 《何为启蒙》，第 531 页。
⑤ 《正常与病态》，第 265~266 页。

柯从对科学哲学史的考察中找寻到一种对"非连续性"的历史话语以复现更真实的主体，重新为理性划界。①

二　福柯的二次启蒙规划：从现时性到历史性

在福柯看来，康德启蒙方案由于服务于其自然律的合目的性，因而具有普遍历史意涵："康德关于历史的其他文章的大部分都是设法确定时间的内在合目的性和人类历史趋向的终点。而他对'启蒙'的分析，在把'启蒙'确定为人类走向成年的同时，确定着相对于总体运动的现时性及它的基本方向。"② 康德在《关于一种世界公民观点的普遍历史的理念》一文中即指出，"一种造物的所有自然禀赋都注定有朝一日完全地并且合乎目的地展开"③。人类社会的历史发展在大自然的发展规律之下，也同样符合大自然计划的内在目的。而在大自然中，人是唯一具有理性的生物，但理性并非一种本能和天性，需要后天通过传授和学习加以完善和发展，并且这是一个贯穿整个人类发展的活动，需要代代继承，使人类逐渐悉知理性，成为理性之主体，以达至全人类在自然律意图下最适宜的状态，而这即为启蒙筹划的内涵。④

而前文提出的历史性话语下的主体正是针对启蒙作为人类历史最终发展目的之筹划导致的问题而提出，批判结构本身所具有的现时性特征也同时为福柯提供了把握一种适合现代性的新哲学态度。在他看来，现时性并非一个与历史合目的性相关的时代性标志，而是人对当下（le present）的一种态度，即"把'今日'作为历史上的一种差异，作为完成特殊的哲学使命的契机来思考"⑤，关注当下呈现的特殊性与差异性。在这个意义上，启蒙以"出口"（Ausgans）而非转折点的形式对"纯粹的现时性"问题展开考察，代表着一种不站在过去与未来间的历史性中对现时性本身的反思。

在此，处于启蒙结果之中、开启现代性时刻的波德莱尔为福柯提供了具有这种现代性态度的三类主体意涵。

被波德莱尔称为漫游者、观察者的第一类人，是一部分风俗版画家。他们沉浸于19世纪时髦的市民日常生活中，为转瞬即逝的新奇之美飞速挥动着画笔，记录现代性下的大都会。在波德莱尔看来，他们拒绝永恒与遗存的旧观，享受着现代性下的流变之美。⑥

---

① 《正常与病态》，第267~269页。
② 《何为启蒙》，第533页。
③ 《康德著作全集》（第8卷），边页码第18页。
④ 《康德著作全集》（第8卷），边页码第19页。
⑤ 《何为启蒙》，第533页。
⑥ 波德莱尔：《波德莱尔美学论文选》，郭宏安译，北京：人民文学出版社，1987年，第476页。

与之态度不同的是现代生活中的"英雄"。之所以被称作英雄，是因为古往今来，人们通常都会追求一种"习以为常"的生活，但在"过渡、短暂、偶然"的现代性社会中，不论是主动还是被动的相遇，真正处于现代生活下的人都会面对古代生活做出宛如一个古典时期英雄的"自杀"举动，用一种当下美的形态描摹过去，且为之"祭奠"。

这群被波德莱尔视为现代生活的"英雄"的人希望从这个时代独特的美中找寻普遍意涵，也正因如此，他们才有立足当下的勇气。"构成美的一种成分是永恒的、不变的，其多少极难加以确定，另一种成分是相对的、暂时的，可以说它是时代、风尚、道德、情欲，或是其中一种，或是兼容并蓄。……没有它，第一种成分将是不能消化和不能品评的，将不能为人性所接受和吸收。"① 波德莱尔认为，这些英雄注意到的，是真正的现代之美：瞬时与永恒交织，零碎和凝练并存。

而第三类人：浪荡子，其中最具代表性的便是波德莱尔颇为赞赏的 G 先生，贡斯当丹·居伊。在波德莱尔眼中，居伊日间记录每一位群众的激情与快乐。并进一步看到了都市生活里永恒的生命之美、灵魂的欢愉以及万物间惊人的和谐。但使他成为一个浪荡子的原因则在于，"英雄性"之上，他还具有极强的想象力。居伊能够使记忆流转于想象力之中，使一切活跃的元素"推搡"着自己，描绘出画作，建构着生活，也塑造着自身："这是非我的一个永不满足的我，它每时每刻都用比永远变动不居、瞬息万变的生活本身更为生动的形象反应和表达着非我。"②

上述这一看起来很文学性的表述，其实其内核概念完全是因应传统主体哲学问题而设立的，我们可以看到至此，现代性中的主体也呈现多样化的色彩："漫游者"主体具有现时性，他们"拒绝被过去挟持"，接受自身发展之结果，享受当下；"英雄"主体在接受存在场景变换之偶然性的同时，在流变时代中找寻赖以生存的必然规律；而"浪荡子"主体展示的，则是人之主体固有的自我言明及自我构成能力。在偶然与瞬时之间，想象力作为对当下做出敏感反应的一种能力，为现时中的主体提供了不断超越革新的能力。这种在波德莱尔眼中只能作为艺术化处理的具有超越性的主体经验能力被福柯所发展，形成了他对主体气质（ethos，或译为品格、秉性）的把握。

福柯经由现代性态度进一步优化了批判任务的内涵："把必然的限定形式中所作的批判转变为在可能的超越形式中的实际批判。"③ 在此，批判对象不再是普遍结构，而是一些特殊的历史陈述话语，必然如此理性才能真正理解自己及其任务。福柯指出，只有在那些使我们成为我们所是的偶然性中，我们才能从我们"不再是"了解到我们对于

① 《波德莱尔美学论文选》，第 475 页。
② 《波德莱尔美学论文选》，第 481 页。
③ 《何为启蒙》，第 539 页。

某一界限的跨越。而主体以形成历史存在——这种存在形式即主体的普遍性规定的体现，而这也就是对主体历史性考察活动的普遍性意义。福柯从启蒙本身获得的这种哲学态度和通过反思其他主体方案的考察方法串联在一起，成为福柯主体哲学的重要思想脉络。

三 宾斯万格"梦之主体"

在考察启蒙之后的主体方案过程中，福柯发现弗洛伊德和胡塞尔从两个维度对主体意义进行了表达。在这期间，他进一步意识到了经验性对于主体构成的重要作用，但在他看来，二者都不是呈现主体真正意义的最佳方式。弗洛伊德的精神分析学为主体意义的表达提供了明确的客观指示内容，但是却没有对意指活动有过多考察；胡塞尔为意义提供了表达基础和表达工具，但是却割裂了主体与表达对象的感知联系。福柯从对两种主体方案的考察中，意识到了呈现完整表达活动中对指示结构的解释与证实、对意指活动的恢复自身位置这两个任务的统一性，并逐渐明确了主体意义难以兼顾个体性和普遍性、主体构成原则难以找寻的问题。而宾斯万格的《梦与存在》（*Le Rêve et l'Existence*）一书正提供了福柯解决该问题的可能性，在那里，福柯认为表达活动可以使主体的多层意义编织在一起。

福柯从宾斯万格的《梦与存在》关注到参与到梦中的想象经验主体，并由此作翻译版序言，在宾斯万格的理论基础上勾勒出了一个新主体建构，以此作为提出自己的主体原则的重要思想来源之一。

宾斯万格将梦视作想象运动的产物，是一种独特的存在（l'existence）形式。他反对精神分析学将梦仅仅看作符号意象的聚合，而承继了 19 世纪以前把梦确定为一种经验类型的知识论，[①] 例如斯宾诺莎认为梦中的想象经验除了可以呈现身体和情绪的聚合，更能够赋予感性身体以知性理念，从而解释主体的存在真理。因而在知识论的意义下，想象运动中融合了感性要素和知性要素，这使由想象建构起来的梦也包含做梦者自身意义。而宾斯万格的梦之思想也由此分为了对做梦者的生理机制关照内容（如何更好地理解精神疾病患者的梦境）和讨论认识论意义上的本源在梦中的呈现，而后者即为《梦与存在》中宾斯万格的主要关注点。

想象是梦之经验的重要形式，梦通过想象活动经验自身，呈现主体的超越性。"想象，在神秘的密码下，在知性的不完美中，在若隐若现的意指中，不仅超出了人类经验的内容，还超过了人类所能掌握的话语知识，指向一种真理的知识。作为一种完全超越

---

① «Introduction，in Binswanger，*Le Rêve et l'Existence*（trad. J. Verdeaux）»，pp. 80—81.

人类的真理存在，它又转向人，以具体的意象形态，将自身展现给我们的智性。"① 正是由于想象难以被完全把握的超越性，梦才有指向真理的可能（后文进一步论证可知梦中必然包含真理）。而作为人的"主观性"（subjectivité）活动，想象经验在梦中通过意象使我们得以从中认识自身。梦与存在的关系也就由想象牵连到一起。人是想象运动的主体，更是梦之主体，梦中，想象生成的一系列意象都是在人的知觉内容的基础上诞生的，由此，对人展开去主体化的主体意涵讨论即可呈现人作为一种存在所具有的确定性。

想象经验具有时间性，这体现在梦境中对过去的再现（la répétition）和对未来（l'avenir）的预示。前者是对于过去的准对象化的描述，以展现想象经验对梦之主体的历史意涵的深刻把握；后者是梦之主体的自我塑造能力的体现，想象经验以无主体的视角关注了人之存在在梦中无束缚、绝对自由的自我生成过程，既是其超越性的体现，也勾画出了一个更具有意义的存在形态。总之，想象经验的时间性从历史性的角度将存在呈现出来，存在形式（le mode d'existence）的可认知性也就由此确立。

因此，福柯将宾斯万格的工作理解为梦是认识存在、呈现存在意义的温床，而想象是存在在梦中持有意义的桥梁。而福柯自己却对此颇有警惕，他认为，想象本身就是人之存在的象征，是想象活动在梦中具有绝对的自由状态，而这是弗洛伊德无意识主体和胡塞尔先验主体无法呈现的，宾斯万格的工作给出了对这两者都超越的可能，却没有真正做出超越两者的表述，而福柯本人在于在此基础上，把注意力放在想象的时间性中。由于想象活动在预示梦中所具有的超越性，此时主体得以抛开理智知性，在梦中真正享有自由的原初运动，且感受一种命运般的隐秘震动和改变，② 这正是主体普遍意涵的实现。

福柯指出，除时间性外，想象活动还存在鲜少被宾斯万格提及的空间性。在他看来，"空间性的形式在梦中解释了存在的'意义'"③。梦中，存在的运动具有三个阶段：第一个阶段是梦之主体塑造梦中世界，此时，尚无其他角色进入梦境，主体意识就是整个梦本身，这个阶段即为主体的自我塑成过程。在此，梦以想象经验为基础，形成了包含自身真实历史性的梦之空间，而想象的空间性也由此展开。梦之空间充斥着对立，以远处与近处、光明与黑暗两对对立尤为突出，而想象运动即在这些对立中穿梭而行。在远近空间的横向移动中，想象勾勒出主体历史性中灰暗不明的遭遇，将潜藏在其中的碎杂情感交织成主体存在的首要意义。想象视野的远近还影响着梦之主体向内窥视的清晰

---

① «Introduction, in Binswanger, *Le Rêve et l'Existence* (trad. J. Verdeaux)», p. 83.
② «Introduction, in Binswanger, *Le Rêve et l'Existence* (trad. J. Verdeaux)», p. 100.
③ «Introduction, in Binswanger, *Le Rêve et l'Existence* (trad. J. Verdeaux)», p. 101.

度，此时当想象探知离我们更近的空间时，意象给予我们的知性信息将会更清晰、更深远。

在光明与黑暗中存在一组纵向移动：向上运动，触摸上帝与永恒，而向下则是真实的生活与死亡的必然性。"这组对立定义了存在的基本维度。正是它们形成了梦的原初坐标，筑起浩瀚的梦之神秘空间。"① 在此，想象的时间性与空间性关联在一起，存在运动的第二个阶段由此展开：第一阶段中混沌无目的的自由主体在此遭遇对象性认识的钳制，失落自身，等待着复归："他被完全拉回到自身的局限中，成为自我的压制，他被放逐到曾经是一个整体的两个对立中。"②

而存在运动的第三阶段同样也在这里开始：当存在跌至最底，死亡被呈现出来时，想象的超越性会为了存在之持存，而给予一个新的可追寻的自由未来。自由将会被重新发现，而之后拥有了对象化经验的自由主体即得以在梦中意识到自身的存在。以下这段话即可总结梦之主体在梦之时空中揭示自身的全过程："它（想象）将自己视作自身世界的绝对意义，是一种朝向自身的自由运动，并最终扎根于这个世界，就像它的命运一样。意识通过想象，指向在梦中呈现自身的原初运动。"③

与宾斯万格对想象活动的超越性的强调不同，福柯更加注重想象活动的个体性。"清醒的人拥有同一个理智世界，但睡梦中的人皆进入了各自的世界。"④ 而他并不追求一个康德式的普遍主体，是想要在诸多"因人而异"的梦之主体呈现过程中寻找流变下的不变构成方式，这与其通过反思康德人类学获得的主体意义还原方法相呼应。在对康德《实用人类学》的考察中，福柯同样意识到了主体特殊性的意义。"特殊性本身就是普遍意义的合法发源地。"⑤ 而他进一步认为，在以世界公民（Menschenwesen）作为研究对象的人类学中，人之所以具有社会性不是因为他属于某个权力组织或社会机构中，而仅仅是因为他的言语活动。正是言语通过反射语言主体内部，展现个人的内在意义，主体特殊性被呈现出来；同时，语言交换和语言的实现分别划定时间和空间，达至人类的普遍性形式、为部署真理提供位置。在此意义上，主体的特殊性和普遍性有了统一的可能。

在对空间性和时间性的把握过程中，福柯进一步对意象形态与表达形式进行了考察。但在他看来，对意象形态的考察需要进一步讨论意象与想象之间的关系，而这已然

---

① «Introduction，in Binswanger，*Le Rêve et l'Existence* (trad. J. Verdeaux)»，p. 104.

② «Introduction，in Binswanger，*Le Rêve et l'Existence* (trad. J. Verdeaux)»，p. 105.

③ «Introduction，in Binswanger，*Le Rêve et l'Existence* (trad. J. Verdeaux)»，p. 112.

④ «Introduction，in Binswanger»，p. 90.

⑤ Foucaul，M.，"Introduction to Kant's Anthropology"，Bove，A. （trans.），http://www.generation-online.org/p/fpfoucault1.htm.

是一种从梦的人类学（une analyse anthropologique du rêve）分析向想象的本体论分析（une analytique ontologique de l'imagination）的过渡；对表达的追问也进一步指向关于表达的人类学（une anthropologie de l'expression）的处理，而这也是福柯开启话语分析的契机之一。

福柯认为，宾斯万格的主体方案实现了主体的经验形式与存在在场之意义的统一，较好地避免了康德人类学中主体先验理性与感性经验之间的划界。此外，对从特殊把握普遍意义的方法论也在此得到有效实践，这正是宾斯万格带给福柯主体方案建构的全新灵感。而福柯也在随后的工作中，将想象经验中的意指语言发展为生命话语，通过阐明主体经验的历史性，寻求更为自由的主体意义的实现。

结　语

在本篇论文中，虽然福柯从对康德理性主体的批评出发，在哲学和人类学两个路径上对不同主体方案进行了考察并做出了回应，但看似繁杂的考察任务却对以下概念有一以贯之的关注，从而最终形成了其自身的主体方案初期视野。

由于康德主体问题体现为将主体还原到绝对理性上，因而福柯首先关注的是与此相对的经验活动的意义实现。这个任务使福柯对经验的时间性和空间性特别关注。在康德语境中，时空概念作为一个感性直观为主体的经验认识与实践活动奠定直观物理基础，但福柯认为这种外在于主体的时间性是对感性活动的弱化，因此，从对现象学的主体—在场的考察，到分析宾斯万格梦之人类学中想象经验的运动，福柯逐渐意识到主体的内在空间性。内感官经验通过复现意象，在意识中形成一个内感官产物运动的空间。在此，想象经验等内感官活动将对外部世界诸事物的经验形态以意象的方式将其复现于该空间中，因此这个空间既可以具有现实地理空间的形态，也可以作为构建主体的内在要素经由向内活动发生关联的场所，正是在这里，主体的原初意义得以铺展开来。

而时间性的体现则与对主体历史性的考察达成一致，并以描述主体真理的话语参与到主体原则构进中。在对康德人类学的批判过程中，福柯已经对主体话语进行了考察。他提出通过语言活动建立主体自身以及与他者的关系，从而展现主体的社会意涵可能。而在进一步考察了精神分析的符号语言和现象学的意向化语言后，福柯重回康德启蒙，从对现时性的批判继承中找寻到非连续性历史话语作为言说主体的媒介，并进一步明确了为主体找寻"真实话语"的重要性。在福柯看来，理性能够对主体的观念性进行表达，但要对追求主体的完整意义进行考察则需要一并表达主体及其复现的环境，以呈现主体是如何在自身的历史环境中受到其他要素影响而构建自身的。但在此，历史并非连续的、循序渐进的，福柯对于波德莱尔现代性问题的考察为这种非连续的历史性奠定了哲学基础：这是启蒙的自然产物之一。对历史话语的非连续性的强调反驳了康德目的论导向下的普遍历史主体，福柯借此话语不仅划定了主体批判工作的调查对象的特殊性（特殊性体现为对象的时代性和实践性等特征上，而调查对象即可理解为某一特定经验活动），也通过历史性下特殊经验间的矛盾运动（如理智与疯狂、疾病与健康等矛盾关系）呈现历史性主体形成机制的普遍性，从而为把握主体的特殊性和普遍性的统一提供了位置。

至此，对经验的空间性、主体的历史性以及话语的讨论共同形成了福柯面向启蒙问题划定的主体新原则的核心要素，正是在这个批判结果基础上，福柯展开了自己的主体哲学研究。

文学作为一种哲学活动

——生命视野下德勒兹文学目标的澄清

胡可欣

摘要：德勒兹在《批评与临床》文集的第一篇文章——《文学与生命》中，试图探讨在生成视域下的一种新文学所从事的哲学工作。德勒兹从政治和语言两个角度出发提出了文学的最终目标，以这两种说法为双轴线进行建构：在微观政治的视角下，文学的目标在于创建一个缺席的群体；在言语活动中，文学带来的是新理念。事实上，两种说法最终要解决的是同一个问题，即如何将在主导形式下我们看不见的事物呈现出来——实现生成。文学所从事的实际上是一种哲学活动，它能够以自己独特的方式创造新的生命形态，改变现实。

关键词：文学　生成　哲学　群体　理念

导　言

《批评与临床》是德勒兹生前出版的最后一部作品，它收录了德勒兹探讨关于文学、电影、哲学等领域作家作品的一些文章。但是德勒兹不是在提供一种文学和艺术方面的哲学评论，或者说为文学提供一个哲学的解释，"文学与生命"的主题并不是想要探讨文学和生命两者的关系，因为文学本身所从事和解决的就是生命的问题。

对于德勒兹而言，文学的作用在于提供一种内在于理念的生命创造活动，这一工作主要涉及观念论和生命论的结合，尤其是自笛卡尔到康德"我思"主体、以黑格尔为代表的理念的自我实现等概念，以及生命论传统的一些基本特征。德勒兹对这些概念进行了改造和超越，他利用"文学"，将一种观念的内在创生活动与一种独特的生命概念结合起来，使得思想与生命统一于一种自我创造的过程。在这样一个背景下，我们也能够看清楚德勒兹作为一名哲学家的身份。他虽然大量讨论文学、绘画、电影，但并不是一名文学评论家或艺术家，而是始终在坚持从事一种哲学工作。

　　之前的一些研究工作多少忽视了德勒兹的哲学出发点：有些研究者的关注点在于文学创作而非哲学，如 Jadranka Cergol①、Helle Anna②、彭佳③等；还有的将文学视作人性的展现，只是在涉及语言时从哲学的角度进行了论证，如 Alan Bourassa④、Steve Johnson⑤。这些观点的建构都基于文学和生命的两分，将文学和哲学视作两个不同的主题进行处理，而没有注意到德勒兹从一开始就指向一种从事哲学事业的文学，而不是在传统的文学范畴之下进行言说。事实上，德勒兹虽然讨论文学，但却是在借用文学的资源来从事一种哲学工作——他借由生成这个概念，更新了哲学和文学的本体论，这里的文学不是我们通常意义上理解的文学，而是一个新概念，它能够以自己的方式来进行一种真正的哲学活动。

　　在《批评与临床》的第一篇文章——《文学与生命》中，德勒兹两次提到了文学的目标。在第一次，德勒兹将文学置于政治的视域下，将文学的最终目标描述为：

　　　　文学的最终目标，就是在谵妄中引出对健康的创建或对民族⑥的创造，也就是说，一种生命的可能性。为这个缺席的群体而写作……⑦

　　但是在之后，在说明了写作对语言的影响时，德勒兹这样描述文学所要达到的目标：

　　　　作家是观察者和倾听者，因此，文学的目标在于：生命在构成理念的言语活动中的旅行。⑧

　　德勒兹为什么要两次提到文学的目标？这两种说法讨论的都是文学的目标，但在不

　　① Cergol，J.，"Some typological features of 'minority' literature：The case of the Slovenian and Italian minorities"，*L'Analisi linguistica e letteraria*，Vol. 24，(2016)，pp. 61−76.
　　② Helle，A.，"To minorize a language：Translating Deleuze from French to Finnish"，(2010). https：//trahir. files. wordpress. com/2015/06/trahir-helle-minorize. pdf.
　　③ 彭佳：《试论弱势文学之"文学性"——基于德勒兹、瓜塔里后解构理论的思考》，《西南民族大学学报》(人文社会科学版)，2012 年第 33 卷第 S1 期。
　　④ Bourassa，A.，"Literature，language，and the non-human"，*A Shock to Thought*：*Expression After Deleuze and Guattari*，Massumi，B. (ed.)，(New York：Routledge，2002)，pp. 60−76.
　　⑤ Johnson，S.，"Deleuze's philosophy of difference and its implications for ALL practice"，*Journal of Academic Language and Learning*，Vol. 8，(2014).
　　⑥ 关于"民族"这一术语的翻译，原文为"peuple"，在中译本和国内研究文献中通常译为"民族"，如"少数民族""缺席的民族"等等。本文认为翻译成"民族"有所不妥，因为"少数民族"在法语中有固定搭配：一般用法为 minorité nationale 或 groupe éthnique，强调具有共同的祖先、历史、文化、语言、生活方式的人类群体。而德勒兹在原文中采用的是"peuple"而非"éthnique"，强调的更多是政治上而非文化上的。本文认为翻译成"民族"意义过窄，翻译成"群体"或者"族群"似乎更妥，因此除此段引文外，在后文中一般改译为"群体"。
　　⑦ 德勒兹：《批评与临床》，刘云虹、曹丹红译，南京：南京大学出版社，2012 年，第 10 页。
　　⑧ 《批评与临床》，第 12 页。

同的语境之下，所用的表述也完全不同。那么德勒兹是改变了观点吗？这两种说法之间有何关联，是否一致？本文拟从这两种说法入手，通过考察其中的关键概念来厘清德勒兹的思路线索。从中我们也能够看出，文学何以是一种哲学，德勒兹是如何通过一种新文学来进行哲学活动，文学又是如何打破传统的观念论进行生成的。①

在第一种说法中，德勒兹从政治的角度出发，指出文学的目标是创建一个"缺席的群体"。德勒兹所指的"群体"不是人种学、文化史意义上的，他们不同于在社会中获得明确身份、生活在固定地区的一个"少数民族"，而是在更广泛意义上指向那些存在却不能被直接看到，如同隐身、未被定义的群体，因此被称作"缺席的群体"。文学的目标在于为这样的群体找到自己的表达方式，使他们能够进入人们的视野并参与到现实进程之中。

第二种说法从言语活动的角度出发，指出文学活动在语言内部创造了一门新语言，它在根本上是一种创造新理念（idea）的活动。在这一说法中，文学通过一种特殊的言语活动来实现生成，这一过程离不开言语活动外部的非语言成分，这扩宽了语言的范围，也意味着带来新的现实。最后一部分以巴特比句式为例进行分析，我们可以更具体地看到生成的产物具有怎样的特征，写作是如何实现一种生成的。

通过对上述内容的考察，本文将尽可能明确德勒兹作为一名哲学家的身份，德勒兹并不是一位文学家，利用文学作为探讨哲学问题的手段，是德勒兹在传统的形而上学范畴之外寻找到的一种恰当的表达方式，文学使得他能够脱离传统观念论讨论中的问题框架，以一种更直接的途径接近理念活动本身。这种文学是一个新概念，是哲学在一个新问题中呈现出来的面貌，它是一种非传统认识论框架下的力量、一种真实的理念，写作意味着创造新的生命。

一 文学：一种生成活动

要理解文学的目标，首先需要理解什么是德勒兹意义上的"生成"（devenir），因为

---

① 国内外对德勒兹文学概念的相关研究总体而言已较为丰富，但从观念论角度对文学这一主题进行的专门研究目前还较少，思辨实在论对德勒兹的虚构问题有所讨论，见 Kleinherenbrink, A., "Metaphysical Primitives: Machines and Assemblages in Deleuze, DeLanda, and Bryant", *Open Philosophy*, Vol. 3, No. 1, (2020), pp. 283-297. 关于哈曼和布兰特对潜能问题的论争，见 Baranovas, Ruslanas, "Virtuality and the Problem of Agency in Object-Oriented Ontology", *Open Philosophy*, Vol. 3, No. 1, (2020), pp. 233-241. 此外国内外对德勒兹理论的跨学科应用较为活跃，且集中在文学、文艺学理论领域，如作为小语种翻译的理论指导，见 "To minorize a language: Translating Deleuze from French to Finnish"; 作为强调本土语言文学与政治关系的理论支撑，见姚峰：《阿契贝与非洲文学中的语言论争》，《外国文学》，2014 年第 1 期；援引少数团体创作文学作品的案例对德勒兹的"少数文学"概念进行质疑，见 "Some typological features of 'minority' literature: The case of the Slovenian and Italian minorities" 等等。

文学就是一种生成活动。在《文学与生命》中，德勒兹对"生成"的说明主要有三点：首先，生成是一个过程，作为生成活动的文学永远处在一种进程之中；其次，生成是"反形式"的，它不断逃离以逻各斯为根基的形而上学规则，逃离一种统治性的表达形式，在这个意义上，生成表现为一种反抗、斗争，写作的理由首先是对占主导地位的形式规则的反抗，因而它具有固定的方向：

> 生成不会走向另一方向，人们不会成为男人，因为男人表现为一种自以为对任何内容而言都必不可少的占统治地位的表达形式，而女人、动物或分子总有一种流逝的成分超越他们自身的形式化。身为男人的羞愧，还有比这更好的写作理由吗？①

生成的固定方向表现为对形式的背离，在这里，"男人"代表的是"占统治地位的表达形式"，也就是传统观念论下既有的范畴划分、语言秩序，这种规则下的世界遵循着主客二分的原则，被固定化、标准化；而"女人""动物""分子"并不代表对应具体自然事物的概念，而指的是那些被主导形式压迫、遮蔽、没有自己身份的存在，它们不断地反抗自身所处的压抑环境，试图摆脱被统治的地位。感受到"身为男人的羞愧"的不是"男人"，而是那些附属于"男人"统治环境下的事物，写作的理由是为那些"缺席者"找到自己的身份，摆脱不独立、无权表达自身的"羞愧"境地。

最后，生成并不以事实性为原则，它的目的不在于达到某种形式——生成不是对现存事物观念或形象的摹仿、复制，而是要建立邻近区域，使事物与周围的区域建立联系：

> 生成并不在于达到一种形式（辨认、模仿、摹仿），而是找出邻近的、难以辨别的或未区分的区域……不是模糊的，也不是笼统的，而是无法预见、非事先存在的，他们因为在一个种群中显现出独特性而更加无法在形式上被确认。②

生成是关系性的，邻近的、未区分的区域涉及两个或多个区域，这意味着参与生成的要素总是多样的，这种多不是量上而是质上的，它们表现为不同的范畴属性，但是这种差异是相对的，在生成区域中它们重新又变得不可区分。如何理解这些区域的"无法预见"？它们不是一种不存在意义上的"虚无"，而是属于潜能状态的事物："非事先存在"是因为它们处于潜能状态，并没有在主导形式中获得一种身份。那么什么是潜能？

---

① 《批评与临床》，第 2 页。
② 《批评与临床》，第 2 页。

它和现实有什么关联与区别？

要明白"潜能"的含义，首先需要厘清潜能（virtuel）和现实（actuel）和实在（réel）之间的关系。在哲学传统中，从亚里士多德开始，潜能和现实一直是一对紧密相连的概念：潜能指一件事物具有的所有可能性，而现实则是可能性的实现运动。在这个意义上，潜能被等同于一种可能性，它本身服从于现实因果世界的不悖反原则。而德勒兹继承了柏格森的思想，认为"潜能并不与实在对立，而只与现实对立"[1]。他提出实在包含两个部分：一是现实，它由对一切可感事物的经验构成，这部分经验内容是已经实际化了的、已实现的，它对应的是传统认识论下的客观世界的实体，受逻各斯主导；二是潜能，潜能是事物中未实际化的部分，它与现实相对立但不与实在相对立，潜能带来生成、变化、差异。潜能和现实都属于实在。潜能既是实在的一部分，又推动着实在的变化发展："潜能甚至应当被界定为实在队形不可或缺的组成部分——仿佛对象将自身的一部分浸在潜能之中，而且还要在这潜能的客观维度之中延续。"[2]

在这个意义上，德勒兹实际上对传统的潜能和现实范畴的理解进行了某种颠倒：他把潜能和可能性严格区分开来，将运动的特征归给了潜能部分，而将现实视作潜在的丧失，并通过对实在和现实的划分，将曾经属于潜能的可能性划归给了现实范畴，重新定义了一种潜能概念。这种新的潜能概念拥有的不是可能性，而是脱离了经验的主客体范畴的独异性（singularité），正是它使潜能进入一种无人称创造——进行生成。通过潜能，德勒兹恢复了现实的创造机制，生成的对象是独异性而非"可能性"，但这种独异性自身也在不断生成、变化，它以一种特殊的运动方式将现实纳入一种永恒的生成，世界成为一种生成的运动，而不是一个固态、静止、僵化的存在。

写作属于潜能的生成，对于这个过程，德勒兹描述道："在写作中，人们成为女人，成为动物或植物，成为分子，直到成为难以察觉的微小物质。"[3] 这里的"难以察觉的微小物质"不是物理世界中的物质元素，不是比分子更小的原子、质子——它们依旧是具有形式的实体；"难以察觉"不是指肉眼难以看清，而强调的是一种不可感知的生成状态（devenir-imperceptible），生成最终抵达的产物是独异性。

"独异性"这个术语最早出现在近代早期，是一个用来取代"镜子"的词汇，在西方宗教传统中，"镜子"是用来呈现神的存在和整体性的载体。[4] 15 世纪，在制图史和对陆地空间的认知史中，随着远洋旅行者对新航线的开辟，对世界的描述不再符合"镜

---

① 德勒兹：《差异与重复》，安靖、张子岳译，上海：华东师范大学出版社，2019 年，第 354 页。
② 《差异与重复》，第 354 页。
③ 《批评与临床》，第 1 页。
④ Conley, Tom, "Singularity", *The Deleuze dictionary*, edited by Parr, Adrian, （Edinburgh: Edinburgh University Press, 2010), pp. 251—253.

子"的形象，这促使人们将新奇的、难以想象的地方事物记录在其中。另一方面，"singularité"又有"奇点"之意，它是一个数学对象，指定了微分关系（dy/dx）中的一个特定值，德勒兹用以说明独异性在实现过程中的强度关系；受莱布尼茨单子论的影响，德勒兹将"独异性"视作保证单子运动得以呈现的原因，它使单子"既独特又共在：既使自身作为实体被感知，又是与周围环境相关联的基础"[①]。独异性既保证了个体作为实体的存在，同时又使得每个单独个体与世界的总体性相关联，因此每一种独异性都既能够参与到经验世界的实际建构之中，又能够在自身之中容纳并呈现整个世界。

因此，无论是从词源上，还是从微分关系出发，独异性都有对多样性、异质元素的汇聚与表征之意。在德勒兹那里，独异性进一步被改造为参与生成进程的基本要素，它使得世界以两种方式被感知："在微观感知中被无限地感知，在宏观感知中被巨大地感知。"[②] 文学所生成的是独异性，也就意味着具有在宏观和微观两个维度上的感知功能，而微观层面上与世界的关联如果成为被二元范畴困住的感知，如果仅仅是宏观经验层面的表征，那么这样的独异性无疑是不完整的，它并没有实现自身，而是堕入了一种疾病状态。因此，文学所要致力于的正是引出在微观层面上的感知活动，从而实现对自身，也是对生命的诊疗，因为每一种独异性都意味着一个独特的生命，其具有自我实现的力量。

由上可知，文学是一种生成活动，它不断反抗主导的形式规则，并通过潜能领域进行独异性的生成，文学的最终目的是在谵妄的两极中引出其中属于健康事业的那部分——"为这个缺席的群体而写作"，意味着为受主导形式压迫的事物找到自己的身份与表达。"群体"属于生命进程中的一部分，文学是为了解放生命的多样性，承认现实中不同生命形态的平等身份，通过生成使得生命能够不断自我更新拓展，处于一种健康状态。

二 微观政治下的文学：创建一个缺席的群体

接下来，本文将简要说明在《文学与生命》中关于文学最终目标的两个说法，并阐明其中的一些关键术语。基于对这些术语的澄清，我们才能够明白德勒兹是如何在一个全新的领域之内进行工作的。首先，德勒兹对文学的最终目标做的第一处说明如下：

> 文学的最终目标，就是在谵妄中引出对健康的创建或对群体的创造，也就是

---

① "Singularity"，*The Deleuze dictionary*，pp. 251—253.
② "Singularity"，*The Deleuze dictionary*，pp. 251—253.

说，一种生命的可能性。为这个缺席的群体而写作……①

文学的最终目标是创造一个群体，"群体"（peuple）一词源自拉丁语"populus"，指的是所有公民，即罗马宪法中拥有选举权的个人，与平民相对。在现代用法中，它既可以指在同一地域内有共同起源的群体，也可以指不在同一地域但有归属感的一群人，有人民、民众、人群等意思，用法较广泛。此外，在法语中这个词也可能含有贬义，指那些属于社会"下层"或"中层"的"平民"，与因出身或财富而享有特权的"贵族"阶层相对。② 德勒兹用"群体"来指称文学的产物，从词源来说本身就具有一种政治色彩，但另一方面，更重要的是，由于这个群体是"缺席的"，因此不能将其等同于一种经验政治中的群体。实际上在接下来的分析中，可以看到文学的产物是从不同面向体现出了"群体"的多重特征，包括集体性、政治性、阶层性等等。

其次，德勒兹对谵妄（délire）这一概念进行了重新定义，它不再是精神病理学意义上的症状表现，而是一种突破了健康和疾病二元的谵妄，它自身内部蕴含着健康的标准：

> 文学是谵妄，在这样的名义下，文学的命运在谵妄的两极之间上演。每当它建立一个自称纯净、占统治地位的群体时，谵妄就是一种疾病，典型的疾病。然而，当谵妄援引这个私生的被压迫的群体时，谵妄就成为衡量健康的标准，这个种族不停地在统治下躁动、抵抗一切压制和束缚，并在作为过程的文学中以凹陷的形式呈现。③

文学是谵妄，意味着文学也具有谵妄的两极性：当谵妄想要占据主导地位、成为一种形式化的事物时，它就是一种疾病；而当它转向一个"私生的被压迫的群体"时，它则是一种正常的标准，一种能够被认识、理解甚至依靠的存在。在这个意义上，谵妄本身突破了在健康和疾病的二元标准下的身份，不断"躁动、抵制一切压制和束缚"，"凹陷的形式"也表现的是这个群体受压迫、被抑制的状态。可见，占统治地位群体和被压迫的群体同时存在于作为过程的文学之中，但是它们的身份与境遇却迥异——为什么同样存在的事物拥有不平等的地位？怎样解救那些被压迫的事物，让各种存在的生命活动都得到公正对待？德勒兹正是从这样一种伦理学态度出发提出了文学的目标。

这样一种文学活动也可以说是一种政治运动。需要说明的是，德勒兹的政治运动是

---

① 《批评与临床》，第 10 页。
② Bras，Gérard，*Les ambiguïtés du peuple*，（Nantes：Plein feux，2008）.
③ 《批评与临床》，第 9～10 页。

一种微观政治，它不是经验层面的政治活动，因为通过文学创造的群体所具有的集体性是生成一不可感知层面上的，它不是数量意义上的，而是一种强度运动，在其中无限性、多样性的变化界定了潜能领域中的群体。因此德勒兹才会强调："再说一遍，群体是一个分子式概念。"① 但是，微观并不意味着抽象、脱离，而只是意味着转换一种视角和方法，这种政治依旧没有脱离现实的经验世界，但是它总是试图在被现实所规定了的事物之外寻找革命的力量，他们存在但不受关注，生存但却无法说"我们"。任何能够寻找到这种新力量并赋予他们群体性身份的行动，对于德勒兹而言都是属于少数者的政治，因此这种政治并不是由人数来决定的，而是取决于其态度方法。

另一方面，德勒兹也警告我们，不能将这种斗争运作仅仅视作一种消极的抗争，仿佛这个被压迫的群体在地位上真的是低级的，它所能做的只是不断进行否定、抗争。事实上，这个"次要的群体"具有积极的建构意义，关键在于它同时具有自主性——在这里，德勒兹演练了一场黑格尔式的主奴辩证法，将这个群体抗争的奴隶身份翻转了过来，承认它才是事实上的主人：

> 错误在于认为：有综合性的国家，是其平面的主人并铺开它的陷阱；然后有一种抵抗力量……最具中央集权化的国家根本不是它的平面的主人，它也不是实验者，它进行注射，它最终不能预测任何东西②。

要明白生成活动在斗争的同时为何具有创建性，关键在于明白生成是如何参与到现实之中的，这首先离不开一种新的时空观，因为当原有的形式范畴规定都被取消之后，文学生成的产物必须在一种新的视角之下被重新加以看待，而时空就是最基本的思考条件。如何为生成找到最基本的运作场域而又不至于落入另一种范畴之中？德勒兹提出了一种"地理历史"的概念。

受到尼采的影响，德勒兹拒绝一种普遍历史。德勒兹认为这种目的论的历史主义观依旧和传统形而上学结盟，它是反动力的，曲解了一个种群的活动及其产物，最终导致的是"文化的衰落"③。对此，德勒兹提出了一种地理历史，他认为真正的历史必须让地理学参与其中。这种地理学并不是在学科意义上的，而是作为"强度的制图学"的地理学，它能够"使历史脱离历史本身，为的是发现那些虽归入历史但并不属于历史的种种渐变过程"。④ 这样一种地理历史所记载的是那些缺席的群体，它属于世界而不是局

① 德勒兹·帕尔奈：《对话》，董树宝译，郑州：河南大学出版社，2019年，第164页。
② 《对话》，第213~214页。
③ 德勒兹：《尼采与哲学》，周颖、刘玉宇译，郑州：河南大学出版社，2016年，第295页。
④ 德勒兹、迦塔利：《什么是哲学》，张祖建译，长沙：湖南文艺出版社，2007年，第335页。

部，一切都在强度的整体运作之中，都在集体性的关联中彼此影响、变化："没有不经过群体、种族和部族，不纠缠共同历史的谵妄。任何谵妄都是历史－世界的，都是'种族和大陆的迁移'。"① 因此，谵妄是属于世界的，而不是在父亲－母亲的俄狄浦斯二元范畴下——德勒兹将这种新的谵妄概念和精神分析中的谵妄明确地划清了界限，将谵妄的语言放在世界的共同历史之中：没有一种谵妄的语言能够脱离集体被言说，没有个体的语言，只有群体的陈述。

对于德勒兹而言，写作创造出的只能是群体，而不是个体，写作不是个人情感或回忆的表达，作家的书写必定和整个群体的生命相关联。伟大的作家拥有一种独特的感知条件，他们能够将审美意义上的感知转化为一种真正的视景——关于世界的图景，作家是通过一种微观感知来改变世界的。在文学中，德勒兹之所以推崇美国作家的作品，正是因为这些作家能够从事生成运动，他们为一个特殊的"共同群体"而写作：

> 美国文学具有产生能够叙述个人记忆的作家的特殊能力，但这些记忆是作为一个由所有国家的移民者组成的共同群体的记忆。②

"共同群体的记忆"并不是现存的美国群体或其他少数族裔、移民团体的记忆，而是在生成领域中的一种"无人称记忆"——它要求将书写的对象还原到一种"不可感知"的生成状态，并不存在特定数量的个人，只有无数的"分子"作为群体产生的事件。群体作为一个整体的关联来自独异性，它并不要求某种普遍形式，而只是一个群体身份的合法性和独立性的证明。每种生命都是独一无二的，群体中的个体成员也具有自己的特征，它们的组合构成了一种无人称的独异性，一种真正的集体性生命。在这个过程中，作家自身的生命也作为一种独异性参与到生成之中，一切都在微观层面上进行，这是一种相互作用，在这个过程中作家也实现了自己的生成："我是一只动物，一个历来种族地位卑微的黑人。这是作家的生成。"③

总之，文学的政治性是一种微观政治，它指的是作家是如何通过一种微观感知层面的生成活动来改变世界的，作家能够以写作的方式创建一个缺席的群体，实现新生命形态的表达。这不是一种理论建构，也不是另一个世界，而就是我们所处的现实，它是一个不断变化、彼此联系、通过强度被感知、永恒运动的生成世界。文学的政治性正在于它对现实的影响，它通过独异性来发挥潜能领域的作用，改变了生命的进程。

---

① 《批评与临床》，第9页。
② 《批评与临床》，第8页。
③ 《批评与临床》，第9页。

三 语言中的生成：一种新奠基

那么，应该如何理解对文学目标的第二处说明呢——"文学的目标在于：生命在构成理念的言语活动中的旅行。"[1] 首先需要说明的是文学活动发生的基本环境，也就是语言。德勒兹的语言既不是语言学意义上的，也不是语用学意义上的，他将语言在一种新的机制之下进行重构。对于这种新的语言机制，德勒兹描述道：

> 界限（limite）[2] 不在言语活动之外，它是言语活动的外在：它由非语言的视觉和听觉构成……写作活动有自己独特的绘画和音乐，它们仿佛是词语之上升腾起来的色彩和音响，正是通过这些词语，在字里行间，我们获得了视觉和听觉。[3]

首先，我们还是可以承认有语言和非语言这种区分，但是这种区分只是相对的，是一种"内部的外部"，因为语言中存在一些非语言的构成成分，非语言要素也可以参与形成一种新语言。关键在于要看到这两种要素的相对性，这就需要让语言本身得到重新界定：语言不再是一种与客观世界相对应的工具化存在，而是一种具有创造性、不断生成的生产性生命，这种生产性来源于语言内部隐蔽的、不受重视的非主导要素，它们不同于主导秩序下词与物对应的语言系统，因此本身无法以主导语言形式的身份面貌得到表达。正是因为有这样一些要素的存在，语言内部拥有了某种具有异质性的环境；在这样一种语言环境中，作家需要做的是作用于语言的界限处，通过将语言内部的异质要素带到一种新的视域下，使其与非语言的要素发生关联，并由此生成新的事物。

更准确地说，生成是要作用于传统认识论视角看不见的潜能领域，进而影响现实。潜能是如何影响现实的？这是一个需要重新塑造本体论的问题，因为它在根本上将我们对现实本身的理解进行了改造和重组。只有在这一基础之上，潜能如何影响现实的问题才成立，我们才不会再认为潜能的实现是一种等同于幻想的东西：潜能和现实不是完全割裂的，它们的可沟通性不是借助某个概念或者载体来实现的，而是通过一种运动来实现状态的改变，如同一种视角的切换，带来的是不同的风景。德勒兹这样描述到语言中的这种特殊运动：

---

① 《批评与临床》，第12页。

② 关于"limite"，中译本混合了两种译法，一是"极限"、二是"界限"。本文认为统一译作"界限"更妥，因为"极限"更强调一种极端状态，而"界限"本身在20世纪70—90年代是一个问题域，最早出现在精神分析的作品中，它指的是那些"黑白之间的灰色区域，它并不是一条清晰的分界线，而是两个或两个以上不相干或不相容的世界彼此干涉、叠加和渗透的地方。"（https://fr. wikipedia. org/wiki/Concept _ de _ limite）可以看到，德勒兹描述的生成区域明显沿用了"界限"的特征，它允许悖论、矛盾，是一种处在交界处的状态，因此译作"界限"或许更适宜。

③ 《批评与临床》，第2页。

　　每当一种陌生的语言在主要语言本身之中开掘时，所有言语活动轮流摆动，被带入界限，带入由不再属于任何一种语言的所见、所闻构成的外在和反面。这些看法（所见）①并不是幻想，而是作家在言语活动的缝隙和间隔里看见和听见的真实理念。②

　　在这里，语言不再是词与物对应、受句法规则制约的语言形式，而是一种生成的语言：它不断趋近自己的外在界限——它们是言语活动的外在，德勒兹将其称作"非语言的视觉和听觉"③。对于这种特殊的视觉和听觉，关键不是它究竟是属于语言还是非语言的问题：因为作为语言的外部，它具有相对的非语言性，即表现为一种视听成分；但是对于非语言而言，它又具有相对的语言性，因为它始终还是属于语言的构成部分——在这个意义上，语言的限度意味着一种语言和非语言界限的融合。通过一种特殊的视觉和听觉，作家创造出了属于语言的音乐和绘画，它们是这种新语言的内容，也是一种生成的产物。事实上，我们完全可以将理解给颠倒过来：既然语言和非语言都只是相对的，那么剩下的实际上只有生成，这种新语言本身就可以通过运动的状态变化实现自我创生；重要的不再是如何在语言和非语言的框架中把它给理出来——生成是唯一的事件，也是真正意义上在起作用的东西，此刻只有生成在切实发生。

　　在言语活动中生成的产物，德勒兹称其为"理念"（idea）。这很容易让人联想到柏拉图哲学中的"理念"概念，德勒兹虽然使用了和柏拉图一样的术语，但指代的却是一种新事物。④"对于德勒兹而言，理念"不是一种先存的预设，不是事物的本质或心灵认识的对象，⑤而是通过一种新的视觉获得的产物：在古希腊语中，"理念"来自动词"看"（ιδέ），因此"理念"可以表示看到的事物，它与视觉有关；理念代表的是那些不被看见、未被听见的事物，需要用新的视听去把握它，这意味着一系列新的感知、认识

---

　　①　中译本将此处译为"看法"，但是它实际上和上一引文中"不再属于任何一种语言的所见、所闻"的"所见"是同一个词，都是"visions"。本文认为突然改译为"看法"有所不妥，因为它更强调一种想法、观点的意思，而且弱化了"所见"的视觉特征，同时"这些看法"容易产生歧义，用"所见"在语义上更连贯，涵义也更准确。

　　②　《批评与临床》，第11~12页。

　　③　关于言语活动中特殊的视听，和德勒兹分析的电影、绘画一样，文学中的这类音乐和绘画也意味着一种新的视听符号，它们和思维有关，涉及德勒兹对感受与概念关系的分析。对于新视听符号这一概念还可以进一步展开，但属于另一条路径，本文暂不作详细说明。

　　④　关于德勒兹为什么要采用传统术语对新概念进行命名，Helle Anna 认为，这是一种使概念的意义更加开放、更加矛盾的方式。（参见 "To minorize a language：Translating Deleuze from French to Finnish"。）矛盾在德勒兹那里并不成为问题，他和尼采一样，希望"传递或表达一些不能被编码的东西，并使所有的编码变得混乱"。

　　⑤　在《什么是哲学》中，德勒兹对柏拉图的理念概念进行了讨论，他认为柏拉图的理念是作为预设先存的，这使得"事物被理解为永远是本身所不是的东西，因为它们最多只能第二位地拥有性质"（湖南文艺出版社，2007 年，第 240 页），这使得理念和事物之间始终具有一种时间差。之后的笛卡尔、康德等人都试图以不同的方式来消除这种时间差，德勒兹的工作也对这一哲学史上的问题进行了接续。

和行动方式，也意味着新的现实。

至此，回到文学目标的第二个说法，我们才能理解作家作为观察者和倾听者的身份是如何作为构成理念的条件出现的：

> 作家是观察者和倾听者，因此，文学的目标在于：生命在构成理念的言语活动中的旅程。①

作家作为观察者和倾听者的"看"和"听"不是经验领域中的被动感知，而是指向一种新的视听，这种视听是在潜能领域中生成活动的产物，它与理念相关；言语活动也不再是语言学定义的具体语言现象、对语言能力机制的运用过程，而是一种构成理念的生命活动。在德勒兹看来，这种生命活动就是哲学。在《什么是哲学》中，德勒兹否定了哲学是静观、沉思或沟通的观点，而将哲学定义为一门创造概念的学科，② 这也使我们可以理解文学和哲学何以是同一的——言语活动构成理念与哲学创造概念实际上是同一种活动，因为在生成视域下，可以说文学或哲学从事的只是一项工作——实现事物内部的自我创生。对于这种现象，德勒兹表述道：

> 只要确有必要也有时间去创造概念，那么从事这项工作的就永远是哲学，即使另外起一个名字也不会有什么区别。③

因此生成的产物可以有多种表现：生成－动物、生成－女人、生成－分子、缺席的群体、音乐和绘画、理念……它们都是一种独异性，体现了生成内部的多样性，也展现出生成要素的异质性和丰富性；它们挖掘出了事物内部的潜能，并赋予它们以不同于已有形式界定的新规则表达。在这个意义上，生成的产物不可能是相同、单调的重复，否则就是在将生成本身降格成一种形式化的活动，语言中的生成有自己的机制，它有固定的方向和目标，因此每一种生成的产物都可以反映生成活动本身的特点。对此，我们可以进一步结合一个典型例子，即德勒兹对巴特比句式的分析，对言语活动中的生成进行具体说明。

四 生成案例：巴特比句式的不合语法性

巴特比是美国作家赫尔曼·梅尔维尔（Hermann Melville）的短篇小说《抄写员巴

---

① 《批评与临床》，第 12 页。
② 《什么是哲学》，第 205 页。
③ 《什么是哲学》，第 211 页。

特比：一个华尔街的故事》中的主人公，他奇怪的语言表达"Je préférerais ne pas（I would prefer not to）"在文学批评界得到了广泛关注。德勒兹在《巴特比，或句式》一文中对这个句式进行了分析，之后的阿甘本、朗西埃等人也对巴特比句式和德勒兹的解读有所讨论。在阿甘本看来，德勒兹对巴特比句式的分析是从一种不合语法性出发的：

> 德勒兹认为巴特比句式的破坏力，在于它秘密的不合语法性："这个句式断开了词与物，言语与行动，也断开了说话的行动与言词——它把语言和所有的指称割裂开来，这与巴特比的绝对使命，成为一个无指称的人，一个突然出现然后消失，不指示他自己或别的什么的人，是一致的。"[①]

在这里，阿甘本对"秘密的不合语法性"的说明强调了巴特比句式的影响：它具有摧毁词与物、言与行双重秩序的效力，那么这种破坏力是如何产生的？进一步地，巴特比的目的在于"成为一个无指称的人"，实际上也就是实现生成的目标，[②] 那么巴特比是如何凭借一种言语活动，用一个不合语法的句式来实现生成的？

首先，在语言学意义上，不合语法性的说法意味着这个句式不符合一般语法规范、违背了人们通常所处并使用的语言系统规则。从语法层面进行分析，这个句式确实是不合语法的：一方面，对于"我宁愿……"意思的表达应该是"Je préférerais…"，德勒兹却在之后接上了一个否定句结构"ne…pas"，"Je préférerais ne pas"的用法一方面违背了否定句结构通常将动词置于"ne…pas"之间的规则，另一方面对"préférerais"的否定又使得"Je préférer…"的句式具有了一种肯定和否定意义的矛盾杂糅：它既不是肯定句，也不是否定句。此外，"préférerais"的条件式现在时变位甚至带上了一种委婉礼貌的语气，与这个句式本身带给人的反常感混在一起，使得巴特比的话语显得更加诡异，仿佛是一种病理学意义上的谵妄。但是巴特比是一名誊写员，他是在作为一个正常人而非精神官能症患者的情况下清醒地使用这一表达的：在小说的主要场景中，当诉讼代理人让他核对他人誊写的东西，或者是让他做例如打扫、买东西等其他事情的时候，巴特比都重复用这一个句式表示拒绝。这句话从巴特比口中说出时，总是让他人感到震惊："每种情形下，巴特比周围的人都会惊愕不已，仿佛他们听到的是不可言说或不可避免本身。"[③] 巴特比的语言在日常情景中一旦出现，就体现出一种格格不入的感

---

① 阿甘本：《巴特比，或论偶然》，王立秋等译，桂林：漓江出版社，2017年，第181~182页。
② 阿甘本和德勒兹进一步都将巴特比句式在潜能领域中展开，可以看到，将巴特比句式置于生成和潜能的问题域中的不只德勒兹一人。德勒兹的做法特殊之处在于，他是从语言学上的"不合语法性"出发，通过将巴特比句式和肯定与否定、普遍性和特殊性这些范畴作出明确区分，来界定其作为生成产物的新形象的。本文也是基于这一路径展开分析。
③ 《批评与临床》，第144页。

觉——不合语法性体现出了一种陌生的、超出认知范围的新语言的特征。

这种不合语法的新语言意味着某种特殊性吗？不合语法性虽然使得巴特比与周围人相比显得奇怪、无法理解，但是这并不意味着巴特比句式是一种特殊的、个人性的用法——它虽然经由巴特比之口说出，但是巴特比这个人物本身并没有鲜明的个体特征，它丧失了固定的身份，并不代表个人的某种言说方式：

> （巴特比）他太光滑，以至于人们无法将某种特殊性加诸他。他没有过去没有未来，他就是瞬间。……他是大都市中某个被压垮、机械化的人，然而，人们可能还期待从他身上走出一个未来或新世界的人。①

巴特比没有过去也没有未来，他是瞬间，这打破了一种连贯的时间，否定了巴特比是在线性时间观界定下可以承载记忆和预期的个体；其次，他既可以反映现代资本主义社会中机械化的现状，又可以作为一种未来希望的代表，这意味着他同时是受压迫者和反抗者、同时是消极的和积极的。这使得巴特比的言说总是非个体的、多重综合的，在现实生活中找不到一个原型。

既然巴特比句式不是特殊的、个体的，那么它代表着某种普遍性吗？这种普遍性是否意味着它只是一种新的语言使用方法？巴特比句式虽然能够影响语言，但是它并不提供一种可普遍化的句法模式，也并不要求将自身普遍化——巴特比句式虽然对"Je préférerais…"和"ne…pas"的句法模式进行了某种改造，但是这种用法具有不可归类性：它并不为某种肯定与否定句式的嫁接用法提供先例，因为它不参与任何范畴的制造活动。

事实上，巴特比句式在根本上区别于具有普遍性的句法模式：后者是为了提供一种稳定的标准，而前者恰恰是为了背弃所有标准。在分析的过程中，德勒兹指出了一个重要的细节：巴特比说"我情愿不……"这个句式，可以用来否定与他人一起核对、走出屏风等其他一切工作，但是他永远不会说自己"情愿不誊写"：

> 一旦说出"我情愿不"（核对），他就再也不能誊写了。然而，他永远不会说自己情愿不（誊写），原因很简单，因为他超越了这个阶段。②

什么叫作"超越"？这意味着一种黑格尔式的进步观吗？德勒兹在这里的"超越"说法与发展无关，相反，他用另一个词来解释它："放弃"（give up）；可以说，这里的"超越"意味着不需要再去选择在这个层次上的事物。正常阶段的回答可以表达为："我

---

① 《批评与临床》，第153～154页。
② 《批评与临床》，第145页。

情愿核对""我不情愿去隔壁房间"……这是肯定或否定的回答，只要巴特比作出其中的一个选择，他就可以被划在某种规定之中，这也即二元范畴统治的逻辑，一种"预料逻辑"，它给人提供了参照，让一切言语和行为变得可以预测。但是让诉讼代理人、老板和他的朋友等人惊恐的是，他既不肯定也不否定，正是凭借"我情愿不……"这个句式，巴特比破坏了一切预设，他变成某种不可预料的威胁、某种异类，并且固执地存在，不受任何影响。

相较于传统语言的"预设逻辑"，即事先期待他人按照符合句法规范的语言进行理解、行动，巴特比创造了一种独特的"选择逻辑"，在正常阶段的表述下，"眷写"依旧意味着某种选择，因而依旧是一种压迫——但是现在巴特比不可能说出这样的话，因为这个句式消除了选择的需要，不是"不情愿"或"情愿"，而是根本上不再有意愿的选择对象：原来的事物不需要再被选择，尽管它依旧在那里，甚至还作为某种标识性的东西，但是新的句式能够以自己的方式存在，通过一种缺席的、少数的身份使得肯定和否定都被排除在视野之中。

超越了肯定或否定、普遍或特殊，巴特比句式不在这些范畴之中界定自身，那么它究竟是什么呢？德勒兹将巴特比归为一种"独特者"的形象，这个句式具有的是一种"源初性"（originalité）①，因为这种句式来自一种生成活动，它不受语言中那些预设规则、指示词语的影响，反而：

> 令它们变得面目不清：它挖掘出了一个不可分辨、无法确定的区域，这个区域在某些不被渴求的活动和某个受渴求的活动之间不断扩张。任何特殊性、任何参照系都被取消。②

这里显然是生成的特征，巴特比句式的出现意味着一种生成，它的无法确定、难以辨别正是在脱离形式化束缚后语言的真实面貌。因此，不合语法性体现的是生成的影响，这种影响是双重的：巴特比句式抛弃了特殊性，也再不服从于普遍性，而是意味着一种"源初性"，它仅仅属于生成，一旦被创造出来，就能够对现存状态，包括占主导地位的事物产生影响，它改变了现实——"这个句式，它一旦存在就永远存在，次次存在。"③

---

① "originalité"既有新颖、奇特、独特的意思，又有原来、原始义，本文选译为"源初性"，主要为了强调巴特比句式是生成的产物，体现出生成活动具有的一系列特征。前文的"独特者"（Originaux）译法取自中译本，但也可以译为"原创者"，它并不代表某种原型、起源，而是在进行一种自主的生成活动，在这个层面上"源初"更接近潜能的语境；而新颖、独特更多强调的是生成的效果。
② 《批评与临床》，第146页。
③ 《批评与临床》，第143页。

总之，巴特比句式实现了一种生成，它是在语言内部挖掘出的一种新语言，表明了语言中未曾被看到的某些事物的合法身份。它不是一种语言的刻意变形、新奇使用，也不是要提供一种可以被摹仿的新句法模式，而是在根本上区分于内部语法的范畴，因此对它的判定标准只要还是停留于是否符合语法标准，就将永远呈现一种不合语法性。文学在本质上是一种生成活动，作家通过言语活动唤醒了语言外部的潜能领域，扩展了语言的面貌，并以此解放出其中被束缚隐藏的要素，让它们作为一种独立的新事物进行自我表达。

结　语

通过对德勒兹关于文学最终目标的两种说法的分析，可以看到文学是如何进行一种哲学活动的。真正的文学将那些存在却被压迫的事物揭露出来，让它们拥有自己的身份、历史和语言，从而创造新的现实。在政治层面，文学的目标是创建一个缺席的"群体"，这涉及反抗形式压迫的生成活动，它发生在潜能领域；实现生成活动的关键在于一种独异性，它是强度的聚集，也意味着一种外部世界和内部自身关系的双重感知活动，它赋予了这个群体以积极的建构性力量，这个群体不只是反抗，而是能够书写属于自己的地理历史，影响现实的进程。

另一方面，文学活动离不开语言，文学在语言层面的目标是构成新的理念，德勒兹从言语活动对语言带来的影响入手，说明了语言内部是如何产生一种新语言的。在此，德勒兹对语言进行了重新界定，挖掘出了语言中的非语言要素，这种语言和非语言的区分是相对的，可以通过一种特殊的言语活动将语言带到它的界限状态来取消这种区分，这个过程也就是言语活动中的生成，德勒兹以此为语言提供了一种新的奠基。

如果对两种文学目标的说法涉及的概念做进一步整理，可以看到，文学作为谵妄的两极事实上正是生命进程本身。生成活动是潜能领域的实现活动，它的产物是一种独异性，或者说新群体、新理念。可见，生成的产物是多样的，无论是政治层面还是语言层面，实际上都是生命的不同表现形式。所以文学的最终目标统一于生命进程中新事物的创建，也即引出生命内部自我改变、自我充实的力量。

因此，德勒兹实际上通过文学，为我们展现出生命内部是如何包含着改变自身的潜能，变化是如何发生的——正是那些看不见的事物蕴藏着改变生命形态的力量，当它们以一种独异性的方式呈现出来时，就为世界创造了新的现实。生命是一种集体且多样的力量，一种容括所有人类的现实行动与意识生活的进程，一种可以进行创造并且推动世界向前进展的事物。通过文学，也即通过生成，我们不断扩展并改变着世界的面貌。

知识的可错原则与运气

——解决葛梯尔问题的安全性原则

曾
彦

摘要：1963 年，葛梯尔在"Is justified true belief knowledge?"这篇论文中提出了著名的葛梯尔问题，一时间成为知识论领域最热门的问题，并且葛梯尔问题也成为当代知识论的开端。几乎所有想要解决葛梯尔问题的哲学家都是在寻找知识定义的第四个条件，很多哲学家例如古德曼、德雷斯克、诺齐克的解决方案里存在两个问题，第一个问题是以知识的不可错性为前提，导致了怀疑主义的挑战；第二个问题是从一种超越的角度来规避葛梯尔问题，而不是解决葛梯尔问题。他们都没有把握葛梯尔问题的实质，而葛梯尔问题的实质是可能性与偶然性综合作用，因此真正的解决葛梯尔问题的方案需要以知识可错性原则为前提，并且还要排斥认知运气，因此目前只有安全性原则才能真正解决葛梯尔问题的范式。

关键词：葛梯尔问题　可错原则　运气　安全性原则

一　传统知识三元定义的重大挑战——葛梯尔反例

（一）知识的传统三元定义[①]

柏拉图的知识三元定义：

S 知道 p，当且仅当

（1）命题 p 为真（成真条件）

---

① Gettier，E.，"Is Justified True Belief Knowledge?"，*Analysis*，Vol. 23，No. 6，（1963），pp. 121—122.

（2）S 相信 p（信念条件）

（3）S 相信 p 被证成。（辩护条件）

齐硕姆的知识三元定义：

S 知道 p，当且仅当

（1）命题 p 为真

（2）S 接受 p

（3）S 对 p 有适当的理由。

艾耶尔的知识三元定义：

S 知道 p，当且仅当

（1）命题 p 为真

（2）S 确认 p 为真

（3）S 有权确认 p 为真。

（二）葛梯尔反例对传统知识三元定义的挑战

1. 合取反例

Jones 和 Smith 两人应聘一份工作，由于某种特殊的原因，Smith 认为（1）Jones 是将会得到工作的人，并且 Jones 的口袋里有 10 枚硬币。所以他推出（2）将得到工作的人口袋里有 10 枚硬币。但是最终是 Smith 得到了这份工作，并且同样的，因为某种巧合，他的口袋里面也有 10 枚硬币。[①]

这个反例对知识三元定义的冲击是 Smith 相信命题 p（将获得工作的人口袋里有 10 枚硬币）；S 相信命题 p 被证成（因为 Jones 将会获得工作并且他的口袋里有 10 枚硬币），同样的，S 相信命题 p 也有适当的理由，他知道 Jones 会获得这份工作的特殊原因，并且他也有权确认他自己和 J 的口袋里有没有 10 枚硬币；命题 p 为真。但是 S 并不知道 p，因为他不知道最终获得工作的人是他自己。

2. 析取反例

Smith 相信（1）或者 Jones 有一辆福特牌汽车，或者布朗在巴塞罗那；（2）但是

---

① "Is Justified True Belief Knowledge?"，p. 122.

Jones 并没有一辆福特牌汽车，现在驾驶的不过是一辆租用的汽车；（3）纯属巧合，Smith 完全不知道布朗现在确实在巴塞罗那。尽管（a）命题（1）为真，（b）Smith 确实相信命题（1）为真，（c）并且 Smith 有理由（权）相信命题（1）为真，但是 Smith 并不知道是因为布朗在巴塞罗那。[①]

二 葛梯尔问题的解决方案

从葛梯尔问题的提出到现在，所有针对葛梯尔问题的解决方案大致可以分为两种，一种是修改主义，即依然认为知识的充要条件是某种三元定义，这一类的方案就是修改传统的知识三元定义并提出新的三元定义。另一类是添加主义，认为要在传统的知识三元定义上加入新的条件从而避免葛梯尔反例。总的来说，用这两种方案的人都认为传统知识三元定义只是知识的必要条件，所以从这个角度来说，我们解决葛梯尔问题的方法都是增加新的条件使得该定义成为充要条件。

（一）不可错论为原则的解决方案

1. 不可挫败性（indefeasibility）理论

这种论证的论证思路是保证知识的论证是不败的。它的策略就是在知识的定义上加入第四个条件：S 相信 p 的理由不包括任何错误的信念。更加具体地讲，这个定义包含两种解读方式：（1）S 的信念 p 是不可挫败的，当且仅当：没有进一步的事实 q，以至于如果 S 最终相信 p，那么 S 在相信 p 上就不再得到辩护了。（2）但 p 完备地辩护 S 的某个信念 r 时，这个辩护被 q 所挫败，当且仅当：（a）q 是真的；（b）p 与 q 的合取并不完备地辩护 S 的信念 r。[②]

这样的理论给知识提出了一个很强的要求，如果我们接受了这个理论，那么我们知识的范围将会变得非常窄，因为我们几乎不可能对我们的信念做出一个根本上不可挫败的辩护，退一步说，我们也不清楚能够做出不可挫败的辩护是因为命题 p 本身的确定性还是因为我们作为认知主体 S 辩护过程中的心理确定性。

2. 可靠主义（reliabilism）理论

可靠主义理论是反驳不可挫败性理论所提出的一个较弱的版本，古德曼认为我们能

---

① "Is Justified True Belief Knowledge?", p. 122.
② Lehrer, K., & Paxson, T., "Knowledge: Undefeated Justified True Belief", *The Journal of Philosophy*, Vol. 66, No. 8, (1969), pp. 230-231.

够做出合理的辩护是基于认知主体 S 的一种可靠心理过程，即要使得某一信念能够在认识上得到确证，就必须与真理的可靠性建立一种论证的过程与方法上的联系。即加入知识的定义（4）S 的信念 p 是通过一个可靠的认识过程产生出来的。[①] 详细地说，如果 S 在时间 t 相信 p 是产生于一个可靠的认识过程，并且不存在 S 能运用可靠的其他认识过程，则 S 在时间 t 相信 p 是合理的。

这一理论最大的问题就是未能对理论的前提"可靠性"这个概念做一个充分的界定，也就是说这种可靠性是如何建立起来的，可靠主义理论并没有给予详细的说明，于是就有哲学家在可靠主义理论的基础上，努力地尝试阐明"可靠性"的概念，但是都没有成功。

3. "结论性的"理由

德雷斯克认为葛梯尔反例对知识三元定义的最大挑战在于对 p 命题的信念偶然为真，因此对 p 命题的信念就不能成为知识。因此，为了解决这个问题，他提出第四个的定义（4）S 持有信念 p 的理由必须是结论性的。按照德雷斯克的说法，一个结论性的理由就是排除一个错误的可能性理由。

对于这一点，德雷斯克区分了逻辑上结论性的理由和经验上结论性的理由。逻辑上，一个命题可能是真的，就等于存在一个可能世界，这个命题在那个世界中是真的，这是一种逻辑可能性。因此，我们可以把德雷斯克的"结论性"理由的定义归纳为：r 对 p 来说是一个结论性的理由，当且仅当：在任何一个可能世界，"r 是真的，而 p 是假的"是不可能的；经验上，结论性的理由是根据逻辑上结论性的理由推出来的，（A）S 知道 p，而且是根据 r 知道 p 的，（B）要是 r 不是如此这般，那么 r 就不会是如此这般了。（A）只表达逻辑上的结论性的理由，而（A）＋（B）表达的是经验上的结论性理由。

因此，对于德雷斯克的定义（4）含义是，S 对 p 具有结论性理由，当且仅当：（1）r 是 p 的一个结论性的理由。（2）S 完全相信 p 是如此这般，而且是根据 r 相信 p 是如此这般的。（3）S 知道 r 是如此这般的，或者处于对 r 的某个经验过程之中。[②]

德雷斯克提出的第四个条件太强，满足这个条件的要求是一件很困难的事情，为了满足这个条件，我们需要在所有可能世界里面排除任何一个与我们的证据相抵触的东西。根据我们的直觉，我们称为"知识"的那种东西，并不需要是"结论性的"理由，

---

① 徐向东：《怀疑论、知识与辩护》，北京：北京大学出版社，2006 年，第 267 页。
② 《怀疑论、知识与辩护》，第 275 页。

而只是恰当的理由就应当足够了，但是当我们停留于恰当的理由时，实际上又陷入了不可挫败新论证的困境。所以这样的方案是需要放弃的。

4. 因果理论

既然诉诸辩护过程或结论性理由的方案是行不通的，那么就只能考察另一条路，也就是关于命题 p 本身的确定性这一路径。古德曼认为，一个信念的因果起源比认知主体对那个信念是否有合理辩护更加重要，因此，他的方案是加上定义（4）事实 p 是关于知识的信念的原因，且两者之间存在正确的因果关系[①]。但是我们要注意的是，古德曼在提出因果理论时有一个前提，他首先区别了知识三元定义和他的四元定义的适用范围，也就是说，他并不否认传统知识三元定义的有效性，只是他们只适用于非经验的知识[②]。

但是谈到经验知识的因果关系就需要面对"休谟因果必然性难题"，我们可能会遇到反直觉的因果链，比如说：Smith 的朋友 Jones 告诉 Smith 他买了一辆福特车，而且 Jones 一向诚实可靠，因此 Smith 相信 Jones 家里有人买了一辆福特车。然而，Jones 的夫人发现，Jones 之所以这么说是因为，他在表达自己多么喜欢福特车，并且计划要买一辆福特车。因此，出于感情，Jones 的妻子秘密地买了一辆福特车，作为礼物送给了 Jones。在这件事情上，Smith 其实并不知道他认为自己知道的事情，所以，如果有什么东西阻碍了他的信念变成知识，并不在于他的信念与那个让信念成真的东西之间没有因果联系，而是确实存在了一个因果联系，但是这种因果联系不是一种习惯性的联系，而是一种偶然的联系。那么什么样的因果联系能够叫作所谓的"正确的因果联系"呢？古德曼的理论并不能回答这个问题。

5. 知识条件理论

为了解决古德曼所面临的困境，诺齐克认为为了把真的信念转化为知识，光是靠在信念和实在之间建立某种偶然的因果联系是远远不够的，信念必须要能够可靠地追踪到它所要表达的那个实在。因此他在不改变"p 是真的"和"S 相信 p"这两个条件的前提下，增加两个条件：（3）如果 p 是假的，则 S 不相信 p。（4）如果 p 是真的，则 S 相信 p。[③] 这种方案包含了古德曼的因果性理论，因果性方案成为这种理论的一个特例。

① Goldman, A., "A Causal Theory of Knowing", *The journal of Philosophy*, Vol. 64, No. 12, (1967), p. 358.

② "A Causal Theory of Knowing", p. 357.

③ Nozick, R., *Philosophical Explanations*, (Cambridge: Harvard University Press, 1981), pp. 172-175.

再考虑使得古德曼面临困境的那个例子，如果 Jones 对 S 撒了谎，那么 S 的信念就不能算作知识，因为这没有满足条件（3），S 无法追踪到信念所指示的那个实在，即使 Jones 家里没有人买车，他仍然会相信 Jones 家里有人买了一辆福特车，因为他的信念是基于 Jones 的话，而不是 Jones 妻子在他不知情的情况下买没买车的问题，根据诺齐克的分析，我们就排除了这种情形，因为第三个条件指出：如果 Jones 其实没有买车，那么 S 就不会相信他已经买了车。

但是这样的方案实际上也就成为另一种"可靠主义"理论，因为诺齐克的理论实际上是在说，实在以某种方式指示出来的某种东西成为我们接受有关信念的依据，即使一个指示对于认知主体具有一个信念既不是充分的也不是必要的，我们还是可以说那个信念基于那个指示，我们按照实在向我们显现出来的现象来形成关于实在的信念，那些现象有时是可靠的，有时是不可靠的，因此他就必须像"可靠主义"者那样诉诸真理的概念来解决"可靠性"问题。

（二）对上述方案的批评

上述解决方案虽然有些是内在主义的，有些是外在主义的，但都有一个共同的特点，那就是都预设了知识的不可错理论，他们的方案要么是给"p 是真的"这个定义上加上条件保证成真条件没有错误，要么就是改变辩护条件，使其在推理中更加充分。这两类方案都有一个共同的目标，那就是要达成没有错误的知识，他们认为葛梯尔问题的实质在于从虚假的前提通过某一种方法得出了真的结论。笔者认为那些处理问题的方案只从表面上解决葛梯尔问题，而并未真正地洞察到葛梯尔问题的实质。

因为一方面上面提到的所有解决方案都是从一个超越的角度在设计和反驳葛梯尔反例的，因为 p 对 S 来说是一个形而上学的事实，当且仅当 S 对 p 没有任何感官的、经验的直接支持；并且由形而上学的事实推出了形而上学的真，命题 p 对于 S 是形而上学的真，当且仅当 p 符合的事实都是形而上学的事实。因此我们可以假定任何的事实，也可以假定任何 p 为真，因为我们从超越的视角总是可以假定相应的事实 p。所以，无论 S 怎么样，我们总是可以假定一个 S 所不知道的事实，所以形而上学的或运用从言模态（de dicto），我们总是可以为葛梯尔问题辩护并构建新的葛梯尔式反例。

但是"相信 p 是合理的"（辩护条件）成立的要求并不要求成真，并且形而上学意义上的"p 为真"（成真条件），对于任何有限的认知者来说，都是达不到的。这也就是葛梯尔的第一个论点，他认为"'S 有理由相信 p'是'S 知道 p'的必要条件，一个人仍然可能有理由相信一个事实上为假的命题"①，葛梯尔的第一个论点就是对知识不可错原则的批评。在葛梯尔反例中，"p为真"对S来说，不过是一种可能性，是一种"运气"。葛梯尔的第二个论点"对任何命题p，如果S有理由相信p，并且p蕴涵q，s从p推出q，并认为q是这个推理的结果，那么s有理由相信q"（闭合原则）②。葛梯尔本人把葛梯尔反例的本质归结于可错原则加上闭合原则，但是我认为可错原则是葛梯尔反例的本质，闭合原则不是。

1. 可错原则

如果"p是合理的"成立的要求是真，那么葛梯尔反例的"运气"这个成分也就被忽略了。因此像诺齐克要求"p是合理的"和这个条件具有"可靠的追踪性"因而其本身必须是真的，或者像不可挫败论要求"p是合理的"这个条件的前提必须是真的，或者像古德曼推出p的过程必须是可靠的等等，这种要求就会导致"p是合理的"这个条件蕴涵真，而"真"是一个形而上学的概念，所以他们的方案不是解决葛梯尔问题，而是对葛梯尔问题的不完全理解以及逃避葛梯尔问题在从物模态（de re）的意义上给我们带来的挑战。

另一方面，坚持不可错原则会导致怀疑论，不可错原则即命题p是有合理证明的，当且仅当对p的证明能够保证p事实上的不可错。自笛卡尔提出恶魔论证以来，知识论上的不可错原则并不能给予我们多少清楚明白的知识，反而会陷入怀疑论的困境，怀疑主义者怀疑知识可以在某个特定的运气条件下获得，例如恶魔的欺骗和缸中之脑都可以看作一种认知运气的情景，如果坚持不可错原则，我们事实上并不能真的拥有"我有一双手"，"我不是缸中之脑"之类的确信的知识，这些命题在一些可能世界中是真的，在恶魔或者缸中之脑的那些可能世界中就是假的。所以，无论怎样都无法达到完全消除怀疑论者宣称的认知运气，所有事实性的知识都是可错的，都不可能是不可怀疑的，因此，我们应该放弃不可错原则，而应该接受可错性原则。

可错性原则并不承诺有合理证明的信念必然为真，可错的标准只是"排除合理的怀疑"，而不是排除一切怀疑③。我们可以拥有日常的知识，同时我们不必否认怀疑论式的假设，也就是说我们可保留一些不必要的怀疑，把它们悬置起来，因为这并不影响我们知识的获取。比如"我有一双手"是可以排除的合理怀疑，但是却不能排除"我没有

① "Is Justified True Belief Knowledge?", p. 121.
② "Is Justified True Belief Knowledge?", p. 121
③ 文学平：《可错论的合理证明与碰巧为真的运气——葛梯尔问题的实质及相关错误理解》，《浙江大学学报》（人文社会科学版），2015年第45卷第2期，第114页。

手""我不是缸中之脑"之类的不必要的怀疑。可错论的合理证明原则蕴含着合理证明的理由与事实相背离的可能性。①

因此，葛梯尔问题应是一种双重结构，一边是推理的理由，一边是事实，也就是说，葛梯尔问题揭示的是知识的定义在从言模态与从物模态上的区别。所以，使得所证命题 p 为真的事实是 S 得到工作，并且他口袋里面有十枚硬币，而理由却是 Jones 将得到工作。可见，由于事实与理由的分离，即使得命题 p 为真与使命题 p 有合理证明之间是分离的，认知主体 S 不能仅仅靠合理证明而获得真。

因此，葛梯尔问题产生的前提条件就是知识的可错论原则，否则根本就不会有此类问题产生，可错性原则为葛梯尔问题提供了从言模态上的可能性，即"可能性"；而在从物意义上，运气将某种可能性转化成为现实，即"偶然性"，所以，运气是葛梯尔问题得以产生的现实条件。葛梯尔问题是可能性与偶然性综合作用的结果。

2. 闭合原则

闭合原则与不可错原则相比要弱一些，因为"闭合原则要求认知主体知道如何排除与目标命题不一致的出错可能（error-possibilities）"②，因此闭合原则保留了一些被不可错原则排除的可能性，即可能有一些出错可能与该命题相关，但是 S 不知道该命题蕴涵了另一个命题，因此该命题被认知主体合法地忽略了。但是即使这样，闭合原则依然基于一种很强的不可错性，我们可以用戈泽布斯基（Linda Zagzebski）著名的病毒的例子来揭示闭合原则的错误：

> 假设 Jones 医生有很好的证据归纳（induct）证明他的病人 Smith 患上了 X 病毒，Smith 表现出患上该病毒的所有症状，并且血液检测证明他身体里的 X 病毒抗体水平非常高，另外，让我们假设患上这种病毒的症状与患上所有已知的病毒的症状都是不相容的，所有的证据都证明 Jones 的诊断是正确的。但是这些症状都是医学尚未知道的 γ 病毒引起的，并且 γ 病毒和 X 病毒引起的症状相同，而 Smith 恰好患上了 X 病毒，但这病毒只是在潜伏期，还没有表现出任何的症状，对此，Jones 医生不知道，但是"Smith 患上；恶 X 病毒"是得到了合理证明的真信念，但 Jones 实际上并非真的知道"Smith 患上了 X 病毒"。③

---

① 《可错论的合理证明与碰巧为真的运气——葛梯尔问题的实质及相关错误理解》，第 114 页。
② Pritchard, D., *Epistemic Luck*,（Oxford：Clarendon Press, 2005），p. 27.
③ Zagzebski, L., "The inescapability of Gettier problems", *The Philosophical Quarterly*, Vol. 44, No. 174,（1994), p. 71.

上述例子并没有错误的信念或证据去影响该命题的证成，并且也没有任何演绎推理（deduction），但仍然构建起了葛梯尔反例，可以说葛梯尔反例本身与闭合原则没有什么关系，使用闭合原则的葛梯尔反例只是其中的一种而不能代表葛梯尔反例的本质。

三　可错原则与运气为径路的解决方案

既然葛梯尔问题的实质不包括闭合原则，而是在可错原则的基础上的"运气"因素，那么对于葛梯尔问题有两种解决方案，第一种是否定可错原则，这一点在之前提到了，后果是陷入怀疑论，所以不会采取这种方案；第二种是解决葛梯尔问题中的"运气"问题。

关于"运气"问题，我们可以有两种对待运气的方案，第一种是认为知识与运气是相容的，信念 p 成为知识可以允许 p 是碰巧为真，也就是说加上第四个条件（4）允许命题 p 碰巧为真。第二种方案是排除运气，认为知识与碰巧为真的信念是不相容的，知识应该排除信念碰巧为真的情况，即增加定义（4）不允许命题 p 碰巧为真。

关于知识与运气相容，那么就得区分我们"知道"一个知识的程度问题，同样也是知识的定义中为运气留下了多大空间的问题。葛梯尔式的运气在于知道 p 却不知道 p 是如何为真的细节问题，在 p 如何成真的细节方面，S 被其所掌握的证据误导了。所以我们可以区分知道的程度，一种是知道 p 成真的细节，第二种是侥幸知道 p 成真。但是在这种情况下讨论知道，都是蕴含于知道的，如果这种模糊的"知道"就是"知道"的充要条件的话，就会有循环论证的嫌疑，所以我们应当放弃第一种解决方案。

如果考虑第二种方案，目前敏感性和安全性理论是排除运气的主要策略。

（一）敏感性原则

敏感性原则：

> 对于所有的认知主体，如果一个认知主体知道任意一个命题 φ，然后这个主体不相信 φ 在最近的可能世界中为→φ。[1]

敏感性原则是一种排除运气的外在主义方案，它所规定的知识要求认知主体的信念能以特定的方式"追踪"命题的真值，这种方式就是：

---

[1] *Epistemic Luck*，p. 48.

　　S 的信念 p 具有敏感性，当且仅当，如果 p 是假的，那么 S 就不会相信 p。[①]

　　敏感性原则可以很好地解决葛梯尔反例，敏感性原则规定，知识是否与一种特定的出错可能相关取决于这种出错可能所在的可能世界是否与现实世界相接近，这一点与不可错论相对立，因为不可错论认为所有的出错可能都与知识有关系，不管它们的模态是否接近。

　　并且我们在运用该原则时不会陷入怀疑论，敏感性原则认为如果某种怀疑论式的出错可能在模态上是"遥远"的，那么我们能合理地排除它们。例如我看见面前的一台电脑，我否定"缸中之脑"等怀疑前提的知识的原因是我们对它们是不敏感的，"缸中之脑"的这种可能世界对我来说是遥远的，因而我对它是不敏感的。因此，运用敏感性原则我们就在能够拥有一些日常知识的同时可以减少一些在模态上"遥远"的怀疑论式出错的可能。

　　根据上述条件，还可以得出一个进一步的结论：我们不知道如何否定怀疑论式的出错可能。例如，某人不是"缸中之脑"，但在最近的可能世界中他恰好是"缸中之脑"，这个怀疑论式的假设是正确的。接着，这个人错误地相信了它不是这个怀疑论式的假设的受害者。因为此时，这个对于反怀疑论的知识来说，怀疑论式的出错可能恰好是敏感的。日常知识只能用最近的可能世界中的出错可能来判断，然而反怀疑论的知识却必须要用遥远的怀疑论式的可能世界的出错可能来判断。

　　简单地说，我相信现在我不是一个"缸中之脑"，并且这个信念是真的。这种信念的问题在于，如果它是错的，即我是一个"缸中之脑"，我将继续相信我的信念是真的，换句话说，我不能用敏感性原则规定的方式"追踪"命题的真值。

　　因此，我可以知道一些日常生活中的命题（我看见面前的一台电脑等），并且知道这些命题中蕴涵了对很多怀疑论前提（比如"缸中之脑"）的否定，同时我不知道其他相关的怀疑论前提的否定。所以，坚持知识符合敏感性原则将可以排除一些合理的怀疑，并且直接否定闭合原则。

　　其次，敏感性理论不能够应对归纳问题，比如我确信"明天太阳将从东方升起"，但假如在最近的可能世界中，宇宙出现了未知的灾难，我今天仍然会相信太阳将从东方升起，该信念对真相不敏感，但却还是知识。因此敏感性原则并不是最好的方案，还是有其弊端。

　　[①] *Philosophical Explanations*，p. 179.

（二）安全性原则

安全性原则：

> 如果 S 知道任意一个命题 φ，在大多数最近的可能世界中，S 只相信 φ 仅当 φ 是正确时。[1]

安全性原则也是一种排除认知运气的外在主义方案，它也有一种特殊的"追踪"真理的方式：

> S 的信念 p 具有安全性，当且仅当，如果 S 相信 p，那么 p 就不会是假的。[2]

敏感性原则出现的问题不影响安全性原则，安全性原则的主要优势在于假定在所有相似的可能世界中 p 仍然为真，那么 p 就具有安全性，如果 p 为假，那么 p 就不具有安全性。在所有与现实世界相似的可能世界中，如果 S 居于在现实世界的长期经验而形成了"明天太阳将从东方升起"的信念，那么这个信念就很难是错误的，可以很好地规避掉归纳问题，因此这种方案能够既坚持了可错性原则又能排除运气问题。

同时，安全性原则也可以很好地规避怀疑论的挑战。虽然安全性原则像敏感性原则一样提出了明显的模态条件，但与敏感性原则相比，它允许日常知识，并且否定怀疑前提的知识也是允许的。举个日常知识的例子，比如我现在正坐着，我知道我现在正坐着是清楚明白的，我不仅在现实世界中相信这一点，并且也相信在与现实世界相近的大多数可能世界中这个信念也是真的，尽管在那些可能世界中的其他细节可能会有所不同，比如我正看着窗外，我在看着电脑屏幕，但是我依然有这个知识。但是，如果我的信念与相近的可能世界不符，那么我的信念就不具备安全性，我就没有关于这个命题的知识。

当然，需要一个前提条件，如果我能够有日常知识，那么就没有接近于现实世界的怀疑论式可能世界；因为如果有这样的世界，就会影响我对日常知识有安全信念的能力。例如，假设有一些怀疑论式的可能世界与现实世界很接近，以"缸中之脑"为例，我现在正在坐着在现实世界中是正确的，在很多邻近的可能世界中，我相信这个命题，但是这个命题是错的，因为在那些世界中我根本就是一个没有身体的大脑，这样一来我的这个信念就不具备安全性。

---

[1] *Epistemic Luck*, p. 71.
[2] Sosa, E., "How to Defeat Opposition to Moore", *Noûs*, Vol. 13, (1999), p. 146.

所以，安全性原则既可避免敏感性原则的错误又可以避免怀疑论的挑战，并且目前针对安全性原则的争论主要来自内在主义者对闭合原则的重新修复，但是并没有真正发现安全性原则的不足，安全性原则依然是目前知识定义的一个最有效的范式。

排斥问题中多重可实现性的相对性

—张文明—

摘要：心理因果性是当代心灵哲学的核心问题之一，金在权提出的排斥问题对心理因果性提出了挑战。钟磊提出了一个精细化的排斥论证，证明了上向因果性和下向因果性不存在，心理属性与物理属性只存在平行因果性，从而走向了平行主义。本文通过分析心理属性的多重可实现性，指出钟磊的干预操纵中的问题所在，并通过一种殊相—共相式的属性结构分析，证明上向因果性存在，下向因果性不存在，从而反驳了钟磊的平行主义。

关键词：心理因果性　排斥问题　随附性　多重可实现性

心理因果性是当代心灵哲学的核心问题之一，金在权提出的排斥问题对心理因果性提出了挑战。排斥问题否定了心灵的因果效力，心理属性变成了随附于物理属性的副现象。然而心灵的因果效力是行为和认知主体的必要前提，拒绝副现象论的另一条出路是走向还原主义。还原论的物理主义一定程度上保留了心灵的因果效力，但是将心理属性还原为物理属性并没有从根本上解决排斥问题。①

我国学者钟磊认为对排斥问题的解决有赖于选择合适的因果理论，鉴于传统的律则理论和反事实理论的缺陷，以及干预主义因果理论近年来的完善发展，钟磊以之为基础，提出了一个精细化的排斥论证，进而证明上向因果性和下向因果性不存在，但心理属性对心理属性的平行因果效力得以保留，从而可以接受一种心理属性和物理属性的平行主义。钟磊的精细化版本排斥论证不同于金在权的排斥论证之处，在于钟磊在干预主义的双条件概念框架下对心理属性的多重可实现性的运用。黄益民指出了这种论证并不符合一个严格的干预操纵，但是他并没有完成对钟磊的反驳，所谓的严格的干预操纵在钟磊的论证中遭遇的真正困难在于心理属性的多重可实现性，因而要想真正反驳钟磊的论证，就必须对多重可实现性进行必要的分析。

---

① 钟磊、董心：《平行主义的复兴》，《自然辩证法通讯》，2017 年第 39 卷第 1 期。

本文首先介绍干预主义因果理论，这是因为对钟磊的精细化论证的理解和反驳必须依赖于对一个合适的干预的有效理解；然后介绍钟磊对排斥问题的精细化论证，此后将对物理属性和心理属性进行殊相—共相式的结构分析，最后通过分析多重可实现性反驳对上向因果性和下向因果性的论证。

一 干预主义因果理论

伍德沃德（J. Woodward）于 2003 年在其著作《让事情发生》（*Making Things Happen*）中提出了干预主义（interventionism）因果理论，该理论相较于以往的律则理论和反事实理论能够更加精确地描述因果关系。律则理论（regularity view of causation）最早由休谟提出，他关于因果的定义是：

> 我们或许会这样定义因果关系，即一个物体被另一物体伴随着出现，且所有类似于第一个物体的物体都与类似于第二个物体的物体处在相同的伴随关系当中。换句话说，如果第一个物体不出现，则第二个就永远不会出现。①

律则理论强调的伴随关系中，一个物体（X）和另一个物体（Y）之间具有某种相关性，并且它强调的是 X 出现时 Y 也出现，即：如果 X，那么 Y；但是 X 与 Y 之间是否是副现象的关系却是可疑的。反事实理论（Counterfactual Theories）则可以对副现象问题予以回应，其要点是：如果→X，那么→Y；但该理论也面临一些问题，比如挤占问题（preemption）和过度决定问题（overdetermination）。② 干预主义通过引入干预概念，能够较好地解决上述问题。下面将简要介绍干预主义因果理论。

干预主义在描述因果关系时，描述对象并非事件（如刘易斯所做的限定）或者属性（如金在权所做的限定），而是可以被赋值的变量（variable），也就是说，在干预主义框架下，通过适当的干预，变量 X 与变量 Y 的取值及其变化关系是判断因果关系的依据。而心理属性和物理属性作为属性（property），其赋值方式是二元的，即依据属性的在场（present）与缺席（absent），X 可被赋值为 x_p 或 x_a，Y 可被赋值为 y_p 或 y_a。干预主义理论对因果的定义如下：

（M）在变量集 V 当中，X 是 Y 的直接原因的充分且必要条件是：存在 1 个可能的干预 I，在变量集 V 当中的所有其他变量 Z_i 的值固定不变时，如果 I 作用于 X，那么 Y

---

① Hume, D., *A Treatise of Human Nature*, (Oxford: Oxford University Press, 1978).

② Woodward, James F., *Making Things Happen*, (New York: Oxford University Press, 2003); Hitchcock, Christopher: "A Tale of Two Effects", *The Philosophical Review*, Vol. 110, No. 3, (2001).

或 Y 的概率分布也发生变化。

该理论被伍德沃德称为操纵理论（manipulability theory），这里的操纵强调的是我们可以通过向 X 施加干预 I 来操纵 Y，当 Y 或 Y 的概率分布随着 X 的变化而变化时，我们便可以判断 X 是 Y 的直接原因，这一判断显然符合我们的直觉。但是当 X 与 Y 都因干预 I 而变化时，我们有理由怀疑 I 是 X 和 Y 的共同原因，或者说 X 与 Y 之间只是副现象的关系。为了避免这种可能，需要对干预 I 进行严格限定。

相对于 Y 而言，当且仅当 I 满足以下条件时它才是 X 的 1 个干预变量：

I1. I 引起 X。

I2. I 对所有其他引起 X 的变量而言是一个开关。也就是说，I 的特定取值是指当 I 取这些值时，X 不再依赖于其他引起 X 的变量的值，而是仅仅依赖于 I 的取值。

I3. 任何从 I 到 Y 的直接路径都经过 X。也就是说，I 并不直接引起 Y，也不引起其他不同于 X 的引起 Y 的原因，除非这些原因在 I—X—Y 路径当中；即，除非（a）该原因引起 Y，且是 X 的结果（如在 X 与 Y 之间的变量），以及（b）该原因引起 Y，且在 I 与 X 之间，并且不能不依赖于 X 而对 Y 产生影响。

I4. I（在统计上）独立于任何其他引起 Y 且不经过 X 的变量 Z。

如果变量 N 是 X 与 Y 的共同原因而非一个满足上述条件的干预 I，X 与 Y 就仅仅具有某种相关性，至于 X 与 Y 是否具有真正的因果关系则无从得知。换言之，我们只有凭借一个满足上述条件的干预 I 才能"完成操纵"，进而判断 X 与 Y 的因果关系。干预主义理论的优势在于，通过一个合适的干预，我们可以判断 X 与 Y 之间是因果关系还是偶然相关，也就是说，如果通过施加干预 I 使得 X 的变化引起 Y 的变化，那么 X 与 Y 具有因果关系；而如果施加干预 I 后 X 的变化没有引起 Y 的变化，那么 X 与 Y 之间就是偶然相关的。

钟磊[①]提出了基于干预主义的"因果的双条件概念"（the dual-condition conception of causation）。所谓的双条件分别指在场条件和缺席条件，表述如下：

（D）属性 X 引起另一属性 Y 当且仅当

（D1）如果一个干预使得 $X=x_p$ 发生（与此同时，因果结构中其他相关变量被固定住），那么，$Y=y_p$；以及

---

① Zhong，L.，"Sophisticated Exclusion And Sophisticated Causation"，*Journal of Philosophy*，Vol. 111，No. 7，（2014）.

（D2）如果一个干预使得 $X=x_a$ 发生（与此同时，因果结构中其他相关变量被固定住），那么，$Y=y_a$。

为了说明双条件理论更符合我们的直觉，我们可以考虑下面这个鸽子的例子。设想一只鸽子经过训练后，（1）啄一个物体当且仅当该物体是猩红色的，或（2）碰一个物体当且仅当该物体是红色的。啄是碰的一个实现者，猩红色是红色的一个实现者，碰和红色在这里都是多重可实现的（即用不同部位碰以及不同色调的红色）。

根据律则理论，当猩红色在场时，鸽子啄了物体，同时也实现了碰，我们可以判断猩红色是啄的原因，也是碰的原因；当红色在场时，鸽子碰了物体，而碰的实现者可能是啄，我们可能会判断红色是碰的原因，也可能是啄的原因。也就是说，a）猩红色在场时，啄在场，以及 b）红色在场时，啄也在场，综合这两个判断，我们可以得到啄的原因是红色，换言之，啄可以被许多红色的实现者引起，不必要是猩红色，但猩红色是红色，所以可以充分地引起啄。但啄的真正原因应该是猩红色。

根据反事实理论，当猩红色不在场时，鸽子没有啄，也就没有碰，我们可以判断猩红色是啄的原因，也是碰的原因；当红色不在场时，鸽子没有碰，我们可以判断红色是碰的原因。也就是说，a）猩红色不在场时，碰不在场，以及 b）红色不在场时，碰也不在场，综合这两个判断我们可以得到猩红色是碰的原因，换言之，碰只能被猩红色引起，猩红色的缺席对碰的缺席而言是必要的，其他红色的实现者缺席未必引起碰的缺席。但碰的真正原因是红色。

那么如果是双条件理论又如何呢？当猩红色在场时，啄在场；当猩红色缺席时，啄缺席，因此猩红色是啄的原因。当红色在场时，碰在场；当红色缺席时，碰缺席，因此红色是碰的原因。而当猩红色在场时，碰必然在场；当猩红色缺席时，碰未必缺席，因此猩红色不是碰的原因。当红色在场时，啄未必在场；当红色缺席时，啄必然缺席，因此红色也不是啄的原因。显然双条件理论在这里更符合我们对原因的判断的直觉。

根据前面的分析，律则理论强调的是因果的在场条件，反事实理论强调的是因果的缺席条件，而干预主义因果理论则兼顾了这两者。钟磊在利用干预主义因果理论解决排斥问题时，正如黄益民[1]所批评的，他并没有正确地操纵，即没有在施加干预 I 时把因果结构中其他相关变量固定住，而启用了"另一个能够实现 M^* 的物理属性 P_1^*"。然而，严格来说这种批评仍有缺陷，问题在于作为多重可实现性（multiple realization）前提下的可能物理属性 P_1^* 究竟应如何固定，它究竟以何种身份在场或缺席。

---

[1] 黄益民：《因果理论：上向因果性与下向因果性》，《哲学研究》，2019 年第 4 期，第 113～125、128 页。

二　精细化的排斥论证

按照心理属性能否还原为物理属性，当代物理主义哲学家们要么采取还原论物理主义，要么采取非还原论物理主义。对还原论物理主义者而言，心理属性不具有因果效力，不论是心－心因果性还是心－物因果性，心理属性与物理属性是同一的（identical）。还原论物理主义最大的问题在于我们的心理属性不具有因果效力与我们的日常经验和直觉相违背，因为在日常生活中我们都有大量这样的类似经验，即我们的欲求、知觉等引起其他的欲求、知觉或者行动。

对于非还原论物理主义者而言，既然心理属性不可还原为物理属性，那么心理属性如果只能对其他心理属性具有因果效力，同时物理属性也只能对物理属性具有因果效力，这便是平行主义；而如果心理属性与物理属性之间具有因果效力，那么便是交互主义。通常将心理属性对物理属性的因果作用称为下向因果性，将物理属性对心理属性的因果作用称为上向因果性。金在权提出的排斥（exclusion）问题对非还原论物理主义提出了挑战，排斥问题的要点在于否定了下向因果性和心－心因果性，即我们的心灵不具有任何因果效力，一切心理属性都随附于物理属性，变成了副现象。排斥问题的论证过程概要如下：

A. 随附性（supervenience）：每一个心理属性都必然随附于一个物理属性；

B. 非同一性（nonidentity）：心理属性与物理属性不是同一的，或心理属性不可还原为物理属性；

C. 物理因果完备性（causal completeness of physics）：如果发生在时刻 t 的一个物理属性有其原因，那么它就在时刻 t 有一个（充分的）物理原因；

D. 非过度决定（non-overdetermination）：心理属性和物理属性不会在因果上过度决定，即有两个及以上的充分原因。

结论：心理属性是因果无效的，即心理属性的因果效力被物理属性所排斥或排除。如下图所示：

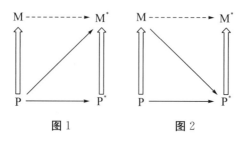

图 1　　　　　　　　　图 2

图中的 M 与 M* 是心理属性，P 与 P* 是物理属性。实线箭头表示具有因果效力，虚线箭头表示不具有因果效力，空心箭头表示随附关系。

金在权的结论否定了下向因果性和平行因果性，尽管上向因果性得以保留，但心理属性变成了随附于物理属性的副现象。钟磊基于以上排斥论证当中的四条基本前提，补充了因果实现性作为第五条前提，完成了一个精细化的排斥论证，所得结论相同。所谓的因果实现性（causal realization）指的是如果属性 A 引起属性 B，那么要么 a）在这种情境下属性 A 引起任何随附于属性 B 的属性（上向因果性），要么 b）在这种情境下属性 A 引起任何属性 B 随附于其上的属性（下向因果性）。对于排斥问题，随附性和物理因果完备性原则是物理主义无法反驳的；过度决定的情况在现实世界当中相较于非过度决定的情况而言十分罕见，并且已经遭到了许多反驳（比如实现的敏感性概念），因而非过度决定这一前提也应接受；非同一性原则是非还原论的基本立场；那么，能够予以反驳的就只剩因果实现性原则了，于是钟磊利用干预主义的双条件概念对这一原则进行了分析，下面简单介绍钟磊否证上向因果性和下向因果性的过程。首先是上向因果性，图示如下：

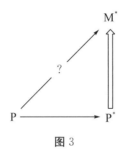

图 3

根据物理因果完备性，我们已知属性 P 引起属性 P*，根据干预主义的双条件理论可以表述如下：

（1）如果一个干预使得 P 在场（同时其他所有的相关变量都被固定住），那么 P* 也会在场；

（2）如果一个干预使得 P 缺席（同时其他所有的相关变量都被固定住），那么 P* 也会缺席。

要判断属性 P 是否引起属性 M*，就需要判断下面两个条件句的真假：

（3）如果一个干预使得 P 在场（同时其他所有的相关变量都被固定住），那么 M* 也会在场；

（4）如果一个干预使得 P 缺席（同时其他所有的相关变量都被固定住），那么 M* 也会缺席。

条件句（3）为真，证明如下：根据条件句（1），当 P 在场时，P* 也在场，而根据随附性，当 P* 在场时，M* 随附于 P* 出现，因此当 P 在场时 M* 也在场。同样的，条件句（4）的证明如下：根据条件句（2），当 P 缺席时，P* 也缺席，但由于 M* 的多重可实现性，有可能存在其他 M* 的随附基使得 M* 在场，因而条件句（4）为假。总之，上向因果性为假。

下面是下向因果性，图示如下：

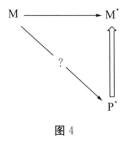

图 4

为了方便讨论，我们假设属性 M 引起属性 M*，根据干预主义的双条件理论可以表述如下：

（5）如果一个干预使得 M 在场（同时其他所有的相关变量都被固定住），那么 M* 也会在场；

（6）如果一个干预使得 M 缺席（同时其他所有的相关变量都被固定住），那么 M* 也会缺席。

要判断属性 M 是否引起属性 P*，就需要判断下面两个条件句的真假：

（7）如果一个干预使得 M 在场（同时其他所有的相关变量都被固定住），那么 P* 也会在场；

（8）如果一个干预使得 M 缺席（同时其他所有的相关变量都被固定住），那么 P* 也会缺席。

先来看条件句（8）。根据条件句（6），当 M 缺席时，M* 也缺席，根据多重可实现性，M* 的任何随附基也都缺席，即 P* 缺席，因此条件句（8）为真。再来看条件句（7）：根据条件句（5），当 M 在场时，M* 也在场，根据多重可实现性，M* 的随附基必然在场，但不一定是 P*，而可能是其他的某个 P_n^*，因此条件句（7）为假。总之，下向因果性也为假。

钟磊的证明否定了上向因果性和下向因果性的存在，但保留了平行因果性，也就是说，P 可以引起 P*，M 可以引起 M*，但 P 不能引起 M*，M 也不能引起 P*。在鸽子的例子中，图示如下：

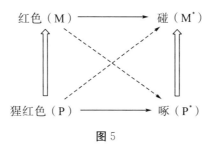

图 5

物理属性猩红色（P）和啄（P*）分别是心理属性红色（M）和碰（M*）的实现者，后两者分别随附于前两者，并且心理属性和物理属性之间分别具有各自的因果效力，但却不具有上向因果性与下向因果性。也就是说，红色必然引起碰，却不引起啄；猩红色必然引起啄，却不引起碰。当钟磊得出这样的结论时，却产生了另一个与我们的直觉相冲突的命题，即猩红色不引起碰，然而猩红色实际上是可以引起碰的，更准确地描述应该是：猩红色是引起啄的充分必要条件；猩红色是引起碰的充分不必要条件；红色是引起碰的充分必要条件；红色是引起啄的必要不充分条件。需要说明的一点是，双条件理论的在场与缺席并非指充分性与必要性。双条件强调的是判断因果关系的存在与否，满足双条件概念的因果效力是绝对的，即 X 是 Y 的充分且必要条件；而充分性与必要性强调的则是因果相关性，即具有一定的因果效力，但是存在区间适用性。所以，当钟磊说"猩红色不引起碰"时，这句话的含义应该是猩红色是引起碰的充分不必要条件，换言之，猩红色一定能使鸽子实现碰的行为，但鸽子实现碰的行为并不一定需要猩红色，其他某种红色（如粉红、橘红、大红等）也能使鸽子实现碰的行为。

黄益民在分析钟磊关于上向因果性和下向因果性的论证时指出了该论证的一个核心错误，即启用了"另一个能够实现 M* 的物理属性 P_1^*"，这不符合严格的干预操纵。一个合适的干预 I 的作用路径应该是 I-X-Y，在论证上向因果性的例子中，也就是 I-P-M*；钟磊论证时利用了 P-M* 之间的 P*，因而实际论证是 I-P-P*-M* 路径，这是一个符合干预限定的路径；但是当钟磊启用 P_1^* 时，就超出了对干预的限定，这倒不是说钟磊在进行干预操纵时没有保证控制路径之外的变量固定不变，而是说即便这些路径之外的变量被固定下来，这些变量被固定时的赋值（在场或缺席）依然会对进行干预的路径的判断结果造成影响。下面对此进行说明，首先是上向因果性。

（a）当 I-P-P*-M* 路径之外的物理属性 P_1^* 在场，即被固定为 $P_1^*=p_p$ 时：

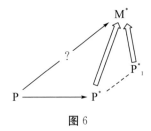

图 6

图中 P^* 与 P_1^* 之间的虚线表示并列关系，即 M^* 的多重可实现性。根据干预主义的双条件概念，已知（1）（2），需要判断的是（3）（4）的真假。先来看（3），当一个适当的干预使得 P 在场时，P^* 也在场，根据随附性，当 P^* 在场时，M^* 也在场，因此当 P 在场时，M^* 也在场，（3）为真。再来看（4），当 1 个适当的干预使得 P 缺席时，P^* 也缺席，但由于此时 $P_1^* = p_p$，根据 M^* 的多重可实现性，此时 M^* 也在场，因此（4）为假。因此（C_a）上向因果性为假。

（b）当 $I - P - P^* - M^*$ 路径之外的物理属性 P_1^* 缺席，即被固定为 $P_1^* = p_a$ 时：

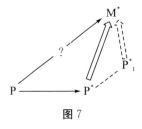

图 7

图中 M^* 与 P_1^* 之间的虚线箭头表示尽管 P_1^* 是 M^* 的一个实现者，但是 P_1^* 此时缺席，M^* 并未被 P_1^* 实现。先来看（3），当一个适当的干预使得 P 在场时，P^* 也在场，根据随附性，当 P^* 在场时，M^* 也在场，因此当 P 在场时，M^* 也在场，（3）为真。再来看（4），当一个适当的干预使得 P 缺席时，P^* 也缺席，且 P_1^* 此时缺席，因此 M^* 缺席，（4）为真。因此（C_a）上向因果性为真。

下面说明下向因果性。为了方便论证，此处都假设 M 与 M^* 之间存在因果关系。

（c）当 $I - M - M^* - P^*$ 路径之外的物理属性 P_1^* 在场，即被固定为 $P_1^* = p_p$ 时：

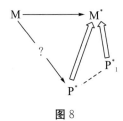

图 8

此处证明 M 对 P* 的下向因果性与证明 M 对 P_1^* 的下向因果性是类似的，不再赘述。根据干预主义的双条件概念，已知（5）（6），需要判断的是（7）（8）的真假。首先来看（8），当一个适当的干预使得 M 缺席时，M* 也缺席，根据随附性，当 M* 缺席时 M* 的任何随附基 P_n^* 都缺席，因此 P* 缺席，（8）为真。再来看（7），当一个适当的干预使得 M 在场时，M* 也在场，根据 M* 的多重可实现性以及 $P_1^* = p_p$，P* 可能缺席也可能在场，根据非过度决定，P* 缺席，因此（7）为假。因此（C_c）下向因果性为假。

（d）当 $I-M-M^*-P^*$ 路径之外的物理属性 P_1^* 缺席，即被固定为 $P_1^*=p_a$ 时：

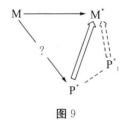

图9

首先来看（7），当一个适当的干预使得 M 在场时，M* 也在场，根据 M 的多重可实现性以及 $P_1^*=p_a$，P* 在场，因此（7）为真。再来看（8），当一个适当的干预使得 M 缺席时，M* 也缺席，根据随附性，P* 缺席，（8）为真。因此（C_d）下向因果性为真。

根据前面的分析，当 P_1^* 赋值不同时，或者说当 P_1^* 在场或缺席时，会得出相反的结论，即（C_a）与（C_b）相矛盾，（C_c）与（C_d）相矛盾。钟磊在使用 P_1^* 时，实际上强调的是 $\Diamond P_1^*$ 而非 $\Box P_1^*$，但是在论证过程中事实上采取了（C_a）和（C_c）的论证。黄益民的批评也有缺陷，即这里的问题不是启用了"另一个能够实现 M* 的物理属性 P_1^*"，而是没有正确地启用。黄益民认为钟磊的错误在于 P_1^* 的赋值未被固定，在论证过程中使用的多重可实现性与一个适当的干预存在冲突。换言之，钟磊的错误要么是 1）将 P_1^* 的赋值固定为 p_p，即 $\Box P_1^*$，尽管这满足了一个合适的干预的限定，但是却不符合多重可实现性意义下的 $\Diamond P_1^*$，要么是 2）没有将 P_1^* 的赋值固定住，这不符合对一个合适的干预的限定。根据前面对 P_1^* 不同赋值条件下上向因果性与下向因果性的讨论，我们有理由认为钟磊的错误倾向于前者。

干预操纵只能是一次性操纵，也就是说，在每一次具体的操纵过程当中，干预所在路径之外的无关变量都必须被固定住，那么每次操纵也就对应得到 1 结论。实际上，前面的（a）（b）（c）（d）可以看作四次操纵，对应得到四个结论，然而它们之间却互相矛盾。让我们来详细分析一下，（C_a）与（C_b）之间存在矛盾，但是（C_a）严格说来只能说明 P 与 M^* 是因果不相关的；根据物理因果完备性，P_1^* 必然有 1 个引起它的物理属性 P_1，既然 P_1^* 干扰了我们的判断，那么就有理由追问 P_1 是否与 M^* 之间具有因果关系。我们以同样的干预操纵处理路径 $I_1 - P_1 - P_1^* - M^*$，得到与结论（C_a）和（C_b）表述一致的（C_{a1}）和（C_{b1}），我们可以总结得出：当干预所在路径之外的 P_n^* 被赋值为 p_p 时，上向因果性不存在，当它被赋值为 p_a 时，上向因果性存在。也就是说，由于 $\Diamond P_n^*$，我们可以得到 $P \Diamond \rightarrow M^*$，物理属性 P 可能引起心理属性 M^*，也可能不引起 M^*，然而 P 与 M^* 既不是副现象的关系，也不是过度决定的关系，且它们之间具有因果相关性，那么我们就需要对 P 引起 M^* 的条件进行分析。

我们已经说明过了因果的双条件概念与充分性和必要性之间的关系，根据干预主义的双条件概念，因果概念强调的是原因作为一种引起结果的充分必要条件，然而现实当中我们更多的是经验到属性之间具有因果相关性，它并不是一种充分必要条件，而是往往表现出充分性或必要性，属性似乎具有某种特殊的结构，正是这种结构使得充分性与必要性得以可能，毕竟我们不得不承认的一点是，原因并不总是作为结果的充分且必要条件在场。例如在鸽了的例了中，啄与红色、碰与猩红色之间具有的因果相关性，尽管猩红色是啄的充要条件，红色是碰的充要条件，但猩红色也是碰的充分不必要条件，红色也是啄的必要不充分条件。总之，"另一个能够实现 M^* 的物理属性 P_1^*" 及 P_1 必须进行考察，这首先要求对物理属性与心理属性进行结构性分析，然后分析心理属性的多重可实现性。

三　物理属性与心理属性

我们一般在讨论物理属性与心理属性，尤其是随附性概念框架下的物理属性时，实际上讨论的并非物理学意义上的物理属性，而是某种具有复杂结构和功能的高阶物理属性，它们往往是化学的、生物学的以及神经科学的，相较于此，物理学意义上的物理属性则是指一些基础物理属性，比如基本粒子的质量、动量、能量等。一般来说，基础物理属性决定了高阶物理属性，化学当中的一个基本思想便是一个例证，即结构决定性质，也就是说，不同的原子通过不同的组合方式获得了不同结构的分子，这样的分子就表现出了某种复杂的属性，或者说高阶属性（不论是物理性质还是化学性质）。以水为例，我们都知道水分子是由 1 个氧原子和 2 个氢原子组成的，由于氧原子和氢原子的质子数不同，导致它们得失电子的能力不同，从而具有不同的电子层数以及电子数，这又导致了水分子内部的 2 个 H—O 极性共价键以及氧原子上的未成键电子对采取了特殊的空间角度，即 2 个 H—O 共价键成 104.5°角。水分子的空间结构以及原子构成综合导致它具有了一定的高阶物理属性，比如它的沸点在 1 个标准大气压下是 100℃，它是无色无味透明的液体，光在水中具有一定的折射率等，也就是说，基本粒子获得了原本没有的属性，即基本物理属性以某种形式形成了高阶物理属性。

我们一般所讨论的作为心理属性的随附基的那些物理属性，实际上便是具有某种复杂性的高阶物理属性，比如神经元的某种特殊的被激活状态。高阶物理属性的这种复杂性是不可消去的，一旦消去便只剩基础物理属性，也就是说，高阶物理属性是由基本物理属性形成的功能属性，它并没有否定基本物理属性，就好像我们日常经验到的是宏观对象，虽然无法经验到微观对象，但是这并不否定微观对象的存在。然而，高阶物理属性作为功能属性是不可拆解的整体表现，基础物理属性绝不等于高阶物理属性，就好像我们经验到的宏观对象绝不等同于构成它的微观对象，一个人不等同于构成他的物质微粒的总体。因此，高阶物理属性不可还原为基础物理属性。

金在权面对排斥问题所导致的非还原的物理主义的坍塌，曾一度试图转向还原的物理主义，他提出了功能还原主义，包括析取功能主义、功能性质概念主义以及殊型还原主义三种。功能还原主义的要点是将心理属性功能化，也就是说，如果 F 是一个能被功能还原的属性，那么"具有属性 F 就是具有某一个属性或机制 P，且 C（P），而 C 是对 P 要完成的因果任务的描述。"[①] 然而，功能还原主义必须要回答的一个问题是，心理属性如何还原为物理属性？心理属性作为物理属性所实现的功能属性，是否也像高阶物理属性与低阶物理属性之间的关系一样，具有一种不可消去的复杂性？我们知道功能的实现有赖于一个系统，一个系统无疑可以分解为诸基础属性，但系统自身的复杂性才是使系统获得功能的关键。当我们用随附性描述心理属性与物理属性之间的伴随关系时，我们并不是在意谓心理属性是物理属性所实现的功能，而至多不过是在强调心理属性在本体论上依赖于物理属性；尽管心理属性似乎相对于物理属性表现出了一种类似于高阶物理属性相对于基础物理属性的功能复杂性，可是我们终究无法承认一个系统的实现者等同于这个系统的被实现者，或者说，将大脑神经元接受神经递质后，细胞膜蛋白转运离子导致电位差的产生，从而产生电流，等同于我坐在过山车上尖叫呐喊时的兴奋状态。因此，心理属性与物理属性是非同一的，或者说前者不可还原为后者，哪怕是作为后者所实现的功能。

既然高阶物理属性相对于基础物理属性是不可还原的，那么心理属性相较于物理属性就也是不可还原的。在经过一种高阶—基础，或者说系统—功能的讨论之后，我们

①　Kim，J.，*Philosophy of Mind*，（Boulder：Westview Press，2006）.

不难发现在哲学史上关于属性还具有另外一种结构性的讨论，即共相—殊相的讨论，或者让我们再往前追溯一点，用柏拉图的说法来讲，就是关于种—属的讨论。还是以鸽子为例，我们可以说红色相较于猩红色是一个更宽泛的范畴，或者说红色是猩红色的属，猩红色是红色的一个种；同样的，碰是啄的属，啄是碰的一个种。在物理主义的立场下，我们可以为红色、猩红色、碰、啄分别找到它们的实现者，尽管在前面的讨论当中我们将猩红当作了红色的实现者，将啄当成了碰的实现者。红色在光谱上对应的是一个特定的波段，猩红色以及其他任何一个红色的种我们也都可以在光谱上找到对应的实现取值区间；假设碰是指两个对象的异己接触，那么啄就是用特定部位进行这种接触。当我们说猩红色是红色的实现者时，这个说法是错误的。严格来说，并不存在猩红色实现红色这件事，存在的只是猩红色对应一个特征波段 S，红色对应一个特征波段 R，是 R 实现了红色，而不是 S 实现了红色，因为 S 只能实现猩红色；不论是猩红色还是红色，都只是我们的心理属性，而 S 与 R 才是物理属性。我们不会怀疑 S 与 R 是物理属性，但是在将猩红色与 S 区别开来，并将其归为心理属性之后，这么做似乎是在复辟一种观念论或者心理主义，即认为猩红色尽管就是由 S 这一物理属性所实现的，但却仅仅属于我们的主观概念领域，而不具有实在性。这一点必须予以否认，因为猩红色确确实实具有实在性，它是由 S 实现的，如果 S 缺席，那么猩红色就会缺席；另一方面，猩红色作为心理属性，它是高阶物理属性的实现产物，我们把 S 进行概念化处理得到的并不是猩红色，而是猩红色的一种概念表现，也就是说，猩红色自身不需要被我们进行概念化，它的在场仅仅依赖于 S 的在场。

现在面临的另一个问题是，我们最开始在使用"猩红色是红色的实现者"这个命题的时候，究竟是在何种意义上使用它的。尽管猩红色是 S 引起的心理属性，红色是 R 引起的心理属性，但是我们在看到 S 时不会去用放射线出现在 640.8 毫微米、650.4 毫微米、687.8 毫微米和 707.0 毫微米之中的光来指称它，而是会将其命名为猩红色。这个猩红色的名称与作为心理属性的猩红色是不同的，因为在不同的语言系统当中名称可以不同，但猩红色作为心理属性是相同的，举例来说，当 S 引起猩红色的心理属性时，一个中国人会将 S 称为猩红色，一个美国人会将 S 称为 Scarlet，一个法国人会将其称为 écarlate，但是不论是哪国人，他们在看到 S 时随附于 S 的都是猩红色的心理状态。那么，当我们说"猩红色是红色的实现者"的时候，我们无非是在用猩红色作为一种名称来替代 S 的实现者身份。在上述分析中，有一点值得特别注意，即猩红色作为一种心理属性与作为一种名称的不同之处。猩红色作为心理属性随附于物理属性 S 之上，是具有实在性的，这种实在性和物理属性的实在性是同阶的，并且这种心理属性是前一概念的，也就是说它的实在性不依赖于主体的概念化；作为名称的猩红色则是偶然的，在另一个可能世界当中它可能具有另一个名称，但名称无论如何既然有所指称，并且指称的是实在对象，那么它也具有一种实在性，但是作为名称的猩红色所具有的实在性与作为心理属性的猩红色所具有的实在性是非同阶的，并且这种作为名称的猩红色是概念的，也就是说它的实在性依赖于主体的概念化。

现在我们可以指出"猩红色是红色的实现者"所忽略的另一个至关重要的问题了。心理属性猩红色是由物理属性 S 实现的，心理属性红色是由物理属性 R 实现的，即"S 是猩红色的实现者"以及"R 是红色的实现者"。如果按照刚刚的心理属性—名称的划分，那么"猩红色是红色的实现者"实际上就应该是"S 是红色的实现者"。按照之前的分析，引起心理属性红色的充分必要条件是 R 而非 S，S 只是引起心理属性红色的充分不必要条件。因此当我们在使用"猩红色是红色的实现者"的时候，一方面忽略了猩红色自身就是一个心理属性，实现它的物理属性是 S，也就是说 S 是引起心理属性猩红色的充分必要条件；另一方面忽略了 R 才是引起心理属性红色的物理属性，即 R 才是引起心理属性红色的充分必要条件。

我们已经区别了心理属性和物理属性，并且明确了红色随附于 R，猩红色随附于 S，而非红色随附于 S。让我们用更一般的术语来总结这一结论，即作为共相（Universal）的心理属性 M_U 和作为殊相（Individual）的心理属性 M_I，以及作为共相的物理属性 P_U 和作为殊相的物理特征 P_I，那么以上结论便是：M_U 随附于 P_U，M_I 随附于 P_I。这里需要说明的是，共相与殊相的划分并非高阶与基础的划分：高阶与基础的关系在于一种不可消去的功能复杂性，而共相与殊相的关系则是普遍与具体的关系，例如水的透明性是相对于水分子的基础物理属性的高阶物理属性，而红色则是相对于诸如猩红色、粉红色、橘红色等殊相的共相，它们显然不是一回事。至此，我们已经基本梳理清楚了属性的结构，下面需要进行的工作是对属性的另外一个事实——多重可实现性进行考察，通过这种考察我们将明确因果相关性和因果效力的复杂情况。

四　多重可实现性的相对性

钟磊在利用干预主义的双条件概念证明上向因果性与下向因果性时，论证的关键在于启用了 P_I^*，也就是 M^* 的多重可实现性。按照这种多重可实现性的解释，心理属性 M 具有多个物理属性 P 作为它的实现者，那么首先让我们使用双条件理论来把这个说法表示出来。

（S）心理属性 M 随附于物理属性 P，当且仅当：

（S1）当 M 在场时，至少有一个 P_n 也在场；

（S2）当 M 缺席时，每一个 P_n 都缺席。

再让我们看看在一种共相—殊相的属性结构框架下，心理属性的随附性的双条件形式。首先是共相心理属性与共相物理属性（U—U）：

（S_{U-U}）心理属性 M_U 随附于物理属性 P_U，当且仅当：

（$S_{U-U}1$）当 M_U 在场时，P_U 在场；

（$S_{U-U}2$）当 M_U 缺席时，P_U 缺席。

然后是殊相心理属性与殊相物理属性（I—I）：

（S_{I-I}）心理属性 M_I 随附于物理属性 P_I，当且仅当：

（$S_{I-I}1$）当 M_I 在场时，P_I 在场；

（$S_{I-I}2$）当 M_I 缺席时，P_I 缺席。

最后是共相心理属性与殊相物理属性（U—I）：

（S_{U-I}）心理属性 M_U 随附于物理属性 P_I，当且仅当：

（$S_{U-I}1$）当 M_U 在场时，至少有一个 P_{In} 也在场；

（$S_{U-I}2$）当 M_U 缺席时，每一个 P_{In} 都缺席。

殊相心理属性不可能随附于共相物理属性，即不存在（S_{I-U}）心理属性 M_I 随附于物理属性 P_U，殊相心理属性只能随附于殊相物理属性。也就是说，我们只有在看到 S 时才能产生猩红色的心理属性，而不可能在看到 P（粉红色的对应波段）时产生猩红色的心理属性，更不可能将看到 R 时产生的红色的共相心理属性归结或分割为任何一种殊相心理属性，即面对一张光谱图或者画家的调色板，我确实看到了红色，但我看到的是红色的整体，里面有各种各样的红，而不是某一种红。

对比随附性（S_{U-U}）（S_{I-I}）（S_{U-I}）之后可以发现我们最开始谈论的心理属性的多重可实现性（S）实际上仅仅随附性（S_{U-I}），我们将随附性（S_{U-U}）（S_{I-I}）（S_{U-I}，它实际上是真正的多重可现实性 MR_{U-I}）表示在一个图中，可以得到：

图 10.（S）

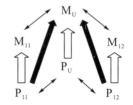

图 11.（S_{U-U}）（S_{I-I}）（MR_{U-I}）

图中的双向箭头仅表示共相与殊相的关系，黑色实心箭头则表示多重可实现性。殊相物理属性以及随附于其上的殊相心理属性的数量是不确定的，这里仅用包含两个殊相的情况来呈现一种最简单的结构。在证明上向因果性与下向因果性时，首先可以区分三种情况，即殊相—殊相、共相—共相以及殊相—共相，由于前两者的结构是类似的，所以它们的论证过程和结论是也一致的，因此接下来的说明将首先从殊相—殊相开始，然后说明殊相—共相的情况。排斥问题的基本前提适用于这两类证明，它们分别是：随附性原则；非同一性原则；物理因果完备性原则；非过度决定原则。这两类证明的唯一差别在于，殊相—殊相和共相—共相的论证当中不包括多重可实现性，而殊相—共相的论证当中包括多重可现实性。下面说明殊相—殊相的上向因果性与下向因果性，先看上向因果性，图示如下：

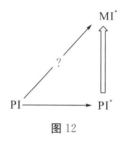

图 12

根据物理因果完备性，我们已知属性 P_1 引起属性 P_1^*，根据干预主义的双条件理论可以表述如下：

（1）如果一个干预使得 PI 在场（同时其他所有的相关变量都被固定住），那么 PI * 也会在场；

（2）如果一个干预使得 PI 缺席（同时其他所有的相关变量都被固定住），那么 PI * 也会缺席。

要判断属性 PI 是否引起属性 MI＊，就需要判断下面两个条件句的真假：

（3）如果一个干预使得 PI 在场（同时其他所有的相关变量都被固定住），那么 MI * 也会在场；

（4）如果一个干预使得 PI 缺席（同时其他所有的相关变量都被固定住），那么 MI * 也会缺席。

条件句（3）为真，证明如下：根据条件句（1），当 P_1 在场时，P_1^* 也在场，而根据随附性，当 P_1^* 在场时，M_1^* 随附于 P_1^* 出现，因此当 P_1 在场时 M_1^* 也在场。同样的，条件句（4）的证明如下：根据条件句（2），当 P_1 缺席时，P_1^* 也缺席，由于 M_1^* 只能被 P_1^* 实现，所以 M_1^* 缺席，因而条件句（4）为真。总之，上向因果性为真。

下面是下向因果性，图示如下：

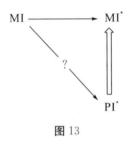

图 13

为了方便讨论，我们假设属性 M_1 引起属性 M_1^*，根据干预主义的双条件理论可以表述如下：

(5) 如果一个干预使得 MI 在场（同时其他所有的相关变量都被固定住），那么 MI * 也会在场；

(6) 如果一个干预使得 MI 缺席（同时其他所有的相关变量都被固定住），那么 MI * 也会缺席。

要判断属性 MI 是否引起属性 PI *，就需要判断下面两个条件句的真假：

(7) 如果一个干预使得 MI 在场（同时其他所有的相关变量都被固定住），那么 PI * 也会在场；

(8) 如果一个干预使得 MI 缺席（同时其他所有的相关变量都被固定住），那么 PI * 也会缺席。

先来看条件句（8）。根据条件句（6），当 MI 缺席时，MI * 也缺席，由于 MI * 只能被 PI * 实现，所以 PI * 缺席，因此条件句（8）为真。再来看条件句（7）：根据条件句（5），当 MI 在场时，MI * 也在场，由于 MI * 只能被 PI * 实现，所以 PI * 在场，因此条件句（7）为真。总之，下向因果性也为真。

总结一下，对于殊相—殊相以及共相—共相的情况，上向因果性为真，而以上关于下向因果性的证明中由于其假设心理属性存在心—心因果性，根据非过度决定原则，心理属性只需要一个引起它的充分原因，这个原因正是已经证明的上向因果性中的物理属性，那么心—心因果性就不存在，从而下向因果性为假。但是特别需要注意的是，这只是殊相—殊相以及共相—共相的情况，在这两种情况下排斥问题是存在的，也就是说，对于殊相心理属性而言，引起它的只能是一个殊相物理属性，它却无法引起任何一个殊相物理属性或者殊相心理属性；对于共相心理属性而言，引起它的可以（注意这里使用的是"可以"，表示还可能存在另一个引起它的属性）是一个共相物理属性，它却无法引起任何一个共相物理属性或者共相心理属性。下面说明殊相－共相的上向因果性和下向因果性，由于涉及多重可实现性，需要控制干预所在路径之外的变量的赋值，先看上向因果性，图示如下：

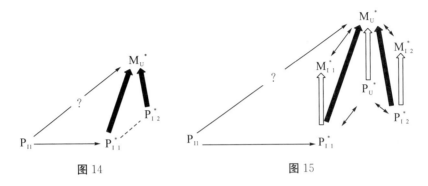

图 14   图 15

　　如图 14 所示，如果将多重可实现性等同于随附性，那么势必导致钟磊的问题，即由于干预所在路径之外的 P_{I2}^{*} 的赋值的不同，会得出上向因果性的真假矛盾问题。但是根据我们前面所做的分析，上向因果性的完整结构示意图应该是图 15，图中的黑色实心箭头代表多重可实现性（MR_{U-I}）。尽管我们的直觉告诉我们不论是 P_{I1}^{*} 还是 P_{I2}^{*} 都可以"实现" M_{U}^{*}，但这种共相－殊相属性之间的实现不同于殊相－殊相或共相－共相属性之间的实现，因为后两者的实现是充分必要的，而前者的实现却只是 1 种相对的实现，或者说是充分不必要的实现，之所以如此的原因根源于共相与殊相之间的关系。我们无需复辟一种古板的形而上学式的共相－殊相的讨论，这样做只会引起更严重的与物理主义之间的矛盾和对立，但我们必须承认的是，既然物理属性有基础和高阶的区别，这种高阶中所蕴含的不可消去的复杂性是实在的，那么我们为什么不能承认共相－殊相的区别也是实在的呢？

　　设想这样的一个场景，在我们面前是一座花园，里面开满了红色光谱范围内所有红色的花朵，之所以如此是因为这些花的品类不同、接受的日照程度不同、获得的营养不同等等。我们在花园外远远望去，看到的是一片红色的花海，我们脱口而出"红色的花海"，但看不出具体的红色类型，因为太远了。这时一个智能机器人与我们同行，它装备了一个摄像头，由于摄像头的限制，它拍摄获得的画面与我们眼睛视网膜的成像类似，经过对图像数据的计算处理，它也获得了"红色"的结论，尽管给出了一两个具体的红色色调，但相较于成百上千的红色而言，它也只获得了一个"红的共相"。当我们与机器人一起进入花园后，更多红色的细节被辨识了出来，我们得到了猩红色、粉红、橘红、大红等红的殊相，机器人也通过计算在屏幕上显示出了各种红色的名称，表示它也获得了殊相。机器人给出这些殊相结论的唯一可能，就是与已有的红色光谱数据库进行对比，这是一个从物理属性到物理属性的过程，它给出的那些殊相对应的不是心理属性，而是物理属性，只不过通过使用我们的语言来称呼它，要是编程另一种语言，它或许会给出一段在我们看来完全难以理解的数字代码。但是对于我们情况则完全不同，因为我们在看到一朵一朵不同红色的花时，我们实际上得到了花所反射的光在我们眼睛里成的像，然后这种物理属性又传递到我们的大脑引起另一种物理属性，同时随附于这种大脑殊相物理属性之上的便是我们的殊相心理属性。此时我们可以从诸殊相心理属性中得到一个共相心理属性，机器人也可以从殊相物理属性中得出一个共相物理属性。如果没有殊相物理属性，那么我们与机器人就都不会看到任何东西，机器人不会有共相物理属性，我们也不会有共相物理属性、殊相心理属性和共相心理属性。简单来说就是，如果殊相在场，那么共相在场；如果所有殊相缺席，那么共相缺席。从这一点来看，共相的实在性与高阶物理属性对基础物理属性的实在性恰恰相反，因为后者是：如果高阶物理属性在场，那么基础物理属性在场；如果高阶物理属性缺席，那么基础物理属性可能缺席，换言之，共相－殊相强调的是殊相的在场条件，而高阶－基础物理属性强调的是高阶物理属性的在场条件。

　　让我们回到（MR_{U-1}）和上向因果性的证明当中。干预主义的双条件概念确定的是一种因果效力的充分必要条件，然而由于殊相相对于共相的充分不必要性，导致殊相物理属性相对于共相心理属性的充分不必要性，它的实现方式是两条平行的路径，即 $P_{I1}-P_{I1}{}^*-P_{U}{}^*-M_{U}{}^*$，或者 $P_{I1}-P_{I1}{}^*-M_{I1}{}^*-M_{U}{}^*$。我们已经知道了作为一个心理属性的充分必要条件的原因只能是一个物理属性，然而此时竟然还有另一个物理属性与这个心理属性具有充分不必要的因果相关性，这只有两种可能，要么是前一个物理属性不是充分必要条件，要么是后一个物理属性与前一个物理属性具有某种关系。假如我们对物理属性－心理属性的殊相－殊相以及共相－共相的证明是正确的，那么情况就只可能是后一种，而这种情况已经被我们分析了出来，它就是物理属性之间的共相－殊相关系。

　　如果干预主义的双条件概念框架下的因果理论值得我们坚持，那么我们现在就可以说，物理属性与心理属性之间只存在一种因果关系，即同相水平上的因果关系，它包括殊相－殊相的因果关系和共相－共相的因果关系；所谓的殊相物理属性和共相心理属性之间不具有充分必要条件意义上的严格因果关系，而是具有一种相对的因果相关性，即充分不必要的因果相关性，它的来源是殊相与共相之间的那种充分不必要性。因此，上向因果性是存在的，并且它指的就是殊相物理属性－殊相心理属性、共相物理属性－共相心理属性之间的那种因果关系；至于殊相物理属性－共相心理属性之间的那种因果相关性，虽然我们不能进行上向因果性式的分析并得出一个充分必要条件意义上的因果判断，但是我们通过分析共相—殊相的特殊结构，仍然可以对共相和殊相划界，从而探求一种真正的因果关系。

下面是下向因果性，图示如下：

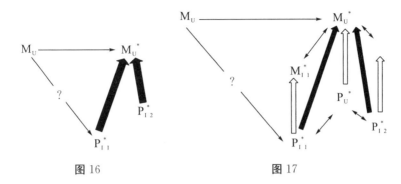

图 16   图 17

根据前面的分析，共相心理属性—殊相物理属性之间也不存在类似于共相心理属性—共相物理属性或者殊相心理属性—殊相物理属性之间的那种因果关系，而只是一种因果相关性，这是 1 种必要不充分关系，它也来源于共相—殊相的特殊结构，也就是说，因为共相是殊相的必要不充分条件，所以共相心理属性是殊相物理属性的必要不充分条件。在严格的因果关系之外，我们唯一能做的只是划界，通过区别共相与殊相来精细化我们的因果结构。但是需要说明的是，由于共相—共相以及殊相—殊相之间的下向因果性并不存在，所以这里的共相心理属性—殊相物理属性之间的下向因果相关性是不存在的，哪怕只是以 1 种必要不充分条件意义上的身份在场。

结　语

经过前面的讨论，我们从钟磊的方法出发，而这又是基于金在权的排斥论证，最后得到的结论与钟磊的相反，与金在权的相同，也就是说，当金在权的排斥论证否定了心灵的任何因果效力时，钟磊通过否证上向因果性和下向因果性，最终保留了平行主义；可是我们的结论却令人失望，因为它证明了上向因果性存在，下向因果性不存在，这让我们不得不重新掉入排斥问题的泥淖之中。按照金在权的论断，排斥问题要么走向非还原物理主义的副现象论，要么走向还原物理主义。面对随附性、非同一性、非过度决定、物理因果完备性，我们如果不能作出一种修正的话，就无法解决排斥问题。

另外一种可能的解决方案或许如钟磊的观点，即关于心理因果性的证明有赖于具体的因果理论。如果律则理论、反事实理论以及干预主义都不能令我们满意，也许应当尝试另一种因果理论，如概率理论。概率理论可以容纳多重可实现性（MR_{U-1}），也就为上向因果性和下向因果性提供了可能，但是概率理论自身也面对许多问题，多种概率理论之间存在分歧，例如对概率的用法或解释不同，莱欣巴哈使用的是频率主义的概率概念，萨普斯使用的是概率的统计解释，而佩尔等贝叶斯因果网络主义者则对概率进行物理主义解释。如果因果性是一种客观实在，那么，关于因果性的理论应该并且有可能消除这种在关键概率使用上的不一致性。显然，概率论的因果理论没有做到这一点。①

为什么不接受还原论或者副现象论？举个简单的例子。我们在计算机甚至智能手机上进行操作时，不论是何种操作，它们都是在一个系统当中使用这个系统的语言进行的，也就是说，如果我们在一个游戏当中操纵某个游戏人物的移动，我们是直接完成了这个系统的"移动"的语言，它既不是我们自己现实中走路时发出的那种物理动作，也不是对计算机屏幕上的发光二极管（假设它是一个 OLED 屏幕）进行直接的电路控制，相反这种"移动"就是一种不同于基础物理属性的高阶物理属性的功能例示。我们无法否认在这种操纵背后的物理因果完备性，但是我们与计算机交互时使用的那套语言确实也是实在的，如果将屏幕上的变化还原成基础物理属性的变化，那么我们绝不会获得任何心理的经验，或者说"游戏体验"。我们在系统上层操纵时，所实现的正是从一个我们的心理属性引起另一个我们的心理属性，而不是从一个我们的心理属性引起另一个计算机的物理属性。假如这里的计算机就是我们心灵之外的那个物理的身体，那么我们似乎就没有任何理由接受一种还原论或者副现象论，尽管这只是一个特设前提下的结论。

另外需要说明的是，心理因果性和排斥问题涉及的不仅是心理属性的本体论问题，同时也是 1 个认识论问题，在物理主义的立场下，应当结合科学实证研究，对心理属性自身以及心理属性与物理属性之间的关系（随附性以及多重可实现性）进一步探索。

---

① 顿新国：《因果理论的概率论进路及其问题》，《哲学研究》，2012 年第 7 期，第 58～63 页。

逻辑学

分析性：根据"所给定"为真

崔晨宇

摘要：分析性的概念以及关于分析性概念的诸讨论自康德以来便是哲学研究的重要课题，同时，至少在 20 世纪 50 年代之前它也仍然是分析哲学的核心议题之一。但自此之后，蒯因及其支持者们对于分析性概念以及分析—综合的区分的激烈批评使得人们逐渐减弱了对于分析性及其相关讨论的哲学兴趣。在这样的背景下，本文试图考察以蒯因与克里普克为代表的对于分析性概念的批评以及以吉莉安·罗素与科里·祖尔和埃里克·卢米斯为代表的对该批评的回应，并试图基于此而给出不同于二者的对于分析性的新定义以回应相关批评。基于此，本文在第一章考察了蒯因与克里普克反对分析性的诸论证并澄清了其真正有效的论证，而在第二章考察了罗素对于分析性的定义并给出了对其的捍卫与反驳，最后，本文于第三章考察了祖尔与卢米斯对于分析性的定义并基于他们与吉莉安·罗素定义中被肯定的诸素材给出了对于分析性的全新定义以回应来自蒯因与克里普克的诸批评。

关键词：分析性　根据　所给定　科里·祖尔　吉莉安·罗素　蒯因　埃里克·卢米斯

引　言

对于分析—综合的二分最早可追溯至大卫·休谟（David Hume）。在其著作中，人类推理的对象被区分为"观念的关系"与"事实"，而所谓"观念的关系"，即，人们在思想的活动中就可以发现的、并不依靠外部世界的任何内容的命题。而与此相反，"事实"则是那些涉及外部对象的命题。① 而这样对于命题类型的区分，包括莱布尼茨（Gottfried Wilhelm Leibniz）对于"推理的真理"与"事实的真理"的区分均在一定程

---

① Hume, David, *An Inquiry Concerning Human Understanding and Concerning the Principles of Morals*，(Oxford: Clarendon Press, 1988).

度上影响了康德（Immanuel Kant），而也正是康德第一次在真正意义上划分了分析命题与综合命题：

> 在一切思维主词与谓词关系的判断中⋯⋯这种关系以两种不同的方式成其为可能：要么谓词 B 属于主词 A 或者包含于主词 A 中，要么谓词 B 虽然与概念 A 有关联但却完全在它之外。在第一种情况下，我将此判断称为分析的，在第二种情况下，我将此判断称为综合的。①

但对于弗雷格（Gottlob Frege）而言，由于其将算术认定为奠基于逻辑之上而非一种先天综合判断且拒斥对于算术的心理主义解释，一种康德式的基于直观并因而具有心理主义嫌疑的对分析性以及分析—综合二分的理论便被认为是不可接受的。同时，弗雷格也提出，事实上，康德对于分析性概念的定义只能解释全称肯定判断，即类似于"所有的 A 都是 B"这样的判断，因而，这一解释并不足够充分或至少其需要对自身的解释力及解释范围给出更为明确的说明。基于此，弗雷格给出了他对于分析命题与综合命题的新定义：

> 对于分析真理的证明需要完全依赖于一般性的逻辑规律与定义⋯⋯若使用不具有一般逻辑性质的真理（它们属于特殊科学中的真理），一个命题就能够被证明，那么，该命题就是综合命题。②

在弗雷格之后，随着诸如罗素悖论与图像论等一系列分析哲学的新问题与新进步的产生，对于分析性概念与分析—综合二分的研究也在维也纳学派和逻辑经验主义者那里得到了进一步的发展。而对于分析性概念以及分析—综合二分的肯定性的讨论也在此时达到了顶峰。在这一时期，出于对无意义的形而上学论断的拒斥，逻辑经验主义者们提出了对于分析性的不同定义以捍卫非经验的知识，而这也同样使得分析性这一概念与逻辑经验主义者们紧密地联系在一起，因为前者事实上承载着后者的哲学规划。

基于前期维特根斯坦（Ludwig Wittgenstein）的图像论以及希尔伯特（David Hilbert）公理论的影响，诸如石里克（Friedrich Schlick）等人提出了一种新的对于分析性概念的定义：

---

① Kant，Immanuel，*Critique of Pure Reason*，Guyer，Paul，&Wood，Allen.（trans. &eds.），(Cambridge：Cambridge University Press，1998)，p. 11.

② Frege，Gottlob，The Basic Laws of Arithmetic，M. Furth.（trans).，（Berkeley：University of California Press，1964)，p. 2.

分析真理即用来约束语言的一些约定表达式。

而另一方面，维也纳学派的另一位代表人物卡尔纳普（Rudolf Carnap）也在其《语言的逻辑句法》（1937）一书中给出了他对于分析性概念的定义：

> 如果对一个句子进行实质性的解释时其逻辑地普遍地成真（即它是一切句子的后承），那么我们就称它为分析句子（或重言式）……的解释时它逻辑的无效，那我们就称它为矛盾式。……如果一个句子不是重言式也不是矛盾式，那它就是综合的。①

遗憾的是，自 20 世纪 50 年代以来，人们逐渐减弱了对于分析性及其相关讨论的哲学兴趣，而导致这一转变的最重要的原因即蒯因（Willard V. O. Quine）及其支持者们对于分析性概念以及分析－综合的区分的激烈批评。而与此同时，另一个使得分析性逐渐边缘化的思路则是来自克里普克（Saul A. Kripke）与普特南（Hilary Putnam）等人，根据这一思路，分析性与哲学的相关性是极为不确定的，也就是说，能够被人们准确且充分定义的分析性概念并不如我们原先预想的那般具有重要的哲学价值，甚至于，就哲学学科而言，这一概念是无关紧要的。而这些批评在事实上极大地削弱了人们对于逻辑经验主义的分析真、分析性概念以及分析－综合二分的哲学兴趣。但不可忽视的是，在最近三十年的哲学讨论中，分析性概念重又获得了人们的关注，因此对于分析性以及分析－综合的讨论被认为对于意义理论与形而上学的重新理解、推进乃至复兴有着重要作用。

需要说明的是，本文并无意于梳理分析性的概念以及对于分析－综合的区分的哲学史过程或其哲学史地位，而仅仅关注关于分析性概念本身的一系列当代讨论，尤其是 20 世纪 50 年代以后在当代分析哲学中关涉该概念的核心讨论，并试图基于已有的哲学素材给出分析性的一种可能的新定义，从而回应蒯因等人对于该概念的相关批评。

显然，上文简短的介绍就足以说明分析性的概念以及分析－综合的区分在近代哲学研究、现代哲学研究与当代分析哲学研究议题中所占据的重要地位，而本文的研究内容或可作为被认为已然终结于蒯因或克里普克的关于分析性概念的讨论的延续，甚至于可以被认为是分析性这一主题下的一个可能的新素材或微小的进步。

而我想，更为重要的是，对于一个哲学概念的澄清或甚至只是为一个哲学概念的澄清做出些许的贡献也同样是哲学众多正当且有价值的工作中不可或缺的内容之一，甚至

---

① Carnap, Rudolf, *The Logical Syntax of Language*，（London：Routledge and Kegan Paul Press，1937）.

于，完全可以并可能是我们的哲学事业中最为基础性的工作。

最后，我愿引用卡尔纳普《思想自传》（1963）中的一段作为结束，而在这一段中，卡尔纳普叙述了从事哲学事业的初衷：

> 传统形而上学中的大部分争论对我来说多是贫瘠不孕、毫无意义的。……论证结论的不确定所震惊。对于这种争论我很是沮丧，因为反对者之间也只是鸡同鸭讲；没有一个共同的标准去裁定这些争论，因此，这里看不到任何相互理解的可能，更不要说什么意见一致。①

一　对于分析性概念的否定性论证

（一）对于诸否定性论证的再分析

1. 概论

分析性的概念以及对于分析与综合的区分并不是一个新近出现的哲学问题，相反，它有着较为悠久的历史。遗憾的是，某个问题拥有漫长的讨论史并不总是一件好事，一方面，长久的讨论往往意味着长久的失败，而长久失败的原因并不在于人们对该问题的理解尚不够深入，恰恰相反，不断的失败往往意味着人们对该问题的研究有所深入，但并不足够深入。也就是说，在对某一问题的长久讨论中，不断有新的内容与素材加入进来，也不断有内容或观点被淘汰，但问题在于，新加入的内容未必总是对该讨论有积极作用，而那些被淘汰的观点也并不总是毫无意义，而当后来者试图参与这一讨论时，他便不得不面对纷乱且繁多的"历史资料"，也必须面对这些不清晰的问题图景所带来的茫然与困难。当然，追随某一讨论的核心观点毫无疑问是一个行之有效的策略，但正是因为这一策略行之有效且便于操作，很快地，在那些核心观点周围也会产生同样的问题。

因此，关于分析性以及分析—综合区分的一次恰当的再分析就显得尤为必要。首先，毫无疑问的，就本文而言，讨论的核心在于：

是否存在分析性的概念以及分析—综合的区分。

而事实上，要回答这一问题，就必须处理两个附属的核心问题：

---

① Carnap, Rudolf, "Intellectual Autobiography" *The Philosophy of Rudolf Carnap*, Schilpp, Paul Arthur（ed.），（La Salle: Open Court, 1963）, pp. 44—45.

（1）什么是分析性（的定义）。

（2）分析性的概念以及分析－综合的区分是否有哲学价值。

需要说明的是，这两个问题并不总是相互独立的，恰恰相反，在本文中我们会看到，关涉分析性概念以及分析－综合区分的种种讨论是如何在这两个问题上争执不休并互相牵涉的。

同时，在引言部分，我已简单介绍了对于分析性概念的相关讨论的历史，以 20 世纪 50 年代为界，在此之前，虽然在分析性的定义以及其哲学价值的问题上有所出入，但人们并不否认存在分析性的概念以及对于分析与综合的区分，而在此之后，对于分析性概念以及分析－综合区分是否存在的讨论则成为焦点。就前者而言，若是要研究分析性概念或分析－综合区分的哲学史历程，那其所拥有的重大意义则不言而喻，但是，就本文的目的，即讨论是否存在分析性的概念以及分析－综合的区分而言，显然，对于后者的分析才是真正的重点，而在 20 世纪 50 年代以来的诸多观点中，无疑，蒯因的观点是最为重要的。

2. 蒯因的论证

周文华在其博士论文中指出，对于分析性概念及其相关问题，蒯因一共有九个论证，分别对应并试图反驳九条可能的对分析性概念的合理定义。[①] 这种观点虽然有一些问题，但为了更为清晰地理解蒯因的论证，我将其重新整理并部分简化如下：

定义 DA1：

分析命题是其否定为自相矛盾的命题。

论证 Ar1：

1. DA1 中的自相矛盾只能是广义的自相矛盾。

2. 广义的自相矛盾即矛盾命题。

3. 矛盾命题即分析命题的否定。

由 DA1，1，2，3：

4. 分析命题是去否定为分析命题的否定的命题。

由 4：

DA1 是循环定义。

---

① 周文华：《句子意义与命题——分析与综合二分问题研究》，武汉大学博士学位论文，2010 年，第 13～30 页。

证毕。

定义 DA2：

分析称述分为两类：

第一类分析陈述——逻辑真理：它是真的，而且在给予它的除逻辑常项以外的成分以一切不同的解释的情况下，它也仍然是真的。

第二类分析称述：它能通过一个同义词替换而变成一个逻辑真理。

论证 Ar2：

1. 需要用分析性定义认识的同义性（cognitive synonymy）。

由 DA2：

2. 需要用认识的同义性定义分析性。

由 1，2：

DA2 是循环定义。

证毕。

定义 DA3：

S 是分析的，当且仅当 S 是必然的。

论证 Ar3：

1. "必然的"是一个含混的概念，必须在外延语言 L 中用分析性的概念定义它。

由 DA3：

2. 需要用"必然的"定义分析性。

由 1，2：

DA3 是循环定义。

证毕。

定义 DA4：

S 是分析的，当且仅当 S 仅根据其意义便为真，而与事实无关。

论证 AR4：

1. 意义是语言形式的同义性与陈述的分析性的隐晦的中介物。

由 1：

2. 意义要么通过同义性被定义，要么通过分析性被定义。

3. 同义性需要通过分析性被定义。

由 DA4，2，3：

4. 分析性需要通过分析性所定义的意义而为真。

由 4：

DA4 是循环定义。

证毕。

定义 DA5：

S 是分析的，当且仅当 S 通过定义可以归结为一个逻辑真理。

论证 Ar5：

由 DA5：

1. 分析性要通过定义被定义。

2. 定义要通过同义性被定义。

3. 同义性要通过分析性被定义。

由 1，2，3：

4. 分析性要通过分析性被定义。

由 4：

5. DA5 是循环定义。

证毕。

定义 DA6：

S 在语言 L 中是分析的，当且仅当 S 仅根据 L 的语义规则（semantical rules）便是真的。

论证 Ar6：

1. 对于任意语言 L，其语义规则为：如此这样且只有这样的命题才是 L 中的分析命题。

由 1：

2. L 的语义规则中包含概念"分析的"。

由 DA6，2：

3. DA6 是循环定义。

证毕。

我将以上六个论证分为同一组，因为这些论证所采取的论证策略均是指责其所对应的定义是循环定义。同时需要说明的是，对于定义 DA3，"必然的"这一概念并不仅仅只能在外延语言 L 中通过分析性在定义同义性的过程中所定义，其也同样可以被诸如"S 是必然的，当且仅当其否定是矛盾命题"这样的定义所定义，而这些"其他定义"中的核心词也恰恰就在九组论证之中。但无论如何，这组论证所真正表明的是，诸如"矛盾"、"必然的"、"同义性"、"意义"、"定义"或"语义规则"这样的概念均是含混的，或者说他们均需要或至少可以被分析性所定义，而因此不能定义分析性。同时，这些概念在人们生活中的大量使用也为对其自身以及分析性的概念的澄清带来了诸多困难。

而接下来要处理的则是另一个论证，这一论证所采取的论证策略与上面六个论证不同，它的核心在于指责其相关的定义不符合直觉，或者说，根据这一定义，一些为人们所公认的分析命题将被认定为是综合命题。

定义 DA7：

S 是分析的，当且仅当 S 在每一种状态描述下都是真的。

论证 Ar7：

1. 若语言中的原子命题彼此相关（具有相同的主词或原子内容），则存在状态描述 F，F 将赋予直觉上真值不能同时为真或同时为假的两个彼此相关的原子命题以相同的真值。

2. 语言中存在这样的原子命题，它们彼此相关（具有相同的主词或原子内容）。

由 1，2：

3. 存在状态描述 D，D 可以为彼此相关的原子命题"约翰是单身汉"与"约翰是结婚了的"赋予相同的真值。

由 3：

4. 命题"没有一个单身汉是已婚的"可以为假。

由 4：

5. DA7 违反直觉。

证毕。

事实上，蒯因提出这一论证的目的在于反驳卡尔纳普后期基于塔斯基的形式语义学所提出的对于分析性概念的"L—真"（L-True）定义①，在这里，卡尔纳普提出了"状态描述"的（state-description）概念，即"状态描述就是将真值毫无遗漏地赋予一个语言中的诸原子陈述（atomic statement）或者说非复合陈述"②。也就是说，我们可以将"状态描述"理解为一原子命题的集合，或者按照蒯因的说法，是莱布尼茨可能世界的翻版。因此，必然可能存在一状态描述，其可以将真值的真同时赋予命题"约翰是单身汉"以及命题"约翰是结婚了的"，而在这种情况下，人们直觉中的分析命题"没有一个单身汉是已婚的"便会因为这样的真值赋予而成为综合命题。基于此，蒯因提出，卡尔纳普所给出的定义并不是一个足够令人满意的对于分析性概念的定义。

最后，需要被处理的则是如下两个论证，在这两个论证中，蒯因所采取的论证策略是指责其所对应的定义与已有的正确理论矛盾：

定义 DA8：

S 是分析的，当且仅当 S 在任何情况下都得到确证（confirmed）。

论证 Ar8：

1. 意义整体论（meaning holism）正确。

2. 意义证实论（the verification theory of meaning）与意义整体论矛盾。

由 1，2：

3. 意义证实论错误。

4. DA8 的前提为意义证实论。

由 3，4：

5. DA8 错误

证毕。

在这里，蒯因的依据是其所提出的意义整体论与整体证实论（confirmation holism），前者意味着只有全部科学或者说科学的整体才是意义的经验单位，而后者则意味着我们对于世界的陈述事实上是一个整体而非彼此独立的。而 DA8 的提出者们，即逻辑经验主义者们则持有与此相反的意义证实论，即，一个陈述的意义就是通过经验确证或否证它的方法。③ 显然，意义证实论暗示，一方面，任何陈述均有可能完全独立地被确证或否证，另一方面，任何陈述也都可以作为意义的单位，这显然与蒯因的整体

---

① Carnap，Rudolf，*Meaning and Necessity：A Study in Semantics and Modal Logic*，（Chicago：The University of Chicago Press，1956），p. 8.

② 同上。

③ 涂纪亮：《蒯因著作集》，北京：中国人民大学出版社，2007 年，第 37 页。

论相冲突。就蒯因的立场而言，显然，对于 DA8 的反驳是可以被接受的，即使它不那么强。

接着是定义 DA9：

定义 DA9：

S 是分析的，当且仅当 S 是真的，且不因经验而需要修改。

论证 Ar9：

1. 知识或信念的整体论（the totality of our so-called knowledge or beliefs）正确。

由 1：

2. 不存在不需要修改的命题。

由 2：

3. 不存在 DA9 所定义的分析命题。

证毕。

知识或信念的整体论是蒯因整体论思想的顶峰，他将其比作一个力场，在这个知识或信念的力场中，只要我们对其中的任意一部分做足够剧烈的改动，便会使得其他部分也随之发生改变，也就是说，不存在任何不需要修改的知识或信念。而基于这样的观点，显然，将分析性命题定义为不需要修改的命题便是不可接受的。

至此，蒯因对于分析性定义的批评便已简单地梳理完成。而就分析概念本身而言，这些论证也组合成了蒯因拒斥分析性以及分析—综合区分的总论证，其核心在于，通过否定分析性概念的"全部"可能的合理定义来证明不存在分析命题以及分析与综合的区分，它可以被写成下面的论证：

论证 Ar10：

1. DA1 至 DA9 要么是循环定义，要么将违反直觉，否定分析命题的典型案例，要么与整体论冲突。

由 1：

2. DA1 至 DA9 不是对于分析性概念的成功的定义。

由 2：

3. 我们有理由相信，不存在分析概念以及分析与综合的区分。

与此同时，蒯因给出了成功的定义的标准，即该定义将为分析性的概念提供一个准则，根据这个准则，

（1）任何命题将要么是分析的，要么是综合的。不存在不是分析的也不是综合的命题。

（2）人们普遍根据直觉认为是分析的命题将会是分析的。

（3）该定义将不是循环定义。

至此，我们已然初步处理了蒯因的诸论证及其对于分析性概念的诉求，而在下一节中，我将进一步分析这些论证与诉求，并基于此整理出分析性概念的支持者们真正需要面对的挑战。但在开始之前，仍要对一个反对分析性的观点简单加以介绍。

3. 克里普克对于分析性的反驳

上一小节中提到，关于分析性的争论的核心问题下有两个附属的核心问题，即什么是分析性的定义和分析性概念，以及分析－综合区分是否有哲学价值。显然，蒯因的侧重点在于前者，即指责并没有一个成功的对分析性的定义，而普特南与克里普克的观点则侧重于后者，即指责分析性概念并不具有人们预想中那么重要的哲学价值。这一思路的核心在于克里普克对先天性、必然性与分析性的区分。在逻辑经验主义者那里，分析性、先天性与必然性均是一致的，但克里普克关于数学与米尺的论证则使得先天性与分析性、先天性与必然性不再能够被认为相互同一。而基于克里普克所持有的传统的对于分析性概念的理解，即将某个分析地为真的东西理解为不仅是必然的，也是先验的，我们似乎有理由相信，分析性，或至少传统上的分析性概念的哲学价值是需要辩护的。也就是说，克里普克与普特南的论证似乎可以被写成下面的形式：

论证 Ar11：

1. 分析性的哲学价值以及其与哲学的稳定联系需要以分析性、先天性与必然性的一致性为前提。

2. 分析性、必然性与先天性并非一致。

由 1，2：

3. 分析性的哲学价值以及其与哲学的稳定联系是可疑的。

这样对于克里普克与普特南的论证的处理似乎并无不妥，但事实上，这会使得我们的讨论有所偏离，也就是说，上述论证形式暗示，我们完全可以通过反驳克里普克对分析性、必然性与先天性的区分来瓦解这一论证。但事实上，克里普克与普特南式反驳真正的价值在于对我在上文所提到的附属核心问题二，即分析性是否具有足够的哲学价值这一问题的强化。因此，为了更好地理解关于分析性的这一反驳，我将在下一节对克里普克与普特南的论证进行重构，从而找出真正有效的论证。

（二）真正有效的论证

1. 蒯因的有效论证与对其的有效反驳

对于分析性概念，蒯因一共给出了九个论证，这九个论证可被分成三组，即，指责对分析性的某些定义是循环定义，指责对分析性的某些定义将违反人们的共识以及指责对分析性的某些定义将违反整体论思想。

首先来看第一组论证：

这组论证下共有六个次级论证，分别反驳了试图通过"自相矛盾"、"同义性"、"必然性"、"意义"、"逻辑真理"以及"语义规则"的概念定义分析性概念的企图。它们的核心策略均在于指责这些概念本身要么是含混不清的，要么就不得不借助分析性的概念才能够被定义。它们的核心论证均是：

1. 分析性的概念需要借助某些概念才能够被定义。
2. 这些概念需要借助分析性的概念才能够被定义。
3. 因此，借助这些概念所定义出的分析性概念将会是循环定义。

在此，我无意于逐个梳理蒯因的这六个论证。一方面，这些概念本身也像分析性的概念一样拥有长久的争议，另一方面，在这些概念上的争论迟迟不能得以解决也暗示我们，或许这并不是一条最为合适的道路。但相反，这样的困难并不应该仅仅由分析性概念的支持者们承担，事实上，分析性概念的反对者们也同样分享这些困难。

基于此，就构成了对蒯因的第一种反驳：

当蒯因表示，类似"同义性"这样的概念能够定义"分析性"的概念且（只）能够被"分析性"的概念所定义时，不就已然暗示或预设了一种分析性概念的存在吗？也就是说，对于核心论证的第一条前提而言，如果并不存在分析性的概念，那么其也就不能被判断为真或为假。但问题在于，如果"分析性"真的并不存在，那么前提一将没有真值，而对分析性不存在的论证恰恰需要前提一的真值为真。至此，我们便可以构建对于该组论证的第一个反驳：

论证 Ar12：
1. 前提 1 的真值为真，仅当分析性的概念存在。
2. 分析性的概念不存在，当前提 1 的真值为真。

由 1，2：

3. 前提一将导致悖论。

证毕。

当然，这一反驳事实上对应前提 2 也同样奏效，甚至更为有效，因为同样的，如果不存在分析性的概念，那么它就不能定义其他诸概念。

但是，事实上，这样的反驳将会是乏力的，理由如下：

让我们将以上反驳类比于诸如"孙悟空是一只猴子"这样的命题。孙悟空并不存在于现实世界，但如果有人提出，孙悟空是一只猴，那么显然，所有人都会认为这句话的真值为真。也就是说，包含在现实世界中不存在的主词的语句的也似乎可以拥有真值。当然，反对者们或许会说，"孙悟空"只是在现实世界中不存在，但这并不意味着我们不知道"孙悟空"的含义，因为我们事实上会根据《西游记》中对于孙悟空的描述来判断"孙悟空是一只猪"为假或"孙悟空是一只猴"为真，也就是说，语句"孙悟空是一只猴"事实上所表达的是"《西游记》中的孙悟空是一只猴"。但分析性的概念却不同，当然，分析性的概念本就不在现实世界中存在，但更为重要的是，根据蒯因的反驳，我们也将完全不知道分析性概念的含义，而前提 1 显然要求分析性的概念拥有含义。对此，我的回应在于，事实上前提 1 或前提 2 所要求的含义恰恰是过往的哲学家们所提出的对于分析性的种种定义，也就是说，蒯因的论证不过是证明，以往对于分析性的定义将会造成诸多困难罢了。因此，这样的对于蒯因的反驳将是不成功的。

接着是对蒯因的第二个反驳：在我们谈及循环定义时，显然，如果概念二并不只能由概念一所定义，那么这就不是一个循环定义。也就是说，蒯因并无证明诸如"自相矛盾"、"同义性"、"必然性"、"意义"、"逻辑真理"以及"语义规则"这样的概念能且只能被分析性的概念所定义。因此，我们便得到了对于蒯因这组论证的第二个反驳：

论证 Ar13：

1. 定义 DA 为循环定义，当且仅当 DA 中两个相互定义的概念能且只能被对方所定义。

2. Ar1 至 Ar6 并未确证 DA1 至 DA6 中两个相互定义的概念能且只能被对方所定义。

由 1，2：

3. Ar1 至 Ar6 是可疑的。

证毕。

同时，当蒯因在这里大量使用循环论证与牵连致错的论证策略时，更为致命的问题在于，这可能导致并不存在蒯因所谓"成功的定义"。当然，基于蒯因的整体论立场而言，这一结论或许是可以接受的，但是，这样的"接受"也将面临蒯因在 Ar7 中对卡尔纳普的反驳，即如果接受一个理论将会导致一些长久以来的共识被改变，那么这一理论是否是值得接受的。显然，在这一点上，蒯因的观点与分析性的概念一样，还需要更多的补充。而同样的，在 Ar7 中接受诘问的卡尔纳普也完全可以用更多的补充来消解这一反驳的效力。

而就蒯因的整体策略而言，它所要成立的一个极为重要的前提便是穷尽了对于概念的全部定义的可能性。也就是说，事实上，Ar10 的成立仍需要一个重要的前提：

论证 Ar10.1：

1. DA1 至 DA9 要么是循环定义，要么将违反直觉，否定分析命题的典型案例，要么与整体论冲突。

2. DA1 至 DA9 是对分析性概念的全部的可能的定义。

由 1，2：

3. 不存在对于分析性概念的成功的定义。

由 3：

4. 人们有理由相信，不存在分析概念以及分析与综合的区分。

至此，对蒯因论证的反驳已基本完成，显然，蒯因的问题在于，虽然给出了许多论证，但并没有哪一个论证强到能够真正否定分析性的概念；同时，蒯因也无法回应为什么人们毕竟认为可能存在一些特殊的命题这一问题。但问题在于，对蒯因的反驳也如蒯因自身的论证一样并不能令人满意，事实上，由于并不能够给出一个关于分析性的"成功的定义"，即使我们如何批评蒯因的论证形式都仍然难以为分析性的概念给出较强的辩护。而这也意味着，事实上，Ar1 至 Ar10 均不是蒯因真正有效的论证，而他真正有效的论证在于，其质疑了分析性概念的存在，也就是说，若分析性的概念存在，为什么人们不能给出一个足够令人满意的分析性的概念，而如果一个概念非但不能被定义，甚至会因为长久的讨论而变得含混，那么我们还有什么必要坚持这一概念。

因此，若要回应蒯因对分析性概念的否定，唯一有效的方式就是给出一个对分析性的成功的定义，而所谓的"成功的定义"，即需要满足第一节中蒯因给出的标准，即一个成功的定义将为分析性给出一个标准，根据这个标准：

（1）任何命题将要么是分析的，要么是综合的。不存在不是分析的也不是综合的命题。

（2）人们普遍根据直觉认为是分析的命题将会是分析的。

（3）该定义将不是循环定义。

2. 克里普克的有效论证

在讨论克里普克的有效论证之前，为了进一步理解其论证的效力，我想，有必要对分析性的哲学史历程做一个简单的回顾。在分析性的哲学历程中，其主要扮演两个角色，在传统的对于分析性的理解中，它的哲学价值，或者说它与哲学的联系在于与先天性以及必然性的联系。而在逻辑经验主义者们那里，分析性与分析命题的哲学价值则在于在拒斥形而上学的同时安放逻辑与数学命题，而这也是通过分析性与先天性和必然性的联系所达成的。因此，当克里普克否定了这种联系时，事实上导致了分析性与分析命题不再能够证明自身的哲学价值。

诚然，通过对克里普克区分的反驳可以重新捍卫分析性基于传统哲学与逻辑经验主义的哲学地位，但问题在于，传统的对于分析性的理解以及逻辑经验主义并不能有效保障后者的哲学地位，甚至于，它们也很难保全自己全部的哲学地位。

因此，克里普克的论证要求对于分析性的定义必须能够为其赋予哲学价值，否则，即使我们能够给出一个对于分析性的定义，也并不能够被认为是一个成功的定义①。

至此，我们便可以为蒯因所给出标准增加一条内容，即对分析性的定义将提供一个标准，根据这个标准：

（4）分析性的概念将具有其哲学价值。

二 分析性：根据意义为真

（一）语句真值的二因素理论与"根据"概念

1. 语句真值的二因素理论

在开始对吉莉安·罗素（Gillian Russell）的正式讨论之前，让我们先回到蒯因。在第一章中，我给出了蒯因所给出的其认为可能合理的九条对于分析性的定义，同时，他也对这九条定义予以了反驳。而其中，对于定义 DA4 的反驳则被我整理为指责定义

---

① 例如乔姆斯基（Noam Chomsky）与卡茨（Jerrold Jerry Katz）基于语义学而提出的分析性概念，这一定义被认为由于分离了涵义理论与指称理论而不具有特别的哲学价值。

DA4 是对分析性概念的循环定义。也就是说，由于"意义"这一概念恰恰要么需要被分析性的概念所定义，要么就需要被同义性的概念所定义，而由于同义性概念已然在对 DA2 的反驳中被证明至少可以被分析性所定义，因此，通过"意义"概念而给出的对于分析性的定义则完全可以被认定为是一种循环定义。

但是，这并不是蒯因对于 DA4 的唯一反驳。在指责了 DA4 是一种循环定义后，蒯因紧接着提出，基于语句真值的二因素理论（two-factor story），事实上，并不存在 DA4 所定义出的分析命题。这一论证可被写成如下形式：

> **定义 DA4：**
>
> S 是分析的，当且仅当 S 仅根据其意义便为真，而与事实无关。
>
> **论证 Ar4.1：**
>
> 1. 语句真值的二因素理论正确。
>
> 由 1：
>
> 2. 并不存在仅根据意义便可为真的命题。
>
> 由 2：
>
> 3. 不存在 DA4 所定义的分析命题。
>
> 证毕。

根据人们长久以来的常识，语句的真值被以下两个因素所共同决定：

> （1）由语句中各个语言表达式与逻辑联结词所共同决定的语句的意义。
>
> （2）语句所对应的外部世界的状况。

例如，对于语句 All bachelors are unmarried 而言，如果语词 bachelor 所表达的意义不是"单身汉"而是"学士"，那么显然，这句话的真值毫无疑问将会发生改变。而另一方面，对于语句"某日某地在下雨"而言，该日该地是否下雨也将毫无疑问影响其真值。根据这一理论，显然，DA4 所定义出的分析命题就是一种极端情况下的命题，即那些完全不需要依赖外部世界状况就可以被判断出其真值的命题。但显然，并不存在这样的命题。

至此，根据论证 Ar4.1，我们似乎可以说，二因素理论与定义 DA4 是相互冲突的，或者至少，在对人们长久的常识这样的解释下，DA4 是不可能的。但问题在于，如果基于这样的粗糙的二因素理论，那么人们的另一种常识将不能得到解释，即似乎确实存在一些命题，它们并不那么依赖于其所对应的世界状况。当然，这些命题中也不仅仅包含重言式。

就语句 "All bachelors are unmarried"，人们似乎并不能轻易举出其由于所对应的外部世界而被改变真值的例子。因为显然，一旦我们将 bachelor 的意义规定为单身汉，而将单身汉的意义规定为"未结婚的男人"，那么，任何对相应的外部世界状况的改变都会导致另一个致命的问题，即，被改变了的外部世界的状况将不再是该语句所对应的世界状况。也就是说，人们当然可以举例说，完全可能存在这样一个世界，在其中不存在单身汉，但这样的世界就绝不会是语句"所有的单身汉都是未婚的"所对应的世界，在这个世界中所被说出"单身汉"要么已然被改变了其意义，要么就是无法理解的呓语。

2. "根据"概念的定义

既然在上文的解释语境中定义 DA4 与二因素理论相冲突，那么想要解决问题就必须从二者入手。但是，一方面，吉莉安·罗素并不想放弃 DA4；另一方面，在上文解释语境下的二因素理论也同样会给人们带来诸多困惑，那么显然，最为合理的办法就是对二因素理论进行再分析。而吉莉安·罗素再分析的核心就在于二因素理论中的"决定"概念，同时，这一概念事实上也对应于定义 DA4 中的"根据"概念，因此，若要给出一个对应分析性的"成功的定义"，就有必要对其进行定义与分析。

基于这样的考量，吉莉安·罗素重新定义了四种"决定"，即，部分决定（partial determination），联合决定（conjoint determination），完全决定（full determination）以及冗余决定（redundant determination）。而由于分析性命题如蒯因所说是一种"极端情况"下的命题，因此，我只在此列出最后两种决定，即完全决定与冗余地决定：

首先是完全决定：

> 函数 F 在变元位置 $i \cdots k$ 的主目 $x_i \cdots x_k$ 完全决定其函数值 y，当且仅当，对 n 元函数中的所有 n＋1 元组，若在 $i \cdots k$ 处的值为 $x_i \cdots x_k$，则该 n＋1 元组的最后一处的值是 y。[1]

其次是冗余地决定：

> 一个有序 n＋1 元组 $(x_1, \cdots, \cdots, y)$ 的目 x_i 冗余的决定了函数 F 的值 y，当且仅当，(i) 第 i 位置的目部分的决定了函数 F 的值，(ii) 不存在一个属于 F 的 n＋1 元组 $(, \cdots, \cdots,)$，其中＝，＝，$\cdots$＝，。[2]

———————

[1] Russell, Gillian., *Truth in Virtue of Meaning: A Defence of the Analytic/Synthetic Distinction*, (Oxford: Oxford University Press, 2008), p. 36.

[2] *Truth in Virtue of Meaning: A Defence of the Analytic/Synthetic Distinction*, p. 36.

也就是说，我们可以将二因素理论类别类似这样的乘法算式，即语句的真值 Z 被语句的意义 X 与语句所对应的世界状况 Y 所共同决定。而完全决定这意味着，当 X 的值为 0 时，显然，无论 Y 取什么值，Z 的值都将为 0。因此显然，在这样的情况下，我们就说，Z 被 X 完全决定。同样的，在这样的情况下，Y 的取值对于 Z 的取值没有任何影响，因此，我们就说，Z 被 Y 冗余地决定，即在这种情况下，函数的第一个自变元完全决定函数的值，而函数的第二个自变元冗余地决定函数的值。

在这种情况下，显然，二因素理论所带来的问题便被化解了。诚然，确实并不存在仅根据意义便可为真的命题，但是，分析命题并不是仅根据意义便可为真的命题，外部世界的状况当然也在分析命题的真值中发挥了决定作用，只不过，它所发挥的只是冗余的决定作用，而发挥完全的决定作用的则是语句的意义。至此，我们便可给出吉莉安·罗素对于分析性概念的初步定义，而为了行文方便以及与吉莉安·罗素保持一致，我将以下所有的"完全决定"写作"根据"：

定义 DA4.1：

S 是分析的，当且仅当 S 仅根据其意义为真。

但是，这一定义虽然能够避免来自蒯因的反驳 Ar4.1，却并不能免于反驳 Ar4，即由于吉莉安·罗素仍试图通过"意义"这一概念定义分析性，那么她就必须回应蒯因对这类定义的另一指责，即通过"意义"概念对分析性的定义是一种循环定义。

3. "意义"与"指称确定者"

（1）分析"意义"。
对通过意义来定义分析性的行为的指责来自蒯因的论证 Ar4，即：

论证 AR4：

1. 意义是语言形式的同义性与陈述的分析性的隐晦的中介物。

由 1：

2. 意义要么通过同义性被定义，要么通过分析性被定义。

3. 同义性需要通过分析性被定义。

由 DA4，2，3：

4. 分析性需要通过分析性所定义的意义而为真。

由 4：

DA4 是循环定义。

证毕。

而针对这一指责，本文在第一章中给出的回应在于，蒯因事实上仍需证明只有通过分析性的概念（无论是直接的或是间接的）才能定义意义概念。但问题在于，虽然蒯因宣称意义概念要么通过同义性被定义，要么通过分析性被定义，即将意义视作同义性与分析性之间的隐晦中介，但这样的宣称并无说服力。首先，通过同义性通达循环定义的过程中仍需证明只有通过分析性的概念才能定义同义性的概念，而这一点是蒯因并未确证的。其次，将意义视作同义性与分析性的中介并不能够确证其要么通过同义性被定义，要么通过分析性被定义，也就是说，事实上，蒯因论证 Ar4 中的前提 2 是错误的，或至少是未经论证的。同时，前提 2 也完全没有为人们在生活中所大量使用的与语词意义相关的诸多"意义"，如若"意义"的概念仅仅是分析性与同义性相互定义、相互说明的中介，那么这不恰恰暗示着毕竟存在某种关于分析性或同义性的解释吗？

但是，也同样如本文的第一章所说，即使分析性概念的支持者们对蒯因的论证做多少反驳都不足以证成分析性概念的存在，要达成这一目标，唯一的办法就是给出一个对分析性的"成功的定义"，而如果这一定义中包含含混或可以被质疑的内容，那唯一的解决办法就是将其清晰化并回应可能的质疑。基于此，吉莉安·罗素展开了其对于意义概念的再分析，而分析的第一步则是区分"意义"概念中所包含的四种不同的涵义：

（1）特性（character）：为了理解某个语言表达式，一个有能力的说话者所必须掌握的东西。（这种掌握可以是潜移默化的，不自觉的）

（2）内容（content）：表达式对于含有该表达式的语句所表达的内容的贡献。

（3）指称确定者（reference determiner）：使对象能够成为表达式的指称或外延所必须满足的条件。

（4）指称/外延（referent/extension）：表达式所适用的对象或对象集。

现在的问题是，在二因素理论的框架下，以上四种不同的涵义中究竟哪一种是为了定义分析性概念所需要的意义概念的真正涵义，或至少是起决定作用的涵义。

首先来考虑特性，显然，特性不会是定义分析性概念所需要的意义概念的涵义。为了理解某个语言表达式所必需的东西之一显然是该语言表达式所在语言的语法，而如果我们用语法来定义分析性就会产生诸多谬误，因为显然，诸如"贝多芬的音乐是红色的"这样毫无意义的语句也将被认为是分析的，甚至是典型的分析命题。因此显然，涵义并不足以令人满意地定义分析性的概念。

其次来考虑指称/外延，显然，一个重要的问题是，句子的指称是什么。当然，红色的花、蓝色的湖都可以有其指称，但语句"昨天那朵红色的花凋谢了"的指称却并不那么清晰明了。当然，人们完全可以按照弗雷格的想法，将语句的指称规定为其真值，但这却违背了二因素理论，因为显然，这将使得语句的真值由语句的真值以及语句所对应的外部世界的状况所决定，而前者无疑是同义反复，后者则沦为毫无必要的冗余。因此，指称与外延也会在二因素理论框架下定义分析性的问题上遭遇困难。

最后则是对内容与指称确定者考量，二者似乎都能够被认定为是定义分析性的概念中所使用的意义的决定性涵义，甚至在一般的理解中，人们更多地倾向于将内容认定为是分析概念所需要的意义的涵义，甚至就是意义本身。但罗素提出，如果意义概念的涵义被认为是内容，那么就会带来一系列的问题。

现在来考虑这样两个句子：

(1) Tom applies to bachelor.

(2) Hesperus applies to Mars.

就前者而言，它有两种含义，第一，Tom 是个学士，第二，Tom 是个单身汉。现在我们假设，Tom 是个单身汉，却并非学士，而在这种情况下，若 bachelor 的内容为单身汉，则语句 (1) 为真，若 bachelor 的内容为学士，则语句 (1) 为假。同样的，如果我们假设 bachelor 的内容是学士，那么，若 Tom 是学士，则语句 (1) 为真，若 Tom 不是，则语句 (1) 为假。显然，对于语句 (1) 而言，二因素理论中的意义完全可以被解释为内容。

但是，同样的，若我们将上文中的"内容"替换为"指称"，那么二因素理论同样可以成立。而在这种情况下，二因素理论中的意义也完全可以被解释为是指称确定者，因为人们之所以知道 bachelor 指称学士或单身汉所借助的恰恰正是指称确定者。也就是说，事实上，语句 (1) 并无助于区分内容与指称决定者。

但是，对于语句 (2) 而言，事情便不再一样了。就语句 (2) 而言，事实上，它只有一种含义，即金星是金星，或者说，Hesperus 是金星。但与语句 (1) 不同，Hesperus 可以是一个掌管金星的希腊神祇，也可以是金星。同样的，Mars 可以是战神，也可以是金星。但问题在于，就语句 (2) 而言，Hesperus 的指称不是通过对其内容的确定而被确定的，恰恰相反，只有先确定其指称，才能够确定其内容。也就是说，事实上，真正核心的并非内容，而是指称确定者，因为存在这样一些语句，在这些语句中，只有先确定其所包含的语言表达式的指称才能确定该语言表达式的内容。

另一方面，假设我们用 ξ 来代表 Tom，现在，确实，通过改变 ξ 的内容能够改变其指称，但是，这并不是因为 ξ 的内容与外部世界的状况共同确定了 ξ 的新指称，恰恰相反，对 ξ 的指称的改变正是为了改变其内容。也就是说，如果不改变 ξ 的指称，那么，无论 ξ 代表 Tom 还是 Jack 都不改变其内容。

现在假设，Tom 是一个单身汉，而 Jack 不是。同时，我将用 ξ 来代表 Tom 并给出如下语句：

ξ 是一个单身汉。

显然，该语句的真值为真。现在，将 ξ 的"内容"改变为 Jack，但其指称不变。那么，对于语句"ξ 是一个单身汉"而言，其真值并没有发生改变，当然，事实上其内容也没有被改变。

至此，我相信，已然有足够充分的理由说明，对分析性概念的定义所需要的"意义"的真正含义是指称确定者。

因此，基于以上论证，吉莉安·罗素给出了其对分析性的进一步定义：

> **定义 DA4.2：**
> S 是分析的，当且仅当 S 仅根据指称确定者为真。

4. 确定指称确定者的规则

完成了对于指称确定者的定义与解释后，现在的问题是，如何确定一个语言表达式的指称确定者，显然，对于任一语言表达式而言，确定其指称的条件都似乎并不唯一。例如，对于表达式"亚里士多德"而言，确定其指称的条件可以是"那个在公元前 384 年出生于古希腊的作为柏拉图弟子的哲学家"，也同样可以是"那个曾担任过著名的亚历山大大帝的老师的哲学家"等等。而最严重的问题是，诸如以上语句的判断条件事实上并不具有确定语言表达式（或至少是专名）指称的功能。现在，对于"亚里士多德"这样的语言表达式，试着考虑以下情形：

假设在某天，考古学家用足够充分的证据证明，事实上，创作一系列流传至今的哲学著作的"亚里士多德"（以下简称 A1）并不出生于公元前 384 年，而他也从未成为过柏拉图的弟子，而与此同时，在柏拉图的弟子中恰好有一位名叫"亚里士多德"（以下简称 A2）的出生于公元前 384 年的哲学家，但因为种种原因，关于他的资料被人们遗失了或被误认了。

那么现在，当两位"亚里士多德"的研究者讨论关于"亚里士多德"的某一观点时，显然，他们所讨论的将会是 A1 而非 A2，虽然事实上他们之前使用语词"亚里士多德"所试图指称的反而是 A2。当然，人们可能会说，这两位研究者所使用的"亚里士多德"的指称事实上是被"那个哲学著作《形而上学》的作者"所确定的，但同样的，只需要改变《形而上学》的作者就会使我们再次回到困境之中。也就是说，似乎正如塞尔（J. R. Searle）所暗示的，至少就专名而言，并不存在某一个语句，其能够独立地确定该语词的指称。而与此对应的，吉莉安·罗素也在一定意义上采取了塞尔的簇摹状词理论式的处理方案。

而吉莉安·罗素为了处理这样的问题，就进一步给出了其确定指称确定者的规则，即为不同种类的语词表达式给出了不同的指称确定者。但在整理这些规则之前，仍存在一些需要被说明的概念，即三种不同的语境①：

（1）评价语境（context of evaluation）：对于任意句子 S，若 S 在世界状态 W 下为真，则称 W 为 S 的评价语境。

（2）引入语境（context of introduction）：对于任意语言 L，若表达式 S 被引入 L 时与 S 相关的世界状态为 W，则称 W 为 S 的引入语境。

（3）言语内容（context of utterance）：言语内容是四元组＜a，p，t，w＞。其中，a 是一个主体，p 是一个地点，t 是一个时间，w 是一个可能世界，并且在 W 中，a 在 t 时位于 p。

基于以上对于三个语境的定义，罗素给出了确定某一语言表达式的指称的规则②：

（1）专名（names）：专名是被直接指称的，即专名的指称确定者就是该专名最初所命名的对象。

（2）纯粹的描述（pure descriptions）：在自然语言中存在各种不同的描述，比如包含名字的描述、包含索引的描述等等，而罗素想要给出的则比这些更为简单，一个纯粹的描述就是一个其真值完全取决于指称确定者以及评价语境的复合单项（complex singular term）。

（3）纯粹描述性谓词（purely descriptive predicates）：所谓描述性的谓词，即存在一系列与该谓词相关的特性，而该谓词是否适用于某一对象则取决于该对象是否在上下文中适用于该谓词的诸特性。而所谓的纯粹则与（2）一致，即一个纯粹的描述就是一个其真值完全取决于指称确定者以及评价语境的复合单项。

（4）简单自然谓词（simple natural kind predicates）：所谓简单自然谓词即人们用同一语言表达式指称具有相同的基本结构（一般而言即化学结构）的诸物质。因此，简单自然谓词就指称与其具有相同基本结构的诸物质。

---

① *Truth in Virtue of Meaning：A Defence of the Analytic/Synthetic Distinction*，pp. 55—56.
② *Truth in Virtue of Meaning：A Defence of the Analytic/Synthetic Distinction*，pp. 58—62.

（5）复杂自然谓词（complex natural kind predicates）：复杂自然谓词与描述性谓词类似，一个复杂自然谓词是否适用于某一对象需要取决于该对象在当前的评价语境中是否具有其所包含的诸特性，但此外，复杂自然谓词也同样会受到引入语境的影响。

（6）单称索引词（singular indexicals）：对于一个单称索引词而言，其指称确定者为：对于所有的 X，该单称索引词指的是 X，且 X 是当前言语内容的媒介（agent）。

（7）真值联结词（truth-functional connectives）：像"∧"这样的真值联结词所对应的事实上是有序 n 元组的真值，即句子的外延。因此，任一真值联结词的外延就是它所适用的真值的 n 元组。因此，评价语境、引入语境和言语内容都不会改变其外延，对其指称并无影响。

（8）量词（quantifiers）：量词的外延是集合间的关系，而其指称确定者则由于受两个集合的直接影响而在事实上受一切语境影响。

（9）无外延表达式（extensionless expressions）：存在一些表达式，一般而言人们认为它们并没有外延。当然，可能有反对意见会说，那些所谓的无外延表达式事实上可以挑选出一些事物，而这些被挑选出的事物所构成的集合就是这类表达式的外延，一个简单的例子就是"红色"，"红色"的外延显然就是一切红色的事物。然而，吉莉安·罗素反驳道，仍然存在一些不能被这样处理的表达式，比如"所谓的"。显然，并不存在一个被表达式"所谓的"所挑选出的事物所组成的集合。因此，罗素提议，应当让同一认定这样的表达式均为无外延表达式，而由于该表达式无外延，那么显然，它也就没有指称确定者。

至此，吉莉安·罗素已然给出了"根据"的定义、分析性概念中"意义"的涵义以及确定指称的规则。也就是说，吉莉安·罗素对于分析性的定义已然完成。而最后的工作就是根据这一定义而挑选分析命题。但是，由于这　工作所必需的前提，即对所有命题予以恰当且完全的分类过于庞大，因此，我只在此简单列举三个具有不同成真条件的语句：

根据意义为真的语句：

All bachelors are bachelors.

如果指称则为真（True if Referring）的语句：

Hesperus is Hesperus.

并非根据意义为真的语句：

Snow is white.

（三）对吉莉安·罗素的捍卫与反驳

1. 对"根据"的反驳与捍卫

对吉莉安·罗素的反驳一共可以分为两组：反对吉莉安·罗素所给出的"根据"概念以及反对吉莉安·罗素所给出的对于"意义"概念的解释。而在这一小节中我将处理第一组反驳并给出对于这一反驳的回应以捍卫吉莉安·罗素的"根据"概念。

对吉莉安·罗素的第一组反驳来自叶闯[①]，其在论文中指责吉莉安·罗素所定义的"根据"概念或者说"完全决定"与"冗余决定"的概念并不相容于两因素理论，同时，叶闯还指出，吉莉安·罗素所给出的"完全决定"与"冗余决定"的概念并不能达成预期的目的，即，使用这样的概念并不能真正去除分析性定义中所涉及的外部世界，甚至于，并不存在任何能够摆脱外部世界的语句。也就是说，叶闯的反驳如下：

论证 Ar14：

1. 根据二因素理论，存在语句 S，S 所对应的外部世界的状况 W 对于 S 的真值毫无影响。

2. 根据吉莉安·罗素对"根据"的定义，对任意语句 S'，S' 所对应的外部世界的状况 W' 对于 S' 均有影响。

由 1，2：

3. 吉莉安·罗素所定义的"根据"概念并不相容于两因素理论。

证毕。

事实上，根据叶闯的观点，吉莉安·罗素在这里混淆了"决定"或"影响"的两个层面，即量的层面与结构层面。由吉莉安·罗素所定义出的分析命题或许能够在量的层上摆脱外部世界的影响，但却绝不可能在结构层面被完全抹去。也就是说，由于外部世界的状况总是对于任意一个描述世界的语句有着结构上的重要意义，吉莉安·罗素所定义的分析性的概念将违其前提，即违反二因素理论。另一方面，叶闯也提出，事实上，为了应对这样的困境，吉莉安·罗素也给出了其解决方案，即将世界状态转化为其

---

① 叶闯：《"根据指称决定者为真"的分析性新解及其问题》，《河北学刊》，2014 年第 6 期，第 18～19 页。

所提出的三种语境，但问题在于，与"根据"的概念一样，也同样没有任何语境能够摆脱结构性的世界状态。于是，问题看上去已然终结于此，但实则不然。为了捍卫吉莉安·罗素所给出的"根据"概念，我将给出以下论证：

论证 Ar15：

1. 对任意语句 S，S 所对应的世界状况 W 对 S 产生影响，当且仅当，S 描述 W。

2. 对任意语句 S，S 有意义，当且仅当，S 描述其所对应的世界状况 W。

由 1，2：

3. 对任意语句 S，若 S 有意义，那么，S 所对应的世界状况 W 对 S 产生影响。

4. 根据二因素理论，对于任意语句 S，若 S 适用于二因素理论，那么，S 有真值。

5. 对任意语句 S，若 S 有真值，那么 S 有意义。

由 3，4，5：

6. 对于任意语句 S，若 S 适用于二因素理论，那么，S 所对应的世界状况 W 对 S 产生影响。

由 6：

7. 论证 Ar14 的前提 1 错误。

证毕。

也就是说，由于二因素理论是用来判断语句的真值的决定者的理论，其所判断的语句必然需要有真值；而由于有真值的语句必然有意义，二因素理论框架下的所有语句都必然有意义。因此，显然，二因素理论并不能够允诺存在无意义的命题，也就是说，叶闯对罗素的批评在这里已然不成立。

而另一方面，也完全可能存在这样一种论证，即指责罗素所定义的"根据"概念事实上并未清除世界状态的影响（甚至无法清除其影响），也就是说，这样被定义出来的分析性的概念似乎已然背离了人们的预期。我们可以将这一论证按照如下方式给出：

论证 Ar16：

1. 根据吉莉安·罗素对"根据"的定义，对任意语句 S，S 所对应的外部世界的状况 W 对于 S 均有影响。

2. 人们所期待的分析性概念要求彻底清除外部世界对其的影响。

由 1，2：

3. 吉莉安·罗素所定义的分析性概念并不满足人们的期待。

证毕。

在回应这一批评之前，我想，有必要重新梳理二因素理论以及语句意义和外部世界状况这两个因素影响语句真值的方式。首先，需要注意的是，二因素理论所要决定的并非语句本身，恰恰相反，其所要决定的仅仅是语句的真值。而另一方面，人们所期待的分析性的概念的核心也同样不在于分析命题本身，我想，我们有足够的理由相信，长久以来人们所期待的分析性命题在某种意义上不过是以某种特殊的方式而可以被判定为恒真的命题。而在厘清了这一点后，需要说明的就是，正如叶闯所说，外部世界的状况对于命题真值的影响事实上可以被分为两个层面，即量的层面与结构层面，诚然，在作为基础或者说构建一语句的结构的意义上，结构层面的影响绝对是必不可少甚至是"决定性"的，但不要忘了，这样的"决定性"作用可不仅仅针对某些特定的命题。事实上，无论是分析命题、综合命题还是其他任何命题，它们都无一不在上文所述的结构层面被"外部世界状况"所"决定"着，但问题在于，这样的"决定"对于此处关于分析性的讨论并无任何帮助。这就如同将"被说出"这样的限定语引入讨论一样，由于对于任何命题而言这一限定发挥且完全一样地发挥着作用，对于我们区分两种可能的不同命题的目的而言，其无疑是多余且无聊的。至此，我便可以给出对于论证 Ar16 的回应：

论证 Ar16.1：

1. 根据吉莉安·罗素对"根据"的定义，对任意语句 S，若 S 被其意义所完全决定，那么，S 所对应的外部世界的状况 W 对于 S 的真值无任何影响。

2. 人们所期待的分析性概念要求彻底清除外部世界状态对其真值的影响。

3. 显然，1 与 2 不矛盾。

由 3：

4. 论证 Ar16 错误。

证毕。

2. 对"指称确定者"的反驳

虽然吉莉安·罗素为指称确定者给出了诸多说明与限定，甚至规范了自然语言中不同的语言表达式的指称决定者。但我想，至少有从小到大三个问题是吉莉安·罗素难以回避且难以解答的。

首先来看第一个问题。在吉莉安·罗素规范外延表达式的指称确定者时，显然，她所做的工作是难以令人信服的。首要的问题当然是其所采取的处理方式并未得到有效的辩护。吉莉安·罗素事实上只是在说，诚然，确实存在一些表达式，它们虽然看上去没有外延，但如果人们持有某种特定的哲学观点，那么这些表达式就会被赋予一个相应的外延。但是，即使持有这样的观点，仍然存在一些无外延的表达式，因此，最好的做法就是放弃这样的哲学观点而选择将一切类似的表达式均认定为并不外延。但显然，这样的理由是无法令人信服或放弃某种观点的。一方面，这似乎是在表达这样的观点：如果一个哲学观点会导致一些问题，那么就放弃这一观点而选择将问题淡化。而另一方面，即使罗素在暗示一种理论竞争，她仍然需要补充更多的条件以清晰化竞争环境以及竞争双方的优劣。更为重要的是，至少吉莉安·罗素并未证明竞争环境中的竞争者只有以上两种观点，那么显然也就不能排除可能存在的更为合适的第三种观点。综上所述，"指称确定者"概念所需要面对的第一个问题就是对于无外延表达式的指称确定者的规范问题。

另一方面，罗素的方案也将在一些特殊的专名那里遭遇困难。例如，对于"阿波罗"这样的专名而言，罗素的处理方案也会将其认定为是无外延的。但这样我们又该如何处理诸如"阿波罗是阿波罗"这样的语句呢？事实上，类似"阿波罗"这样的语词似乎并不能被合理地安置在罗素所给出的关于指称确定者的九条规范的任意一条中。

接着是第二个问题。在对指称确定者的概念进行了详细的梳理后，吉莉安·罗素便已然得到了分析性的概念。至此，基于"指称确定者"与"分析性"的概念，我们便可以分析自然语言中的种种语句。但问题就出在这里。

正如上一节所给出的，在吉莉安·罗素所给出的对于语句的分析中，有这样两个语句，其中，句（1）被认为是一个"分析语句"，而句（2）则是一个如果指称则为真的语句：

（1）All bachelors are bachelors.

（2）Hesperus is Hesperus.

同时，吉莉安·罗素也给出了另一个语句，与人们的直觉相反，这一语句也被认为是分析的：

（3）All bachelors are male.

显然，以上三个语句暗示我们，罗素可能在某些地方搞砸了。首先来看句（1）与句（2），根据罗素的观点，二者的不同在于 bachelor 是一个纯粹描述性的谓词，而 Hesperus 则是一个单称索引词，因此，二者具有不同的指称确定者。但这会带来一系列的问题。首先，说 Hesperus is Hesperus 不是一个分析性的命题绝对面临相当大的困难，因为它直接否定了长久以来人们所认定的一些分析命题。而另一方面，在给出指称确定者的概念之前，语句（1）与语句（2）完全可以且确实被认为属于同一类语句。也就是说，将二者分离似乎仅仅只服务于指称决定者的概念，而这则会大大削弱这一理论的效力，因为它违反了人们的共识，即让理论符合事实，而非相反且并未给予更多的论证支持。而如果这些仍不能说明问题，那么来看语句（3），这一语句也将导致诸多需要澄清的问题。长久以来，我们都将分析命题认定为是那些不需要借助世界就可以成真的命题，但显然，根据指称确定者所得出的"分析命题"语句（3）却不同，其之所以能够成立则完全是由于我们所处世界的偶然。如若我们的世界不是如今这般，而是另一副模样，例如一个母性社会，那么语句（3）的真值便会随之改变，而这则完全违背了二因素理论。

对此，罗素的回应在于，语句（3）事实上并不依赖于世界状况，其所依赖的仅仅是语词 bachelor 的使用者，或者更进一步说，其所依赖的仅仅是"我们"甚至是"我"的约定。

现在想象，存在这样一个世界 W，在其中 bachelor 的内容不再是未婚的男性而是未婚的女性，而你，作为我们这个世界 W1 的一员，因为某种巧合而进入了 W，现在，当你在使用 bachelor 的时候，显然，它的内容仍然是未婚的男性，而这似乎暗示着，这样的语句并不依赖于世界的状况，它仅仅依赖于说话者所持有的"共识"或"约定"。而这样的回应实则暗示了一些无比重要的东西，现在回想关于指称确定者的内容，事实上，无论是用来定义指称确定者的三种语境还是进一步延伸出的九条规范，其核心事实上都在于某种"约定"。三种语境是说话者与说话者的对象（我使用"说话者的对象"而非"听话者"是为了强调，即使听话者并不分享说话者所持有的约定也不影响说话者的语句需要依赖于某一约定这一事实，当然，反之亦然）之间的约定，而九条规范则是某种共识性的约定。而事实上这也正是我对罗素的第二个批评，即"约定"或者说"所给定"（我使用"所给定"的目的在于将一些并非主动的，甚至并未被意识到的约定包含进来）才是分析性概念的真正核心，指称确定者不过是基于不恰当的约定以及错误的二因素理论所诞生的产物。也就是说，正如其自身所说，由于采取了二因素理论作为基本框架，为分析性的概念而留下的空间将会是无比狭窄的。也因此，如果我们想要更进一步地讨论分析性的概念，就必须跨过指称确定者而在"约定"这里取得突破。

三 重新定义分析性

(一)另一种可能的分析性

1. "陈述"、"语句"与"命题"

科里·祖尔（Cory Juhl）与埃里克·卢米斯（Eric Loomis）在他们最近出版的新书《分析性》（Analyticity）中为我们提供了一种不同于吉莉安·罗素的对于分析性概念的解释。与此同时，他们所给出的这一新解释的内容也对本文现在所要处理的"约定"概念有着重要意义。因此，对这一解释的再分析将是必要且重要的。而为了定义分析性的概念，祖尔与卢米斯所做的第一项工作就是区分三种相关却不同的概念，即陈述、语句与命题。

首先来看语句的概念。祖尔与卢米斯提出，就他们所要达成的目标而言，语句是结构性的东西，通常，它都被作为某种语言表达式而用于某一场合，而这种语言表达式则被用于施行一种可评价真值的言语行为（truth-evaluable speech-act）。与此同时，他们也提出，目的不在于给出一份详尽的对于"语句"的技术性定义，其用意仅仅在于给出如下对比：

（1）一个仅仅具有句法结构的东西。

（2）实际支配一个具有句法结构的实体在某个语言共同内之中的用法的规则。

就前者而言，事实上，人们并不关心其用法，甚至也并不关心其中的各语词的指称，而后者则在一般意义上被认为是语句"意义"的可能来源。而基于这样的区分，祖尔与卢米斯提出，就语句而言，其语法结构所决定是其可允许的可能解释的最终范围，而当其被引入任一语言时，就会有诸多来自这一语言的标准与规则对其进行进一步限制。而与此同时，祖尔与卢米斯也提出，就后者而言，这些规则并非所谓的逻辑规则或句法形式，恰恰相反，这些规则实则是来自说话者及其所持的语言行为者所组成的言语共同体。虽然，只要给出其他的规则，语句的逻辑形式就足以制约能够确证语句的其他规则，但这并不是决定性的。而基于此，祖尔与卢米斯就紧接着给出了其对于陈述的解释：

一个陈述是一个语句，其包含某种关于该语句的解释以及某些已被理解的、支配该语句的用法的规则，而这些规则包括那些支配着关涉语句真值的内容的规则。也就是说，这些规则将支配有关该语句真值的全部内容，诸如对该语句断言是否恰当的判断或是为该语句的真值做出辩护或回应等等。

最后，祖尔与卢米斯提出，他们对于命题概念的使用则是一种标准意义上的使用，即他们用命题指称一个以某种方式关联于语句真值的抽象对象，而不对该对象作进一步的限制。

2. 新的"分析性"定义与 T—分析性

在厘清了以上三个不同的概念后，现在，让我们来设想这样一个场景：

假设我们对一群英语使用者说："Frenchelor 是法国单身汉"，而他们则将该陈述理解为一种规定性的陈述。同时我们进一步假定，在这些英语使用者中，并没有人此前按照同样的方式使用 Frenchelor 这个语词，同时，他们也认定 Frenchelor 能且只能被用于指称法国单身汉。最后，我们继续假定，他们也不会发现任何对 "Frenchelor 是单身汉的不利证件证据"。那么现在，在这样一个语言共同体中究竟发生了什么。

祖尔与卢米斯提出，这样的语言共同体事实上"分享同一个共同的信念 P"，而分享同一个共同的信念 P 不仅仅意味着在这个语言共同体中的每一个人都相信 P，更重要的是，它也意味着在这个语言共同体中的每一个人都相信其他人相信 P，也就是说，对于这种情况，我们将会说，这些人们"理解了 P"。而因此，"Frenchelor 是法国单身汉"这样一个陈述就可以被称为常识的信念类似者（a belief analog of 'common knowledge'）。

而这一场景暗示我们，类似陈述 "Frenchelor 是法国单身汉" 这样的陈述或许可能是一种分析性的陈述。这样做的好处有二，首先，陈述可以被分析性的外延所覆盖，其次，更为重要的是，陈述将能够回应诸如克里普克所提出的先天偶然命题这样的句子。对于克里普克所提出的先天偶然命题，我们可以说，它所对应的规定性语句事实上是陈述"该语句表达了这一命题"，而这一陈述既不能为就其自身而为假，也不能在说话的场合表达一个虚假的命题。

至此，祖尔与卢米斯便提出了他们所定义的分析性概念。当我们把一个不可被消灭的规则引入某一语言时，就可以得到一个与某个规定性的语句 S 相关的配位规则（coordinative rule）：

规则 R1：
语句 S 表达了某个在语言 L 中的真命题 p，并且，命题 q（S 表达了一个在语言 L 中的真命题 p）是经验上不可能的，即任何经验证据都不能支持或反对 q。[①]

至此，一旦语言 L 的使用者将 R1 作为言说其语言的配位规则，那么显然，我们便可以说 S 在 L 中，或对 L 的使用者而言是分析的。

进一步地，基于以上对分析性的定义，祖尔与卢米斯也对这样的分析性陈述做出了进一步的区分：对于一般的分析性陈述而言，显然，R1 并不要求命题 p 为经验上不可消灭的，但是，对于诸如数学命题或逻辑学的一些命题而言，虽然他们也满足 R1 的要求，但却可以更进一步地将他们单独归为一类，也就是祖尔与卢米斯所提出的 T—分析性的语句。为此，祖尔与卢米斯便给出了其对于诸如数学或逻辑学这样的命题的进一步的配位规则，即超验规则（transcendental rule）：

规则 Rt：

语句 S 表达了某个在语言 L 中的真命题 p，且，命题 q（S 表达了一个在语言 L 中的真命题 p）是经验上不可能的，即，任何经验证据都不能支持或反对 q。最后，命题 p 也是经验上不可能的，即任何经验证据都不能支持或反对 p。[②]

显然，基于 Rt，诸如"1+5＝6"这样的数学命题由于其本身就不可在经验上被消灭而可以被认定为是 T—分析的。

最后，为了讨论分析性与 T—分析性的关系，祖尔与卢米斯分析了加雷斯·艾文斯（Gareth Evans）所提出的这样一个规定（如果按照克里普克的说法，我们也可以将这一规定称作指称固定的规定）：

朱利亚斯是拉链的发明者。

根据规则 R1，显然，这一语句确实表达了一个真命题，即朱利亚斯是拉链的发明者，而由于这一语句同时也是一个规定，因此，我们不需要任何的经验证据就足以确定其对应的命题 q，即语句"朱利亚斯是拉链的发明者"确实表达了一个真命题为真。因此，这一语句无疑是分析的。

因此显然，虽然绝大多数的分析性命题都是 T—分析的，但朱利亚斯的例子却不然，这一命题是分析的，却不是 T 分析的。就作为一种规定性而言，显然，朱利亚斯的例子会因为是一种指称固定的规定而被认为是一个分析性的陈述。但是显然，正如克

①　Juhl，C.，&Loomis，E.，*Analyticity*（*New Problems of philosophy*），（London：Routledge Press，2009），p. 218.

②　*Analyticity*（*New Problems of philosophy*），p. 219.

里普克所指出的，如同哥德尔的例子那样，这样的命题本身毫无疑问是可以被经验证据支持或反对的：

现在假设，通过某种隐秘的手段，我们确证朱利亚斯事实上并不是拉链的发明者，他只不过是剽窃了他的邻居的设计图纸。那么现在，显然，对于命题"朱利亚斯是拉链的发明者"而言，它的真值便会发生改变，而这一改变则完全是被经验证据所支持的，或者说，命题"朱利亚斯是拉链的发明者"是完全可以被经验证据所反对的。因此，就分析性与T—分析性而言，任何的T—分析性的命题都将是分析性的，但反之却不然。

（二）"经验性"与"所给定"

1. "经验性"的概念以及对祖尔与卢米斯的反驳

正如祖尔与卢米斯所预料到的，在他们对分析性的定义中，最为致命的环节即是所谓的"经验上不可能"。他们提出，在人们对"经验"的日常理解中事实上存在一种区分，即关涉世界状况的经验以及关涉语言（规定性）的经验。

首先来看前者，关涉世界状况的经验是最为普遍的被使用的经验概念。当我们听到有人高呼下雨时，如果我们向窗外望去，天空中确实落下了至少看上去像是水滴的东西，而与此同时，地面变得同其潮湿时类似，而部分低洼的地方形成了类似积水的东西等等。基于这些，我们便可以说，确实，下雨了。而这些水滴、潮湿或积水等等则可以被当作命题"现在在下雨"的关涉世界状况的经验证据，而显然，就该命题而言，其并非不可被这些证据所消灭。而祖尔与卢米斯强调，他们所说的"经验上不可能"中的"经验"是且只是在这一意义上的经验，也就是说，当我们讨论一个命题是否是经验上不可能的时，所需要考虑的仅仅是这样的经验。

接着是后者，关涉语言的规定性的经验则并不像前者那样普遍且易于理解。一个可能的例子或许正是前文所述的"语句S确实表达了一个命题p"。对于这样的经验，由于其所关涉的仅仅是语言或者说语言的使用本身，因此祖尔与卢米斯提出，这些"经验"事实上由于并不关涉外部世界而不成其为真正的经验。而更进一步的，他们提出，虽然这样的做法并不妥当，但他们仍然愿意将任何不涉及语言的、纯粹的经验资料与语言表达式均划为后者。

但显然，这样的处理存在严重的问题。显然，按照祖尔与卢米斯的观点，语法也应当被纳入后者。但事实上，就自然语言的语法而言，似乎只有对非母语者来说，语法才在其对该语言的使用中发挥重要作用。一个简单的例子就是"晚上电话我"，这显然不是一个违背语法的句子，但对于任何的汉语母语者而言都不难理解，虽然人们可以说这是某种意义上的名词动词化云云，但这样的处理方式却进一步加深了我们对于语法作为"先天规定"的怀疑。因为显然，就说话者而言，这完全可以是一句不经意的错误表达。我的意思是，说话者在表达这句话时完全可以不经过任何对于语法的思考。而如果这个例子不够充分，那么另一个语句将无疑更有说服力，即"实事证明，汉语的序顺并不响影对其的解理"，显然，这将不会是一个符合语法的句子，但这并不影响人们对其的理解。最后，考虑到我们世界繁多的语言系统所对应的繁多且完全不同的语法，显然，语法不可能是先天的，虽然它看上去确实是某种规定。

因此显然，语法事实上是关涉于世界状况的，或者只是，其不仅关涉语言的规定性使用，也同样关涉我们外部世界的状况，也就是说，首先，祖尔与卢米斯对人们日常所使用的"经验"概念的区分是不当的，因为这会导致有一些经验可以同时存在于所区分出的不同的经验概念的两边，而这也就意味着，并不能仅仅通过对某一经验的所属分组的判定而判定其是否就"经验上不可能"而有效。其次，语法的例子也说明，即使在祖尔与卢米斯所区分出的对于"经验上不可能"而言无效的经验的集合中，仍然存在一些经验，而它们按照同样的标准则完全对"经验上不可能"有效。

但是，祖尔与卢米斯对于分析性的定义却与吉莉安·罗素的定义一样，不仅为我们提供了合适的素材，也为我们提供了可能的方向。当祖尔与卢米斯对经验概念做出基于是否与语言有关的区分时，更为重要的问题在于规范，或者说约定之上。我理解祖尔与卢米斯之所以讨论经验，显然，他们认为其所提出的"陈述"的概念就已然涵盖了"规范"的概念，但恰恰相反，事实上，通过其对"陈述"概念的定义便不难发现，"规范"，或者更准确地说，"所给定"才更为基础。

至此，我相信已有足够充分的理由证明，"所给定"才是对分析性概念的定义中真正需要被深入讨论的问题。

2. 分析"所给定"

在进入对"所给定"的正式讨论之前，我想先对做一个简单的说明，即为什么我要使用"所给定"这一看上去颇为奇怪的概念而非更为常见的"约定"或"规范"。显然，就概念"约定"而言，它似乎暗示了一个在先的约定过程的存在，即使这个过程可能是无声甚至无意的。在此，我并非要否定这一暗示，因为显然，无论是"约定"还是"所给定"都具有这样的暗示，但问题在于，就前者而言，其能且仅能给出这一种暗示，或者说，其所代表的仅仅是一种可能的在先的结构的产生与作用方式。同样的，就概念"规范"而言，其似乎在暗示一个被迫的被规定过程的存在。

需要说明的是，被规定过程与约定过程的不同在于，就约定过程而言，显然，约定的参与者本身是自愿且有能力不进行该约定的。例如，就像哲学史上众多的哲学家们那样，对于某一个特定的概念，即使已然存在一个关于该概念的指称的约定，仍然有许多哲学家选择不参与这一约定，即给出其对于该概念的不同于已有解释的新解释。但是，就被规定过程而言，事情显然有所不同。一个最为典型的例子就是与我们的母语相关的诸种约定。没有人能够选择自己的母语，因此，也就没有人能够选择将环绕地球的天然卫星叫作"月亮"或是"moon"，因此显然，就母语而言，我们的所给定是且只能是规定而非约定。

当然，事实上，概念"所给定"似乎也更为偏向"规定"而非"约定"，但至少，其并未杜绝这一可能，因此，虽然仍有瑕疵，但我想，"所给定"这一表达式已足够担负起重新定义分析性的任务了。而至此，我想，已然能够展开对于"所给定"这一概念的分析与讨论了。

首先来看吉莉安·罗素为我们留下的问题，即如何处理类似"Hesperus is Hesperus"这样的语句。显然，这个语句非常类似于弗雷格的同一性命题，即类似 A＝A 这样的命题。而在罗素那里，这一语句则被认定为是一个若指称则真的语句。当然，在上文中我已经说过这样处理的问题所在，而在此，我想回顾罗素在讨论为什么要将分析性概念中的意义概念认定为指称确定者而非内容时所给出的解释，但这一次的核心却并不在于 ξ 或者 Tom，而是类似于"Hesperus is Hesperus"这样的语句：

假设一个姓罗的人十分崇拜哲学家罗素，因此，他便将他的儿子命名为罗素（以下称其为罗素）。而在罗素成年后，由于受其父亲（和他的名字）的影响，他便选择了从事哲学工作，并研究哲学家罗素。你是他的一位哲学朋友，而基于上述种种，你便会经常开玩笑式地对他说："罗素是罗素。"而现在的问题是，这句话的真值是什么？

现在，在这样的情况下，我们似乎并不能如往常一样轻易地说，语句"罗素时是罗素"的真值恒真，因为在这样的情况下，如果前一个罗素所指的罗素并不是后一个罗素的指称，那么显然，该语句的真值就将为假。

在吉莉安·罗素那里，这样的情况被错误地处理为如上文所述的若指称则真，但这一现象仍然是值得关注的。事实上，这个例子意味着，如果想要使诸如"A 是 A"这样的语句的真值恒真，那么就必然需要一个前提，即在同一语句中出现的相同语词具有相同的所指。也就是说，事实上，认定语句"A 是 A"为真的过程如下：

过程 P1：

1. 在同一语句中出现的相同语词具有相同的所指。

由 1：

2. 语句"A＝A"中的两个 A 具有相同的所指。

由 2：

3. 语句"A＝A"的真值为真。

但现在的问题是，前提 1 是如何被给出的，或者说，我们是如何得到前提 1 的。显然，一种可能的回答是，这一前提在于我们的共识，但这并不够深入。事实上，前提一是基于长期的经验以及语言便捷性的需要而成其为如此这般。现在设想，对于一个牙牙学语的婴儿而言，在其语言习得的过程中，并不是首先被告知"在同一语句中出现的相同语词具有相同的指称"这一前提，恰恰相反，其是在一个完全没有此类前提的情况下基于大量重复的经验而得以"学会"一门语言，而我所谓"学会"的意思，就是指其能够不依赖于世界而独立发挥以"创造"语句。也就是说，当我们对一个婴儿说出"兔子"这一语词时，对于我们而言，由于长久以来已习惯于基于已有的诸前提进行表达，因此便会无比自然地认为，我所表达的就是"这是兔子"，但显然就这个婴儿而言，他甚至完全不理解什么是"这"或"是"，他所唯一知道的仅仅是有一个对象，而另一个对象发出了某种声音，期间可能伴随着某种行为。而只有经过足够长时间的足够多次验证，他才能够在对象与那个声音或符号之间建立约定，命题"A 是 A"也是如此，显然，婴儿们并不会将其理解为真值恒真的语句。

这一例子说明，虽然就过程 P1 而言，1 是 2 的前提，但就我们语言的学习与形成过程而言，事实上，1 仍有其自身的前提，即大量的重复使用同一语词指称同一事物的经验以及我们自身在长期的演化过程中所具有的简化本能。

至此，我们便可以简单地梳理语言所产生或被学习的过程：

首先，我们进行大量的经验行为，并根据自身所具备的简化事物的生物本能而为世界中的对象赋予一个代表性的符号以不用每次都以实物表达想法。其次，在这些简化行为足够充足、我们的经验愈发繁多以及表达需求日益旺盛时，我们便随之创造更多的规范，即句法，以满足我们愈发复杂的表达需要。接着，基于一个相对完善的指称与句法系统，我们便可以进行发挥创造，以至于甚至可以在从未有过相关经验的状态下表达内容。而最后，如现在这样，这样的系统已然足够完善，以至于我们甚至忘记了在最初，我们需要依靠经验行为来确定指称。

而显然，在第一与第二阶段所形成的就是我所谓的"所给定"，其一方面包含了"约定"，即基于长期大量的经验行为而形成的语言共同体中的共识，另一方面，其也包含了"规定"，即人们对于句法以及类似规则的创造。

当然，一种反驳的意见在于人工语言，显然人工语言似乎并不需要以上流程就足以达成类似的目的。而对此，我的回应在于，原始人并没有人工语言，或者换言之，自然语言就是最原始的人工语言。而所谓的人工语言就是基于自然语言发展的诸阶段而诞生的产物。一方面，人工语言所能够"抛弃"的似乎仅有第一阶段，但我相信没有人会真的设想诸如1+1＝2中1与2是完全与指称无关的。因此显然，人工语言与自然语言并无本质不同。但无论如何，我们已足以明确，就任何语言系统而言，"所给定"即其在类似于以上自然语言的第一与第二阶段中所诞生的诸产物。

（三）分析性的最终概念

在给出最终的分析性定义之前，有必要先给出一个重要的区分，即对于世界与世界状态的区分：

所谓的世界状态就是（与语句所对应的）世界是如此这般的。例如，对于语句"花是红的"而言，其所对应的世界状态就是一种植物，在它的生长过程的某个阶段的某个器官的某种样式的颜色是红色，或者说发出了某种特定的波等等。而显然，这样的内容无疑是结构性的。当然，就这一语句而言，如同上文叶闯所描述的，世界状态对于该语句的真值也有量的决定。

而所谓的世界就是世界本身。

当叶闯在描述二因素理论时，其提出，对于任意语句而言，世界状态都对其有着决定性的作用。也就是说，事实上，叶闯暗示，是世界状态决定着语言的结构而非相反。但事实却并非如此。首先，上文的语言图景便说明，并不存在一种先于语言的结构性的世界状态，或者至少，不存在一种先于语言的如此这般的结构性的世界状态。也就是说，如果语言的结构是被世界状态所决定的，那么人们基于此而产生的全部语言体系就不应当能够产生诸如"红色的音乐"或其他无意义的语句。而更重要的是，由于语言结构是被给定的，因此，人们就将无法依照语言结构来理解语句。举一个简单的例子，按照中文的正常语序，一个合适的句子应当是类似"你中午吃了吗"这样的，但现在，一个非中文母语者对一个中文母语者说，"中午吃你了吗"，这个母语者也同样能够理解该语句的意思。而显然，这意味着我们的语法结构是相对自由且可以被语言的使用者适当改动的。

而基于此，如果语言的结构事实上是人们的自我创造，就可以基于此而产生真值为假的语句。也就是说，通过在前期大量的经验积累与过程中不断的经验修正，人们已然可以根据某些共识而"脱离"经验或者说世界而自由发挥，而语言的规则也正是在这时才真正成其为规则。在我们早期的使用中，即使是"A是A"这样的语句或许都需要对前后两个仅仅是不同时段出现的同一符号做指称确定，但在现在，由于人们的共识已然将 "是" 确定为系词（中文发展过程中的 "是" 尤其能够说明这一点），我们便可以创造出类似 "贝多芬的音乐是白色的" 这样意义不明的语句。而同样的，由于我们已然不需要对世界进行确认便可以自由使用语句，便产生了犯错的可能。

综上所述，世界状态并不决定语言的结构，恰恰相反，是语言的结构决定了世界的状态。而借助对于世界状态与世界的区分，我们便也能同时解释世界在语言中发挥的作用，这种作用当然是决定性的，但却是以另一种方式决定。回顾我所给出的语言图景，显然，从第一阶段开始，我们就已然能够看到世界所发挥的决定性作用，即如果没有世界，那么就没有指称与后来的一切。当然这也同样暗示了一个令人失望的结论，事实上没有任何事物能够摆脱世界，因此，并不存在那种完全独立的分析性概念。但同时，也正是因为没有什么能够摆脱世界，我们才需要吉莉安·罗素所给出的完全决定与冗余决定的概念，因为就那些其真值不被世界所 "决定" 的语句而言，这仍是一条可能的出路。

终于，在前文漫长的叙述中，我们已然拥有了 "根据" 与 "所给定" 的概念，而至此，分析性的最终定义便可以被给出：

定义 DA10：

在任意语言系统 L 中，语句 S 是分析的，当且仅当，S 根据所给定为真。

对于 "所给定" 的概念，事实上，其所表达的即语言系统 L 中的诸种规则，而就自然语言而言，它们就是约定性的指称与句法规则。

而现在，基于这一定义，我们便可以对以下三个典型的语句做简单的考察：

语句 S1：

All bachelors are unmarried.

就这一语句而言，存在一种可能的对于我对分析性的定义的反驳，即诸如 bachelor 这样的语词即使根据所给定的概念也可能完全为假。因此显然，根据 DA10，人们就不得不要么放弃分析性命题一定是真命题的观点，要么就必须使类似 "All bachelors are unmarried" 这样的句子成为非分析性的命题，而这双方都是人们所不愿意放弃的。但我想，事实上，人们应该放弃将 S1 这样的语句认定为是分析的语句。首先，类似 bachelor 这样的双关语并不是一个清晰的语言系统所希望的，而这些双关语也并不是为了表达真值而产生的，它们的产生往往是基于某种语言的误用或偶然，而为了使我们的语言系统或至少是关涉真值的语言部分能够更为便利地行使其职能，显然，有必要削弱双关语的影响。也就是说，事实上，我认为人们所不愿意放弃的仅仅是类似 bachelor 这样的双关语，而非放弃双关语在关涉真值的语言部分可能的特殊地位，毕竟，包含双关语的语句将不会在任何情况下恒真，而这仅仅是因为其是双关语。

语句 S2：

Hesperus is Hesperus.

在自然语言系统中，一般而言，S2 将被认为是一个分析性的语句，因为显然，一般的自然语言系统当然包括"在同一语句中所出现的同一符号具有相同的指称"这一规则。但是，这样的解释将会带来一种我个人认为对于我所给出的定义的最为严重的批评，而我将在对下一条语句的简单说明后详细阐述这一批评以及对其可能的回应。

语句 S3：

朱利亚斯是拉链的发明者。

对于 S3 而言，如果其如艾文斯所给出的那样是一个指称固定的规定，那么显然，它就是一个分析命题，而在一般自然语言之中，它将不是。但问题在于，这样的解释对于分析性的支持者与反对者而言似乎都是不可被接受的。因为这事实上改变了对于分析性的长久的总体观点，也就是说，我所定义的分析性概念将会被认为是一个与"分析性"无关的类似概念。

对此，我想要说明的是，事实上我确实无意于给出一个传统或经典的那种分析性的概念，因为事实上我相信我的考察已足够说明，那样的概念几乎是不可能的，而即使能够给出一个这样的概念，它也并不具有更多的哲学价值，因为显然，传统的分析性概念所涵盖的各个重要领域已然被不断细化与澄清并加以进一步的分析与研究，也就是说，传统的分析性概念是一个含混的混合物，是诸多看似相关的概念所对应的语句与命题的集合，而在这个意义上，对分析性的传统或经典理解的辩护在我看来无异于通过把从哲学中分离的诸学科拉回哲学以证明哲学学科的价值。而这不仅是难以实现的工作，也不是我所试图完成的工作。也就是说，对于蒯因所提出的三条标准，事实上，它们只是传统的对于分析性的理解所应当给出的"成功的定义"，也因此将会是一个"难以满足的定义"，而就克里普克所给出的哲学价值的标准而言，显然，虽然新的分析性的定义不会是一个具有如传统理解所期待的那么特别的哲学价值的定义，但也不会如传统理解的那样面对毫无哲学价值的窘境。

最后，我也必须承认，我所定义的分析性的概念将不会是一个无论在哲学地位还是诸语言系统中都具有特殊价值与独特地位的概念，而将仅仅是一个普通的、连接语句与语言系统的诸约定与规定的定义罢了。

论亚里士多德哲学中实践智慧与理论智慧的关系

邓娜

摘要：实践智慧与理论智慧的关系问题一直是亚里士多德哲学中被广泛关注的焦点。学界对于此问题众说纷纭，主流观点分为两派：一派主张实践智慧与理论智慧同属于理智德性，实质上是一体两面的同一体；另一派主张实践智慧与理论智慧研究不同的题材，是完全不同的两个体系，不能混为一谈。实践智慧与理论智慧的关系问题不仅关涉二者之间的地位之争，也暗含了对幸福概念理解的分裂。这种分裂主要体现在两种幸福概念之间的竞争：排他论与包容论。排他论主张以静观沉思生活为主导的理智性幸福，包容论主张整体筹划谋算的综合性幸福。过一种静观沉思的理智生活，还是筹谋实践的综合生活，是每个理性主体面临的选择。依据亚氏的观点，相较于实践智慧，理论智慧是更高的德性，其实现活动——沉思——是最完满最自足的活动，每个人都应尽力去实现沉思生活。

关键词：亚里士多德　尼各马可伦理学　实践及理论智慧　幸福

亚里士多德在《尼各马可伦理学》[①] 第一卷里，将政治学表述为关涉人类最高善的最高技艺，在第十卷中又将从事沉思活动的哲学置于所有技艺的顶端，认为政治学只是为哲学活动提供闲暇的辅助性技艺，表明理论沉思生活才是最完满最自足的幸福。关于此观点，学界存在一些疑难：实践智慧与理论智慧是一体两面还是截然不同？理论智慧绝对地独立于和高于实践智慧吗？作为本性混合的人，哪种生活才是我们能够去实现的？本文试图通过对《尼各马可伦理学》原文本的梳理分析，结合 "The final good in Aristotle's ethics"[②]、

---

① 亚里士多德：《尼各马可伦理学》，廖申白译，北京：商务印书馆，2003 年。

② Hardie，W. F. R.，"The Final Good in Aristotle's Ethics"，*Philosophy*，Vol. 40，No. 154（1965）.

"Aristotle on reason，desire and virtue"①、"Aristotle on Eudaimonia"② 与《亚里士多德论理智德性》③ 等文本，尝试从以下几个方面回应这些疑难：首先，基于灵魂结构区分理论智慧与实践智慧。目的在于反驳那种认为二者是一体两面的观点，点明实践智慧和理论智慧是两个不同的体系。其次，阐述实践智慧与理论智慧的区别。目的在于说明理论智慧的确在某些方面高于实践智慧。然后，说明在实践领域里，实践智慧对理论智慧的单向支撑，反驳理论智慧绝对地高于实践智慧的断言。最后，对应实践智慧和理论智慧的关系，分析作为人应该追寻何种生活才是符合混合人性的。

一 基于灵魂结构划分理论智慧和实践智慧

在《尼各马可伦理学》卷一第 13 章 1102a25～1103a10 部分和卷六第 2 章 1139a～1139b10 部分，亚里士多德从分析灵魂结构入手，大致勾勒出理智德性与灵魂其他部分的关系，以及在理智德性中理论智慧与实践智慧的区别。具体如下图所示：

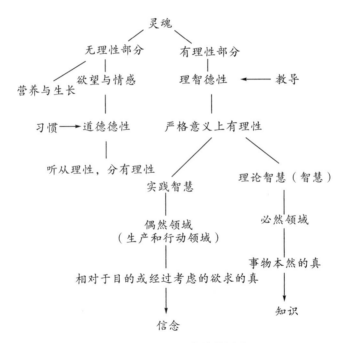

图 1 灵魂结构下的德性划分

① T. H.，Irwin，"Aristotle on reason，desire and virtue"，*The Journal of Philosophy*，Vol. 72，No. 17 (1975).

② Nagel，Thomas，"Aristotle on Eudaimonia"，*Essays on Aristotle's Ethics*，Rorty，Amélie Oksenberg (ed.)，(Berkeley：University of California Press，1980).

③ 里夫：《亚里士多德论理智德性》，载克劳特编《布莱克威尔〈尼各马可伦理学〉指南》，刘玮、陈玮译，北京：北京大学出版社，2014 年。

　　总体上，亚氏将灵魂划分为有理性和无理性两大部分。无理性部分又有两个子部分：严格意义上的不具有理性的植物性部分，以及在可以听从理性的命令和指导意义上，分有理性的情感和欲望部分，这一部分对应的是道德德性（ἠθικὴ ἀρετή）。有理性部分对应的是理智德性（διανοητικὴ ἀρετή）。理智德性同样也有两个子集，一是研究必然领域的理论智慧（σοφία），寻求的是事物本然的真，获得的是具有普遍性的科学知识。然而，在伦理学领域或实践活动内，"我们不会去考虑永恒的事物"①，因为这些事物不会因我们的实践活动而改变。实践活动中理智德性的参与，就构成了第二个子集——实践智慧（φρόνησις）②。实践智慧并不研究永恒不变的事物，而是可变的偶然领域③，即人类生产和行动的领域。在偶然领域里，不可能产生真理性的科学知识，只能形成似真的信念或意见④。

　　从亚氏对灵魂结构的划分中，我们可以看出，他赋予了实践智慧和理论智慧完全不同的职能范围和地位，但二者之间的关系是否完全对立，还不能因此断定。我们可以说，对应灵魂结构，二者研究不同领域，是相互独立的，并且理论智慧高于实践智慧；但考虑到实践智慧也可以支撑理论智慧，并在具体的实践领域中作用显著，二者之间肯定存在联系，孰高孰低也难以断言。

　　欧文（Irwin）在 *Aristotle on reason，desire and virtue* 一文中，表明亚氏依据灵魂二分德性的做法有待考量。他认为对应灵魂结构，处理欲望与情感部分的道德德性包含于无理性部分，而探求实践与真的理智德性不包含于无理性部分。这一观点遵循了亚氏在《尼各马可伦理学》中的论述。但是他反对"道德德性通过习惯养成"⑤ 这一观点。

---

　　①　1112a21.

　　②　汉语中对"φρόνησις"的翻译多参照英文本。在英语中，对"φρόνησις"的翻译有许多，比如"prudence""practical intelligence""practical wisdom"。"prudence"相当于中文中的"审慎""精明"，这两个词都不太好。因为，"φρόνησις"本意是一种保证行动主体在特殊环境下能作出正确判断和行为的好的理智德性，而"审慎"一词更像一种中性的能力，体现不出好的德性的含义；现代意义下的"精明"一词却带有贬义。所以，二者都不适合。"practical intelligence"中译为"实践智能"。"智能"是"智慧"和"能力"的结合体，当代意义下，说到"智能"，人们更多地会想到"人工智能"等科技型用语，与"φρόνησις"相差甚远。"practical wisdom"中译为"实践智慧"。"智慧"一词指的是人辨析判断的能力，是伴随着理性的能力状态。"实践智慧"虽不能完全体现德性含义，但相较于前几者，已经是最为贴近"φρόνησις"本意的了。此外，廖申白先生的译本选用"明智"翻译"φρόνησις"，虽也比较贴合原意，但不如"实践智慧"能直观体现出与理论智慧的差别。所以，本文选择用"实践智慧"翻译"φρόνησις"。

　　③　在《物理学》中，亚氏将偶然和必然阐述为事物生成与消灭的原因。偶然性原因是自发的和机会的，必然性原因是出于事物本性的，自然而然的。然而，伦理学视野下的偶然与必然概念有所不同。在实践活动内，偶然性指的是客观事物的不确定性，它们可经由人的行动而产生变化；与之相对，必然性则指的是客观事物的永恒不变性，它们不会因人的行动而发生变化。

　　④　偶然领域里不能产生科学知识的原因如下：偶然领域里的事物是可变的，不属于科学研究的范围。我们通过感觉把握这些可变的对象，追求的是相对于目的的真，这与我们的情感和欲求息息相关：当其与我们的欲求一致时，我们很容易认为把握到了真；当其违背我们的欲求时，我们也会很轻易地将其舍弃。因而，依赖欲求找寻到的意见并不具有像科学知识般稳固的确定性和真实性。

　　⑤　1103a15—16.

在此观点下，道德德性的养成是习惯化的结果，而习惯化的过程就是顺从社会风俗和习性，不断地做各种正确的事情，从而将在此过程中习得的德性融入自己的本性之中的过程。在这一过程中，似乎并不需要行动者真实地拥有理性，只要能听从理性规劝就行。

Irwin 认为，习惯并不足以形成道德德性。他推导的前提是，当亚氏宣称完满的德性要求实践智慧时，他已经表明了实践智慧和道德德性之间的交互作用。一般认为，道德德性的形成需要三个条件：一是听从理性劝导的能力，能将传统的社会价值内在化，获得潜能式的德性；二是实践智慧，能将已获得的德性运用于实践活动中，将潜在的德性现实化；三是伦理情感，能对德性活动有正确的苦乐感，这是判断一个人是否真正拥有德性的关键因素之一。可见，习惯化只是德性养成的第一阶段。反复地做正确的事只会产生潜能式的德性，而德性的真正养成必须将潜能式的德性现实化，必须正确地合于德性的实践，这就需要实践智慧的加入。既然道德德性的形成离不开有理性的部分（即实践智慧），那么，道德德性就不可能是全然无理性的一套封闭系统。基于此，Irwin 认为，加入实践智慧的道德德性也属于灵魂的有理性部分。这样，道德德性就既包含于灵魂的有理性部分，又包含于灵魂的无理性部分，而理智德性只包含于有理性的部分。

诚然，Irwin 的观点有可取之处：他从道德德性的养成中发现了实践智慧与道德德性之间的交互作用。但他将道德德性归属到灵魂的有理性部分这一做法有待商榷。他对这一观点的论证仅是：道德德性的形成需要实践智慧，而实践智慧属于灵魂的有理性部分，所以，道德德性也属于灵魂的有理性部分。这一论证看似合理，但并不贴合《尼各马可伦理学》原文：

> 灵魂有一个无理性部分和一个有理性部分……灵魂的无理性部分还有另一个因素，它虽然是无理性的，却在某种意义上分有理性。……这个无理性部分就是两重性的。那个植物性的部分不分有理性，另一个部分即欲望的部分则在某种意义上，即在听从理性的意义上分有理性……德性的区分也是同灵魂的划分相应的。因为我们把一部分德性称为理智德性，把另一些称为道德德性。①

由此可见，道德德性的确属于灵魂无理性的部分，只是它能听从理性命令。这种听从理性指导的能力使道德德性得以形成，也使得无理性的道德德性与有理性的理智德性有了联系。但这并不像 Irwin 所说，道德德性本身具有理性。因而，他的论证并不能冲击亚氏所划分的灵魂与德性结构。我们也将以亚氏的这一划分作为整体背景，在接下来

---

① 1102a26—1102b33.

的两章中，将分别对实践智慧和理论智慧的区别与联系进行说明，以期更加明确其间的关系。

二　理论智慧高于实践智慧

理论智慧和实践智慧同是灵魂的有理性部分的德性，以至于 Thomas Nagel 一众人误认为二者本质上是同一的。① 实际上，亚氏认为，在实践领域，拥有实践智慧的政治学高于其他一般技艺；但在理论思辨领域，说实践智慧优于理论智慧仍是荒谬的，理论智慧仍占据最高地位。在这里，我们有必要进一步根据实践智慧和理论智慧的区别来界划二者，阐明它们的确是不同的两个体系，重点在于说明在理论地位上，理论智慧高于实践智慧。

首先，从研究对象和研究成果可以看出，理论智慧高于实践智慧。这种高级性主要体现在以下几点：第一，理论智慧是关于最高等的题材的、居首位的科学。② 主要表现在：理论智慧无关属人的善，实践智慧则为属人的幸福筹算谋划。理论智慧只研究最高的、最神圣的对象，通晓理论智慧的人关心的都是一些"罕见的、重大的、困难的、超乎常人想象而又没有实际用处的事情，因为，他们并不追求对人类有益的事务"③。他们不为俗世之事困扰，一心追求真正的智慧。这种真正的智慧只能为少数人拥有，崇高而神圣；而"实践智慧者的特点就是善于考虑对于他自身是善的和有益的事情"④。在这种意义上，甚至可以认为某些低等动物也具有实践智慧，这样，实践智慧就不能体现人之为人的特性。第二，理论智慧寻求普遍性知识，而实践智慧则侧重偶然性意见。"人们说智慧的总是指同样的事情，说实践智慧则是指不同的事情。"⑤ 理论智慧是对永恒不变的事物的把握，探究的是事物本然的真，而实践智慧处理的则是可变的具体事物，获得的是相对于目的和欲求而言的真。前者获得的是真理性的科学知识，后者获得的是或真或假的意见或信念。普遍为真的知识相对似真的意见而言，更具真实性和稳固

---

① "Aristotle on Eudaimonia" 一文从灵魂各部分功能间的关系入手，论证实践智慧和理论智慧本质上的同一性。他坚持实践智慧和理论智慧都是灵魂理智部分的德性，只是运用在了两个不同的方面：运用于实践生活就是实践智慧，在这一层级上，它同所有其他低级功能一样都服务于人的实践活动；运用于理论沉思生活就是理论智慧，在这一层级上，它处于最高等级，关涉的是最高等级的善，只接受其他功能的服务。

② "科学"一词对应希腊文"ἐπιστήμη"，在亚氏这里，"科学"一词与现代意义下的含义不同，指的是理智把握事物的真或确定性的一种活动方式。这种活动的目的或在于活动，或在于活动的某种结果即知识。亚氏将科学分为三类：理论的科学（数学、自然科学、哲学），实践的科学（伦理学、政治学、经济学等），创制的科学（诗学）。实践科学和创制科学都是研究可变动的题材，理论科学研究永恒不变的题材，所获得的知识在严格意义上是对于事物的不变的本质。因而，理论科学高于其他两类。而智慧又是理论科学中最完善者，必然是高于所有其他种类的科学的。

③　1141b6—8.

④　1140a26.

⑤　1141a22—23.

性，理论上也更高级。第三，科学知识是理性演绎的结果，而实践智慧则是一种非推理性和非演绎性的实践洞察力。理论智慧所得的科学知识是由正确的原则出发，经过理性推理，推论出有关对象的结论。理性参与了科学演绎的全过程。而实践智慧的产生有一个先决条件，即对生活的漫长体验。在对生活的漫长体验中，那种理解和把握具体境况突出特点的洞察力才得以产生。这种对具体环境的洞察能力，全然不同于演绎式的科学知识，反倒更类似于感性知觉。感性知觉指的是对具体事物的属的辨别和认知能力，是识别、承认和回应复杂境况的某些突出特点的能力。这种能力不同于看、听等先天的感官能力，只能经由长期的生活和实践经验，才能培养出来。显然，在感性知觉的培养过程中，理性并不是时刻在场。理性的缺席使得实践智慧获得的意见很难像知识那般保持恒久的可靠性，也就比不上知识的理论地位。

其次，从二者与始点的关系上，我们也能发现理论智慧高于实践智慧。亚氏明确提出了努斯在两个不同领域中活动的不同方向：

> 努斯从两端把握终极的事务。因为，把握起点和终极的是努斯而不是逻各斯。在证明中，努斯把握那些起点，在实践事务中，努斯把握终极的、可变的事实和小前提。①

理论智慧和实践智慧都可以通过努斯（νοῦς）② 把握始点（ἀρχή），但二者把握到的始点的性质不同。在理论智慧中的努斯所把握的始点是理论推理和论证的起点——不变的第一原理，它相关必然的真理且不需要进一步的论证。亚氏称，"智慧显然是各种科学中的最为完善者"③。与一般科学知识相比，智慧的完善性体现在：科学知识是从始点出发推理出结论，始点自身只是作为推理的前提，并不是科学探究的对象。而"有智慧的人不仅知道从始点推出的结论，而且真切地知晓那些始点"④。但亚氏也指出始点只能靠努斯来获得。那么，理论智慧如何能够考察科学知识的始点？亚氏解释说，理论智慧实际是努斯与科学的结合。理论智慧能够揭示始点，乃是因为其包含了可以把握始点的努斯。实践智慧也包含了努斯，也能够把握始点。但在实践智慧中，努斯把握个别情况的特征，它辨识出这些情况中对我们的善、道德和幸福有重要关联的特征，这是行动的始点。实际上，实践智慧所把握到行动的始点是理论推理的终点。也就是说，理论

---

① 1143a33—1143b1.
② 在中文世界中很难找到"νοῦς"一词的恰当翻译，因而音译为"努斯"。在亚氏的哲学中，努斯是灵魂的理智部分的获得真或确定性的最高方式，它可在理论和实践两方面把握始点。理论上，努斯把握证明的始点，即那些不证自明的公理；实践上，努斯把握行动的始点，即思考的终点，也就是行动的具体目的。
③ 1141a17.
④ 1141a18.

智慧所把握的正确的推理始点，可以在形式上保障行动的始点正确。这也是理论智慧高于实践智慧的一点体现。

最后，从幸福的产生方式来看，更能体现出理论智慧的高级性。关于亚氏的幸福观（εὐδαιμονία），学界存在两种概念间的争论。Nagel 在 *Aristotle on Eudaimonia* 一文中区分了这两种幸福概念：理智的（intellectualism）和综合的（comprehensive）。理智的幸福概念对应的是《尼各马可伦理学》卷十第 7 章中亚氏对幸福的阐述。在那里，亚氏将完满的幸福定义为合于我们灵魂中最高贵、最神性部分——努斯——的实现活动，即沉思活动（θεωρία）。① 亚氏的理由如下：沉思是满足我们灵魂中最高等部分的实现活动；沉思活动最为连续；沉思活动最为自足；沉思是唯一因其自身之故而被人们喜爱的活动；幸福还包含闲暇，而闲暇只存在于沉思活动之中；神最被我们看作是享得福祉和幸福的，而神的实现活动就是沉思……②亚氏在描绘这种沉思生活时引入了"神"③。神因其永恒的沉思活动，被看作享得最完满最自足的幸福的存在。虽然人不能全然如神般生活，但人与神最为近似的那种活动，也就是最为幸福的。这种神性活动只能在人的最神圣部分——努斯——中实现，它展现了这部分特有功能的卓越，也是对于人而言最好的生活。④ 理智的幸福观将实现沉思活动作为压倒性目的，实现其他任何目的的可能性都被排除在外。

综合的幸福概念对应《尼各马可伦理学》卷一部分。亚氏在卷一中将属人的幸福定义为政治学追求的目标。政治学的作用在于制定法律、规范行为、培育德性……安排好城邦生活的方方面面，实现城邦的幸福。这里的幸福就是 Nagel 所说的综合的幸福。在综合的幸福概念下，幸福生活本质上不仅包含对理论沉思生活的追求，也包含对人类生活和活动的整体筹划，它是人类道德德性和实践智慧方面的卓越。这种综合概念建立在人的混合本性合这一前提下。人的本性包含了理性、情感、感觉和行动等的交互作用，并不似神般纯粹神圣。这种混合本性对于过沉思生活而言是不够的，人的幸福还需要外在的物质条件。提供幸福所需的物质条件正是实践智慧的功能，但是，实践智慧不像理

---

① "如果幸福在于合德性的活动，我们就可以说它合于最好的德性，即我们的最好部分的德性。我们身上的这个天然的主宰者，这个能思想高尚的、神性的部分……正是它的合于它自身的德性的实现活动构成了完善的幸福。而这种实现活动，如已说过的，也就是沉思。""幸福与沉思同在。越能够沉思的存在就越是幸福，不是因偶性，而是因沉思本身的性质。因为，沉思本身就是荣耀的。所以，幸福就在于某种沉思。"（1177a13－19，1178b27－30）

② 1177a20－1178b30.

③ 亚氏的"神"的概念不是一般意义上的理解，而是指第一因，一种完满的沉思性。

④ 在《优台谟伦理学》中，亚氏也表达了同样的观点。"自然善（无论是身体的、财富的、朋友的，还是其他的善）的选择和获得最能引起对神的沉思，这种选择和获得就是最高尚的，那个标准也是最高尚的；如果某人由于不及或过度而妨碍了对神的侍奉和沉思，那就是坏的选择。灵魂中具有的这种标准就是如此，它也是灵魂最好的标准，作为这样的标准，尽可能地不受灵魂的无理性部分的影响。"（1249b16－23）参见余纪元：《亚里士多德伦理学》，北京：中国人民大学出版社，2011 年。

论智慧那么独立自足，它必须和道德德性一起才能发挥作用。①

作为理论智慧的实现活动，沉思活动本身就是幸福，而实践智慧必须同道德德性共同作用，才能实现幸福。并且，沉思的幸福是最纯粹的、似神的幸福，这是依照人身上神性的东西的生活；而实践智慧带来的幸福是属人的幸福，是第二等的，这是按照我们身上属人的东西的生活。

上述差异仅是理论智慧与实践智慧诸多差别中的一隅，由此已然表明二者是两个不同的体系，且理论智慧高于实践智慧。二者都在争夺理性的关注，过混合了情感和欲望的属人的生活，还是单纯地过超人的理论沉思的神性生活，显然是两种带有冲突意味的选择。

三　实践智慧支撑理论智慧

虽然有多种迹象表明理论智慧高于实践智慧，但正如 Hardie 和里夫所言，那种断言理论智慧完全独立于并高于实践智慧的观点，缺乏合理性。

Hardie 虽不像 Nagel 一般，完全反对二分实践智慧和理论智慧，但他并不支持理论智慧绝对地独立于实践智慧。在 *The final good in Aristotle's ethics* 中，Hardie 表明自己并不赞同理论智慧独立于并高于实践智慧这一观点。在 Hardie 看来，那种认为实践智慧只是在寻求实现目的的手段，其作用只是服务于理论智慧的沉思活动的狭隘观点，完全贬低了实践智慧的地位。但是，依照亚氏的叙述："主导技艺的目的比从属技艺的目的更值得被欲求，后者是因为前者之故才被欲求的""我们思虑的不是目的，而是朝向目的的实现的东西""沉思是最高等的一种实现活动"② 等等，这些似乎都表明了沉思活动的至高地位，实践智慧不过是实现沉思活动的手段。但 Hardie 指出，从属技艺除了为主导技艺服务外，也可因其自身的目的而被欲求。也即，实践活动本身也可以作为行动的目的，并无外求。那么，理论活动就不是唯一的独立的被欲求的目的，并不处于绝对至高的地位。同样，理论智慧也不绝对地高于实践智慧。

Hardie 认为实践活动并不一定为理论活动服务的观点具有一定的合理性。因为，在现实生活中，有一些人并不追求或者根本没有能力去实现沉思生活。对于这些人而言，他们的实践活动就是为了在当下获得成功，并不是遥不可及的沉思生活。但在论及理论智慧与实践智慧的关系时，Hardie 对亚氏的原意有过度的理解。亚氏虽认为理论

---

① "道德德性是明智的始点，明智则使得道德德性正确。由于它们都涉及感情，它们必定都与混合的本性相关。而混合的本性完全是属人的。所以合于这种德性的生活与幸福也完全是属人的。"（1178a17—20）

② 1094a15—16，1112b11—12，1177a20—21。

智慧高于实践智慧，但并没有原文表明理论智慧在任何情况都处于绝对的至高地位，也没有原文支撑理论智慧完全地独立于实践智慧。如果仔细阅读《尼各马可伦理学》卷十部分，我们会发现在幸福的实现活动中，实践智慧对理论智慧有单向支撑作用。

相对而言，《亚里士多德论理智德性》一文中，对理论智慧与实践智慧的关系问题处理得更为贴近亚氏的本意。里夫承认在灵魂的结构图景中，实践智慧低于理论智慧，实践智慧是为理论智慧提供闲暇的管家。因而，实践活动不应是我们所追求的最终目的。相反，我们应尽可能地追求在闲暇中进行的沉思活动。因为，沉思生活是近似于神的最完满自足的幸福，符合灵魂理智中的最高级部分的德性。另一方面，里夫认为，尽管实践智慧对沉思活动而言只是服务于理论智慧的管家，这却并不意味着发展理论智慧并据此行动是压倒性的目的。相反，在实践领域里，重要的是应对具体情况并且做得好的品格状态，即实践智慧，而不是抽象的理论智慧。并且，由于人的混合本性，如果想要拥有完满的幸福生活，就必须要有外在善的支撑，而实践智慧的作用就在于提供这种支撑。

我们应该承认，实践智慧和理论智慧之间存在某种关联。这种联系体现为，在实践领域中，实践智慧发挥主导作用，是理论智慧活动——沉思——得以实现的重要支撑。

"实践智慧是一种同善恶相关的、合乎逻各斯的、求真的实践品质。"[1] 拥有实践智慧的人的特点就是善于考虑与自己利害相关的事物，这种思考的能力表现为一种针对特殊环境的判断力，能够帮助行动者在正确的时间、采用正确的方式、对正确的对象，做出合乎情形的适度的行为。与此相反，亚氏把理论智慧表述为与属人的幸福无关的东西。亚氏要求我们审视实践活动，看看在不同的活动领域中，什么才是值得信任的判官。最后发现，在实践领域，德性活动的恰当标准只能是一个地地道道的人，即具有实践智慧的那个人。这个人的判断建立在他对实践活动长期而广泛的经验基础上，而不是那些普遍的科学原则。因此，从效用角度看，在实践领域内，处理可变题材的实践智慧发挥着主导作用，而研究永恒世界的理论智慧作用甚微。

此外，由于人的混合本性，一种纯粹的沉思生活对人而言很难实现。因为，首先，我们不能排除这样一种情况，即有的人眼界不够宽广，视野不够长远，对他而言，当下的成功远胜过长远的幸福。因而，他根本不想去追求沉思生活，只想要过属人的实践生活。显然，在这种情况下，应对具体情境的实践智慧比静观沉思的能力更为重要，即使没有理论智慧，这种人也可以过上属人的幸福的生活。第二种情况是，一个人能调和混合本性，致力于实现沉思生活。这里，可能出现两种情况：一种是行动者有理论智慧而

---

[1]　1140b6—7.

没有实践智慧，另一种是行动者既有理论智慧又有实践智慧。

第一种情况很可能出现。因为亚氏极力强调人按照最完满的德性，不受干扰地实现沉思活动是最幸福的生活，沉思活动即是幸福的最高实现。这种观点似乎表明，像阿那克萨戈拉和泰勒斯那样，只要单纯过沉思的生活，人就是幸福的，其他的政治、责任义务等世俗因素都可以不予考虑。

接下来，要考虑一个仅拥有理论智慧的人是否能真正顺利地过上沉思生活。对于一般人而言，答案是否定的。亚氏也说，"作为一个人并且与许多人一起生活，他也要选择德性的行为，也需要那些外在的东西来过人的生活"，"德性的实践需要许许多多外在的东西，而且越高贵、越完美的实践需要的外在的东西就越多"。① 由此可见，财富、权力、朋友等工具性的善是幸福不可或缺的组成部分。既然幸福的生活需要这么多外在因素，即使致力于追求沉思生活，也不得不安排好实践生活。而为人的实践生活作出统一筹划和安排的，只能是实践智慧。这就是第二种情况，即同时拥有理论智慧和实践智慧。理论智慧使人能够在闲暇中进行沉思活动，而实践智慧的作用就是提供这种闲暇，支撑理智幸福。因为，在多种因素构成的复杂的生活情境中，只有实践智慧能够最好地打理一切俗世事务，为实现沉思幸福创造必需的物质条件和良好的道德状态。

在最完满的幸福——沉思生活——的实现中，我们可以清楚地看到实践智慧对理论智慧的支撑作用。实践智慧统筹安排各种实践性事务，使理论智慧承载的最高价值的活动——沉思——最大可能地实现。这也正是实践智慧的管家之职责的真正意义。

四　理智幸福还是综合幸福

如前所述，对应灵魂结构，理论智慧高于实践智慧；置于实践生活，实践智慧支撑理论智慧。实践智慧与理论智慧的这种关系，实质上反映了两种幸福概念之间的对立：一是对应神性沉思生活的理智性概念；一是对应人性混合生活的综合性概念。完美意义上，人人都应该超脱凡世，超越眼前的苟且，去努力追求不朽的东西，过一种与我们灵魂中最好的部分——努斯——相适合的沉思生活。因为，如亚氏所说，这最好的部分虽然极小，但其光耀远超于灵魂中剩余的部分，与之相匹配的生活也将最神圣和最幸福。

诚然，神性的生活或许更加值得赞赏。但是，每个人对幸福的取向也不同，幸福生活的模式应是多样的，单一主导型模式并不能满足多元化的利益追求。那么，对幸福生活的寻求就必须是一种相对于个体的寻求，或者说相对于物种的寻求，而不是一种一般的寻求。每一理性生物都有相对于自己而言的善，对于任何存在者来说，所追求的必须

---

① 1178b4—5，1178a35—1178b1。

是那种能够说明其独有特性的生活，若没有那些特性，我们就不愿意把一个生活看作那个存在者特有的生活。因此，与完满自足的神不同，人作为社会性动物，必须考虑与社会和他人的关系，必然逃脱不了世俗的牵绊；人拥有混合的本性（包含了理性、情感、感觉、行动等的交互作用，且理性并不能时刻抑制欲望和情感），其活动也是多变和复杂的，单纯地追求沉思生活并不符合人特有的混合本性。进一步讲，即使有德性卓越的人可以协调好各种情感和欲望，使得沉思生活成为其一生所求，他也不得不首先安排好实践生活。因为，处于人世间，只有解决了俗世繁务，才能心无旁骛地静观沉思。因此，人更应该追求作为人类存在者能够过的符合本性的综合生活，而不是超越人类特性的单纯的神性生活。

作为人不得不想人的事，作为人也应该追求属于人的幸福。这种幸福是一种综合性的概念，它是对人类生活和活动的整体筹划，但并不排除对沉思生活的向往。我们是在过好当下综合性生活的过程中，一步一步朝向更神圣的沉思生活。在综合性幸福生活中，相较于理论智慧，我们更需要实践智慧的灵活运用。具有实践智慧的人就在人的世界中，并不力图超越这个世界。实践智慧把可实践的善作为目的，处理着一切与人的幸福相关的事务，指引着人的行动朝向善的目的，最终实现人可以过的最幸福的生活。

幸福为何必须具有感性维度？

——基于阿多诺的亚里士多德主义思想

韩子健

摘要： 主体的感性维度长期以来被启蒙理性所压抑和排斥，而阿多诺则看到了在其中所蕴含的潜能。通过论述一种"真正的愉快"的存在，并将其与艺术作品的真理属性、沉思的实践性联系起来，阿多诺试图重新激活一种包括感性维度在内的"幸福"概念，而它在启蒙理性的发展过程中已经被遗忘或被其他更"客观"的概念取代。这个概念内在地将"好"与"愉快"联系起来，旨在确保主客体之间达到真正的"和解"：当我实现所谓的"幸福"时，我必须在"主观"上感觉到愉快。在理性逐渐暴露出自身局限，主体性日益衰微的当今社会世界，这样一种亚里士多德式的幸福概念能够发挥出新的作用，即在普遍的社会压制下保留一片自主主体性的空间。

关键词： 幸福　感性　愉快　好　主体性

在西方启蒙理性的哲学传统中，主体的感性维度长期以来被视为次要的或低级的，长时间处于哲学思想主流地位的意识哲学所构建的"我思"式的意识主体，恰恰是通过排除这种被歧视的感性维度得到的。这种理论态度的现实影响一直延续到今天：西方社会的资产阶级道德观本质上是一种严苛主义或禁欲主义的道德观，在其中为了实现所谓的"好"（good），必须以牺牲和压抑自己的感性维度为代价；而人们对"感性"的常识性理解也符合这一点，在其中感性常常与某种动物性的本能以及享乐主义挂钩。① 然

---

① 对于"good"这个概念，本文选择使用"好"而非"善"这个翻译。原因如下：1. 在中文语境中，说"某物是善的"似乎是在进行某种抽象的道德价值的哲学思辨，而"某物是好的"才是在社会实际的日常生活中常常使用的价值判断的表述，而本文关注的恰恰是"good"与愉快之间联系的消失在后一个情境中产生的现实影响。2. 本文还将涉及阿多诺的"the least bad"这一表述，显然这一表述应该译为"最不坏"而不是"最不恶"，而在与这里的"bad"相对照的意义上，我们谈论的是"好坏"的问题，虽然它同时也确实是"善恶"的问题。

而，在本文看来，这是对主体感性维度的"污名化"，感性原本所具有的内涵比这种启蒙理性所指认的简单形象要丰富得多。

在一般的流行理解中，启蒙理性最有影响力的反对者之一阿多诺似乎也是"感性"的反对者，这种理解应该主要来自阿多诺对文化工业的讨论；它并非完全错误，但停留在这个层面就错过了问题的关键。维尔默指出，阿多诺坚持"某种感觉论的幸福概念，此处的幸福意味着感性上的满足"①。这种作为感性满足的"幸福"似乎与阿多诺的悲观主义形象格格不入，阿多诺如何在文化工业中批评感官享受的同时却仍能坚持某种感觉论的幸福概念？关键在于把感性维度从启蒙理性的污名化理解中解放出来，感官快感并不代表全部的感性维度，而只是其中一部分，在主体的感性维度中可能存在一种"好"的愉快，它就是"幸福"。本文认为：通过坚持一种具有感性维度的"幸福"概念，阿多诺试图释放被压抑已久的主体感性维度所蕴含的潜能，并恢复主体本应具有的一种感性的直觉能力，从而在普遍的社会压制下坚守些许形成并保存主体性的希望。

为了理解阿多诺是如何做到这一点的，首先必须明确阿多诺对主体的感性维度的基本态度，而这并不是一个全盘否定的态度，而是一种辩证的态度。在第一节，本文基于阿多诺对文化工业的分析指出阿多诺坚持了一种"真正的愉快"以及主体感受这种愉快的直觉能力的存在，但这里的"真正的愉快"只是一种观念而非明确的概念。在第二节，本文试图论证阿多诺更进一步用"幸福"这一概念取代了"真正的愉快"的观念，它是一种认识的幸福或沉思的幸福，因为对待艺术作品的正确方式是通过沉思（或认识）把握其中的真理内容，而在这种沉思是一种实践活动，在其中我们已经与社会拉开了距离。由此阿多诺试图重新激活一种具有道德及政治内涵但同时包含感性维度的幸福概念，它最初被亚里士多德所论述，但在启蒙理性对感性的压抑中，它逐渐被遗忘或被其他更加"客观"的概念所取代。幸福的感性维度是必要的，幸福与愉快之间的关联是必要的，否则人们就可以在实现所谓的"幸福"（好）的同时却是痛苦的，这导致了严重的现实后果。只有坚持幸福的感性维度，主客体之间的真正"和解"才得以可能。这体现出阿多诺思想中鲜明的亚里士多德主义色彩，由此本文在第二节希望说明，亚里士多德主义的"幸福"概念在阿多诺的思想以及当今社会世界能够发挥出怎样的新的作用。

一 对待感性的辩证态度：区分感官快感与"真正的愉快"

在柏拉图的思想中，肉体是污秽的、腐朽的，只有在肉体毁灭的时候不死的灵魂才

① 维尔默：《论现代和后现代的辩证法：遵循阿多诺的理性批判》，钦文译，北京：商务印书馆，2003年，第18页。

得以从中解脱；在笛卡尔的思想中，感官是变动的、不可靠的，"我思"才能作为哲学上的第一出发点；在康德的思想中，身体冲动是经验的、"非自愿"的，应该被排除出去以确保"自由"。而在阿多诺看来，启蒙理性的历史同时也是感性或身体受压抑的历史，启蒙理性所寻求支配的自然不仅是外在自然，更是作为"内在自然"的人的身体，"身体变成了对象、死的东西和'尸体'"。① 随着人们在启蒙理性的原则下将自己视为统一的理性能动主体，人的感性维度就被视为"非自愿"的应该被排除出主体领域的异己之物，成为对象和客体。这体现了启蒙理性的"同一性"思维原则，在其中"主体把客体归约为自己的一部分；主体吞没客体，完全遗忘了它还是客体自身"。② 必须逆反这一原则，将客体还原为其不受主体压制的本来面目：客体不是知性抽象的产物，而是"事实本身"意义上的现实存在。

在这一"客体优先性"的原则下，一个关注人的感性维度的理论应该做的不是抽象出一种剔除了经验性维度的先验的感性，而恰恰是关注在特定的社会历史语境中真实存在的经验性的情感，这意味着从社会现实出发对其进行考察。而阿多诺首先发现的是：大众已经沉湎于文化工业制造出的感官快感。在对他的流行理解中，这个观点往往被错误地理解为阿多诺对文化工业分析的全部内容。但如果仅仅将他理解为一个感官快感的敌对者，就很难将阿多诺与他批评的启蒙理性的思想家区分开来，因为后者怀揣对感性的敌意同样反对感官快感，并且他们正是以禁欲主义或严苛主义为特征的资产阶级道德观的奠基者。

而阿多诺的理论分析事实上已经超越了这个层面，在《音乐中的恋物人格与听觉退化》中，他认为，在现代社会大众的倾听音乐已经呈现出新的特征，他们在鉴赏音乐时所产生的感受"被愉快中的不快所定义"。③ 这里的"愉快"指的是由工业流水线生产出的音乐带给人们的愉快，阿多诺称其为错误的愉快、表面的愉快或直接的愉快，它就是感官快感。而这里暗示了一种"真正的愉快"的存在，阿多诺正是在这个意义上进行关于"不快"的讨论：人们存在一种对真正的愉快的需求，而在如流行音乐之类的流水线产品中，人们获得的仅仅是一种极其劣质的表面的快感，他们的需求不能得到满足，因此产生不快（在日常生活中的具体表现常常是某种空虚感）。《启蒙辩证法》中所说的

① Adorno, Theodor W., &Horkheimer, Max: *Dialectic of Enlightenment: Philosophical Fragments*, Noerr, G. S. (ed.), Jephcott, E. (trans.), (Redwood City: Stanford University Press, 2002), p. 193.

② Adorno, Theodor W., "Subject and Object", *Critical Models: Interventions and Catchwords*, (New York: Columbia University Press, 2005), p. 246.

③ Adorno, Theodor W., "On the Fetish Character in Music and the Regression of Listening" *The Essential Frankfurt School Reader*, Andro, Andrew, &Gebhardt, Eike (eds.), (New York: Urizen Books, 1978), p. 274.

"文化工业不断向消费者许诺，又不断在欺骗消费者"表达的也是同样的意思。① 现代社会中的大众并非沉溺在感官快感中无可救药，他们反而能够通过"不快"来感知到这些流行音乐并非他真正所欲求的。

将阿多诺与一个简单的感官愉快的反对者形象区分开来的关键，在于在"愉快"这个概念内部进行区分：在今天的日常生活中，当我们谈论"愉快"时，我们往往直接将其等同于感官快感；但是阿多诺的论证表明，并不是只有这一种愉快，在感官快感之外还有一种"真正的愉快"存在。尽管阿多诺将海德格尔的思想称为"本真性的行话"，他本人仍然坚持了一种本真性与非本真性的区分。② 区分"真正的愉快"与感官快感使得他不至于对所有的愉快都采取否定的态度，而能够设想一种"好"的愉快的存在，这已经能够表明阿多诺对主体感性维度的捍卫。

阿多诺由此需要去论证一种好的愉快的存在，然而，在他的思想中我们几乎找不到关于"好的愉快"的正面论述；相反，有一个概念却被反复论述，这个概念在哲学史上曾经将"好"与"愉快"两个概念范畴联系在自身内部，它就是"幸福"。通过将两者联系起来，我们将能够看到，阿多诺强调存在"好的愉快"的目的不是纯粹审美的，而在很大程度上与道德及政治领域相关。

二 幸福与愉快的联系：一个亚里士多德主义的观点

在《美学理论》的一处表述中，阿多诺将"审美享乐主义"与"认识的幸福"进行对比，他认为相对于认识的幸福，感官快感对于艺术作品来说是更加偶然的和非本质的。③ 在这个对比中，"认识的幸福"明显地占据了第一节所论述的"真正的愉快"的位置。随之而来的是两个问题：一，为什么认识对于艺术作品来说是本质性的；二，为什么阿多诺使用的是"幸福"而非"愉快"，即为什么不使用"认识的愉快"这一表述？

首先解决第一个问题，在阿多诺看来，现代艺术是与同一性相对的非同一性栖身的场域，它在普遍的同一性中保留了一片非同一性的空间。而现代艺术因此表现出某种"谜语特质"，它必须是晦涩的和难以理解的，因为这是不可概念化和概括化的非同一性的要求，是其避免被同一性所捕获的要求。谜语意味着相应的有待破解的谜底，"艺术作品的真理内容就是对某一单个作品之谜的客观解答或揭示"④。这说明了阿多诺审美

---

① *Dialectic of Enlightenment*：*Philosophical Fragments*，p. 111.
② Jay，Martin，"Taking On The Stigma of Inauthenticity：Adorno's Critique of Genuineness" *The New German Critique*，No. 97，(2006)，pp. 15—30.
③ 阿多诺：《美学理论》，王柯平译，上海：上海人民出版社，2020 年，第 23 页。
④ 《美学理论》，第 192 页。

理论中的艺术的认知特征，即艺术中蕴含有待被认识的真理，艺术的目的在于其本身的"真理内容"的揭示；这个工作需要哲学来完成，哲学阐释不是从外部强加在艺术上，而是艺术本身的要求，它要求哲学阐释以使真理内容得到完整的展现。阿多诺不认为这是艺术对哲学的单方面依赖关系，而是一种相互依赖的关系。哲学阐释所需要的对象必须在艺术中产生；而艺术本身蕴含的真理内容必须通过哲学阐释才能显现。简言之，任何将艺术鉴赏仅仅视为简单的享乐和消遣，仅仅视为感官快感的来源的看法都错失了非同一性艺术的本质。阿多诺批评同一性思维支配下的理性，由此他注意到不同于理性的感性领域，但他没有彻底放弃理性，而是试图建构一种感性与理性的辩证关系，这意味着关系的重心不会落到其中任何一端。

其次，第二个问题略微复杂，为了解决这个问题，我们首先需要了解幸福的一般含义，这要求我们从第一个系统性论述"幸福"概念的哲学家亚里士多德的思想出发。亚里士多德认为，形式是事物的本质，是事物的内在原因和根据；而一个事物之所以成为其自身，就在于它实现了这个本质，因而形式又是事物所要追求的目的，形式推动着万物由潜能到现实的转化。在这个目的论的意义上，形式本身就是"实现活动"，它总是与"功能"具有密切的联系。① 好与坏的判断与形式相关联，与相应的基本功能是否得到良好的实现相关联。这就意味着形式包含一种使我们的基本功能得到践行的客观要求，我们据此来判断什么对我们来说是好的而什么不是。对于生物来说，它们所具有的是生命形式，而人之为一种"理性的动物"就在于他的生命形式（亚里士多德所说的"德性"）超出了动物的仅仅以"自我持存"为内容的生命形式。"幸福"在于合乎人之为人的生命形式的实现活动，在于使我们的基本功能（理性）得到践行的实现活动，这种实现活动就是沉思。沉思的幸福就是最高的幸福，这同时意味着它是最令人愉快的，这是一种属人的愉快。②

从"幸福在于实现活动"的角度，我们需要联系阿多诺思想中"认识"的另一重含义，即认识同时也是一种实践活动。在阿多诺看来，现代资本主义社会是一个"根本恶"的社会世界，它需要的是一个彻底的改变，而这在目前看来是不可能的，因为我们已经错过了那个转变的时机。③ 这样一个社会世界让我们的选择空间形成了这样一种矛

---

① 徐开来、刘玉鹏：《论亚里士多德对形式的不同规定及其相互关系》，《四川大学学报》（哲学社会科学版），2003 年第 5 期，第 43～46 页。

② 亚里士多德：《尼各马可伦理学》，廖申白译，北京：商务印书馆，2003 年，第 305～308 页。

③ Freyenhagen, Fabian, "Adorno's Politics: Theory and praxis in Germany's 1960s" *The Philosophy & Social Criticism*, Vol. 40, No. 9, pp. 879-884.

盾的结构，以至于我们怎么选，都只能选错，"错误的生活不可能被正确地过"①。由于我们做什么都是错的，那么我们只能做最不坏的事情，即"不介入"，采取一种抵抗的立场。在这个意义上，认识就是一种实践。在讨论"认识的幸福"的同一节，阿多诺模糊地谈论了一种真正的愉快，他认为真正的愉快是一种"从他律的经验整体中解脱出来的状态"，并认为康德所说的抵抗性的"崇高感"表达了类似的意思。② 这里的"他律的经验整体"指的就是资本主义社会，而从中"解脱"即与社会拉开距离。我们无需也不可能彻底认识非同一性，仅仅是投入认识领域本身就已经让我们与社会拉开了距离，就足以在普遍的不幸中让我们感受到幸福。

在这个意义上，这里的认识并不真的是要获得什么"知识"，在其中认识仅仅是作为实现"获取知识"这个目的的手段，这体现的是一种工具合理性；而我们本身也无法对非同一性形成任何"知识"，因为非同一性是不可概念化和概括化的，而"知识"往往是同一性思维的产物。为了与这种工具理性式的"认识"区分开来，阿多诺更多使用的是"沉思"这个概念。在《否定辩证法》的"沉思"这一小节中，阿多诺同样谈论了一种"精神幸福"："但若一个人不做任何事情——还没有被威胁偏向坏的事情（即使它想成为更好的事情）——那他就处于思维中。这就是他的辩护，也是精神幸福的辩护。"③ 不仅如此，在这里阿多诺也对"幸福"概念做出了区分，认为将"字面意义上的感官幸福"与"精神幸福"混淆起来是严重的错误。这种混淆是如何发生的？因为精神幸福"不被容许"，如上文所述，一旦持有一种同一性思维对愉快采取全盘否定的态度，将感官快感视作愉快的全部内容，那么在常识中与愉快保持有联系的幸福就成为这种感官幸福，成为一种享乐和纵欲，而它的本来含义则被遮蔽了。

阿多诺的目的在这里已经能够得到揭示，即捍卫这种"精神幸福"的概念，实际上就是捍卫一种亚里士多德意义上的幸福概念。我们可以在此回应第二个问题：建构一种好的愉快并非阿多诺的最终理论目标，康德意义上的无利害性的美感也可以是这种好的愉快，但它并不能为一个人在社会世界中如何行事提供指导，不能为"什么是好的"给出解答，简言之，它不具有一种道德及政治内涵；而阿多诺试图做到的正是重新激活这种具有道德及政治内涵的"幸福"概念，好与愉快是这个幸福概念的题中应有之义。"幸福"这个概念同时包含"好"与"愉快"两个方面，幸福作为最好的事物（"最高善"）一定同时也是最令人愉快的，这是幸福的感性维度。

---

① Adorno, Theodor W., &Moralia, Minima, *Reflections on a damaged life*, Jephcott, E. (trans.), (New York：Verso, 2005), p. 28.

② 《美学理论》，第 23 页。

③ 阿多（尔）诺：《否定辩证法》，王凤才译，北京：商务印书馆，2019 年，第 275 页。

然而，在启蒙理性传统中对感性或身体的敌视使得幸福的感性维度消失了，并实际上消灭了"幸福"这个概念。[①] 它的后果在康德的"绝对律令"那里还尚不明显，而在黑格尔的和解方案那里体现得淋漓尽致：当黑格尔将市民社会中个体的不满与痛苦看作一种"主观异化"时，它实际上也就是将这些主体性经验视作无足轻重的，他的"和解方案"不是试图消除这种痛苦，而是在某种程度上将它们的存在正当化了，我们可以在实现所谓的"人类社会最好的制度安排"的同时却是不愉快的。[②] 然而，主体的痛苦不仅仅是主体层面的问题，尤其不是由于他们缺乏对社会的正确认识所产生的，而是对真实存在的糟糕的社会历史状况的正确反应。幸福这个概念失去了其位置，甚至连现当代亚里士多德主义者都已经放弃了"幸福"这个表述。对于《尼各马可伦理学》中的"εὐδαιμονία"这一希腊词语，旧英译往往将其译为"happiness"（即"幸福"），但近年来的亚里士多德主义者大多都认为将其译为"human flourishing"（"人的繁荣"）较能准确表达其内涵；这种翻译固然有其道理，但是，随着"幸福"这个表述的消失，"εὐδαιμονία"这个概念本身所包含的"愉快"的维度也随之消失了。换句话说，幸福本来应该包含一种主体性情感经验的感性维度，即"我感觉到幸福"；但是，作为最好事物的幸福现在已经被替换为了其他概念：自由、平等、民主或人的繁荣，无论现在它被叫作什么，它与愉快的关联都变得非常模糊甚至消失了，它基本上成为一种客观视角下的最好（类似于"全人类的福祉"），而不再包含个体性的主观感受这一维度。

简言之，一个令人愉快的事物未必是好的，但一个好的事物一定是令人愉快的。这句话的前半句在过去和现在一样，一般都能被大多数人所赞同；但这句话的后半句在今天很有可能被视为是不成立的。由此带来的现实后果是：如果幸福（好）不再具有一种感性维度，那么人们就可以在实现所谓的"幸福"的同时却是痛苦的；从而这就为种种意识形态理论将人们所感受的痛苦合法化提供了帮助，为人们打着行善的旗号作恶提供了便利。这说明幸福的感性维度是必要的，幸福与愉快之间的联系是必要的。

阿多诺并没有因为反对感官快感和享乐主义就走向某种严苛主义或禁欲主义。尽管阿多诺强调对感官快感的拒斥，但也并不意味着必须以某种类似苦行僧的方式接近好的事物（在阿多诺这里是"非同一性"），沉思者固然不能获得感官快感，但能够在以艺术的真理内容为认识对象的哲学阐释中，在与社会拉开距离的沉思活动中获得另一种更高层面的愉快，即幸福，从而达成真正的"和解"。真正的和解一定同时发生在主客体层

[①] 阿多诺认为，康德使得道德范畴与幸福严格对立起来。（《否定辩证法》，第 292 页）在另一处表述中，阿多诺称当今社会世界为"否定幸福的世界"。（同上书，第 427 页）

[②] 哈德蒙认为这是一种"神正论"的观点。哈德蒙：《黑格尔的社会哲学：和解方案》，陈江进译，北京：北京师范大学出版社，2020 年，第 129～132 页。

面，而不可能仅在客体（客观）层面发生，这也表明资本主义社会并不是那个值得我们与之和解的社会世界。

这个幸福概念已经表现出明显的亚里士多德主义色彩，并且阿多诺也清楚地认识到了这一点。在阿多诺和霍克海默的一个对谈中，阿多诺这样说道："正因为理论的特殊地位，它是幸福的一种替代。在今天的世界里，除了坐在椅子上思考的的人的行为之外，实践无法找到任何与幸福有关联的东西。"而霍克海默回应："这是一个亚里士多德主义的观点。"[1] 这提示我们进一步将阿多诺的幸福概念置入一个亚里士多德主义的概念框架中进行考察，从而理解这种幸福概念在阿多诺的思想中能够发挥怎样的作用；更重要的是，我们将能够看到，通过阿多诺思想的中介，"幸福"这个看似陈旧的概念在当今社会世界能够发挥何种新的作用。

三　幸福的自足性、非概念性及自主性

在亚里士多德的思想中，幸福主要具有如下两种性质：自足性与非概念性。而两者在资本主义社会都具有了新的意义：首先，幸福是自足的，这意味着它能够在普遍的交换原则下保留一个不可化约的空间。其次，幸福是非概念性的，即幸福总是"感性的幸福"，它在理性暴露出自身缺陷的今天，提供了一种从主体的感性维度超越作为工具合理性的启蒙理性的可能。幸福的这两重性质，最终都联系到这个与"主体性"息息相关的范畴：自主性。

（一）幸福的自足性

幸福是不缺乏任何东西的、自足的，"沉思是唯一因其自身缘故而被人们喜爱的活动"[2]。自足意味着一种不可化约性和独特性，沉思是一项个体性的事业，而幸福是一种主体性经验；我们无法替别人沉思，每个人的主观感受也无法被别人的感受所取代。[3] 感性的内容一定是主体性经验，是一种"第一人称视角"下的情感体验，从而构成对所谓

---

[1] Adorno, Theodor W., &Horkheimer, Max, *Towards A New Manifesto*, Livingstone, R. (trans.), (New York: Verson, 2011), p. 53. 值得注意的是，阿多诺在此处并不是直接说理论就是幸福，而是说理论是幸福的"替代"，这对应于"沉思是最不坏的实践"，我将在第三节简单探讨"特定社会世界的幸福"与"作为终极目的的幸福"的区分。

[2] 《尼各马可伦理学》，第306页。

[3] 福柯正确地指出，苏格拉底不是直接将知识传授给别人，而只是帮别人通过思考自己得出结论，因为沉思是一项个体性的事业。Nehamas, Alexander, "A Fate for Socrates' Reason: Foucault on the Care of the Self" *The Art of Living: Socratic Reflections from Plato to Foucault*, (Berkeley: University of California Press, 1998), p. 166. 这个例子跟第二小节将谈论的问题也有所关联，苏格拉底不是直接地将知识"灌输"给别人，所以他是思想的"助产士"而非教授知识的"智者"。

"客观"的普遍性的"第三人称视角"的对抗。这就是说，自足意味着不能通过某种等价交换原则与其他事物画上等号，一旦确立了某种自足的事物，我们就相应地在这个普遍可替代性的社会中画出了一块不可被替代的领域。我们可以在现实生活中遭受苦难，我们可以在肉体上是痛苦的（在感官快感的意义上），但同时在沉思的精神世界中，我们又可以是幸福的，尽管这种幸福并不能消除我们的痛苦，因为它们是两种不同层次的感受（任何伪装能够做到这点的幸福都不是真正的幸福），但只要存在这样一块自足的领域，社会的压制就不可能完全成功。（想想有多少伟大的思想是在监狱之中诞生的！）

在这一点上，我们可以指出阿多诺与亚里士多德的"幸福"概念的一个重要差异，即"沉思的幸福"只是对于当今社会世界来说是最好的，它是历史性的，而非普遍的永恒的人类社会的终极目的。如前所述，阿多诺认为我们处在一个根本恶的社会世界之中，这导致我们无法设想任何好的东西，我们应该放弃"积极乌托邦"的理念，而是去做最不坏的事情，避免最坏的情况发生；但对于我们这个社会世界来说，这种最不坏的事情就是我们能做到的最好的事情，而它就是沉思。这并不构成对亚里士多德主义概念框架的反驳，阿多诺在认同"人性"存在的同时也表明我们仍然处在"前人性"的状态，这表明我们尚不知道"人性"的完全实现意味着什么，但我们仍然可以知道如何避免"前人性"的状态。① 我们不需要知道也无法知道作为最终极目的的幸福的内容是什么，作为一个生活在当今社会世界的人，我们在这个社会中思考，在这个社会中实践，而试图超越这种历史性寻求某种跨语境的永恒有效的理论解释是荒谬的，它或许真的可以做到对不同的社会文化中都具有一定的解释力，但付出的代价是它对我们所处的这个特定的社会的解释力被削弱了。

问题在于，如何才能获得这种"幸福"？尽管它成为历史性的，但它显然同样只能为少数人所享有。感官快感任何一个人都能享受，幸福相比之下却总是需要付出努力克服困难才能获得。亚里士多德在论证这一点时诉诸某种日常的信念，即因为某事更难做到，所以它更好；而在阿多诺这里，两者的逻辑关系成为：因为某事是好的，所以它必须以困难的方式呈现。不可否认，在亚里士多德式的"幸福"概念中暗含某种等级制的色彩；而阿多诺也经常遭受"精英主义"的批评。但阿多诺和亚里士多德之间的不同在于：亚里士多德的观点来自一种理论抽象，而阿多诺的观点则来自对社会现实的观察——这个社会中的绝大多数人确实已经失去了批评反思社会现实的能力。只有极少数人才能投入沉思领域感受到"沉思的幸福"，这是阿多诺必须处理的社会现实，而并非

---

① 关于这一点的深入探讨及阿多诺作为一个否定的亚里士多德主义者的观点见 Freyenhagen, Fabian, *Adorno's Practical Philosophy：Living Less Wrongly*, （Cambridge：Cambridge University Press, 2013）, pp. 232-255.

某种先验的理论预设带来的理论缺陷。并且，这种"精英主义"的状态只是在根本性的社会转变发生之前的一种暂时状态，阿多诺寄希望于通过少数知识分子来尽可能地唤醒大众，使大众从"被奴役"的、"前人性"的状态，转变为成熟的具有独立思考能力的政治主体。

从被奴役的大众到自主性的能动主体，这种转变得以可能，必须首先确保有一片能够容纳自主性的不可化约的空间存在，在其中主体性才能够形成并保留。在认识论上这片空间被称为"非同一性"，它由现代艺术所承载；但这种"非同一性"并非远离主体的，不可化约的客体性与主体性通过"沉思的幸福"联系在一起。

（二）幸福的非概念性

一个希望在社会现实中产生某种效果的理论需要警惕以下两种风险：1. 成为一种意识形态，这意味着成为一种巩固现存秩序的工具（无论该理论本意如何）。2. 成为一种教条或说教，一种观点的灌输，或者是被听众及读者教条式地理解。这两种风险有其内在的关联，一个盲目地不加反思地将某种理论奉为圭臬的人，极有可能同时也落入了意识形态的操纵之中；更不必说"灌输"这个行为本身就带有强迫性的要素，隐藏着某种权力关系。阿多诺的理论既是一种意识形态批判理论，也以培养具有独立思考能力的成熟政治主体为目标，尽可能规避这两种风险对他来说尤为重要。①

对于亚里士多德来说，合理性本身是通过好与坏揭示自身的，即由于它是好的，我们才有理由这么做，而不是反之。并且这种合理性甚至不需要有意识地认识到，我们摸到火就会把手缩回来，这个时候我们就理解了"远离疼痛"这种客观要求，并认识到"伤害自己"是坏的，而甚至不需要思考它。② "形式"与我们的感受和反应是有着密切联系的，"重要的是从小培养起对该快乐的事物的快乐感情和对该痛苦事物的痛苦感情"。③ 因此，当绝大多数的人都对某个事物（如现代资本主义社会）产生痛苦或厌恶的负面情绪时，我们就已经有充足的理由说明这个事物是坏的。

在阿多诺看来，被同一性思维支配的理性具有总体化的特征，这代表它总是要消灭

---

① 实际上阿多诺已经受到了这样的批评，梅芙·库克认为阿多诺是将他对社会结构分析的结论"输出"给了人们，而他本应让人们自己思考结论究竟是什么。［Cooke, Maeve, "Forever Resistant? Adorno and Radical Transformation of Society", *A Compaion to Adorno*, Gordon, P., Hammer, E., & Pensky, M. (eds.), (New York: Wiley Blackwell, 2020), pp. 592-597.］这个观点在前提上与本文是类似的，即我们都反对理论上的"灌输"并认为它是对自主性的损害；但不同的是，本文旨在指出，阿多诺已经超出了她所指认的这种灌输。下文很快将论述这一点。

② Freyenhagen, Fabian, *Adorno's Practical Philosophy: Living Less Wrongly*, (Cambridge: Cambridge University Press, 2013), p. 236.

③ 《尼各马可伦理学》，第39~41页。

或吸纳异己的东西；而语言同样是"固着性和排他性"的。① 一旦幸福与愉快的关系被切断，好坏的价值判断完全由这样的理性进行裁定，那么社会世界就可以用好的名义为非作歹，但同时以语言这个看似客观的合理化的外壳为自己辩护；一旦这种看似中立客观实则暗含权力关系的语言称为进行价值评判的唯一标准，人们就别无选择而只能认同；一旦善恶的标准全部都由理性裁定，那么最后的结果在阿多诺看来一定是某种威权主义或极权主义。

而通过论述"沉思的幸福"以及主体相应的感受这种幸福的直觉能力，阿多诺所做的是将判断好坏的价值判断能力归还给主体自身，而这正意味一种自主性。② 阿多诺所强调的个体感知"真正的愉快"的能力显然是一种感性的直觉能力，这也就意味着它不需要依赖任何外在的概念理论（这甚至包括阿多诺的理论本身）来告诉自己这是好的，在当今社会世界任何试图做到这一点的理论都有成为一种"意识形态"的风险；仅仅凭借感受这种"幸福"，主体就足以意识到这是好的。这并不是说阿多诺的思想毫无价值，概念在解释层面是必要的，但并不是概念规定了现实如何发生和运作。当人们在投入沉思领域时，人们将能够感受到幸福，这并不是因为阿多诺的理论告诉他们"这是幸福的"，而是他们仅凭自己的直觉能力就能在主观上感受到的（尽管为了理解这种幸福的意义，我们仍需借助阿多诺的理论）。

结　语

综上所述，阿多诺尽管反对感官快感，但他看到了主体的感性维度中蕴含的潜能。阿多诺试图重新激活的这种"幸福"概念，是一种亚里士多德主义的幸福，幸福必须具备感性维度，并且这种幸福与愉快的关联在当今社会世界具有了新的意义：幸福的自足性保留了一个不可化约的空间，而幸福的非概念性提供了一种从主体的感性维度超越作为工具合理性的启蒙理性的可能，这两者使得自主性的主体性能够在社会普遍的压制下得以形成并保留。

主客体之间的真正"和解"在阿多诺看来是精神与自然的和解，这当然包括人与外在的自然世界的和解，但同时它也包括发生在人自身之中的意识主体与内在自然的和解。长期以来，人们在启蒙理性的自我持存的原则下排斥和贬低主体的感性维度，由此

---

① *Dialectic of Enlightenment*：*Philosophical Fragments*，p. 19.
② 这显然可能导致易误性及相对主义的问题，而在阿多诺看来，批判理论的存在的目的之一就是解决这种问题，正如艺术需要哲学，感性也需要理性。对这个问题的进一步讨论超出了本文的主题，简言之，在感性中仍然可能存在一种客观标准。费拉拉的政治哲学晚近的重要内容之一，即围绕康德的"共通感"概念对这个问题进行探讨。[Ferrara, A.，"Does Kant Share Sancho's Dream?：Judgement and sensus communis"，*The Philosophy&Social Criticism*，Vol. 34，No. 1-2（2008），p. 77.]

导致的是人的自我分裂，只要这种分裂仍然存在，真正的"和解"就不可能实现。

在主体性日益衰微的今天，是时候正视被压抑已久的主体的感性维度，已经明显暴露出自身缺陷的理性无法仅依靠其自身就解决它在理论上和现实中面临的困境，它必须借助不同于它（但并不必然与之对立）的感性的力量，这意味着感性不是理性的他者。西方哲学界已经开始重视对主体的感性或身体这一维度的强调，如阿伦特、费拉拉等学者开始转向亚里士多德的"实践智慧"、康德的"感性判断力"以及"共通感"等概念。在这个意义上，阿多诺对"幸福"概念的重新激活也是一条具有启发性的进路，这也使得他的思想可以介入当代政治哲学的论争之中。

"命运女神"的"真"与"假"

——从《君主论》来看马基雅维里对"命运"概念的继承与革新

—罗子皓—

摘要："命运"是贯穿马基雅维里《君主论》的核心主题之一。在《君主论》中,马基雅维里对"命运"这一概念有两种不同的比喻:"河流"与"女子"。"河流"蕴含命运完全外在于人类自身意志的含义,人类无法预测也没有能力抗拒,唯一能做的就是在命运还没有到来的时候做好防备;"女子"蕴含着命运是能够被我们所改变的,因为"命运女神"能够被我们的德性吸引,君主通过自身"策略性德性"的提高是有能力控制、征服她的。那么,"命运"是否真的能够被我们改变?"命运女神"真的存在吗?本篇文章:1)分析马基雅维里的命运观和其中存在的矛盾;2)通过施特劳斯和巴拉班对马基雅维里命运观的两种解释来更好地理解"命运"概念,3)对以上两个喻体产生的思考以及矛盾进行总结与回应。

关键词:《君主论》 马基雅维利 命运观

一 从《君主论》看马基雅维里的命运观及其产生的矛盾

(一)马基雅维里的命运观

斯金纳认为,文艺复兴时期因为对人类所特有的"卓越和尊严"的新理解——人类有自由意志,认为"命运"一词包含两个方面①。"命"代表着必然性的一面,"运"代表着偶然性的一面。必然性与偶然性在命运中并不是冲突对立的,它们统一于因果序列之中。一个事件是必然的,是因为我们对其中的因果序列有着充分的、清晰的把握;一

---

① 斯金纳:《近代政治思想的基础》,奚瑞森、亚方译,北京:商务印书馆,2002 年。

个事件是偶然的，是因为在我们已有的认知能力范围内对该事件尚不清晰。正是因为"命运"并非全是必然性的，还有一半偶然性的"机运"能够让我们掌握。

马基雅维里在一定程度上继承了人文主义者的命运观。他在《君主论》[①] 第二十五章中说：

> 有许多人向来认为，世界上的事情是由命运和上帝支配的，以致人们运用智虑亦不能加以改变，并且丝毫不能加以补救。

人们试图"以他们的审慎"去实现某些计划，但总是无法抵抗"世事变迁"。然而马基雅维里仍始终抱有拒绝悲观的观点，"不能把我们的自由意志消灭掉"。他认为，"命运是我们半个行动的主宰，但是它留下其余一半或者几乎一半归我们支配"，我们总是能够采取某些防备的措施来增加成功的可能性。他在《君主论》第二十五章最后得出结论：

> 当命运正在变化之中而人们仍然顽强地坚持自己的方法时，如果人们同命运密切地协调，他们就成功了。

正是因为"命运"并非全是必然性的，还有一半偶然性的"机运"能够让我们掌握。即使我们对于偶然性的情况可能不够了解，但是出于这种并不充分的了解，我们完全可以运用另外一些其他的并不违背因果的力量，去改变一些看起来被决定的牢不可破的情况，我们自身的能力是可以介入其中的。因此，君主要提升自己的"德性"也就是能够充分地认识到这种因果关系，并且有勇气去介入。

（二）马基雅维里命运观中存在的张力

在《君主论》第七章切萨雷·博尔贾的例子中，虽然这位公爵是依靠他父亲的好运来取得国家，但在之后的保持中，就算他"采取了各种措施并且凡是一个明智能干的人应做的一切事情他都做了"[②]，最后的结果也仍是亡国。马基雅维里在此处对于这件事例的评价是"如果他的处置无济于事的话，这并不是他本人的过错，而是由于运气极端的异常恶劣使然。"[③]

那么在此处就有一个矛盾。一方面，马基雅维里认为"命运女神"是一个女子，我

---

① 马基雅维里：《君主论》，潘汉典译，北京：商务印书馆，1985 年。
② 《君主论》，第 30 页。
③ 《君主论》，第 30 页。

们需要压倒她，冲击她，这样就能够掌控她或者改变自己的命运；而另一方面，就算我们使用了所有的能力来与命运抗衡，但如果我们的运气"极端的异常恶劣"①，那也根本无法改变我们的命运。即命运是否能够被我们所掌控或改变，"命运女神"和"河流"两个喻体之间的张力如何在马基雅维里这里得到统一。

对于此矛盾的理解，施特劳斯和奥德·巴拉班有两种不同的路径。他们的阐释中有一个很大的分歧是"命运女神"的"真"与"假"的问题，即"命运"是外在于我们自身意志行为的力量对我们造成影响，还是我们自身意志行为所造成的没有清楚认识到其中因果序列的结果对我们造成的影响，这两种不同的进路将在后文说明。

二 施特劳斯对于马基雅维里"命运"概念的解读

施特劳斯的解读可以分为三个阶段，他从马基雅维里运用的不同词汇入手，认为马基雅维里的进路是："命运机遇"取代"上帝"——"偶然机遇"取代"命运机遇"——"偶然事故"取代"偶然机遇"。通过这样一种取代，能够将命运的威力降到最低，将命运理解为一种"非目的论的必然性"。他认为这样的处理与马基雅维里的命运观相连贯，符合马基雅维里为主动选择、审慎斟酌的"策略性德性"留下余地。

(一)"命运的机遇"取代"天""上帝"

施特劳斯认为在马基雅维里的论述中，将"命运的机遇"等同于"上帝"。综合《论李维》第一卷的第五十六章和第二卷的二十九章，马基雅维里认可李维的论证：

> 苍穹大气之中存在着灵知智慧，这依然仅仅是一种可能性而已，而命运机遇之神的存在则是业已经过论证演示的事实。通过从事物的现象上升到它们的原因，我们所终于认识到的，是命运机遇的存在，而不是上帝的存在。②

施特劳斯在此处强调，马基雅维里刻意地将"命运机遇"一词等同于李维的"天"，基督教传统中的"天国""上帝"。因此，施特劳斯得出结论，即"命运机遇女神"取代了《圣经》中的"上帝"，这完成了第一步论证。

(二)"偶然机遇"作为"命运机遇"的根源

在施特劳斯对"命运机遇"与自然之间的关系进行的讨论中，他认为，"命运机遇"

---

① 《君主论》，第30页。
② 施特劳斯：《关于马基雅维里的思考》，申彤译，南京：译林出版社，2003年，第355页。

被包含在自然之中。自然的整体是由天国来治理的，天国为万物划定了其寿命的范围，但并不是每一个生物都会满足它的生命范围，因为世间有着种种灾祸。在这个意义上，人类就能够发挥其主动性，通过自身的艺技与审慎采取行动。人类抵抗灾祸与厄运的根源并不是"命运机遇"，而是自身拥有的才干和能力，也就是德性①。

当然人们无法完全控制住这样一种偶然机遇②，但是施特劳斯认为"人的尊严，不在于征服偶然机遇，而在于傲然独立自主。这种自由，这种尊严，这种真正的'福祉佳运'，只可能产生于一个人对于'此岸世界'的熟悉"③。

（三）"偶然事故"——一个非目的论的必然性

施特劳斯指出马基雅维里用"偶然事故"来替换"偶然机遇"一词的用意，是为了模糊自然与偶然机遇之间的界限，"偶然事故可以定义为具备普通领悟能力的每一个人都无法预见到的那类事件"④。马基雅维里用"偶然机遇"来代替"自然"，就是将世界理解为没有目的、没有灵魂的物体运作。

因此，最后得到的结论是：这种作为"偶然事故"的命运被理解为一个非目的论的必然性，"它为主动选择，为审慎斟酌，留下了回旋的余地，因而也为被理解为根本无法预见的偶然事故的根源的偶然机遇，留下了回旋余地"。

总结来看，施特劳斯赋予了"命运"一种自然力量，它在一定程度上是能够加以控制的。这样的"命运"的产生并不是来自人类的意志，也并非人类活动的结果，而是外在于人类自身的一种偶然性。"命运之神"和人类各自治理命运的一半。只有在"命运之神"发怒的时候，才会施展她的威力。但如果人们能够度德量力，防微杜渐，那么"命运之神"就会完全放手，"命运之神"青睐德性。

三　奥德·巴拉班（Oded Balaban）对马基雅维里命运观的解释

施特劳斯对马基雅维里命运概念的转化过程进行了清晰的描述，但是并没有回答有关"命运"的起源问题，而是认为"命运女神"就是那样真实地存在于人类世界的，她是一种自然力量所规定的秩序。这能够让我们进一步去思考，是否"命运女神"本身就

---

① 《关于马基雅维里的思考》，第 355 页。
② 此处，施特劳斯认为，马基雅维里通过用"偶然机遇"来替换"命运机遇"是为了突出，"命运"仍然是无常与不可完全掌控的一面。
③ 《关于马基雅维里的思考》，第 344 页。
④ 施特劳斯认为，马基雅维里之所以要用"偶然事故"来代替"偶然机遇"是为了澄清对"偶然机遇所报有的虚假观念"。这种"偶然事故"是不会被人们所预料到的。

是虚假的？我们如何从来源上说明，人类的命运不是由于各种超越性的外在造成的，而就是在于我们的意志和行为当中，是我们自身意志和行为的结果呢？巴拉班的进路很好地解决了这个问题，也给出了清晰的论证。他认为"命运"并不是外在于我们自身，而是我们自身意志行为的间接或无意识的结果对我们反过来造成的影响。

（一）人类的目的论行动（teleological activity）

人类的行为活动	目标	实现目标的手段
活动产生的结果	主体打算产生的结果（对目标的完成）	主体行动的意外后果（副产品）

他认为人类的行为活动是具有目的性的，其中包含了两个方面：①目标；②实现目标的手段。目的论活动会产生两种结果：（a）主体打算产生的结果；（b）主体行动的意外后果。他将（a）对应目标，将（b）称为副产品。[1]

他认为，人类的一项行动，首先是确定了目标，并且认为其有意义，这是一项行动发生的必要条件。为了实现这个目标，我们的意志被调动起来去采用一些手段。一旦目标实现，我们就认为活动已结束。因此，这能够证明我们的行动是为了实现目标而进行的，这些行动的完成直接取决于人的意志。

但是，目的论的行动也会产生与本身的目标无关的结果，也就是副产品。这种副产品有三种：①有利的，②不利的，③无关紧要的。人们倾向于不把这种副产品看作自己活动的结果，而是一种超然的因素。然而，巴拉班认为，这种被视为超然的因素的副产品也是我们在实现目标的行动中产生的，也就是与人类的意志有关。

（二）"命运女神"是"假"的——"命运"只是人类行动的副产品

通过对以上人类行动的划分，我们能够发现，"命运"就是在人类有目的地行动中所产生的对我们不利的副产品。这种副产品不被人类认为是自己有意识的目的产生的间接结果，因而被归结为命运、外部自然、意外等这些独立于人意志而存在的现象。他进而解释了马基雅维里在《君主论》第二十五章中所谈论到的河流的比喻。他认为，河流之所以会给人们带来灾难，其实是人们自身产生的后果，是因为人们在山谷中进行社会

---

[1] Balaban, O., "The Human Origins of 'Fortuna'In Machiavelli's Thought", *History of Political Thought*, Vol. 11, No. 1, (1990).

生产，想要通过山谷肥沃的土地来提高产量。

最后的结论是，自然灾害是人类目的论行动所产生的一个副产品，而我们所认为的"命运女神"其实并不存在。所有被我们称为"命运"的东西，其实是那些我们的行动产生的副产品，这些副产品并非我们有意为之，但它也是我们人类意志行动所造成的。因此，在这个意义上，一方面，我们意识到"命运"是我们无法控制的，但它仍然是有意识的行为的结果；另一方面，在理解这一层含义之后，我们就有能力去避免或者改变副产品带来的不利影响。进一步来说，"德性"就是对"命运"的真实认识，其包括知道如何以有利于自己实现目标的方式使用有利的"命运"（副产品）；以及如何采取适当的手段来对不利的"命运"（副产品）做好准备。

四　对马基雅维里命运观中矛盾的回应

（一）对以上两种进路的回应

在某种意义上说，施特劳斯对马基雅维里的解读，通过"偶然事件"所具有的无法预测的性质来代替一切都由上帝控制的基督教思想。但是在来源问题上，承认了"命运女神"的存在，即"命运"外在于我们的意志与行动。如果我们以外在于自身的"命运"来理解马基雅维里，那么除了会发现之前所提到的矛盾外，进一步我们会发现并非所有的"命运"都能够被改变，人类依然会处于一种自身无法掌握并且无法理解的不确定当中。那么马基雅维里所提及的德性的内涵便会减弱，"命运女神"有时并非只占有一半，而是所有。并且我们也无法进一步得出为何在这种命运观下，马基雅维里就能够推论出我们应该充分发挥自己的德性，对"命运女神"进行冲击与打压。

巴拉班的解释是一种彻底的改变，即在很大程度上，将"命运"和我们的个人的意志与行为结合起来，认为"命运"是我们自己行为无意或间接的结果。这样解释的好处在于，他能够统一马基雅维里对"命运"的两个喻体，看似的不可控也不过是我们自身并没有意识到的行动的副产品。因此，个人的德性得到了扩张，我们的能动性也得以显现。在承认命运具有无法预测的基础上，既包含了"命"（fate）也包含了"运"（fortune），并且作为我们意志行为的产物，能够通过我们自身德性能力的提升而加以影响和改变。

不过需要考虑的是，这种全然将"命运"融进我们自身意志行为后果的理解，是否是马基雅维里所认可的。也就是说，马基雅维里是否完全将视线投射在"此岸世界"而否定有一种超越于人类、外在于人类的力量存在。从马基雅维里《君主论》的语言中，我们无法得出结论。因为如果"命运"真的内在于人类的意志，那马基雅维里在此也就不会将"命运女神"的威力放在一个如此强大的地位，并且与能力（virtue）相互对立。君主也就不会存在"采取了各种措施并且凡是一个明智能干的人应该做的一切事情他都已经做了"[①] 之后仍然无法改变自身的命运。并且也不会有君主除了要提升自己的德性与命运对抗，还需要随着不断变化的命运而加以改变与协调。

（二）对马基雅维里命运观的理解

通过以上对矛盾的提出和思考，马基雅维里的命运观能够得到更进一步的理解。我认为可以综合以上两位提出的看法，来对马基雅维里"河流"与"女子"这两个喻体，以及"命运是否外在于我们意志行为"的问题进行一种回应。首先，我认为在马基雅维里这里还是存在这样一种超越人类自身的，"苍穹大气之中的灵知智慧"。虽然在文艺复兴时期，有着对于人自身能力的认可与推崇，但是不能够因此就否认掉这样一种外在于人类自身的"命运"的力量。从马基雅维里的论说中，还是能够看出一种面对命运的无常产生的悲观态度，不过同时，他也在尽力地告诉我们，不能向命运妥协，我们是有能力去与命运对抗的，在什么时候也不能够放弃这样一种可能性。

其次，马基雅维里是承认并且强烈认可我们能够通过个人德性能力的提高来对自身的命运进行改变的。命运除了带来一些无法抵抗的灾难之外，同时也能够提供机运。

> 机会给他们提供物力，让他们把它塑造成为他们认为最好的那种形式。如果没有这种机会，他们的精神上的能力就会浪费掉；但是，如果没有那样的能力，有机会也会白白地放过。[②]

能力与机会之间是能够相互进行转化的，这其中就是命运的两面中"运"（fortune）的一面。因此，在此处能够对马基雅维里命运观提供一个比较清楚的划分：

命运	命运（fate）	机运（fortune）
喻体	河流	女子
与个人的关系	无法抵抗，只能预先做好防备	能够被我们的德性能力所征服和控制

并且需要注意的是：作为机运（fortune）的那一面的"命运"之所以能够被德性能力改变，就是因为它其实是出自我们自身意志行为无意或间接地产生的对我们造成不利

---

① 《君主论》，第30页。
② 《君主论》，第25页。

影响的副产品，因为仍然是我们自己造成，那么就能够通过对于某些条件的改变去回避或抵抗。德性的能力在此处就能够发挥作用，越有德性的人就越能够产生更多的机运。

而作为命运（fate）那一面的“命运”是我们无法做出抵抗的，就像河流一样，所能做的就是预防，因为这种“命运”外在于我们，我们不能在自身的因果序列之中做出对某些条件的改变来克服，能够做的就是增强自身抵抗这样一种命运带来风险的能力。由此，能够看到的是对我们产生影响的“命运”既有可能是在“fate”的一面，也有可能是在“fortune”的一面，对于“fate”这一面的“命运”，我们需要加以警惕，因为这种“命运”外在于我们自己，它就是“命运女神”的反复无常，我们需要做的就是与其相协调、相适应，“在她的轮盘上左右跳动”，以期不被她突然带来的好运而冲昏头脑，也不至于被她突如其来的厄运而彻底摧毁。而对于“fortune”这一面的“命运”我们就要运用德性的能力抓住机会，利用机会，改变不好的走向，以期获得成功。而君主之所以需要不断地提升自己的能力，是为了当感受到命运的变化无常时，运用德性对两种“命运”加以分辨，协调适应地去预防“fate”，而抓住机会发挥勇气来改变“fortune”。

通过以上讨论，我们从《君主论》的问题出发看到了马基雅维里对于古典命运观念继承、发展和革新的一面。能够看到的是他作为施特劳斯看来的“近代政治思想之父”，其思想确实与之前产生了很大程度上的革新，破旧立新，承古启今。通过对马基雅维里命运观的探讨与理解，“政治是一项对抗命运的技艺”[1] 也得以被更好地理解。

---

① 马基雅维里：《论李维》，冯克利译，上海：上海人民出版社，2005 年。

奴役还是野蛮？

——卢梭论社会性悖谬

唐滋芃

谈知辰

吴鹏

摘要： 在《论人类不平等的起源与基础》中，卢梭向读者展示了人类如何深陷"社会性悖谬"（antinomy of sociality）的状态，一方面，重回自然状态是不可能的也是不可欲的；另一方面，社会状态中的人又可能走向奴役状态。本文通过文本分析的方法，考察了卢梭在《二论》中如何以一种演化论的视角揭示出处于社会状态中的人类悖谬性的生存状态，并考察《社会契约论》中卢梭对此问题的解决方案，最终认为卢梭并没有解决这一悖谬，反而加大了社会状态与自然状态之间的张力。

关键词： 社会性悖谬　卢梭　奴役　自然状态

一　社会契约如何克服社会性悖论

（一）社会契约的基础

卢梭凭其出色的文笔在《二论》的第二部分将文明人的社会渲染得仿佛地狱，人的天性在其中遭到了破坏，人们变得堕落，陷入互相奴役的绝望之境。如罗尔斯所说，"建立在不平等和反常的自尊之上的社会罪恶，看起来是不可避免的。这是因为它们是与我们的理性、想象力和自我意识联系在一起的"[①]。这样的解读或许正是卢梭所想要达到的效果，如 Starobinski 所说，"历史是一种病态。但人要如何治愈处于历史中的他呢？这不能通过对历史的拒绝来完成……无论西方还是其他什么地方，受难的治愈者（suffering healer）都被致以非常的敬意……一个人越发体现着受难的救世主的理想，他的呼喊就越被视作激发了一种模糊的集体希望。不管怎么说，显然卢梭的许多仰慕者都

[①] Rawls, J., *Lectures on the History of Political Philosophy*, (Cambridge: Harvard University Press, 2007), p. 200.

将他视作一个受难者来看待和爱戴他。"① 换言之，卢梭有意渲染这种绝望以使自己更接近于一个受尽现代社会苦难的救世主，他在《二论》中描绘的景象越是绝望，他在《社会契约论》中所做出的工作就越是荣耀。

于是，问题的关键就转换为对卢梭所做工作的分析，即卢梭到底是怎样构建一套新的方法以对抗《二论》中的问题的。

从《社会契约论》第一卷来看，社会契约的提出就像是对格劳修斯等人学说的反驳，似乎其核心问题在于找到合法性的真正来源，即"这项权利绝不是来自自然，它是建立在许多约定的基础上的"②。为了说明这一点，为了证明合法性只能来自契约，卢梭颇费笔墨于与格劳修斯进行论战，驳斥其声称的强力构成权利、战争构成合法的奴役等等。但仅仅只是论证合法性来源并非卢梭的最终目的，卢梭通过对合法性来源的确定声明了他想要维护的价值。卢梭说"社会秩序乃是为其他一切权利提供了基础的一项神圣权利"③，他将之视为一种关于合法性的公理来进行论证与反驳，即合法的权利应该是能带来秩序的，而秩序本身则是一种神圣的权利。

卢梭通过反驳强力者或战胜者具有权利来说明社会契约的第一项价值——自由。卢梭说："只要形成权利的是强力，结果就会随原因而改变；于是，凡是凌驾于前一种强力之上的强力，也就接替了它的权利。"④ 就是说，依靠强力的胁迫使人屈服只能是出于现实考量而做出的一种选择，但，这不能构成一项（合法的）权利，因为很明显这不能带来秩序，只要有一个更强的力出现，那么原本的服从就将立刻消失不见。同样的还有战争，也不能形成权利，"唯有在不能使敌人成为奴隶的时候，人们才有杀死敌人的权利，因此，把敌人转化为奴隶的权利，就绝不是出自杀死敌人的权利"⑤，人们可以杀死敌人，却不能使其成为合法的奴隶，在其中我们看不到什么权利之间的转换，而所谓面临死亡乞求以成为奴隶来免死，那和第一种强力的情况类似，即当强力消失或变弱，他也就立刻不再服从，因此无论如何都不能形成一种权利。在此处卢梭引出了自由的重要性，"放弃自己的自由，就是放弃自己做人的资格，就是放弃人类的权利，甚至就是放弃自己的义务"⑥，卢梭从权利和义务的角度来讲自由，旨在说明此处的自由意味着合法性的必要来源，换言之，没有自由也将没有合法性，这便为其主张寻找到了一

---

① Starobinski, J., &Rousseau, J-J., *Transparency and Obstruction*, Goldhammer, M. A. (trans.), (Chicago: University of Chicago Press, 1988), p. 367.

② 卢梭：《社会契约论》，李平沤译，北京：商务印书馆，2017 年，第 4~5 页。

③ 《社会契约论》，第 4 页。

④ 《社会契约论》，第 9 页。

⑤ 《社会契约论》，第 15 页。

⑥ 《社会契约论》，第 12 页。

个基础，而显然这里的基础正是针对《二论》的文明社会中人们丧失了的自由的，在卢梭的构想中，社会契约的成立就已然解决了这一基础的问题，因为真正能带来合法性的权利需要一种秩序，而缺乏自由做出的决定不能带来这种秩序。

卢梭所强调的另一价值是理性，在寻找合法性的途中主要以判定一项条约是否公平的面目出现，而且值得一提的是这一概念与自由有高度的相关性。卢梭说："说一个人无偿地奉送自己，这是荒谬的和不可思议的。这样一种行为是不合法的、无效的，就只因为这样做的人已经丧失了自己健全的理智。说全国人民也都这样做，那就是假设举国皆狂了；而疯狂是不能形成权利的。"① 这首先就意味着自由与理性的连接，放弃自由意味着丧失理性，而理性的缺失也将不能构成权利。为什么呢？卢梭说："难道臣民在奉送自己人身的同时，又以国王也攫取他们的财产作为条件吗？我看不出他们还剩下有什么东西可保存的了。"② 即在理性的缺失下签订的不公平的契约将是无效力的，因为此时的无理性的签订者遭受着不公平的待遇并且很可能已经无法维持自我保存了，而即使他仍然能够维持自我保存，当他终于重获理性时也将发现他处于不公平的地步当中。此时，秩序也将受到威胁，因为他不再承认他曾经于非理性的状态下签订的契约是有效力的，而会说他受到了欺骗。

于是乎，简单来看，至少社会契约如果要可能，就必须要求其签订者是自由而理性的，因而其结果也具有合法性，因此构成了权利与义务，于是一个社会得以可能，同时又确保了其中的每个人保持着自由和理性。这至少已经粗糙地回答了卢梭如何通过社会契约来克服《二论》中的问题了，但更进一步的分析仍是必要的。

（二）个体自由与社会自由的冲突

首先是自由能否可能的问题。在《二论》中，一个突出的问题就是人们之间互相依赖又互相奴役，即使卢梭已经说明了，如果社会契约能够具有合法性的话那么自由的问题能够解决，但是社会契约本身能否成立呢？其成立之后是否会剥夺自由的可能呢？人们真的可以互相依赖而又保持自由么？这才是问题的根本。于是我们应当考察卢梭对自由的界定，值得注意的是，这里的自由怎么都不是野蛮人肆意妄为的自由，因为"仅只有嗜欲的冲动便是奴隶状态，而唯有服从人们自己为自己所规定的法律，才是自由"③，就是说野蛮人的自由尽管可以说是"自然的自由"④，但其实根本就是冲动和本能的奴

---

① 《社会契约论》，第 11 页。
② 《社会契约论》，第 11 页。
③ 《社会契约论》，第 26 页。
④ 《社会契约论》，第 26 页。

隶，并不是卢梭在《社会契约论》中所言的自由，此处的自由应当是"被公意所约束着的社会的自由"①，卢梭将这种自由称为"道德的自由""社会的自由"②。那么这样的自由是如何可能的呢？先从社会契约本身看起吧，"要寻找出一种结合的形式，使它能以全部共同的力量来卫护和保障每个结合者的人身和财富，并且由于这一结合而使得每一个与全体相联合的个人又只不过是在服从其本人，并且仍然像以往一样地自由"③。也就是说，在社会契约中所要保护的自由就是免受他人意志干涉的自由，但显然这和卢梭所谓被公意约束的自由并不完全一致，即使我们不认为被公意约束就等于受他人意志干涉（因为公意不是任何个别意志），那至少我们也会说这并不是"像以往一样地自由"，因为以往没人会考虑公意。这样的反驳或许会让细致的读者感到不屑一顾，因为卢梭的自由就是依据理性而行动，理性前后都是一样的，只是内容和目的不一样而已，但卢梭却对此做出了更多的解释，甚至这种解释构成了卢梭社会契约中最为重要也最饱受诟病的地方，即"每个人既然是向全体奉献出自己，他就并没有向任何人奉献出自己；而且既然从任何一个结合者那里，人们都可以获得自己本身所渡让给他的同样的权利，所以人们就得到了自己所丧失的一切东西的等价物以及更大的力量来保全自己的所有"④，与"我们每个人都以其自身及其全部的力量共同置于公意的最高指导之下，并且我们在共同体中接纳每一个成员作为全体之不可分割的一部分"⑤，即卢梭试图抹除个体与整体的差异，每个人都是社会这一整体的不可分割的一部分，每个人都构成了整体，因此每个人都不可被放弃，同时每个人都奉献出了自己所有的一切，所以每个人都仿佛不再倾向于伤害公利以谋求私利，因为他完全地献出了自己，因为他完全受公利庇护。整体的社会就像是一个有着同一意志的人，而每一个人都像是同一意志的载体。显然，当整体与个体的差异被抹除，那么服从整体和服从个体有任何区别么？这种理想的境况下，还会有任何的奴役么？那简直就像是在说我奴役我自己一样令人感到奇怪，那顶多只是个人的苦行，也一样只受自己的理性所支配。

于是，个人自由被要求完全放弃，以使社会自由不会遭受侵害。"为了使社会公约不至于成为一纸空文，它就默契地包含着这样一种规定——唯有这一规定才能使得其他规定具有力量——即任何人拒不服从公意的，全体就要迫使他服从公意。这恰好就是说，人们要迫使他自由。"⑥ 这句粗看起来非常矛盾的话所体现的正是卢梭对整体与个体

---

① 《社会契约论》，第 26 页。
② 《社会契约论》，第 26 页。
③ 《社会契约论》，第 19 页。
④ 《社会契约论》，第 20 页。
⑤ 《社会契约论》，第 20 页。
⑥ 《社会契约论》，第 24~25 页。

同一的极端追求，在整体的社会自由中所有人也一并丧失了他天然的个人自由，而也唯有如此，整体的公共利益才能不与个人利益冲突，以使这样的社会能够长久地维系下去。

（三）理性及虚荣的影响

接下来回忆一下奴役在《二论》中是如何产生的，其主要有两个方面，财富上的依赖和心理意义上的虚荣。虚荣的问题在社会契约中尤其得到了很好的解决，因为在其中每个人都是平等的主体，每个人在社会契约论面前都共享同样一份票数，每个人的意见都被纳入其中作为考虑，因此没有任何人具有比他人更高的地位，在这样的社会中寻求优越是徒劳的，因为没有任何人应当被逐出整体，也没有任何人应当迫使他人服从于他——甚至没有任何人应当合法地被服从，因此一切的荣誉都来自同等的身份，即作为这一社会的公民而予以的同等的荣誉，人们在其中互相尊重彼此，因为借由社会整体及其赋予的权利与义务作为中介，尊重他人即尊重自己，人们不再醉心于获得他人的尊重，因为所有人都已然获得了所有人的尊重。

对于财富上的互相依赖，即人们不得不依靠他人才能获得足够的用于生活的物质条件，这一点被更轻易地解决了。首先卢梭并不否认人们之间有财富上的依赖，也并不欲求说应当斩除这种依赖，卢梭说"我设想，人类曾达到过这样一种境地，当时自然状态中不利于人类生存的种种障碍，在阻力上已超过了每个个人在那种状态中为了自存所能运用的力量。于是，那种原始状态便不能继续维持；并且人类如果不改变其生存方式，就会消灭"① 便已经表明，他认为在一定的历史阶段后，人们只能互相依赖才能得以生存下去，但《二论》中所斥责的财富依赖就不做处理么？不是的，《二论》中的财富依赖令人难以忍受，一是因为他能买他人的自由，使其他人成为奴隶，但这已经被社会契约解决了，人们在社会契约之中不能奴役他人，也不能成为他人的奴隶。那在社会契约中就不存在快饿死以至于卖身的人了么？卢梭说以平等来回答这一问题，"没有一个公民可以富得足以购买另一人，也没有一个公民穷得不得不出卖自身。这就要求大人物这一方必须节制财富与权势，而小人物这一方必须节制贪得与觊觎"②，有人或许会说这太理想了而无法实现（当然这一质疑常常在对卢梭的批判中出现），而卢梭则回应说，"恰恰因为事物的力量总是倾向于摧毁平等的，所以立法的力量就应该总是倾向于维持平等"③，以对法律的乐观提出了一种实践的操作方针，至少说对这个问题的处理可以

---

① 《社会契约论》，第18页。
② 《社会契约论》，第66页。
③ 《社会契约论》，第67页。

是开放性的，比如在法律中引入福利制度也不显得那么离经叛道。最后是财富依赖对虚荣有着极强的增强作用，但如已说明的，至少在卢梭设想的理想状况中，每个人都得到一样的尊重，财富对于虚荣的激励将消失于所有公民对所有公民的尊重当中。

（四）社会自由如何实现？

最后，看上去卢梭的社会契约已经在理想情况下解决了《二论》中所提出的问题，只要所有人都向集体奉献出一切，只要每个人都舍弃了个体自由，只有每个个体都是集体不可分割、不可放弃的一部分，每个人都一样平等，每个人都作为公民受到所有人的尊重，那么社会自由就是可以预期的。但是，这种情况实在是过于理想，理想到卢梭自己也不认为在这样的社会中每个个体就真的与整体毫无分歧而绝对地同一，卢梭在《社会契约论》中多次处理这一实际的问题，其表现为投票上的分歧，甚至给出方法"有两条普遍的准则可供我们规定这一比率：一条是，讨论愈是重大，则通过的意见也就愈应当接近于全体一致；另一条是，所涉及的事情愈是需要迅速解决，则所规定的双方票额之差也就愈应该缩小，在必须马上做出决定的讨论中，只要有一票的多数就够了"①，而当这种情况出现时要如何说结果仍然具有合法性呢？或至少，当这样的情况出现时，能否带来合法的社会分裂呢？卢梭通过"公意"来具体而现实地面对这一问题。

二 "公意"如何可能？

阅读《社会契约论》的时候，卢梭很可能会给读者留下一种过于乐观的印象。仿佛他在暗示读者说，只要按照他的方法去做就能兼顾正义和功利，所有人都自由、平等而且幸福，仿佛一切人类能够想到的好都在他铺好的路的终点等着我们。但如前所述，仅仅只有社会契约是不够的，因为整体的社会与个体要保持完全的同一，即使不考虑形而上学意义上是否可能，要在现实社会中趋近于此也是十分困难因而也需要具体的制度、措施、法律来保证。因此，公意（general will）这一概念便被卢梭提出，然而在他作出的那些诱人的承诺背后，公意到底是什么？又是如何起作用的？确实能够使社会整体与个人同一，使个人自由全部交换为社会自由么？并且它总能达成好的结果而不会带来新的奴役么？这些问题却因卢梭模糊而似乎又矛盾的表述而略微有些难以回答。

要回答公意到底是什么，如我将会展示的那样，答案将会卷入长久的争论之中，而分析其是如何起作用的却要简单不少。在卢梭的设想中，一个好的政府一定是直接民主

---

① 《社会契约论》，第 137 页。

224

的，"正如主权是不能转让的，同理，主权也是不能代表的；主权在本质上是由公意所构成的，而意志又是绝不可以代表的；它只能是同一个意志，或者是另一个意志，而绝不能有什么中间的东西"①。换言之，不能有任何形式的代表、代议制，而全民的直接民主就意味着每个人的声音都应该被听到，每个人的意见都应该能够被纳入整体作为考量，而使之可能的方式对于卢梭而言就是全民公投。公意也得以以此公共性来发挥其作用，"意志要成为公意，并不永远需要它是全体一致的，但必须把全部票数都计算在内，任何形式的例外都会破坏它的公共性"②，即通过全体的投票来根据多数的结果进行立法，而使原本的公意变成约束所有人的法律。

上述展示的过程尽管非常简单，却表现了公意的复杂，比如卢梭仿佛暗示，个别意志可以同时是公意；公意并不需要所有人都同意；公意甚至可能意味着多数人的暴政；公意仿佛不经过程序就不能现实化，甚至可能公意本身就是程序的结果。这些观念都多少让人有些感到奇怪，或许从上述过程中唯一能让人在直觉上就立即认可的推论只有公意的合法性来源于其公共性这一点了。无可置疑，"个别意志由于它的本性就总是倾向于偏私，而公意则总是倾向于平等"③。所谓公意本性上不是个别意志，卢梭对此非常肯定，但卢梭仿佛有意要使人们感到困惑的是："每一个这种集团的意志对它的成员来说就成为公意，而对国家来说则成为个别意志。"④ 于是乎我们将会发现，公意是依势而定的，某些情况的个别意志能在其他情况下表现为公意，换言之，所谓公共性的公意不是一种形而上学般的普遍的永恒的绝对的观念，甚至不是一个某一历史、社会状况下必然的性质，而会随着对一个群体观察的视角的改变而改变。这一解释有更强的证明："公意只着眼于公共的利益，而众意则着眼于私人的利益，众意只是个别意志的总和。但是，除掉这些个别意志间正负相抵消的部分而外，则剩下的总和仍然是公意。"⑤ 在这段话中，卢梭表明公意和众意的区别就在于公意的出发点在于公共利益而众意在于私人利益，但这看似不容的两者却可以互相转换，当个别意志间出于偏私的内容抵消后，剩下的就将是共同利益了，而这样的共同利益，如卢梭所说是使社会得以存在的纽带与前提，"正是这些不同利益的共同之点，才形成了社会的联系；如果所有这些利益彼此并不具有某些一致之点的话，那么就没有任何社会可以存在了"⑥。于是一个显然的推论就是，公意是不独立于个人意志，因为后者所寻求的私人利益中的一部分同样也是公

---

① 《社会契约论》，第 120 页。
② 《社会契约论》，第 33 页。
③ 《社会契约论》，第 32 页。
④ 《社会契约论》，第 36 页。
⑤ 《社会契约论》，第 35 页。
⑥ 《社会契约论》，第 31 页。

意的一部分，公意并不绝对拒斥对私人利益的考量，而对此的再一个推论就是，同样社会情况下的两个社会可以因为其组成人员的私人利益的不同（例如不同宗教之间）而有不同的公意。于是当卢梭说，"个别意志由于它的本性就总是倾向于偏私，而公意则总是倾向于平等"[1]，我们就不再难以理解为什么卢梭不强调公投时所有公民意见一致，而只需要保证其公共性——所有人都投了票，就可以了。因为这样的程序就使一个社会的公意显现了出来，它表现了这个社会中的共同利益，而这个共同利益正是使这个社会得以存在的必要的纽带，因此公意凭借其蕴含的共同利益而使投票结果变得具有普遍的合法性，而不至于使社会因不同的投票而走向分崩离析。

但这对解释卢梭的公意还不足够。比如一个非常直接而明显的反驳就是，公意的出发点是公共利益，公正是它的特征，因此我们完全可以想象，当所有人都以公正、公共利益为目的来进行思考时，他们还能得出不同结果的原因只能是他们有着不同的信息，而在卢梭设想的公投中是要"充分了解情况并进行讨论"[2] 的，因此一个出于投票结果的公意如果不是由全体一致而得来的，那么其中一定有个人意志，即私人利益的考量在里面，而这对于公意的公正是有损的。或者至少，也不应该承认公意是投票结果，因为按卢梭的说法，"人民却往往会受欺骗，而且唯有在这时候，人民才好像会愿意要不好的东西"[3]，一个受欺骗的公民群体根据全民公投得出的结果对于卢梭而言根本不是公意，因为它实际上体现的是个人意志，此时个人意志通过欺骗而取得了公意应有的地位。这种观念的另一种版本是康德式的解读，典型如《社会契约论》第四卷第一章的标题"论公意是不可摧毁的"，不可摧毁是说明其是普遍的必然的，而不是经由某种程序才得以被生成的，而更应该是即使没有程序公意也是应该内在于每个理性存在者内心之中的，它不会因为公投出的邪恶结果而被改变。

如果根据第二种解释的批判，那么第一种解释将公意作为一种投票结果显然使公意变得不再总是能达成好的结果。但是，第二种解释本身虽然确保了公意一定是好的，但其似乎又脱离了公民投票而使公意不再与每个人的个人意志相关联，以至于社会是否能够继续合法存在都成了问题，而且其暗示的一种永恒普遍的康德式的法则又和卢梭对不同社会有其不同的政治制度[4]有所相悖。

以上两种对公意的解读都有其文本支撑，但同样也都可互相以文本批判对方。而卢梭为了兼顾这两者，他既不想放弃公意的公共性以及公意对其中每个人的个人意志都被

---

① 《社会契约论》，第 32 页。
② 《社会契约论》，第 36 页。
③ 《社会契约论》，第 35 页。
④ 见《社会契约论》第三卷第八章"论没有一种政府形式适宜于一切国家"。

看作整体的不可缺少的一个部分的执着，也不想放弃对公意的结果一定是好的而不能是邪恶的这一坚持，于是他在第二卷第七章中呼唤一个立法者（legislator），通过这个立法者来使所有公民免受欺骗并且获得成为一个合格公民的资质，因而使所有人根据他通过理性发现的结果来进行投票所得到的一定是符合公意的结果，因此在实践的层面上也保证个体与整体的统一，使社会自由不再受个体自由所侵蚀。

三　立法者如何可能？

如果说一方面"公意"代表了普遍真理，另一方面"公意"又离不开公民的同意，它必须出自公民的选择，解决这一对矛盾的关键就在公民的意见符合普遍真理的要求，这种普遍真理以社会公约的形式固定，法律的必要性在于使公约得以运作："毫无疑问，世上是存在着一种完全出自理性的普遍正义的；但是这一正义要在我们之间得到认同，就应当是相互的……因此，为了使权利和义务结合起来，使正义达到它的目的，就需要有约定和法律。"①

法律的性质是什么？如何才能认识法律呢？尽管卢梭认为真正的正义来自上帝，只有上帝是普遍真理的源泉，但是他拒绝赋予法律一种形而上学含义。② 在他看来，法律只有作为"公意"的表达才能成为代表正义的真理，这就要求任何法律都需要具有普遍性，它的对象是"全体臣民和抽象的人"③，而不能是个别的人。

如果法律是"公意"的表达，执行法律的人和规定法律的人就应当是同一的，但是在实践上，如何保证公民制定的法律就是符合大多数人利益的？如何保证公民具有远见，保证法律能够达到正义的目的？这就使一个贤明的立法者成为必要。立法者是能洞悉人类全部情感又不受任何情感支配的最高智慧者。在现实参与者智慧缺失的逼迫下，卢梭被迫返回到古代共同体的创制道路上来：需要立法者来为国创制。由此，共同体创制的前提就转变为对立法者的要求。立法者的品质关涉到共同体创制的可能及现实化。

首先是立法者的身位。立法者完全独立于主权，他只能行使立法的功能，既不自主地具有立法的权力，也不具有执法的权力：

> 无论从哪方面看，立法者在国家中都是一个非凡的人物：不仅由于他的天才是

---

① 《社会契约论》，第41页。

② 《社会契约论》，第41页。在这里卢梭是针对孟德斯鸠对"法"的定义来说的，"法是由事物的性质产生出来的必然关系。"（孟德斯鸠：《论法的精神》，张雁深译，北京：商务印书馆，1982年，第1页）这种定义只能解释自然法是什么，因为自然状态下人们的行为总是遵循天赋的必然冲动，但是解释不了国家法，即人为法如何是形而上学意义上"必然"的。

③ 《社会契约论》，第43页。

这样，他的工作也是这样。他从事的，不是行政工作也不是行使主权。他缔造了共和国，但他的工作并不属于共和国的任何一个部门。①

立法者不能作为主权者，其中一个原因是权利问题，立法的权利应当取决于"公意"而不是具体某一个人，主权者能够自由改变其意志而个体意志并不总是与其相一致，这是因为个体的意志"总是倾向于偏私"②，即使个体意志宣称代表了公共意志也不能使公民转让其权利。此外，立法者与行政官的区分使出于审慎，"罗马在最兴盛的时候就已经发现，由于把立法权和行政权交给几个人的手里，国内就出现了许多暴政的罪行，使国家陷于灭亡"③。由于政府，即执法者，可能会有篡夺主权的自然倾向，他们也可能会说服人民去改变现有的法律，因此，卢梭强调立法者在执行者面前要保持绝对的权威，④ 法律越神圣，执行者越没有可能篡夺这样的权利。

其次是立法者的智性的要求。立法者需要具有对公民现实秉性的洞见、对国家的自然历史条件的清醒认识、对达到政治目的的工具的运用。

由于法律始终是主权者的意志，立法者的工作是为了立法者的好处，因此，在制定一部良好的法律之前需要研究为之立法的人民能否接受良好的法律。在《社会契约论》中，卢梭再一次提到了他在《二论》中出现的观点，一个民族具有一个不可逆的演化过程，公民社会史在卢梭看来是一个"直线下滑"的过程，他把一个民族演化分为野蛮期、成熟期和"政治精力已经衰竭"的社会，对于第一种社会中的人民使用良善的法律无非是在加速他们的灭亡，卢梭举的例子是彼得大帝的种种政策，俄国人本应该"吃苦耐劳"的时候，他却想将人民教化为"文质彬彬的人"⑤。而"政治经历已经衰竭"的社会则对应着经历过启蒙的欧洲人，这正是前文中所述的生活在虚荣与奴役当中的欧洲人，卢梭用"不可救药的病人"去描绘他们面对良善法律时的状态："习惯一旦形成、偏见一旦扎根，若想把它们加以革除，那是很危险而且徒劳的，如同愚蠢的和缺乏勇气的人一看见医生就发抖一样，人民甚至不愿意你为了消灭他们的缺点而和他们谈一下他的缺点。"⑥ 即使是革命也不能使他们重回对于自由的向往，反倒为奴役提供了土壤。⑦由此我们可以明白，成熟的民族既不同于没有公约的野蛮社会，也保持了相对的淳朴，没有受到欧洲的崇尚奢靡的风气影响：

---

① 《社会契约论》，第 43 页。
② 《社会契约论》，第 29 页。
③ 《社会契约论》，第 46 页。
④ 《社会契约论》，第 47 页。
⑤ 《社会契约论》，第 50 页。
⑥ 《社会契约论》，第 50 页。
⑦ "今后，他们需要的是一个主人而不是一个解放者。"《社会契约论》，第 50 页。

　　　　然则，是什么样的人民才适宜于立法呢？那就是那种虽然自己已经由于某种起源、利益或约定的结合而联系在一起但还完全不曾负荷过法律的真正羁轭的人民；就是那种没有根深蒂固的传统与迷信的人民；……而其成功之所以如此罕见，就正在于不可能发现自然的单纯性与社会的种种需要结合在一起。①

　　如果立法者面对的不是处于成熟期的人民，如何解决公民教化与社会改革之间的紧张关系？卢梭在《社会契约论》中给出的答案是依赖宗教的权威力量，"各个时代国家的缔造者们之所以不得不求助于上天的干预，并把他们的智慧说成是神的智慧，其目的，就是使人民向服从自然的规律那样服从国家的法律"②，这一段引文直接出自马基雅维利的《论李维》：

　　　　事实上，为了使人们能够接受新的法律，没有一个立法者不求助于神的干预，而且，必须承认，这些法律的性质决定了，不用这些办法，它们就不会被人接受。有许多好好的法理，虽然其重要性已经被聪明的立法者所认识，但本身却不具有令他人信服的明显证据。③

　　马基雅维利在如何建立一个国家问题上完全与古典政治哲学向左，邪恶的行动对于一个正当的共和国的建立不仅是可以容忍的，甚至是必要的，卢梭与马基雅维利在这一点上是一致的。在《纳喀索斯序言》中，他的确认为"罗马是由一群强盗建立的"④，对观《社会契约论》第四章第四卷的注释："'罗马'一词的起源来自于希腊文'罗慕洛斯'（Romulus），意思是'强力'；'努马'（Numa）一词也是希腊文，意思是'法律'。罗马城中最初两个国王不就预先给自己起好了表明他们事业的名字吗？"⑤ 罗慕洛斯通过强力进行征服，而努马紧随其后用法律使野蛮的罗马人民成为罗马公民，如果没有前者的努力，后者的权威也没有办法建立。

　　在宗教的作用上，马基雅维利与卢梭的态度也是一致的。卢梭在"论立法者"一章中援引出自《论李维》的部分提到了努马的立法，努马：

　　　　看到一个极端野蛮的民族，并希望通过和平的技艺将他们引向政治服从，并且不得求助于宗教，因为后者乃是任何公民社会之最为必要且最有效的支持。⑥

---

① 《社会契约论》，第56～57页。
② 《社会契约论》，第48页。
③ 马基雅维里：《论李维》，冯克利译，上海：上海人民出版社，2005年，第79页。
④ 卢梭：《卢梭散文选》，李平沤译，天津：百花文艺出版社，2009年，第137页。
⑤ 《社会契约论》，第124页。
⑥ 《卢梭散文选》，第79页。

正是努马求助于宗教，公民才能够真正地"服从"统治，仅仅依靠罗慕洛斯的强力是难以维持共和国的稳定的。在卢梭看来，宗教不仅仅是社会稳定的必要条件，它同时塑造了人公民对于权力关系的认可，在《二论》中，卢梭谈到仅仅有强权，即邪恶的手段，任何权力关系都不可能得以建立，因为征服者与被征服者将永远处于战争状态"在第一种情况下，征服的权利根本就不是一种权利，因此不可能根据它来获得另一种权利。征服者与被征服的人民之间，除了被征服的民族完全恢复自由并自愿选择征服者做他们的首领以外，他们始终是处于战争状态的"。在这个意义上，宗教本身提供的是一种对于立法者的合法性叙述。这也是为什么卢梭强调"努马乃罗马之真正建城者"①。

尽管卢梭可以同意立法者的权威来于宗教、并且只要法律能够给国家带来长远的利益，宗教与强权相互支持是正当的，但他也意识到宗教与权力相捆绑后的危害，首先是对于公民智性的戕害，依靠宗教来维系统治容易造成"轻信、迷信"，将信仰转化为一些"空的仪式"；另外，这种做法也易使人民变得排外、专横，宗教战争是难免的，这样会对自身的安全造成伤害。② 这种状态在卢梭看来显然是不可欲的，其仍然没有实现法律成为主权意志的表达，而是个体意志对于主权者的欺骗，因此，将宗教作为政治工具只能是面对不成熟的民族时立法者的权宜之计，"虚假的威望只能维系短暂的联系，要使联系持久和巩固，必须依靠立法者的智慧"③。

这里的"智慧"正是一种教化的能力，立法者不仅要成为政体的缔造者，也需要成为人性的改造者，"敢为一国人民立法的人，可以说他是自信有能力改变人的天性的。他能把一个完整和孤立的个人转变为一个更大的整体的一部分，使他按一定的方式从这个更大的整体中获得他的生命和存在，并改变增强其素质……立法者必须剥夺人原有的力量，而给他没有外人帮助就无法运用的力量"④。如果联系第一卷第八章，我们就能明白立法者的教化的功能在于使得个人放弃自然的个体自由而获得社会自由，个体自由意味着人在行使自然权利方面不受约束，而社会自由意味着主权者自己能够为自己立法，并按照法律行动。⑤ 作为政体的塑造者和公民的改造者，立法者本身的出现是偶然的。占据这个职位的人需要一种近乎"神"的超然人格，出于审慎的考虑，立法者"通达人类的种种情感而自己又不受到任何一种感情影响的最高智慧。它虽与我们的天性没有任何关系，但它又深深了解我们的天性，它的幸福与我们无关，但它又十分了解我们的幸福"⑥。

---

① 《社会契约论》，第 137 页。
② 《社会契约论》，第 151 页。
③ 《社会契约论》，第 48 页。
④ 《社会契约论》，第 47 页。
⑤ 《社会契约论》，第 25 页。
⑥ 《社会契约论》，第 44 页。

这样的人格是如何教育出来的？如果参考《二论》中卢梭对于人性与社会环境的关系的理解，这样一种超然的个人只能是偶然和突变的例外。人性本身与社会风俗具有直接的因果关系，在崇尚奢靡的社会中，人性自然趋向于虚荣、甘愿受到奴役，而在野蛮未开化的环境中，人性自然趋向淳朴，但也容易迷信和盲从，于是，在《二论》所描绘的人类演化史中，人性与社会风俗之间总是处于一个互为因果的关系，人性的需要塑造了诸社会不平等，而后者反过来放大了人性中的某些成分（比如虚荣与恐惧）。但是，这样一个立法者居然能够超然于"社会风俗—人性"的因果序列，并且作为第一因改变前者的因果序列，将每一个单个的人教化为具有社会自由的"主权者"，连卢梭自己也认为"要为人类制定法律，简直就是神明"。① 在此，我们能够看见《二论》与《社会契约论》之间的巨大张力，"社会风俗—人性"之间的因果关系越是牢固，一个立法者的出现就越显得偶然和突变。

另外，立法者的权威与公民的教化也处于矛盾之中。公民要么处于迷信权威的状态，要么处于能够自主判断、自我立法的成熟期。如果公民没有在人性上得以改造，社会只能建立在欺骗的基础上而非真正的自由和正义，并且，《社会契约论》中并没有提及立法者教化公民的具体措施，也没有论述如此的教化是何以可能的；如果公民已经能够做出关于什么是幸福和如何达到幸福的判断，那至少在制定法律时，立法者与公民之间就不再是"启蒙"与"被启蒙"的关系，而是平等商谈的关系，因为一旦主权者能够做出接近真理的判断，立法者便无权，也不再可能以宗教的名义使公意朝向法律。在这种情况下，又如何保证公意和立法者的意见相一致？

总　结

卢梭在《二论》中提出了人类生存状态的困境，一方面，重回自然状态是不可能的也是不可欲的；另一方面，在社会状态中，人始终会面临受到奴役的危险。如果说《二论》中卢梭暗示了走出奴役的可能性，那么《社会契约论》则具体探讨了这样的可能性。在第一卷第八章中，卢梭强调人们要么保留个体自由，要么走向社会自由，前者必然导致奴役状态，而后者则始终要面对个体意志与普遍意志的矛盾，于是，卢梭试图将这一矛盾的解决诉诸一个全能的立法者，然而这样的立法者本身既难以出现，其对公民的教化与其权威之间也存在矛盾。因此，尽管卢梭试图在缔造一个理想的共和国，但从《二论》到《社会契约论》，社会性悖谬反而得到了加深：如果社会性自由没办法实现，人类一定会处于相互奴役的状态。

---

① 《社会契约论》，第 44 页。

对康德义务伦理学存在义务矛盾问题的回答

——依据《道德形而上学的奠基》第一、二章

杜哲彦

摘要：康德的伦理学理论一般被认为是义务伦理学，即一种以义务概念为核心的非结果论伦理学，当然，康德的义务伦理学也遭到了很多的批评，其中最尖锐的就是一些义务之间存在矛盾，而康德似乎并未对义务矛盾的情形下如何选择做出解释。本文将首先分析康德的义务以及义务矛盾的情况，然后阐释三位学者对于义务矛盾情况的解决方案，最后提出笔者自己构思的一些可能的解决方案，对于理解康德的义务概念以及回应义务矛盾问题有一定意义。

关键词：义务　定言命令式　义务矛盾　道德惩戒　善的意志

康德在《道德形而上学的奠基》中提到"不是出自偏好、而是出自义务来促进他的幸福，而且在这时，他的所作所为才具有真正的道德价值"①，从这句话中足以看出义务概念在康德的伦理学中的重要地位，因此，本文就将先分析义务和义务矛盾的情况，进而提出三位学者对义务矛盾情况的解决办法，最后再提出笔者自己思考的几种方案。

一　义务及义务矛盾

义务是现代人都必然会接触的概念，在政治生活中通常与权利相对，而在康德语境下，义务又有一些特殊的含义，涉及对定言命令式的理解，在本部分中，笔者将联系义务和定言命令式来分析义务概念；作为对行为有要求的义务，在逻辑层面和现实层面都必然存在一些看起来无法抉择的情况，因此，在澄清义务概念后，笔者也将阐释关于义务矛盾的理论。

---

① 李秋零主编：《康德著作全集》（第 4 卷），北京：中国人民大学出版社，2005 年，第 406 页。

（一）义务以及定言命令式

首先，在道德价值的层面上，康德认为只有善的意志可以被无条件地认为是善的，义务在这个层面上，就是"包含一个善的意志的概念"，而道德作为以善恶为评判标准的价值体系，因此，义务是我们一切行为道德价值的来源，只有出于义务，即善的意志，我们的行为才会有道德价值，这是在道德价值层面上对于义务的描述。

第二，康德认为"义务就是出自对法则的敬重的一个行为的必然性"①，"法则"在这里先按下不表，在下文对定言命令式的分析中，会提到如何理解"法则"；这句话中理解义务的重点显然就落在"敬重"和"行为的必然性"上，我们通常会认为"敬重"是一种主观上由外界事物引发的情感，例如，我敬重某个人，是因为他有高尚的品德，但是康德认为敬重并不是等同于恐惧和偏好之类的由外界引发的情感，"而是法则对意志作直接规定而产生的意识"②，也就是说，法则是我们作为理性存在者必然加于我们身上的，这带来的结果就是，"必然"会给予我们类似恐惧的情感，而"我们……加于我们身上"又类似我们偏好某物的情感，而类似这两种情感的综合就是"敬重"，因而是理性化的情感。

通过对"敬重"的分析，"行为的必然性"的来源显然已经很清晰，既然是我们加于自身，那自然有一种无可匹敌的必然性，但是对于"必然性"的理解还需要进一步阐释，康德这里提到的"必然性"更多的是一种客观的必然性，即法则对行为的规定是必然的，如果我们是纯粹的理性存在者，即只有理性控制我们的思考行为等等，那么我们必然遵守法则，但是因为人类难免收偏好等等的影响，因此，主观上，法则的规定不是必然的。这是在对行为规定的必然性层面上理解"义务"。

第三，以上都是对义务的描述，但实际上都没有涉及义务的内容，"义务就只能以……定言命令式来表达"③，因此，要了解义务对意志，进而对行为的规定究竟是怎样的，就不得不分析定言命令式。首先，在了解定言命令式之前，要明确康德所说的规定并不会在具体的行为层面上规定你一定要做什么，不做什么，康德认为这些都是经验层面的规定，因而不具有规定所有理性存在者的效力；其次，了解定言命令式之前，必须清楚什么是"命令式"，康德认为"一切命令式都是规定一个行为的公式，按照一个

① 《康德著作全集》（第4卷），第407页。
② 邓晓芒：《对康德〈道德形而上学奠基〉第I章中三条原理的分析》，《哲学分析》，2010年第1卷第2期，第86页。
③ 《康德著作全集》（第4卷），第432页。

以任何方式都是善的意志的原则，这个行为是必然的"①，即命令式就是指一个依照善的意志的原则从而使行为必然的公式；再次，因此，定言命令式就是行为不依托于其他目的而就其自身是善的，并且依据上文中对"必然性"的理解，即"被表现为在一个就自身而言合乎理性的意志之中是必然的"②。

第四，第三点是对于定言命令式概念的澄清，笔者认为这种澄清是有必要的：只有理解了"定言命令式"的概念，才能理解为什么定言命令式的内容是必然的；而定言命令式的内容，康德认为是唯一的，即"要只按照你同时能够愿意它成为一个普遍法则的那个准则去行动"③，其中准则表示理性存在者行为的理由，而法则表示对每个理性存在者都普遍有效的原则；关于这一点的逻辑推论过程是：

①定言命令式＝法则④＋（准则符合法则的）必然性⑤。

②法则要想对所有理性存在者都普遍有效，就不能有特殊的内容，因此法则实际上只剩一种普遍性。

③定言命令式＝（法则的）普遍性＋（准则符合法则的）必然性。

④因而定言命令式的表述就是"要只按照你同时能够愿意它成为一个普遍法则的那个准则去行动"。

康德在文本中对于定言命令式实际上有三种表述，但是实际上只是这一点从人作为目的和人作为普遍立法者两个角度再分别阐释这一点，因此，在此就不加赘述了。

根据以上内容，可以得出义务的原则就是"要只按照你同时能够愿意它成为一个普遍法则的那个准则去行动"，而义务的内容就是符合这一原则的准则，康德在文中举的例子有不能说谎、不能自杀和要行善等等，并且我们一般认为的不能杀人、不能偷窃等也能通过这一原则，但是在这些具体的义务的内容中很容易发现一些矛盾，笔者将在下部分中作出论述。

（二）义务矛盾

康德认为只有出于义务行为，我们的行为才有道德价值，也就意味着我们的行为如

---

① 《康德著作全集》（第 4 卷），第 421 页。
② 《康德著作全集》（第 4 卷），第 421~422 页。
③ 《康德著作全集》（第 4 卷），第 428 页。
④ "惟有定言命令式才是一种实践的法则，其余的命令式全都虽然能够叫做意志的原则，但却不能叫做法则"见《康德著作全集》（第 4 卷），第 427 页。
⑤ "既然命令式除了法则之外，所包含的只是准则符合这法则的必然性。"见《康德著作全集》（第 4 卷），第 427 页。

果违背义务，就不道德，即违背义务的原则的行为不道德；并且从上文对于"必然性"的论述，可以看出康德认为义务的内容不允许存在例外，也就意味着只要我们做出说谎、杀人和偷窃等不符合普遍性原则①的行为，我们就是不道德的；而这也就引出了义务矛盾的问题，即如果在某个情境下，两个甚至多个义务之间彼此冲突，我们要如何选择。这么看似乎还有些抽象，下面笔者将借助改造邦雅曼·贡斯当在其著作《1787年的法国》中反驳康德的例子来说明义务矛盾。

下面构想一种场景：突然有一个陌生人甲②敲你家里的门，你打开门，甲告诉你有人在追杀他，希望你能收留他，出于行善的义务，毋庸置疑你应该收留甲；但是在你收留甲后，另一个人敲响了你家里的门，你打开门发现是甲向你描述的他的仇人，并且这个仇人问你甲在不在你的家里，这种情况下，你就同时面临说谎和行善两个义务的冲突，即你要是履行不说谎的义务，仇人知道甲在你家，很可能会杀了甲，你也就违背了行善的义务；而你要是谎称甲不在你家，那你就违背了不能说谎的义务，在这种情况下，依据康德的标准，你必然违背义务，即不道德；但是一般情况下，我们都会认为为了拯救一条生命，说谎是被允许的，即依然是道德的，由此可以看出，义务矛盾无疑是对康德义务论伦理学的尖锐攻击。

下面笔者就将陈述包括康德在内的几位学者对义务矛盾问题的回应。

二 三种可能的解释

笔者在本文中涉及的其他学者的解释主要有康德、科尔加德（Korgaard）③以及郭立东教授的回应。其中，康德主要通过区分德行义务和法权义务，并澄清在两种义务情况下，如何解决能否说谎的问题，一定程度上也就解决了义务矛盾的问题；科尔加德主要通过区分理想环境和非理想环境下，义务的执行可以不同来解决义务矛盾的问题；郭立东教授主要通过分辨完全义务和不完全义务，进而提出二者的优先顺序来解决义务矛盾的问题。

（一）德行义务和法权义务④

康德在《道德形而上学》中将义务主要分为两种，即法权义务和德行义务，而在原

---

① 下无特别说明，即指上文中"要只按照你同时能够愿意它成为一个普遍法则的那个准则去行动"。
② 原文中是朋友躲避仇人，但是笔者认为朋友带有一定个人的主观偏好，而即使是陌生人也不影响义务的效力，因此换成陌生人。
③ 限于笔者自身能力，康德和科尔加德的回应主要参考刘作：《人是否可以撒谎？——从康德的视角看》，《东南大学学报》（哲学社会科学版），2017年第19卷第4期，第32~37页。
④ 本部分内容参考自《人是否可以撒谎？——从康德的视角看》，第32~37页。

文中这两种义务都涉及不能说谎的义务，其中，法权义务指"对外在行为的立法，不可以说谎是一个无条件的义务"①，德行义务指"对内在准则的立法"。简单来说，法权义务就像是某种外在于理性存在者的法律，对理性存在者的行为有绝对的规定，然而却对于行为的动机没有要求，也就是说，行为上你一定不能说谎，但是你是因为怕说谎的后果或是别人教导你不能说谎，这些动机并不涉及法权义务的范围；而康德认为德行义务则是理性存在者为自己立法，即德行义务规定的行为都是应当的，回到不能说谎的行为，德行义务就是说你不能说谎不是因为任何外在的后果，而是因为你不应当说谎。

在区分了二种的义务的情况下，不难看出法权义务是不容许有任何例外的绝对的义务，因此，暂时先搁置法权义务，进一步探究德行义务中是否有周旋的余地。首先，康德认为理性的目的在于"自我的完善和他人的幸福"②，而德行义务就是实现理性的这些目的的义务；其次，理性存在者之所以要按照德行义务，是因为内在的自由，而这种自由预设理性存在者有可能因为感性欲望而违背德行义务；最后，康德说明理性存在者要通过理性把自身的目的纳入意志，来实现真正的内在的自由。作为理性目的的"自我的完善和他人的幸福"中，显然存在一定的可以"说谎"，即违背义务的张力，也就是说德行义务的情况下，理性存在者可以出于他人的幸福而说谎。

再回到法权义务，上文中已经提到，康德似乎认为在法权义务的情况下，一定不能说谎；但是实际上，康德在《伦理学讲义》中明确提出在特殊情况下可以说谎。首先，康德认为法权存在两种特殊的形式：公道和紧急法权；第二，紧急法权意味着在一些特殊情况下，我们可以做出违反德行义务的行为，但是我们要清醒地意识到这只是紧急情况下的例外，说谎依然是不正当的。

依据以上论述，可以看到康德区分的两种义务都可以允许一些违背义务的例外，无论是出于更大的自由，还是紧急情况下的例外，出现允许违背义务的例外，当然就一定程度上解决了义务矛盾的问题；但是，这种解决方案实际上是把义务矛盾的问题转移至"紧急情况下的例外"，即我们应该如何定义或是区分"紧急情况"，同时在"紧急情况"下，当面临两种甚至更多的义务的冲突，我们可以出于什么理由放弃某一种义务。因此，笔者认为康德一定程度上缓解了义务矛盾的问题，但是并没有解决这个问题，下面来看科尔加德的解决方案。

---

① 《人是否可以撒谎？——从康德的视角看》，第32页。
② 《人是否可以撒谎？——从康德的视角看》，第35页。

（二）理想情况和非理想情况①

科尔加德认为康德的理论在形而上学层面，实际上都是基于一个理想的环境，也就是说"不可以说谎作为一条绝对的命令，在任何时候都必须遵守，只有在理想的环境中才得以可能"②，而在非理想的环境中，例如上文中所举的一个凶犯要杀一个陌生人，这种情况下，看似说谎违背了义务，但实际上，在这些"恶"的情境中，违背义务的行为才有助于实现理想环境。

科尔加德通过区分理想环境和非理想环境，对于解决恶的情境下能否说谎的问题具有重要意义；然而"非理想环境"用词有些模糊，对于上文中所举的拯救陌生人的例子，当然有极强的效力，但是如果在善恶更模糊的情况下，又该如何判断是否是"理想环境"，例如医生是否该对癌症病人说谎，进一步说，是否该对病人的家属说谎，这些情况下，我们很难说到底是不是"非理想环境"。

（三）完全义务和不完全义务③

郭立东教授首先分析法则、准则和行为三者的关系，即法则规定准则，而准则同时作为行为性质的决定来源和行为的动机；第二，法则并没有直接的规定行为，也就带来了所规定准则的精确与否的问题，因此，他认为区分完全义务和不完全义务的标准就在于，法则所要求的准则能否精确规定行为，即"如果它要求的准则没有包含对行为的精确规定，这个义务就是不完全的"，而完全义务因为比不完全义务更精确地规定行为，因而具有更高的优先性。

关于"精确"的理解，郭立东教授在原文中举的例子是不能说谎④和行善的义务，不能说谎意味着在任何情况下都不能说谎，因而精确规定了行为，是完全义务；而行善在不同情境下会有不同的行为，因而并没有精确规定行为，是不完全义务。完全义务优先于不完全义务，因此，我们不能出于行善而说谎。

从结论中，其实已经可以看出这种解决方法的问题，即我们通常认为一些情况下是可以出于行善而说谎的，例如上文中列举的说谎救陌生人；同时，虽然"行善的义务"没有说明具体从事什么行为，但是如果我们把每个具体的情况下，行善的行为的准则与

---

① 本部分内容参考自《人是否可以撒谎？——从康德的视角看》，第32~37页。
② 《人是否可以撒谎？——从康德的视角看》，第36页。
③ 本部分内容参考自郭立东：《对康德的完全义务与不完全义务概念的当代思考》，《四川大学学报》（哲学社会科学版），2020年第2期，第48~55页。
④ 原文举的是不能虚假承诺，为了符合本文的例子，在不违背原意的情况下，稍作改动。

不精确的行善的义务做个替换，是不是问题就依然存在，即两个完全义务的冲突该如何解决。

三　对义务矛盾问题的回应

上文中，笔者总结了《道德形而上学的奠基》第一、二章中，康德对义务的描述，以及由此引发的义务的矛盾的问题，并列举了三种可能的解决方案，然而，可以看出这些解决方案都并没有真正解决义务矛盾的问题；因此，笔者将在本部分提出三种新的解决方案。

（一）回避问题

笔者想到的第一种解决方案是回避问题，这里的回避问题当然不是指很消极地不回答问题，或是干脆开启一个新的话题，这样只会带来提问者的进一步追问，而并不会解决问题，笔者这里说的回避问题是指通过一些话术，引导对方让对方以为自己得到了自己想要的答案，同时没有说谎。

例如，上文中列举的甲的仇人问你甲在哪里，或者甲是不是躲在你家，你的回应可以是你不认识甲（你确实不认识甲，因为你连他的名字都不知道，你们只是刚刚见面）或者他不在你的房间（他确实不在你的"房间"，因为他可能躲在厕所或是厨房）；同理，癌症患者问医生自己的病严不严重也可以采用类似的回答，例如有很多得了你这种病的人被治愈或者你目前的状况良好等等类似的话术。

当然，笔者认为这种解决方案的问题很多。首先，这种解决方案应用的方向很窄，只有与不能说谎的义务相冲突的时候才有用，而如果两个需要实际行动的义务冲突，这个方案就一点用也没有，例如需要身体行为的行善的义务和自保的义务相冲突；其次，这个方案并没有说明为什么在不说谎和行善之间，一个人要选择行善，虽然这个人最后也并没有说谎，但是这个人的出发点很显然是选择了行善；最后，这种解释实际上是在尝试消解矛盾，即所有的矛盾只要处理方法得当，都不存在，但是现实是，矛盾的存在必然无法绕开，尝试消解它并不能真正解决它。这个方案当然有以上种种缺陷，但是笔者认为在道德实践中确实可以解决一些让自己两难的情况。

（二）道德惩戒

笔者提出的第二种对义务矛盾的解释是，当出现义务矛盾的时候，意味着个体必然做出违背某一种义务的选择，而在这种情况下，笔者认为个体需要承担不道德的评价，因为是个体让一种义务矛盾的情况出现，这就是笔者认为的道德惩戒，而道德惩戒的意味在于告诉你做每一件事要慎重，要多去考虑未来可能的后果，不要轻易让感性做出可能导致矛盾结果的抉择。

回到之前的例子，从这种角度，实际上可以看到在整个事件的过程中，个体其实可以选择回避这个矛盾，例如，不给甲开门，或是尽快安排甲逃跑，或是不给甲的仇人开门，但是最终的结果是个体把自己置入这个义务的矛盾中，在这种情况下，笔者认为依据康德在《道德形而上学的奠基》中的理论，就是可以评价他不道德，这种不道德的评价事实上是针对他的能力，对于他有能力不把自己置入矛盾的境地，但是他却最终进入了这个矛盾，并且不得不违背某一个义务的惩戒。

以上这个例子可能还不够明显，可以再构想一个场景，我出于某些原因答应某个人：只要他找我帮忙，我一定会帮他。而之后有一天，他找我去替他杀死他的仇家。这种情况下，道德惩戒的意味就很清晰，也就是说，在你做出承诺之前，要不断评估自己的能力、对方的人品，以及很多的意外情况，还要避免过于绝对的承诺，在这种情况下，你当然也就大概率不会陷入义务矛盾的困境，而如果你没有这些考虑，就要承担不道德的评价作为惩戒，并且在下次做承诺或决断时更加慎重。

以上是笔者想出的第二种对义务矛盾的解释，这种解释也存在种种问题。首先，跟第一种解决方案一样，实际上这种解决方案并不是解决义务矛盾的问题，只是在尝试使义务矛盾合理化；其次，很多情况下，即使充足的考虑也不可能避免运气导致的义务矛盾，在这种情况下，对于违反义务者的批评似乎既不合理也不合情，例如，上文中的第一个例子，实际上，对于那个出于行善说谎的人，我们一般也不会给予谴责。这个方案我认为是对康德在《道德形而上学的奠基》第一、二章中观点的维护，可以防止一部分义务矛盾带来的主观任意的问题。

（三）善的意志

笔者的第三种解决方法来自康德对义务和定言命令式的解释，第一，笔者认为大多数人都会同意上文例子的情况下，说谎来拯救甲是出于善的意志的，就像没有人会认为二战时期一个老妇人为了拯救几个犹太人对纳粹士兵说谎是不善的，需要强调的是，这里的出于善的意志只代表理性推演的动机层面，不代表最后的结果一定能达成，即在上文的例子的情况下，甲出于害怕跳窗逃跑，我出于善的意志说谎，仇人离开反而抓到了甲，这种情况下，依然不能否认我的善的意志；第二，从前文中对义务和定言命令式的分析，即义务就是"包含一个善的意志的概念"，定言命令式是义务的表达公式，同时定言命令式的内容是"要只按照你同时能够愿意它成为一个普遍法则的那个准则去行动"，从这三个定义，笔者认为可以分析得出，定言命令式实际上就是康德为了防止对善的意志的任意解释从而对善的意志的"限制"；第三，结合以上两点，笔者认为不能因为定言命令式的限制就抛弃了对善的意志的看法，定言命令式是善的意志的限制，但是绝不能是"善的意志"，在义务矛盾的情况下，如果我们相信人类的理性，就应该在此时排除掉定言命令式，而直接跟随善的意志；第四，如果第三点显得过于任意，其实还是可以用定言命令式来检测个体此时的准则，即如果为了行善，我可以说谎，具体地说，如果为了拯救某个人的生命，我可以说谎，笔者并不认为这条准则会存在什么普遍性的问题。

以上是笔者的第三种解决思路，可能是争议最大的一种解决思路，因为康德在整个《道德形而上学的奠基》中就在努力实现去除掉主观的任意性，以纯粹的理性来为道德立法，但是我的这种思路恰恰又引进了一些主观的对善的意志的认知，因此，问题也就很明显了，对于一些很明确的矛盾问题，当然直接从每个人善的意志出发就足够了，但是现实中大量的道德困境恰恰是有多方的争议而缺少共识，例如上文中的例子，如果甲是一个坏人呢，并且我明确知道他是一个坏人，这种情况下，其实很难说善的意志会如何判断，并且定言命令式似乎此时也失效。笔者必须承认以上的批评，并且似乎确实无解，但是在这一条解决方案中笔者想强调的是，理性在道德中的价值是毋庸置疑的，康德已经证明了这一点，但是理性绝不应该是全部的道德解决方案，因为道德如果是在人类语境下才有，而人类的生活恰恰很多时候是非理性的，尤其是道德生活，我们应该用理性来规范一部分道德，但是也要给善的意志一定的空间，在这个意义上，有些义务矛盾的场景，恰恰代表的应该是无论怎样选择，如果选择者是出于善的意志，就不应该受到道德的谴责。

黑格尔与环境运气

——以康德道德观批判为线索

摘要：道德运气在行动者的控制范围之外，且对行动的可责备性有所影响。康德哲学能容纳结果运气乃至一般的环境运气，这使得康德能够部分免于道德运气学说的责难，但是，康德没有考虑到一种特殊的环境运气，因此，他关于道德评价的学说仍旧有所缺憾，黑格尔对康德的部分批评也恰好针对于此。与康德不同，通过批判道德世界观和建构一种伦理生活体系，黑格尔能够化解此种特殊环境运气的挑战，将之理解为一个内在性而非外在性的要素，凭此，黑格尔也提供了一个更真实、更全面的行动评价体系。

关键词：良知　道德运气　环境运气　伦理生活

—龙腾—

引　言

自威廉斯和内格尔的两篇同题文章发表以来，西方学界对道德运气（moral luck）问题产生了不息的兴趣。简单来说，道德运气就是一种超出行动者控制之外，但又同时会影响行动之道德评价的要素①。尽管内格尔认为，道德运气难题兴许已经透露出理性行动者概念的矛盾性（一方面，理性行动者宣称自己能完全控制行动后果；另一方面，他们的行动却又实在地受到道德运气的影响），进而摧毁了道德价值的基础，但在学界

---

① 限于篇幅，正文已经将道德运气的存在默认为前提。在目前学界的讨论中，对道德运气主要有三种论证思路：（1）基于情景的细致切分，用道德直觉来验证道德运气，比如举出"醉酒司机开车撞死人—清醒司机开车撞死人—清醒司机开车平安无事"这三重场景，根据读者对三个行动者道德评价反应的不同，来证成道德运气的实在性；（2）类比认知运气来论证道德运气：如果我们同意，存在所谓的认知运气，它在某种程度上影响认知效度（creditworthiness），那么，类比到行动领域，道德运气也理应存在；（3）道德心理学论证：既然存在"行动者遗憾"这种心理现象，即便仅仅由于意外而对他人造成伤害的行动者也概莫能外，那么，这种心理现象无非是行动者对道德运气之接受的反映。

目前的工作成果下，一种经过修正的道德运气学说已经可以和道德价值相容①。

不过，康德哲学仍旧被修正后的道德运气学说视为一大论敌：道德运气学说的支持者认为，康德否认道德运气对行动的可责备性②有积极影响，进而从根本上否认道德运气的存在，然而，道德运气带来的影响却是一个显见事实。所以，在他们眼中，康德关于道德价值（moral value）和道德责任（moral responsibility）的论述是成问题的。进言之，以康德为代表的"动机论者"都是道德运气学说的批评对象，而道德运气理论中关于结果运气（resultant luck）的学说对关于道德价值的动机论评判系统提出了最强挑战。

然而，通过还原康德对行动后果和道德评价之间关系的看法，本文打算挑战以上的传统观点，表明康德并不强烈反对结果运气对道德评价的影响。不过，本文还力图证明，即使康德的道德价值判断系统能够和结果运气相容，它和一种特殊的环境运气（下文简称"环境运气 J"）仍不相容。也就是说，在一个新的视角下，康德仍旧免不了受到道德运气学说的挑战。

在这之后，本文将转向黑格尔对康德道德学说的批判，并最终证明黑格尔哲学体系对环境运气 J 的更佳兼容性。在黑格尔眼中，环境运气 J 是一种单纯的道德世界观所不可避免的"结构性难题"，而康德哲学是这种世界观的典型代表。只有超越这种道德世界观，提供一条客观的层级性规范结构，才能化解这一环境运气对道德评价的挑战，而这种规范结构对于黑格尔而言，就是伦理中的制度体系。

一　康德哲学和道德运气

道德运气问题的提出，让行动的可责备性被置于两难地位：一方面，根据"控制原则"，行动者的可责备性（blameworthiness）只能被自身控制范围内的要素所影响③；另一方面，道德运气却挑战着人们的道德直觉：一个人的行动的可责备性受到道德运气

---

① 这种较温和的道德运气观之代表为 Hartman。参见 Hartman, Robert J., *In Defense of Moral Luck*, (New York：Routledge, 2017)。

② 选择"可责备性"（blameworthiness），而不是"责备"（blame）、"可赞赏性"（praiseworthiness）和"赞赏"（praise）的原因有二：（1）在比较严格的道德直觉中，值得责备的行动应该在控制原则范围之内，或者至少部分在控制原则范围之内，但是值得赞赏的行动却可以超出控制原则。也就是说，一个人无意促成了一件好事，他就很可能受到赞赏。如果我们赞成，道德运气不应该支配道德价值，那么把视角放到值得责备的行动上，更符合道德直觉。（2）"责备"是一个第一人称的行为，而"可责备性"是一个第三人称视角下的行为性质。一个行动可能具有可责备性，但是受害者并不会责备行动者，特别是当两人之间有深厚的友情或亲情时。

③ 这一对控制原则的陈述是一个强版本，它由内格尔提出，以和道德运气学说形成对立之势。下文会从康德体系中抽取出一条弱版本的控制原则，它和道德运气是可相容的，而内格尔把康德理解为强版本控制原则的代表，这一观点是错误的。

的影响，而道德运气不在他的控制范围内。显而易见，道德运气和控制原则之间存在冲突。

对以上的两难处境，主要有三种解决方案：1. 承认道德运气对可责备性的影响，但是强调道德运气只能部分地影响可责备性，而不彻底决定可责备性；2. 承认道德运气对可责备性的影响，同时强调道德运气彻底支配可责备性，由此，人对自身行动是否被责备不再有任何控制能力；3. 拒斥道德运气对可责备性的影响，保留传统的理性行动者和道德价值概念。

限于篇幅，本文无法论证上述三种方案何者更优，不过，在道德运气问题的挑战下，折中性的方案 1 更符合大家的道德直觉。需要指出的仅仅是，方案 3 在道德运气的挑战下，坚持以康德伦理学为模型为自己辩护，但是，在下文中，我们会看到康德模型未必紧密符合方案 3，而是介于方案 1 和 3 之间。

此外，进一步区分道德运气的种类会让本文对康德的态度更加清楚。稍微弱化内格尔的经典分类，我们把道德运气分为生成性运气、环境运气和结果运气①。本文将指出，康德哲学可以和结果运气相容，但是无法和一种特殊的环境运气相容，至于康德哲学（以及黑格尔哲学）和生成性运气的关系，本文暂不处理。

在此，本文预示一下最后的结论：康德哲学能够容纳结果运气，在这一点上，它并不是严格意义上的方案 3，反而比较接近方案 1。不过，康德哲学仍然受困于某种特殊的环境运气，且这种运气对控制原则有摧毁之势，因此康德的方案算不上成功。另一方面，黑格尔哲学也容纳了结果运气，此外，通过一种内部化处理，黑格尔同时取消了那种特殊的环境运气，因此，他的方案更为成熟地同时保留了控制原则和道德运气，也因之更为接近一种理想性的方案 1。

（一）康德和控制原则

传统的道德运气理论把康德视为一种强控制原则的支持者，因而将他当作方案 3 的代表，虽然康德本人并没有明确使用这个术语。这一观点的提出，可以追溯到内格尔关于道德运气问题的论文，在篇首，他引述了康德的下述文本：

---

① 在内格尔对道德运气做出的经典分类（生成性运气、环境运气、行为原因运气和结果运气）中，行为原因运气的地位比较特殊。首先，它所引起的怀疑论更为根本，直接指向一种严峻的决定论或不相容论，而这涉及整个自由意志的存在与否。其次，行为原因运气和环境运气与生成性运气在一定程度上存在重合，因为一个不受控制的行为原因，很可能是在先的环境运气或生成性运气所产生的结果。因此，如果环境运气和生成性运气对可责备性有积极影响（这也是本文所预想的结论），那么行为原因运气也一样具有这种积极影响。有鉴于此，考虑到论证的经济性，行为原因运气在正文中不会得到单独的处理。

善的意志并不因为它造成或者达成的东西而善，并不因它适宜于达到任何一个预定的目的而善，而是仅仅因为意欲而善，也就是说，它就自身而言是善的。①

这段文本似乎确证了康德对控制原则的强调，也使康德名正言顺地成为道德运气学说的头号攻击对象。就文本而言，康德似乎认为，一个行动是否具有道德价值，仅仅取决于行动者的行动准则（准则的内容就是"意欲"的内容），进一步说，仅仅取决于行动者是否完全把道德动机结合进自己的行动准则之中，而和行动的实际结果无关。

但是，康德和控制原则的关系，至少需要两点补充：首先，对于康德而言，"道德价值"和行动的可责备性在内涵上并不相等。因此，一个没有道德价值的行动，未必是可责备的；其次，康德明确地讨论过行动的可责备性和行动结果的关系，且对于康德而言，行动结果未必是行动者可控的。因此，康德并没有主张一个严格的控制原则，他的正面论述和所谓的方案 3 之间存在冲突。下文将对这两点逐一做出展开说明。

在《道德形而上学的奠基》（下称《奠基》）中，行动的道德价值和义务概念相继出现，康德借它们来进一步阐明善良意志概念。在康德看来，一个出于义务的行动，就拥有道德价值，且表现了行动者的善良意志。"出于义务"意味着，行动者的任意（Willkür）仅仅把道德动机结合进准则之中，而不结合任何的爱好动机②。因此，对于一个已被做出的行动而言，其结果如何，是否达到了行动者的目的，和行动的道德价值无关。

在"道德价值—义务"之外，行动的可责备性和道德责任相关，且两组概念之间并不具有等同关系。一个行动具有可责备性，意味着行动者能够对该行动负责（这要求行动者是自由的，因此醉酒的人并不能对酒后的行动负责，而仅仅只能对他喝醉这件事负责），且他本该做出一个不同的行动。康德在《奠基》中并没有单独提出"责任"概念，但是在《道德形而上学》中，康德区分了责任和义务：

责任（Verbindlichkeit）是服从理性底定言命令的一个自由行为之必然性……义务是某人被责成去做的行为。因此，它是责任之质料。③

在此前提下，康德进一步讨论了行动的归责、功绩和过失：

---

① 康德：《道德形而上学的奠基》，李秋零译，北京：中国人民大学出版社，2013 年，第 9 页。
② Henson 曾经提出过一种"多因素规定"（overdetermined）的行动模式，且认为它与康德的体系相容。在该行动模式下，一个行动可以同时出于义务和出于爱好而被做出，而这样的行动是否有道德价值，显然值得重新讨论。但是，Henson 的观点已经遭到 Herman 乃至 Allison 的有力反驳（参见阿利森：《康德的自由理论》，陈虎平译，沈阳：辽宁教育出版社，2001 年，第 164~174 页）。
③ 康德：《道德形而上学》，李秋零、张荣译，北京：中国人民大学出版社，2015 年，第 30~31 页。

> 道德意义下的归责是藉以将某人视为一个行为之发动者的判断……若某人依义务所做的，多于他能依法则而被强迫去做的，其所为便是有功绩的……若他所做的少于本分所要求的，其所为便是道德的过失……一个有功绩的行为之善果——以及一个不正当的行为之恶果——能被归责于主体。[1]

借助以上文本，我们可以推出三个结论：首先，一个行为是否有过失，和行为是否缺少道德价值，并不是等同的。对于康德而言，一个仅仅合乎义务的行动没有道德价值，但是它不是过失，因为它并不有违行动者的"本分"；其次，对一个行为的过失判断和道德价值判断的标准是不同的。评判行动的道德价值不用考虑行动的后果如何，而评判行动是否是过失显然和行动的后果相关。一个出于义务而行动的人，可能会受到结果运气的影响，比如一个慈善家被恐怖分子诈捐——此时，他的行动也许有道德价值，但是却是一项过失[2]；最后，只有过失才是行动可责备性的充分条件，因为过失意味着行动者没有做出本该做出的行动，所以他的具体行动（或不作为）是可责备的。与之相反，一个仅仅合乎义务的行动虽然未必值得赞赏，但也不必然招致谴责[3]。

因此，围绕康德哲学和道德运气的关系，我们可以主张：（1）就行动者和行动可责备性之间的关系而言，康德并不主张一个过强的控制原则。可责备性取决于行动者过失与否，而过失与否不完全受控于控制原则，而是暴露于道德运气之下（比如慈善家被诈捐）。因此，康德承认道德运气对可责备性的影响。（2）但是，就一个可责备的行动必须可归责而言，行动者必须是自由主体，因为责任必须和"自由行为"相系——彻底的精神病人和智障患者并不为其行为负担责任，至少并不负担道德责任。所以，康德并未完全弃绝控制原则。综合以上两点，康德对控制原则的态度更接近上文中的方案1，因此，方案3的拥护者们必须为自己提出一个更强的、独立于康德体系的辩护。

不过，虽然康德并不直接反对结果运气，但他对其他类型道德运气的态度目前仍然

---

① 《道德形而上学》，第40~41页。

② 这个结论是有争议的，康德也许会认为，出于义务的行动不可能是过失。但是，因为康德说过"一项过失之法律后果是惩罚"，而一个出于义务却结果糟糕的行动显然是可以被法律惩罚的，尽管可能会从轻处理。因此，认为出于义务的行动可能是一项过失，并不是没有凭据的。

另有一种反驳观点主张，我们应该清晰地区分道德责任和法律责任，而过失对应的是后者，如此一来，过失就不再和行动之道德可责备性紧密相关（马寅卯：《"道德价值"与"道德运气"》，《哲学研究》，2020年第4期）。但是，第一，这种观点和前述引文中"道德意义下的归责"这一设定不符，第二，如果不持有绝对的分离论观点，我们就很难认为康德会严格区分法律责任和道德责任。至少，一个在法律上应受责备的人，也同样在道德上有失。所以，这种反驳观点至少无法冲击本文的论证。

③ 在这里，我忽略了对功绩的讨论，因为康德把功绩仅仅限定在不完全义务的范围内，而过失却和完全义务与不完全义务都相关。并且，在先前的脚注中我已经论证过为何倾向于讨论可责备性而非可赞赏性。所以，讨论过失和可责备性有利于让论证表现得更清晰。

暧昧不清。接下来，本文将要讨论康德对环境运气的可能态度，借此揭示康德哲学中的一个弱点，且该弱点和黑格尔对康德的批评直接相关。

（二）康德和环境运气

典型的环境运气（circumstantial luck）学说主张，一个行动者是否会做出一个值得责备或赞赏的行动，至少在部分上受制于他所身处的环境，而环境如何却在根本上由运气决定，因此，行动者的具体行动表现势必受到环境运气的影响。

康德显然会同意，行动者是否做出一个过失行动受到上述环境运气类型的影响。《道德形而上学》有如下表达："再者，有多少人可能度过了长期的无罪生活，而他们只是避免了诸多诱惑的幸运者?①"从中可见，康德认为世界上存在一些幸运者，他们受到环境运气的保护，免于做出一些过失行为。相应地，也会有另一些人因环境运气带来的诱惑，从而做出过失行为，尽管主体的意志薄弱性也是这种过失的原因之一。

不过，和这种典型的环境运气观不同，本文将主要讨论另一种类型的环境运气，它不但被传统的道德运气学说所忽略，也没有得到康德的足够重视，但却是对康德哲学的一大挑战。为了引出这种道德运气，我们首先要回到康德的普遍性检验程序。

在《奠基》中，康德提出了一种普遍性检验程序，以之为意志之中的法则表象：

> 我决不应当以别的方式行事，除非我也能够希望我的准则应当成为一个普遍的法则……我虽然能够愿意说谎，但却根本不能愿意有一个说谎的普遍法则……（因为）我的准则一旦被当成普遍的法则，就必然毁灭自己本身。②

这一程序引致了一种"空洞性责难"，而黑格尔是这一责难的代表者之一③。在《法哲学原理》中，黑格尔指出，这一程序不可能赋予任何义务以具体内容：

> 把义务当作无矛盾的、形式上的自我一致，无非就是固执于抽象的无规定性，是不可能过渡到特殊的义务规定的……不存在所有权这一说法，跟说这个或那个单一的民族、家庭等等不存在，或者说根本没有人生活一样，就其自身而言都很少包含一种矛盾。④

---

① 《道德形而上学》，第 264 页
② 《道德形而上学的奠基》，第 18～19 页。
③ 很难说黑格尔是这一批评的首创者。布兰特已经指出，黑格尔在此继承了皮斯陶里乌斯（Pistorius）的观点。(布兰特：《康德——还剩下什么?》，张柯译，北京：商务印书馆，2019 年，第 117 页)。
④ 黑格尔：《法哲学原理》，邓安庆译，北京：人民出版社，2016 年，第 245 页。

黑格尔的批评非常明确，以"人人都有不说谎的义务"为例子，他会将康德的检验过程重构如下：

P1　没人说真话是自我矛盾的事情；

P2　把说谎这一准则当作普遍法则，会导致没人说真话，因此会导致自我矛盾的结果；

C1　因此，说谎不能通过普遍性检验程序，反之，保持诚实是一种义务。

黑格尔的批评要点在于 P1 无法成立，因为这一前提并不自明，而是需要被某些在先的原则所规定（对黑格尔而言，这一在先原则就是伦理生活中的诸种制度和习俗）。康德的检验程序总是依赖这一在先原则，如果忽略这种原则，单纯主张"为义务而义务"，那就得不到任何具体的义务，这种困境正是康德伦理学之形式性和空洞性所在。

黑格尔的这一批评也许基于对这一检验程序的误解。我们可以为康德的检验程序重新做出阐释，把它重构如下[1]：

P1　把说谎当作准则，是因为行动者意愿通过说谎而得利；

P2　同时，把说谎这一准则当作普遍法则，就相当于意愿一个所有人都说谎的世界。而在这个世界中，没有人能通过说谎而得利；

C1　因此，把说谎这一准则当作普遍法则，意味着行动者既意愿通过说谎而得利，也意愿一个无法通过说谎得利的世界；

C2　以上两个意愿是自相冲突的；

C3　因此，说谎不能被当作普遍法则，它无法通过普遍性检验程序。[2]

新的重构模式弱化了逻辑上的一致性要求，转而凸显行动者意愿的一致性要求，尽管这一重构只是部分正确的，因为，它没办法解释诸如自杀这类行为为何不能通过检验程序：意愿一个所有人都可以自杀的世界和意愿自己的自杀并不存在冲突，所以，这一

---

① 这一重构方式受到伍德的启发（参见伍德：《黑格尔的伦理思想》，黄涛译，北京：知识产权出版社，2016 年，第 256~257 页）。

② 奥诺拉·奥尼尔将欺骗不能通过检验程序的原因归诸逻辑的不一致性（奥尼尔：《理性的建构：康德实践哲学研究》，林晖、吴树博译，上海：复旦大学出版社，2013 年，第 122 页），但她据以归类的论证是错误的，因为每个人都打算欺骗他人以图方便，和实际上没有人能通过欺骗而现实地得到方便之间，并没有逻辑上的不一致，只有后果和预期的不一致，而这种不一致早已大量存在于日常生活中。

重构只能检验涉及他人的行为，而不能检验单纯"涉己"的行为①。不过，本文将限于在目前的重构基础上展开下文的分析。

在这个重构的基础上，康德仍旧免不了如下批评：一个涉及他人的行为，就算能通过新的检验程序，也不能得出一个客观上普遍可欲的行为，而只有这一类型的行为才能被规定为义务。新检验程序的最大缺陷在于，作为检验基底的"意愿"只是一种主观要素，而一条符合普遍法则的准则在主观性意愿中没有冲突，仅仅意味着它是主观普遍可欲的，而不一定是客观普遍可欲的。这一症结在以下例子中，将被更清晰地表明：

> 小明的家族患有一种特殊的遗传病，患病者会觉得苹果臭气熏天，几乎难以忍受，而小明是家族中唯一不患此病的人。一天，家族聚会的时候，小明落落大方地啃起一个苹果，并在一脸愕然的亲戚面前义正辞严地为自己辩护：他认为，自己意愿吃最爱的水果来满足食欲，也意愿一个"所有人都吃他们最爱的水果来满足食欲"的世界——而这个被意愿的世界，并不会让小明吃不到自己最爱的水果，也不会让小明吃苹果的时候无法满足食欲。所以，在讨厌苹果的亲戚面前吃苹果来满足食欲，对于小明而言，就是一个可以得到道德辩护的行为。

显然，没有一个理智正常的人会认为小明不会受到亲戚的强烈谴责。在讨厌苹果气味的亲戚面前吃苹果，就像一个感官迟钝的邋遢鬼在宿舍裸露臭脚一样，是完完全全、彻彻底底的不道德行为，它内在地具有可谴责性，且理应遭受道德谴责②。

在此，我们对康德的分析走到了最后一步。以上的情境表明，一个行为的道德性，并不完全取决于行动者主观意愿上的普遍可欲，而还必须涉及共同生活的他者的主体间评价。而一个行动主体和哪些人形成一个（或大或小的）共同体，恰好受到一种特殊环境运气的影响——小明生在讨厌苹果的家族中，而不是生在喜欢苹果的家族中，是由环境运气决定的；邋遢鬼和三个爱干净的同学同宿一室，而不是和三个邋遢鬼同宿一室，

---

① 在《奠基》中，康德用"自然法则公式"一并论证说谎和自杀不能通过普遍性检验的原因，但是，他诉诸的原因是一种逻辑矛盾性。根据上文黑格尔的批评，我们已经看出，逻辑矛盾性不能推出任何有内容的义务。所以，在目前的讨论基础上，我们难以接受康德的这番论证。

② 在以上例子中，需要补充的背景情况有二：行动者对他人的气味好恶状态完全清楚；行动者据以行动的准则跟他所表达的相一致。

也是由环境运气决定的①。

这一环境运气（暂且命名为"环境运气 J"）不同于经典道德运气学说中"影响行动者的行动决策"的环境运气，而是一种"影响对既有行为的道德评价"的环境运气。如果这种环境运气不能被化解，那么，在康德的道德体系中，它将决定行动的道德价值和可责备性，这意味着康德不能够主张一种和此运气共存的控制原则。因此，要么康德的道德体系是不完善的，要么整个人类的道德体系是不可能的，这就是环境运气 J 对我们提出的严峻挑战。

幸运的是，后者成立的几率更大。通过后文的分析，我们会见到一种对康德道德体系的修正方案，而经过修正后的道德体系，能够应对环境运气 J 的挑战，保留一种和该运气共存的控制原则。因此，环境运气并不会一举摧毁道德体系的基础。

二　从康德到黑格尔

上一部分的论述表明，在康德道德哲学体系中，控制原则能够和结果运气共存，但是不能与环境运气 J 共存，就此而言，行动的道德价值和可责备性受到极大挑战。这种环境运气的存在，似乎让康德道德哲学不可避免地滑入虚无主义的深渊，在这个深渊里，一种自由行动的行动者概念荡然无存。为了克服这种价值危机，我们必须修正康德的道德哲学，尤其是康德的普遍性检验程序。

尽管黑格尔对普遍性检验的批评之一也许是失败的，这在上一部分已有论述，但

---

① 在此，笔者并不妄图表明康德完全忽视了主体间特征。事实上，考虑定言命令的后两个具体公式，我们甚至可以看到康德对此的清晰意识。同时，早已有康德阐释者用这两条公式来回击黑格尔的观点，他们坚称，理性行动者的福祉可以为义务提供具体的内容标准（在国内最近发表的论文中，关于这一立场的宣示，可以参考卞绍斌：《法则与自由：康德定言命令公式的规范性阐释》，《学术月刊》，2018 年第 3 期；刘作：《形式的一定是空洞的吗？——对康德定言命令的一种辩护》，《哲学动态》，2019 年第 11 期）。因此，康德虽然坚持形式性，但是形式性并不等于空洞性。

但是，这种解法必须回应下列三条疑难：

（1）它预设了定言命令三条具体公式之间不可替代的硬性差别：只有后两条公式能够为义务提供具体内容，而第一公式就其本身而言仍然有空洞的嫌疑，它不能独立发挥作用。这一过强的划分法，与康德的某些表达相左。

（2）它将理性行动者的福祉当作检验程序的先在前提，但背后的根据暂时是未明的。比较常见的辩护思路以"理性能力"或"自由"为这种福祉，但是，一方面，"理性能力"是一个内涵宽泛的概念，它有赖于进一步的详细规定；另一方面，如果"自由"仅仅意味着理性的"绝对自发性"（《形式的一定是空洞的吗？——对康德定言命令的一种辩护》），那么，康德在后期将这种自发性赋予"任意"（Willkür）的做法充分表明，被普遍性检验程序驳回的行为未必会损己自发性（一个出于任意的行动很可能是非道德的，甚至不道德的），而如果自由意味着一种立法性的"先验自由"，那么，很难说自杀或撒谎等行为在何种意义上有损该种自由。另外，从前述引文中可以看到，黑格尔并没有无视这种进路，相反，他也许会质疑"理性存在者之持存"作为先在条件的合法性，因为，"根本没有人活着"也可以被视为论证的最终前提。

（3）退一步说，即便我们接受理性能力或自由为最终前提，这一前提与原有前提（比如不能撒谎、不能偷盗等）之间的分析性关系也尚待论证，而黑格尔依然可以就这一点提出批评。比如，我们也许可以设想一个不将偷盗视为非理性行为的"盗贼之国"，在其中，具有最高的偷盗技艺是荣誉和德性的表现。

是，黑格尔对康德道德哲学的批评不仅于此。事实上，他敏锐地把握到了康德哲学的其他弱点，并给出了自己的修正方案。接下来，我们将通过黑格尔对康德道德世界观的批评和修正，来审视他克服环境运气 J 的具体方案，具体说来，这种方案最终会依托于一种伦理共同体内部的层级规范体系。

（一）黑格尔和道德运气

在《法哲学原理》中，黑格尔对运气要素的引入，出现在"道德"章第二部分关于意图的论述中。在那里，黑格尔对"行动"（Handlung）概念作出了本质性规定：行动是行动者在外部世界中做出的一系列事件，它的外部定在是一种"杂多的综合"。进一步地，黑格尔将"杂多的综合"视为普遍性要素，其中存在无数的单一性要素。比如，一个纵火者的行动始于"点燃一块木片"这样的单一性部分，但是，最终却发展为屋毁人亡这样的普遍性整体，而在这个行动中，纵火者显然不能仅仅为前者担责，而更要为后者担责①。

另外，行动展现为杂多综合的过程发生在外部世界中，而这一世界中的复杂因果关系总是会超出行动者的意料，例如，纵火者原想烧自己的房屋，但却由于（未被预料的）风势而殃及邻里。就此来看，行动之"杂多的综合"中必然包含行动者始料未及的单一性要素，所以，运气至少部分地决定行动的后果，也就是说，结果运气超出行动者的有意控制。正是在行动和运气的这种关系下，黑格尔主张"不幸对我具有一种权利"：行动意味着行动者暴露于外部世界，而难免遭遇偶然性运气的影响②③④。

显然，以上关于运气问题的讨论，和前文所述的"结果运气"更为相关，并且，黑格尔在此也没有对行动作出彻底的规定，而仅仅处理了行动和外部世界之间的张力。进

---

① 《法哲学原理》，第215~217页。
② 在此，我们可以比较一下黑格尔和伯纳德·威廉斯之间差异几何。作为道德运气问题的提出者之一，威廉斯在《羞耻与必然性》中基于荷马史诗文本而主张，在荷马的英雄世界观中，人必须为自己的无意之举担责，而这一点甚至在现代也值得到了保留（比如，根据某些法律，公司的董事必须为其手下的过失担责，尽管该过失并未为自己所料及）。但是，威廉斯并没有触及黑格尔观点的闪光之处：严格区分"有意之举"和"无意之举"并非必要，因为外部世界的复杂关系使得一个行动必然"延异"（我并不在德里达的严格用法上使用该词）为行动者无法料及的复杂综合。所以，对于黑格尔而言，担责是一个非即时的过程，对于一个行动而言，随着时间的推移，行动者要担负的责任也许会逐渐增多。当然，我们必须借助伦理生活中的制度体系，才能避免道德世界观中的这种担责难题，详见下文。威廉斯的具体主张可参见威廉斯：《羞耻与必然性》，吴天岳译，北京：北京大学出版社，2014年，第56页以下。
③ 在《逻辑学》中，道德动机和外部世界之间的张力已经被预演。在论述"实在的根据"时，黑格尔将道德动机当作一种实在根据，而实在的根据（道德动机）和有根据物（具体行动）之间的关系，注定是一个外在于根据和有根据物的"第三者"。在此基础上，黑格尔才说："假如那个规定被造成是根据，那么，成为其结果的那个内容，也仍然具有外在性的本性，那个内容也仍然可以通过另一外在性而被扬弃。"参见黑格尔：《逻辑学》（下卷），杨一之译，北京：商务印书馆，1976年，第99页。
④ 《法哲学原理》，第217页。

言之，黑格尔认同结果运气对道德评价的影响，因为行动"同时又作为被设定于外部的目的，而听命于外部的力量"[①]。不过，结果运气并未取代控制原则，而仅仅是进一步充实了道德评价体系——在讨论道德层面的归责时，黑格尔将儿童、疯子与正常的行动者区别开，因为只有后者享有"行动之客观性的法权"，也就是说，这类行动者对行动的目的有明确的认识和欲求，而这些认识和欲求构成了具体行动中的主体性成分[②]。因此，总的来说，黑格尔对结果运气的态度类似于方案1，就这点而言，黑格尔和康德立场类似。

不过，黑格尔对道德运气的讨论并不限于结果运气，从黑格尔的观点中，我们可以发现运气概念和"外在性"（Äußerlichkeit）之间的紧密关系——在主体内部，行动意图不存在道德运气上的好与坏之分。当且仅当主体的意图实现为一个经验上具体的行动时，运气成分才能发挥作用，而"行动"直接地和三个外在性要素密切相关，它们分别是外部世界、善和他人意志[③][④]。

黑格尔对行动、运气和外在性之间关系的强调，和当代道德运气学说对"运气"概念的一个定义——"超出行动者控制之外的要素"——是相类似的。在该视角下，我们可以将黑格尔对行动的更多论述和道德运气联系起来，并使之延及先前的环境运气J和相关的康德伦理学之疑难：黑格尔会认为，之所以康德哲学无法幸免于环境运气J，是因为对于康德所设想的行动者来说，针对行动的客观道德评价体系仅仅是一种外在性对象——它并不内在于道德主体的反思和意愿结构。换言之，这一评价体系外在于行动者的主观意愿，以至于即便主观意愿能通过普遍检验程序，也无法保证通过主体间的道德评价体系。

在此视角下，黑格尔和康德的不同之处在于，第一，他强调单纯的道德世界观不可避免地会遭受外在性要素的侵袭，因此，道德运气必然内在于道德体系；第二，通过提供一种伦理生活体系，黑格尔在保留道德的同时，将诸多外在性要素转变为内在要素，借此，行动者不会再受到一种关于道德评价的特殊环境运气的影响和困扰，因为和该运气密切相关的影响要素已经处于行动者的控制之中。凭此，黑格尔更完整地坚持了控制原则和道德运气的共存，而康德却受困于环境运气J。

接下来，我们需要对黑格尔的具体理论进路进行考察。

---

① 《法哲学原理》，第210页。
② 《法哲学原理》，第200~201页。
③ 在现有研究中，科维纲已经分析了外在性和道德主体之间的张力，借以阐释黑格尔的道德世界观，不过他的分析仅限于前两种外在性要素，而忽视了最后一种（科维纲：《现实与理性》，张大卫译，北京：华夏出版社，2018年，第413~417页），这种外在性恰好是本文论述的着眼点。
④ 《法哲学原理》，第203页。

（二）伦理中的道德——黑格尔的道德批判

黑格尔对单纯道德世界观的批判和重建可以分为三步：（1）揭示道德世界观的内在困境，这一困境由行动和外在性要素之间不可调和的张力构成；（2）以良知概念为线索，完成从道德到伦理的过渡；（3）在伦理中，论证一种基于伦理生活形式的客观层级性规范体系，这一体系能够提供一个实现善的场域。只有在这种规范体系下，道德世界观的内在困境才能避免，行动者可以克服外在性要素，免于环境运气 J 的困扰。

1. 道德世界观和外在性困境

如 112 节附释所言，道德世界观的内在困境是主体性（Subjektivität）和客观性之间不可调和的三层矛盾，而作为矛盾一方的客观性，具体体现为三种不同的外在性形式：外部世界（外在的直接定在，110 节）；善（外在的普遍意志，111 节）；他人的意志（外在的主体性，112 节）。因此可以说，道德世界观的内在困境是主体性和三种外在性之间的矛盾。

在后文的论述中，黑格尔进一步澄清了三种不同矛盾的内容——

（1）道德主体和外部世界的矛盾在于，前者将自己的主体性以意图的方式实现在后者中，并打算仅仅对这部分外化的主体性负责，但是，在具体的实现过程中，行动被外部力量（结果运气）添加其他因素，且这些因素和单纯的主体性成分难解难分。因此，主体不可能仅仅为自己的意图负责，而必须为"行动的普遍性质"负责，也即，主体必须接受结果运气的适当影响，前文所举的纵火之例也说明了这点①；

（2）道德主体和善的矛盾在于，前者（作为良知）致力于实现善，但是却只能通过自我确定性来规定善，而不能借助外在于主体的客观要素。但是，这种良知中的善就其本身而言是任意的，因此不可能是真正的善，换言之，道德良知的任何行动都无法实现真正的善，它无法完成自我设定的目标。

（3）道德主体和他人意志的矛盾在于，一方面，任一道德主体都和他人意志处于肯定性关系中，应该以"他人的福"乃至"所有人的福"为自己的行动目的②；另一方面，在危急时刻，该主体又能基于紧急避难权而（有限地）侵害他人的福③，因此，仅凭他人的福不足以彻底规范我们的行动。

---

① 参见本文二（一）节开头的论述。
② 《法哲学原理》，第 228 页。
③ 《法哲学原理》，第 232~234 页。

困扰康德的环境运气 J，主要和上述第二种（而非第三种）矛盾有密切的关系。回到小明吃苹果的例子，在这个事件中，小明扮演一个行为背后的主体意志，他以主观意愿的无矛盾性通过了普遍性检验程序，并假定他也切实地拥有了对自己的行为的善性（goodness）的信念，这样，他的行为符合良知的自我规定。吊诡之处在于，这个信念被放入一个主体间性境域中之后，失去了证成自己行动的效力，并且，否定小明的不仅仅是他人的单个良知，而是他身处的整个集体，这个集体就行动而言拥有比良知更高的规范权利。

一个更精致的说明是必要的：判断小明的行为不够道德，拥有可责备性，不仅仅是出于我们（作为评断者）的信念或良知，而更是出于我们对主体间性空间的尊重。也就是说，"小明的行为不够道德"一定可以得到（至少部分的）共识，这种共识也并不单纯基于良知信念。这种主体间的共识，和另一种据以评断行为可责备性的风俗习惯系统，都是仅存于伦理生活中的要素，而黑格尔的一大贡献就在于提供这样的伦理生活体系。

2. 从道德向伦理过渡——两种良知

面对如上的悖论性三元结构，及其给道德世界观设立的困境，黑格尔通过对"良知"概念的重新诠释，完成了从道德到伦理的过渡，同时消除了特殊性和普遍性、道德主体与外在性之间的矛盾。良知作为"特殊性的设定者、规定者和决定者"①，扮演了个别行动（个体性）和善的规范（普遍性）之间的中介，同时，良知本身也可以再被一分为二：（1）形式的良知仅仅具有对善的主观知识，在其中，主体和真实的内容（对善的客观知识）是分离的，这种良知随时有堕入恶的风险——良知中的恶，体现为将特殊性凌驾于普遍性之上，也就是遵从自然冲动而非善的知识来行动；（2）真正的良知则是"欲求自在自为地是善的这个东西的心意（Gesinnung）"，它所欲求的对象正是真理或行动的真正合理原则。

此外，黑格尔额外强调，真正的良知"只有在伦理性的立场上才能出现"②，因为关于善的真理，以一个实在的伦理生活为前提，而单纯凭主体意志的反思活动并不能把握这一真理。

对良知的二分开启了从道德到伦理的过渡：在形式的良知视角下，善不具有推动性，无法成为主体的必然目的，而主体作为一系列的行为，也不能将善付诸实现，不能

① 《法哲学原理》，第 246 页。
② 《法哲学原理》，第 247 页。

给予善以应得的现实性。因此，一个处于现实化过程中的具体的善，和一个以善为目的且将之不断付诸实现的主体，只有在单纯的道德世界观之外才能存在——"善和主观意志的这种具体的同一，两者的真理性就是伦理法"①。

3. 伦理生活——纯化冲动的场域

真正的良知在伦理生活中负责自由的实现，这种良知作为伦理的品格（也即一种伦理心意），以真正的善为欲求对象。这个设定立即向我们提出一个问题：伦理生活是否向行动者直接提供了作为欲求内容的善，还是仅仅提供一个规范性空间，在这个空间内，原有的欲求内容具有了善的形式？

黑格尔的取向符合后者：首先，在《法哲学原理》8～19节中，意志被规定为一种拥有特殊性环节的主体结构，"特殊性"意味着意志拥有自己的内容，这种内容以不同种类的冲动为形式，而意志能够使这些冲动得以现实化和客观化，也就是能够实现自身的冲动。

其次，进一步地，意志又可以分为有限的意志和无限的意志，这种形态的区分不取决于意志内容，而取决于形式上的差异——有限意志的冲动具有外在性和偶然性，它和普遍性的善之间充满冲突和对立；而无限意志具有普遍性，这种普遍性就是"所有冲动的一个体系"②，在这个体系中，意志的特殊冲动拥有合理的组织和阶序。

最后，在无限意志中，冲动得以"纯化"，并转而拥有"义务"的形态。义务是对自然冲动和道德冲动的限制，并且，"在义务中，个人获得解放，使自身达到实体性的自由"③。在这个阶段，原有的欲求内容（冲动的内容）并没有被弃之不顾，而是被组织和约束在一个合理性的体系之中，并凭此而拥有了善的形式④——"采取义务的形式、然后又采取德性之形式的那种内容，与具有冲动之形式的那种内容是相同的"⑤。

目前仍需进一步探讨的问题有二：（1）为什么纯化冲动的场合仅限于伦理生活？（2）在伦理生活中，这种冲动纯化的机制究竟为何？对这两个问题加以解决之后，我们就可以清晰地看出，黑格尔提供的框架如何成功地化解了环境运气J的挑战。

对第一个问题的澄清，必须再次借助"形式良知"和"真正的良知"的区分：伦理

---

① 《法哲学原理》，第276页。
② 《法哲学原理》，第58页。
③ 《法哲学原理》，第288页。
④ 在这里，善作为一种真正的、有生命力的善，和道德世界观中的"善"已经大不相同。进一步说，真正的善就是客观的"伦理"本身，而这种客观的伦理实体另一方面又等同于自由。因此，黑格尔提供了"善—伦理—自由"这条同一关系链。
⑤ 《法哲学原理》，第290页。

生活不同于道德世界观之处在于，它既保留了道德意识中的主观性成分（即良知），又把良知置于一个客观的、层级性的"伦理－政治组织形态"中，这种组织形态给良知提供了规范性框架，使得它蜕变为真正的良知。对冲动的纯化过程，也就是形式良知转变为真正良知的过程，同时也是伦理心意态度的生成过程。用黑格尔式的范畴来说，伦理是对道德的"扬弃"，道德意识的主观要求（对善的要求）在伦理生活中才能得以实现。

第二个问题则涉及层级性规范框架的具体内容，及其与主体教化之间的关系。一方面，伦理生活中的规范框架表现为三层制度——家庭制度、社会制度、国家制度（政治制度），个体意志原有的冲动被这些制度约束，而这种约束的最理想结果就是将冲动的形式转变为义务的形式。举例而言，一个在伦理生活中的个体可能会以一夫一妻制为义务（在他选择伴侣的时候）、以加入一个同业公会为义务，尽管这些义务可能会暂时以限制和规范冲动的方式而起作用。另一方面，制度的规范和个体的教化过程是不可割裂的。在制度系统下生活的个体，逐渐培养出自己的"第二自然"——个人的风尚习惯，这种风尚体现为个体的伦理心意，在这种心意中，伦理性义务不再是限制性的律条，而是得到自我认同并被自我所欲求的精神实体。总而言之，个体在作为规范框架的制度系统中生活，就是处于冲动纯化的过程中，而纯化过程结束的标志是伦理心意的生成。

4. 克服环境运气 J——从外在性到内在性

从黑格尔对道德世界观的批判和对伦理生活的构建中，我们可以提炼出克服环境运气 J 的要点：主体间道德评价体系，作为伦理生活中的一个要素，不再具有外在性的面目，反之，它对于个体来说成了一个内在的、对行动决策有重大影响的框架。也正因此，这种评价体系的内容（这一内容受到各国风俗、法律的影响，呈现出多元的面向）对于个体来说不再取决于特殊的环境运气，至少，它不再是处于主体控制之外、横亘在主体和世界之间的一重障碍，恰恰相反，主体正是通过教化而对这种评价体系产生自我认同，并将之牢牢把握于自己的控制之中。

在此，我们可以再次援引小明吃苹果的例子：小明作为一个在社会中行动的主体，理应事先考虑行动的公共效果，因为这种公共效果是行动可谴责性的客观评价标准。单纯凭借主观意愿的无矛盾性，并不能为自己的行为辩护，因为成功的辩护必须基于一个主体间评价体系。起初，这一评价体系可能对行动者而言充满外在性，它表现为对小明意志冲动的限制，但是通过个体在伦理制度体系中获得的教化，这一评价体系对他而言会逐渐内在化，在这个过程中，环境运气 J 的影响也在逐渐减轻，直到消失。简而言之，伦理心意的诞生过程，就是环境运气 J 的消失过程。

结　论

运气是处于行动者控制之外，且对行动者有所影响的要素，而道德运气影响的是一个行动的可责备性。道德运气可以进一步分为生成性运气、环境运气和结果运气，尽管康德哲学能够容纳结果运气乃至一般的环境运气学说，但仍旧不能免于一种特殊环境运气（环境运气 J）的强大打击。对康德哲学而言，这种运气决定了行动会在何种主体间评价体系中得到道德评价，它使得行动者变得不那么自由，同时让行动的可责备性变得困难重重。

而黑格尔对道德世界观的批判，以及对伦理生活的建构性论述，使得他的哲学体系在能够如康德般同样有力地回应结果运气和一般环境运气的同时，还能化解环境运气 J 的挑战。这一化解的实质在于，主体间评价体系在伦理生活中得到内化，从而不再是外部对象，也就不再属于运气的影响范围。对黑格尔来说，伦理生活中的个体会在谋划行动时将主体间评价体系纳入考量范围，因此，该体系内在于个体的控制之中，且这种内在性尤其通过个体的伦理心意态度得到表达。

试析一个具体情境中不同的自爱行为及其道德指向

—张忠跃—

摘要：弗兰西斯·哈奇森（Francis Hutcheson）的道德哲学以先天的道德感作为人性善的保证，以最广博的仁慈来反对狭隘的自爱，以实现最普遍利益的实际效果来为道德定质定量从而为道德进行排序和分级。不可否认的是，指向狭隘的个人快乐与幸福的自爱行为在每个人身上都可能存在。本文试图以哈奇森的道德哲学为基础，试设定一个可能的具体情境，来分析该情境中不同的自爱行为及其道德指向。

关键词：哈奇森　道德哲学　自爱　善　恶

试设定一个情境：一个有偷窥癖的男生（下文称男生 A），经常偷窥女生宿舍以满足自己的性需求。某天，男生 A 被自己所偷窥的一个女生宿舍中的一个女生（称女生 B）当场抓住，并在学校门口严厉谴责男生 A，同时用手机录像，称要将录像上传到社交网络，以惩罚男生 A。男生 A 因此不断向女生 B 认错道歉并乞求原谅。在训斥男生 A 的过程中，有一个门卫目睹了全过程。女生 B 请求门卫来主持公道，但门卫却劝告女生 B 原谅男生 A。而进出校门的其他学生在听到女生 B 的大声训斥与求助时，却熟视无睹，冷眼相看。显然，这是一个可能的并且复杂的现实情境，其中不乏许多道德问题。笔者将以哈奇森的道德哲学为基础，试图着重对该情境中的人物的自爱行为进行道德分析。

一　男生 A

从生物学的角度来讲，雄性生物对雌性生物的性需求是正常的（虽然雌性生物对雄性生物的性需求也是正常的，但这里不做强调）。至于人因生理需求而产生的性幻想，也可以算作是合理的。但在该情境中，男生 A 的行为已然不仅仅只存在于性幻想层面，而是对自身性需求的一种公然实施，他制造了这个偷窥行为。而这也显然是对女生 B 及其室友们的公开冒犯和侵害。从哈奇森的角度来看，男生 A 的这个行为很显然是一种自爱行为，是仅仅为了追求自己的快乐与幸福而不将他人的快乐与幸福纳入考虑的非仁慈行为。在讨论自爱问题时，哈奇森有如下观点："一些作者使某些世俗的好处，使某些身体的快乐，或者得到这些快乐的手段，成为所有人或所有行为的唯一动机，甚至是最高尚的动机，是他们最终追求的唯一目的。"① "其他学者认为，我们渴望其他人的利益，或者渴望社会的利益，只不过把它们看作是获得我们自己的安全和富足的手段；通过同情其他人所获得的幸福，他们就成了我们自己的一些更精致的快乐的手段。"② 男生 A 的行为无疑是将女生 B 及其室友视为满足自己欲望的手段，并且丝毫没有考虑女生 B 及其室友的利益与幸福。在此情况中，被偷窥者于男生 A 而言，与电脑手机之类的工具无异。由于只将被偷窥对象视为满足自身欲望的工具，所以男生 A 否认了女生 B 及其室友的人格，而只仅仅将其视为一种物格。这种行为更接近于哈奇森所描述的前一种将身体快乐、世俗好处视为行为的动机与目的，以最直接的快乐来满足自身的欲望的行为，这种行为在道德的等级上比后一种掺杂了对其他人利益的考虑的自爱要低劣得多，这甚至仅仅是一种动物性的行为——在哈奇森的道德哲学中，道德感是人先天具有的，因此笔者认为，反过来说，那么作为道德人的一个特征就是拥有道德感并使其显现。而男生 A 的行为事实上将其作为人而拥有的道德感逼迫退场、将其埋葬，进而舍弃了对作为一个道德人的情感能力的持存，通过突显自身的动物本能而将自己动物化，所以此刻男生 A 与野兽牲畜无异。男生 A 的这一自爱表现控制了他作为人格应当有的仁慈感情，这的确是一种动物行为，这也是一种自我否定，其否定了自己作为人格所拥有的本质性善良情感，将自身仅仅异化为一个满足自身性欲的工具，这甚至可以被称为作为人的不自爱。所以，如果人的所有情感都受到如此自爱原则的统治，那人作为人的人格便会随着道德感的退场而隐藏，人便会被物格化、工具化，而只有道德感即位并持存下去，才能让人格到场。

哈奇森在《道德哲学体系》中讲道："人类的本性一定应该是一种非常复杂和含混的结构，除非我们能够在这些能力中发现一些次序和附属关系，并因此而发现这些能力中哪一个天生就能够发挥决定性作用。"③ 这个天生就能发挥决定性作用的最终的意志决断或最终决定，就是仁慈。在女生 B 对男生 A 的训斥中，男生 A 频繁地道歉认错，出于仁慈，或许有人会认为男生 A 错不至此，并为男生 A 在公众场合丢失颜面而感到同情与怜悯。但笔者认为，如果从哈奇森的角度来讲，男生 A 这一道歉认错的行为更

① 哈奇森：《道德哲学体系》（上），江畅、舒红跃、宋伟译，杭州：浙江大学出版社，2010 年，第 39 页。
② 《道德哲学体系》（上），第 39 页。
③ 《道德哲学体系》（上），第 38 页。

是一种恶劣的行径。哈奇森认为人有四种重要的德性：公正、节制、坚韧、审慎。审慎是所有德性的先决条件。审慎一词往往指向的是长期的反省与训练，但男生A这种被抓现行后当即认错与道歉的行为是经过长期的反省与训练得来的吗？其态度是真诚的吗？笔者以为这更像是一种为了逃避惩罚和挽留颜面而做出的未经反省与训练的敷衍。

男生A的行为是极端自爱的行为，而其事后的快速认错与道歉更是一种不审慎的行为，那么，男生A是否就无法回归为一个有德性的人了呢？从哈奇森的观点来看，道德感是先天的、普遍的，道德感保证了人性善。男生A之所以会克服自身的善良情感而作恶（笔者认为男生A的行为是一种对女生B及其室友们的恶），是作为该情境之外的人应当投以关注的问题。恶的行为应当受到永远的谴责，但导致恶的原因也应当被人关注。正如病毒需要被研究与克服一样，这种致恶因素需要被反省并加以剔除与改正，人的德性才会健康。

二　女生B

无疑，女生B的行为首先也是一种自爱行为。但这种自爱，区别于男生A作为偷窥者的自爱。首先，女生B的自爱，是对于自身人格的尊重，是把自己当作一个人而对自身人格的守护与捍卫。这的确是一种对自身快乐与幸福的追求的自爱——但这种自爱，并不仅仅局限于女生B自身，这种自爱是对男生A的恶的行为的绝对厌弃与排斥。在校门口的谴责行为中，女生B确实没有将男生A当时的颜面与将来的利益纳入考量，其自爱行为确实具有排他性。在考虑女生B的动机的时候，我们可以将其动机归为习惯。在发现自身被偷窥的瞬间，女生B的动机很可能来源于一种习惯性的认知——在受到人格侵犯的时候应当立马采取行动以维护自己的人格权利。显然，这种通过长期的反省与训练培养出来的习惯是善的。而在这种训斥中，蕴含了一种对恶的不容忍的宣告。从效果上看，女生B对男生A的训斥，不仅维护了自身的人格，还辐射到了对其室友人格的维护，对这样一种恶的不容与排斥更是一种对此类恶的拒绝与打击的宣言，在长久的效果与潜在的影响上，这种行为绝不仅仅只是对女生B自己快乐与幸福的追求与实现，所以这种自爱应当是被称赞和支持的。按照哈奇森对道德进行量的计算的方法，女生B的这种"好意图产生好结果"的行为应该受到最大的道德的量的给予。

哈奇森还谈道："感情的力量因而与被影响的利益成正比，而与人的能力成反比。"[①]一般情况下，同等年龄段的男生总比女生在身体条件上有优势。在女生B利益变化不大时，其身体条件弱于男生A的因素总会在该情况中为其道德加分。因此，女

---

① 《道德哲学体系》（上），第223页。

生 B 坚决维护自身权利的自爱行为和拒绝恶的态度应当受到更高的道德赞扬。

三 保安与路过的学生群体

保安只有一个劝说女生 B 原谅男生 A 的行为，但这足以被判为恶。

保安的行为与女生 B 正相反，他选择了容忍。甚至可以说，他认可这种行为。对保安的动机加以思考，简单来看，他似乎不是出于自爱，因为这件事就表象而言，于他无利害关系，他甚至可以熟视无睹，不闻不问。但他为什么会劝说女生 B 呢？笔者在此也会将他的动机归为某种自爱。首先笔者认为，保安劝女生 B "放过"男生 B 是出于对男生的同情，他同情男生此刻的境遇，同情他在公众场合被抓个正着，被当面声讨，颜面无存。但是，作为一个年长的成年人，他处在第三者的视角看整件事，他不是应该先同情这位被偷窥的女生吗？通过分析不难看出，保安作为一个男人，他只站在了男生 A 的角度看问题，他以一种与雄性动物同质的头脑看待问题，他劝女生 B 原谅男生 A，不就是在劝天下女性原谅这种仅仅出自动物之本能的性需求行为？这真是滑天下之大稽！劝人容忍恶难道不是恶吗？答案不言而喻。笔者还可以说，他甚至是在为他作为一种偷窥者的可能性而申请提前的原谅——这就是一种自爱行为，与男生 A 的恶无异。再者，如果女生 A 是该保安的女儿呢？他还会如此劝自己的女儿原谅男生 A 吗？如果目击者是一位阿姨呢？笔者很难不认为即使阿姨不上去给男生 A 两耳光也会痛斥该男生。综上，保安始终将自己置于一个雄性群体的视角下，而根本未以公正的态度来审视该事件，最后的劝告只是在试图弱化与消解这种对女性侵犯的恶并且尝试帮助男生 A 这类雄性群体脱罪，这种自爱让人感到十分恶心。

再看路过的学生群体。女生 B 选择了在公共场合大声训斥男生 A，是在寻求一种帮助与支持。然而，路过的学生充耳不闻，这种漠视就好像鲁迅笔下观看侵略者屠杀同胞的人的态度一样，总认为生死未落在自己身上，事不关己高高挂起。这种漠视恶的动机又是什么呢？也是某种自爱。学生们都不愿意被掺杂进一个复杂的环境，这是其所谓的"洁身自好、独善其身"。他们即使连最简单的关注与声援也不愿意付出。 言以蔽之，他们怕惹麻烦。这是一种对自身稳定宁静的生活状态的可怜的保留，因此也的确是一种自爱。殊不知，恶不是人工智能的，恶不是在众人面前做偏好性选择的，恶像空气一样包围着每个人，对每个人都有同样的威胁。人类是公平地站在恶面前的。忽视并默认他人所遭遇的恶就等同于默认恶会做出选择，那么在恶降临之时，任何默认恶的人都不应该拒绝和反抗，而应该毫不犹豫地坦然接受。但事实是，人们愿意这样吗？因此，拒绝恶是所有人为了追求幸福都应当做的，而非只有遭遇恶的个体才需要与恶对抗。由此，拒绝恶便可以在人类之中达成共识与契约，形成所谓的法律。法律就是每个人惩恶扬善的共同意愿。

总　结

综上可知，人类的自爱虽然往往直接表现为对自身快乐与幸福的追求，但不同的自爱在功效上会产生巨大差别。自爱情感被哈奇森认为是人类情感能力中的一个低级部分，其往往会被哈奇森用作道德判断中的一极而起参照作用。一颗种子的内在生命力再强大，也不能离开土壤、空气、阳光而存活。保安与学生群体的这种出于某种自爱而产生的容忍和漠视就是男生 A 的恶的土壤、空气与阳光，他们是在为恶除草，为恶松土，为恶提供生存空间。指向自身利益和幸福的自爱情感的确存在于人类的情感能力之中，但对哈奇森而言，这不是应当被推举的。恰恰相反，与自爱情感正相对的是指向普遍幸福的仁慈，这才是人拥有的而且应当被实现和推进的最高级的情感能力。

自由的消解与重构

——根据"两种自由"对自由问题的辨析

——
杨
坤
润
——

摘要：当代自由主义始终面临个体与集体、现在与未来关系的问题，其核心是"不可侵犯的自由与在特殊情况下剥夺自由之必要性"之间的矛盾应当如何处理的问题。以赛亚·伯林凭借其《两种自由概念》实际上向我们展示了政治理论史上两种主流的对于这一问题的处理方式，同时伯林也批评这两种形态的处理方式最终都极有可能"一边倒"地由自由之不可侵犯导致自由的绝对牺牲。本文认为，伯林实际上仍旧是在自由主义"正当与善"关系辨析的理论背景下通过对两种自由的非本真形态的批判消解了"自由之不可侵犯"的原初意义，并进而通过提出一种降格了的"作为价值的自由"的多元主义立场来尝试解决这一自由主义所面临的矛盾。本文同时会借助当代政治理论的承认语境说明伯林为何仍然没能很好地为其多元主义立场辩护。

关键词：消极自由　积极自由　价值多元主义

　　当代政治理论不论其具体形态、基本原则与主张如何，都始终面临一个二元困境：自由作为当代自由主义政治理论引以为傲的"灵魂"所被赋予的不可侵犯性，以及在必要情况下剥夺个体的自由以保护全体的自由之必要性，二者间存在一个难以弥合的鸿沟。如果每个人的自由都是不可侵犯的，那么为什么当他人侵犯了我们的自由的时候，我们还被允许有权利剥夺他们的自由呢？在什么意义上，以及在什么范围内他们的自由能够被剥夺？被剥夺的自由与理应不可侵犯的自由是同一种自由吗？这都是这一根本矛盾由以产生的一系列问题。

　　同其他探讨自由的政治理论家一样，伯林在其一系列演讲中同样试图解决这些问题，他在以《两种自由概念》为代表的一系列作品中继承了自由主义传统，论证个人主义式自由的合法性，并且对集体主义与一元论保持一定程度的警惕。在此基础上，本文尝试说明伯林是如何在当代"正当与善"的框架内批评社会全体对个体生命力的压制，以及这一批评如何又没能摆脱一种善的取向。同时本文也尝试说明，在伯林为价值多元主义辩护的时候，他又是如何陷入一种价值一元论的怪圈之中的。

一 政治哲学的"自由"概念

在政治理论史上，"自由"（liberty）一词同"哲学"一词一样，经过几百年的争论仍旧没有取得一个一致的含义，这一个词有"变化多端"的历史，经由观念史家记录下的含义也多达"两百多种"，"不受阻碍""自律""服从自然"等都是自由曾经所拥有过的含义，同时自由也包括经济、政治、社会、文化、道德等多种类型。明确伯林是在何种意义上讨论自由，对于明晰其基本主题、范围，哪些问题实际上并不包括在伯林的视野之中，以及哪些看似与其主题无关的问题实际上被伯林所回避是非常重要的。

"自由"并不是一个只适用于政治生活领域的概念，它同时也关涉道德责任，以及人与自然的关系和人在自然中的地位等。在中世纪，"自由"一词被赋予了宗教与道德意蕴，人之所以具有自由意志是为了解释人的原罪以及彰显上帝的恩典。人虽作为上帝的造物，但却并不是服从于绝对的必然，他们拥有为善或为恶的自由，上帝根据他们的自由选择给予赏罚。

待到近代，霍布斯就以其机械因果论否定了"自由意志"的存在，他认为，意志本身是受到驱使的，催动意志发生的一定有一个原因，同时意志催动的行为等作为这一链条的结果，因而就这一意义而言，意志本身没有自由，因为自由即"不受阻碍"，"自由意志"本身是一个矛盾的伪概念。霍布斯将其自由的含义从自然物体扩展到人的行动上，"自然状态"（natural condition）即自由状态，因为人可以基于自我保存的目的不受阻碍地行动，但由于人人都具有"得其一思其二，死而后已，永无休止的权势欲"①，因而自然状态最终演变为"人对人是狼"的战争状态，绝对的自由导向绝对的冲突，从而使得占据根本地位的"自我保存"无法实现，基于力求和平的第一自然法，人们在普遍同意的前提下达成契约进入社会状态，利维坦得以诞生，而严格说来，在霍布斯那里，人们一旦进入社会状态就不再拥有自由，而是处于某种强制之下。因而霍布斯的自由实际上是一种自然的自由（稍后我们也将看到伯林同样是在该意义上理解霍布斯式的自由），他与密尔意义上的"不受阻碍"的自由仍然有所区别。

与霍布斯不同的是，洛克认为自然状态并不必然导致战争。对于洛克而言，自然状态是一种完备无缺的自由状态，基于自然法的规定，人人拥有生命、财产与人身自由

---

① 霍布斯：《利维坦》，黎思复、黎廷弼译，北京：商务印书馆，1985年，第98页。

权，同时自然法也赋予惩罚以正当性，"纠正和禁止是一个人可以合法地伤害另一个人，即我们称之为惩罚的唯一理由"①，因而在洛克的理论中，已经能够看出人的自由的合法界限在于不损害他人所同样享有的自由。但为了防止人们滥用惩罚，有必要以社会契约建立政府代为保护所有人的财产及其他自由，因而政府的职能只限于此，超出权力界限的政府不是一个合法的政府。

对比古典自由主义诉诸上帝或自然法，康德则完全从人的理性自身出发，以先天道德法则作为"认识根据"证明自由的存在以及其对道德责任的意义，康德区分了自由的两种含义，对自由的消极解释是"意志是有生命的存在者就其有理性而言的一种因果性，而自由则是这种因果性在能够不依赖于外来的规定它的原因而起作用时的那种属性"②，这意味着意志所遵循的理性的因果性是一种内在而非外在的因果性，这种因果性源于理性的法则本身，同时理性又服从于这些法则，因而这就导向对自由的积极解释："自由尽管不是意志依照自然法则的一种属性，但却并不因此而是根本无法则的，反而必须是一种依照不变法则的因果性……除了自律之外，亦即除了意志对于自己来说是一个法则的那种属性之外，意志的自由还能够是什么东西呢?"③ 积极的自由概念从而是意志自律这一综合命题的根据，"一个自由意志和一个服从道德法则的意志是一回事"④，自由即自律。

如果说此前的哲学家们在谈及自由时都是在最普遍意义上使用这个词的话，密尔则明确表明他所要论证的自由究竟是哪一类自由，从而不至于使"自由"在其中的涵义太过复杂与庞大。"这里所要讨论的乃是公民自由或称社会自由，也就是要探讨社会所能合法施用于个人的权力的性质和限度。"⑤ 在洛克那里，虽然政府是基于人民的普遍同意而建立，保护人民财产与自由同时能够在渎职的情况下被人民罢免，但是洛克的"普遍同意"却并非基于全体人民的同意，而是"大多数具有全体的权力，因而大多数的行为被认为是全体的行为"⑥，这被密尔看作社会所须警防的"多数的暴虐"，因而个人自由所要防范的不仅仅是权威，同时还要防范社会与集体本身，"当社会作为集体而凌驾于构成它的各别个人时，它的肆虐手段并不限于通过其政治机构而做出的措施"⑦。

与密尔类似，伯林首先简单说明了历史上对于"自由"一次的理解有多么复杂的变

① 洛克：《政府论》（下篇），叶启芳、瞿菊农译，北京：商务印书馆，1964年，第5页。
② 康德：《道德形而上学的奠基》，李秋零译，北京：中国人民大学出版社，2013年，第69页。
③ 《道德形而上学的奠基》，第69页。
④ 《道德形而上学的奠基》，第70页。
⑤ 密尔：《论自由》，许宝骙译，北京：商务印书馆，1959年，第1页。
⑥ 《政府论》（下篇），第60页。
⑦ 《论自由》，第5页。

种，而后表明他的目的在于考察这之中关于自由的两种核心含义，它们都关乎人的社会自由、公民自由或政治自由，因而它们并不试图在自然必然中为人寻找栖身之所，也并不太强调个人内在的道德责任，它们的关切大致同自由主义一贯的重心相当，关注"服从与强制的问题"，个人与集体的关系以及一与多的关系。对于伯林而言，历史上对于这些关系的讨论主要分为两种形态的自由："消极自由"（negative liberty）关注"主体（一个人或人的群体）被允许或必须被允许不受别人干涉地做他有能力做的事、成为他愿意成为的人的那个领域是什么"[①]；"积极自由"（positive liberty）则回答"什么东西或什么人，是决定某人做这个、成为这样而不是做那个、成为那样的那种控制或干涉的根源"[②]。

二 消极自由

"许多西欧思想家主要关注的是，他们捍卫个体的自由以防其他个体的侵害。在他们看来，自由意味着不受干涉——这在本质上是一个消极概念。"[③] 消极自由所要强调的不仅仅是个人与权威之间有一条界线，与权威对个人行动领域的限制相比，个人的行动往往更多地受到来自社会、集体与他人的妨碍——他人总是以道德、风俗、偏好等为借口来干涉我的行动，即便我的行动并没有违反法律。因而消极自由关注"群己权界"，"自由便是不受他人的介入，不受其他人的干涉。当他们偶然干涉的时候，缺乏自由可归因于运气不佳或管理不当；当他们故意干涉之时，它就被称为压迫"。[④]

但伯林认为，这样一种不受干涉的自由并不是毫无限制的，首先他承认"为了保证一些人的自由，另一些人的自由有时候必须被剥夺，这仍然是正确的"[⑤]，在此意义上自由的领域接近于密尔的观点，即只有当个人行动不侵犯他人的自由时，个人的自由才是正当的。但我们随后可以看到伯林所指出的这样一个自由的定义所潜在的危险。其次，这样的自由绝不是霍布斯式的"不受阻碍"的自由，正如第一节所提到过的，伯林同样认为霍布斯的这种自由是一种"自然的"自由，它只能存在于自然状态之中，由于其不加限制从而极易走向自己的反面，自由因其绝对的不可侵犯而走向绝对的牺牲。为了保全生命，人们不得不舍弃这种"自然的"自由转向寻求某种稳定但不自由的社会状态。因而霍布斯式的自由实际上不具有政治意义，因而也不能被用来形容政治社会中的

---

① 伯林：《自由论》，胡传胜译，南京：译林出版社，2011 年，第 170 页。
② 《自由论》，第 170 页。
③ 伯林：《自由及其背叛》，赵国新译，南京：译林出版社，2005 年，第 53 页。
④ 《自由及其背叛》，第 55 页。
⑤ 《自由论》，第 174 页。

自由处境（虽然可以看出，消极自由在很大程度上仍然沿用了霍布斯"不受阻碍"的定义）。

即便完全无限制的自由不可能实现，古典自由主义者们仍旧坚持应当存在一个最低限度的领域，在这个领域里个人的行动是自由而不可侵犯的，这样一个领域的划分基于个人对于其自然能力的最低限度发展的要求。但伯林指出，这样的一种最低限度的个人自由仍然能够走向自己的反面，如果自由的价值只是在特定需求的领域内不受侵犯的话，在一个不平等社会，不同生活状况的人对于自由的需要就是不同的，一个特别贫穷的人也许更想寻求公共政策的庇护，而不是让政府反过来不去干涉他贫穷的生活，"这等于嘲笑他们的生活状况"。更重要的是，如果自由并非人人都需要的，那么这恰恰表明自由的面向是不平等，如果说自由主义社会公民的尊严就在于人人享有哪怕最低限度的自由，这样一个结果反而令人无法接受，因而自由并不只是不存在任何一种挫折，一个埃及农夫与教授、艺术家和百万富翁所享有的应当是同一种自由。

伯林特别指出，穷人所面临的这种困境不应该被当作自身能力缺乏的结果，否则必然得出穷人在政治上没有得到自由权利的结论。伯林认为："纯粹没有能力达到某个目的不能叫缺少政治自由。"[1] 并不能因为我没有能力飞行，或者我在学校不能取得好成绩，或者我读不懂黑格尔的书就说我没有自由，至少不能说我因此没有政治自由，"有许多事情我可能做不到，可我并没有因此而成为奴隶"，"如果我相信我没有能力获得某个东西是因为其他人做了某些安排……只有在这个时候，我才说我自己是一种强制或奴役的牺牲品"。[2] 因而就像沃尔泽在批评简单平等时所强调的那样，对政治自由的要求同样也在某种程度上可认为不是"富有与贫困并存这一事实，而是富者'碾碎穷人的容颜'，把贫穷强加到他们身上，迫使他们恭顺这一事实"[3]，存在一个完全排除干涉的个人领域，使得个人能够以自己的方式追求自己的善，强制的唯一合理性只能建立在有人侵犯别人的个人自由的时候。对于消极自由来说，"这种自由最终并不取决于我是否出发或能走多远，而取决于多少扇门是打开的，它们是如何打开的，也取决于它们在我生命中的相对重要性。……这样一种自由的缺乏要归咎于这些门的关闭（或者它们无法打开）……"[4] 但正如前文所提到的，伯林认为这样的一种不受干涉的自由选择的领域有一个潜在的危险，它极有可能使得消极自由转化为"非本真状态"。伯林警告道，消极自由的诉求很可能导向一种合理的专制，因为它不过问强制的根源（不论强制来源于君

① 《自由论》，第 171 页。
② 《自由论》，第 171 页。
③ 沃尔泽：《正义诸领域：为多元主义与平等一辩》，褚松燕译，南京：译林出版社，2002 年，第 3 页。
④ 《自由论》，第 33 页。

主、社会还是民主政府总归都是强制），而只关心强制的范围究竟有多大。如果有一个君主，即便他一手造成了一种不平等的局面，但由于平等与自由并不等同，因而如果他反而并没有限制每个人最低限度的自由之需要，并没有采取太多强制的手段，这样的君主很可能就被认定为合法的，即"开明君主"同样符合以密尔为代表的消极自由的诉求。因而伯林认为，当自由主义者想要为一种自由的民主制度辩护的时候，他们的诉求反而在一种开明君主制中可能更加容易被实现，从而消极自由逐渐导致一种非本真的形态，在其中极有可能存在伪装的强制与暴政。因而自由"并不与民主或自治逻辑地相关联"，问题的核心便逐渐从"自由的范围"转向了"统治的主体"，自由的拥护者们必须证明为什么统治的主体这一问题的解决在防止暴政的意义上和个人自由的界限同样重要，对"消极自由"的辩护从而转向对"积极自由"的探讨。

三　积极自由

之所以积极意义上的自由所关涉的行动通常与理性自我的考量相关，是因为自由的积极含义乃"自我导向"，将自身作为主体而不仅仅是客体看待。康德认为，行动的动机不能出于偏好，因为偏好具有偏向，在行动中会有所差别，义务由此不是绝对必然的，它不能体现实践道德主体的自由，因而只有当实践主体根据理性被义务敬重的实践法则行动的时候，实践主体才因其自律而自由。在当代政治哲学的语境中，康德的自由通常被放在"正当与善"的关系中来讨论。如桑德尔认为，是康德的道德哲学使得正当（right）的优先性得以可能，在康德那里，正当"必须具有相对于所有经验性目的的基本的优先性"，"只有当我被不依赖于任何特定目的的法则所支配时，我才有始终追求我自己目的的自由"①，这也就意味着人的自由可以独立于经验目的。善的优先意味着特定目的的优先，意味着一部分人不能选择对于他们来说值得选择的目的，人的平等是作为理性存在者的平等，每个人都能把他所选择的人生目的变为现实，如果善处于优先地位则意味着有一部分人不能这么做，因而他们不会是自由的。

康德的原意在于从普遍理性法则出发而不是以特殊的偏好出发来证明人的自由，也就是从正当优先于善的角度来排除哪怕是多数人的共同善对于少数人所可能导致的一种压制，并且从一个必然的领域确立道德行动的动机。但在伯林看来，康德的这种积极意义上的自由原本就已经预设了某种善的优先地位，康德使得自我与理性分裂成了两个部分，自我分裂为经验自我与理性自我，而理性自我同时也分裂成作为个体的理性自我与

---

① Sandel, Michael J., "The Procedural Republic and the Unencumbered Self", *Political Theory*, Vol. 12, No. 1, (1984), pp. 83-84.

作为整体的理性自我。按照康德的要求，真正的自由是遵循理性自我的准则而行动，同时这样一种主观准则要成为一个普遍法则，因而在一个普遍的目的王国中，每个人都遵循同样的道德法则，而他们同时又都是这些法则的立法者，因而个别理性与普遍理性实际上是一回事。这恰恰是伯林所警觉的，因为对于普遍理性来说必然的东西往往也被理解成对于理性的个人也同样必要的，如果说理性自我对于自由的积极诉求不可侵犯的话，那么很容易导致以国家、集体的名义舍弃个别群体的目的，尤其是当个别群体被认为尚且停留在被非理性与蒙昧——被经验性自我所支配的阶段时，这一强制尤为明显，并且这样的牺牲并不被认为是对自由的剥夺，因为他们被认为当理性占据支配地位时，他们也会做同样的选择，而这恰恰与康德所想要证明的"正当优先于善"背道而驰，康德的本意是超出偏好与善来确立一般法则，但他没有意识到这样的预设仍然是一种善观念，一种将理性自我置于经验自我之上，认为理性自我优于经验自我的与传统理性主义哲学无异的观点。

在伯林看来，积极自由的这种非本真状态更加具有欺骗性，它"把 X 是另外一种样子或至少不是现在这种样子时可能选择的东西，等同于 X 实际上寻求与选择的东西"①。除此之外，积极自由的非本真状态在另一种情况下更加隐蔽：我们承认并给予个人自我主导的能力，但是外界却存在对他的行动与诉求的种种障碍，个人最终发现实现他自身原有诉求的自由是如此无力，对此他尝试缩小自己的自由的领域，对于无法追求的东西便采取不动心的态度，如此排除外界的阻碍，以确保没有什么能够损害自己的自由。"如果我得不到我想得到的东西，那么，也许抛弃这种想得到某种东西的想法本身，就可以让我的生活更加幸福。"② 伯林认为这是斯多亚式的"酸葡萄"心理，这也是他辩称不把自由理解为"不存在阻碍人的欲望得到满足的障碍"的理由，因为如果是这样的话，人们还能通过消灭欲望的方法来达成自由，这无非是一种基督式的精神追求。目前的理论界将这种精神上"退居内在堡垒"称为伯林理论中的"第三种自由"，并且为该自由辩护，认为这种"退却"的自由恰恰彰显了主体性价值，伯林的价值多元主义应该不仅仅允许人们去争取政治自由，还应该给予人们放弃政治自由的自由。在此，本文认为，姑且不论这样的辩护究竟正确与否，这样的辩护实际上是出于对伯林《两种自由概念》的误读，伯林在《自由论》的导言里对于针对他的批评意见做出澄清，"这的确是一种意义上的自由，但不是我想要说的那种意义"，"精神的自由，如道德胜利，必须与自由的更加基本的意思以及胜利的更加日常的意思区分开来，否则将有陷入

---

① 《自由论》，第 182 页。
② 《自由及其背版》，第 52 页。

在理论上混乱、在实践上以自由的名义为压迫辩护的危险。明显存在着这样一种意思，教导人如果他不能得到他所要的，那么就必须学会要他所能得的。这也许会促进他的幸福与安全；但这不会增加他的公民自由或政治自由。"① 本文认为，伯林的基本出发点是在一元与多元对抗的框架内为个人自由划定范围，为政治权威的管制确立不可染指的领域，其本质仍旧是划定个人与他人、个人与集体、个人与权威的界限，"自由不可能是不受限制的"，伯林所关心的问题重心不在于个人如何能够保障自己的自由（不论是扩大还是消灭自己的欲望），而是权威与集体如何在保障公共安全、福利等前提下不侵犯私人的领域，不陷入一种"国家理性"对个人的压制。因而"退居内在堡垒"在伯林看来实在不能被纳入"政治自由"的讨论范畴中去。

伯林认为，积极自由的非本真状态很可能打着自由的旗号去极尽强制之所能，如果一个人尽然任由自己被感性与激情所控制，那么社会整体的理性就会强迫他去"自由"，因为自由是理性存在者的本质所在。社会全体压制了个体的多样性，最后要么以全体之名、要么以个体退居内在堡垒的方式窒息个体的选择与行动，这也是为什么伯林会批评密尔的消极自由给君主统治留下了余地，"霍布斯无论怎么说都更为坦率：他并没有骗人说主权不会使人受奴役；他虽为这种奴役辩护，但至少没有厚颜无耻地称之为自由"②。历史上对于个体应当在社会整体的理想与解放前牺牲自身自由的信念，在伯林看来是一个根本不可能的信念。对这一信念的坚持基于对人类终极价值最终能够相容的坚信，"这个古老的信念建立在这样一种确信的基础上：人们信奉的所有积极的价值，最终都是相互包容甚或是相互支撑的"③。伯林认为这是"理性主义形而上学的狂想"，"正是这样一种教条式的确定性应该对下述深刻、平静且不可动摇的信念负责，这个深居历史上那些最残忍暴君与迫害者心中的信念就是：他们的目的证明他们的所作所为是完全合理的"④，如果为了整体的终极目的连个人的自由都可以牺牲，在伯林看来就没有什么是不能牺牲的了。伯林坚持既然理性主义的理想始终得不到先验的保证，那么只能承认自身的有限性，转而从日常经验中去寻找人类价值的最终命运。人类并非只有唯一一个共同的终极目的，而是存在许许多多并列的、同等重要的需要，而这些目的间又并非相容的，事实仅仅是，人们不断在相互冲突的价值间进行取舍，而伯林坚信唯有选择与取舍、宽容与协商才是自由的核心要义。

---

① 《自由论》，第31~32页。
② 《自由论》，第213页。
③ 《自由论》，第215页。
④ 《自由论》，第216页。

四 作为价值的自由

既然个体的自由不能够以全体的名义被剥夺，那么伯林又是在何种意义上划定自由的界限的？伯林通过对两种自由的非本真状态的细致考察说明了持守"自由之不可侵犯"的困难之处，如果按照传统对于两种自由及其不可侵犯性的坚持，极有可能两者最终都走向自己的反面，导致对自由的一种压迫。因而伯林在批评中实际上消解了此前的政治理论中对于"自由之不可侵犯"的原初理解。但是，两种自由既然有其非本真的形态，同时也就意味着我们无法忽视其还有确真的形态，因而伯林在消解掉自由之不可侵犯的原初意义之后，以他自己的立场与方法重构了自由之不可侵犯的含义，这并不意味着伯林陷入了自我矛盾之中，一旦"全体"之自由被证明是一个非法的称谓，那么自由实际上只能是个体基于自身的目的在自我选择上的自由，因而确真意义上的消极自由之"自由选择"与积极自由之"自我支配（选择）的行动主体"便在此达成某种一致，从而不论是一个打着保守臣民之自由旗号的开明君主，还是所谓更高的普遍理性实体，都不能以自由的名义取消自由之尊严。

即便如此，伯林对自由的重构依然免不了直面"自由之不可侵犯"与"剥夺自由之必要性"之间的矛盾。[①] 既然伯林的多元主义立场最终使得他认为相比之下，消极意义上的自由更能够体现个体独有的不可侵犯的尊严，那么他又如何解释在必要的情况下，剥夺他人的自由又是合理的呢？这一矛盾实际上始终是持自由主义与多元主义立场的哲学家们所不能很好解决的，伯林同样不例外，他将这种矛盾的解决寄希望于人与人之间的相互妥协，"最低限度的容忍不可少"[②]。如果说积极自由所主张的那样一种作为理性存在者的人无异于寻求一个极强的圣人标准的话，伯林的解决之道同样对人的本性与行动原则做了过于乐观的估计。

伯林对自由的重构最重要的部分见于其《两种自由概念》的最后一节"一与多"。伯林认为，自由（选择）由于人们生活目的的多样性以及可能存在的各种分歧，从而被赋予了价值："……人的目的是多样的，而且从原则上说它们并不是完全相容的，……

---

① 对于康德而言，这显然不会是个问题。"（内在）自由的不可侵犯"是就作为物自身的纯粹实践理性的自我立法而言的，而之所以我们会对（外在）自由做出种种限定，是就现象界中人的身体性以及人与人在空间中交互这样一个人类学事实而言的，并且康德大概不会承认"剥夺自由"这样一个说法，因为自由在其纯粹意义上是不可被"经验性地"剥夺的，毋宁说是基于纯粹实践理性的自我立法通过一个普遍法权原则对人的（外在）自由所施加的（自我）强制："任何一个行动，如果它，或者按照其准则每一个人的任性（Willkür）的自由，都能够与任何人根据一个普遍法则的自由共存，就是正当的（recht）。"（《道德形而上学的奠基》，第28页。）

② Berlin, I., Jahanbegloo, R., *Conversations with Isaiah Berlin*, (New York: Charles Scribner's Sons, 1991), p. 44.

冲突与悲剧的可能性便不可能被完全消除。……这就赋予了自由以价值……"① 而之所以自由需要在必要的时候被剥夺，在这里体现为"一个人或一个民族在多大程度上有如其所愿地选择自己生活的自由，必须与其他多种价值的要求放在一起进行衡量；平等、公正、幸福、安全或公共秩序，也许是其中最明显的例子"②。自由并非人类社会唯一的价值，同时也不是最高的价值，在社会生活中还存在与其并列的许多价值，如此一来就能够解释伯林是如何看待这一对矛盾的，因为实际上不是我们为了弥补其他人所损害的自由而剥夺损害者的自由，对于伯林来说，自由的损害实际上是不能弥补的，"自由之所失也许会由公正、幸福或和平之所得来补偿，但是失去的仍旧失去了；说虽然我的自由主义的个人自由有可能失去，但某种其他的自由（社会的或经济的）有可能增加，这是混淆了价值"③。因而不如说是为了防止损害者对其他人的自由乃至其他价值的进一步损害而剥夺其自由，但更重要，也是更根本的目的是保护其他的多样价值，在此意义上，一个损害者的自由没有更高的地位与特权逃避其他价值所要求的对它的强制。

虽然伯林最终对于自由及其界限的理解似乎与古典自由主义对其的理解并没有太大的差别，但他实际上通过降低"自由"的地位从而使其成为多元价值的其中之一。古典自由主义的一个隐含的特征在于将自由的地位看得"过高"，以致自由"神圣而不可侵犯"，其直接后果就是一切价值似乎不得不为自由让步，最终，不仅在消极自由那里走向自己的反面，在积极自由更是因其高悬的普遍性而压制人的个性与自主选择的尊严。

伯林批评积极自由所隐含的压制，使得他认为虽然消极自由也有其非本真的形态，但是从结果来看比积极自由好得多，他借以批评以康德为代表的积极自由的理由是康德的理论原本想把正当纳入优先于善的地位，却因为分裂的理性与自我使得其不过同样是善观念的变种而已。而当伯林在提出他的价值多元主义立场的时候，他也没有意识到自己同样没有摆脱善的框架，虽然伯林并没有直接引用"正当与善"来展开他的论述，但他的价值多元主义实际上就是一种善观念，这种善观念与康德的积极自由正好相反，它将个体的自由与价值选择看作绝对优先的，这不仅取消了共同的价值判断标准，导致一种价值相对主义，"怎么样确定善与恶，也就是说，依赖于我们的道德的、宗教的、智识的、经济的与美学的价值观；这些价值观反过来，又与我们对人、对人的本性的基本需要的理解密不可分。换句话说，我们对这些问题的解决，是建立在我们关于什么构成完满的生活的观点之上的"④，同时也是一种多元论外表下的价值一元论，因为"它始

---

① 《自由论》，第 217 页。
② 《自由论》，第 218 页。
③ 《自由论》，第 174 页。
④ 《自由论》，第 218 页。

终将个人主义的价值观摆在首位"①，无视社会共同体以及个人对集体的责任。

伯林的价值多元论所面临的第二个难题是康德在《道德形而上学的奠基》中所提到的，"一切东西要么有一种价格，要么有一种尊严。有一种价格的东西，某种别的东西可以作为等价物取而代之；与此相反，超越一切价格、从而不容有等价物的东西，则具有一种尊严"②。如果承认多元价值间的不可通约，那么也就意味着相互之间不可替代的诸价值都同样具有其不可侵犯的尊严，既然如此，正如多数人牺牲少数人被认为是不合理的一样，为了保护其他的价值而牺牲掉自由的正当理由同样需要更加细致精密的论证，伯林并没有很好地处理这一难题。③ 更重要的是，在当代政治哲学的承认语境中，不仅仅是"一种有尊严的生活"取决于个人的能力以及他人所给予的评价，换句话说，取决于他人的尊崇与承认，因而尊严并不单依靠基于自然特征所被给予的尊重（respect），仅仅在法律上基于平等主体的理由所赋予的权利是不够的，还需要基于能力、德性、行动与成就从他人处得来的尊崇（esteem），后者所涉及的一系列价值判断并不单单是纯然主观的事情④，它取决于社会环境、个人处境、历史发展等等一系列动态因素。因而不仅仅是个人自由问题变得更加复杂，甚至多元价值间的关系也成了问题，什么时候应当牺牲自由，什么时候又应当保全自由，似乎应当由自由个体来根据其所处的环境做出相应价值判断与承认（recognition），但不同主体间的价值判断却仍然可能陷入互相冲突之中，如果说伯林在这个问题上最终宣称"这些范畴与概念，不管其最终的起源是什么，在大部分的时空中，至少是他们的存在与思想、他们自己的认同感的一部分；同时，也是人之为人的要素的一部分"⑤，那么他在某种意义上仍然可以被认为是从多元论退回到某种关乎人性本质的一元论立场上去。

---

① 刘明贤：《以赛亚·伯林自由理论研究》，北京：中国社会科学出版社，2014 年，第 12 页。

② 《道德形而上学的奠基》，第 56 页。

③ 当代德国哲学家瓦尔特·施瓦德勒（Walter Schweidler）对"尊严是不可侵犯的"做了如下解释，"'不可侵犯'这个词包含的不仅仅是一个'禁止'，'尊严是不可侵犯的'也不仅仅意味着'尊严不允许被侵犯'，否则的话，这一开宗明义的规定将会全然与宪法其他所有的'禁止'，或者至少同那些不可更改地受到基本法的系统所保护的享有特权的东西：民主、法制国家、基本权利及其他等，立于同一水平线上。"施瓦德勒会同意，基于人类社会的多元价值，人们在法律中将这些价值通过基本权利规定下来，但是"基本权利建基于人权，它是先行于国家（vorstaatlich）的要求……也正是人权为整个国家秩序的正当性提供了根据。人权不是由国家给予的，毋宁说，国家要去保障这一人先行于国家的要求。人权则进一步地建基于人的尊严"（施瓦德勒：《论人的尊严》，贺念译，北京：人民出版社，2017 年，第 2 页）。因此，如果人权是先行于国家并作为国家正当性，相应还有诸国家内确立的基本权利的根据的话，则自由、人权与尊严是根本无法在国家的架构下被讨论的，因而自由与其他诸价值或许并不是一种诸范畴之间的不可通约关系。但这样一来，自由就重新被放置在一个"高位"之上，伯林对自由的原初含义的消解便不成功。

④ Jütten, T., "Dignity, Esteem, and Social Contribution: A Recognition-Theoretical View", *Journal of Political Philosophy*, Vol. 25, No. 3, (2017), p. 261.

⑤ 《论自由》，第 220 页。

道德动机的规范性来源

——一种基于理由的动机学说

一黄静佳一

摘要： 实践怀疑论者对道德原则提出的种种挑战中，动机怀疑论的破坏性尤为明显，因为如果不能证明动机效力的存在，那么实践原则并不能对人的行动提出必然性的要求，普遍法则对个人就不具有约束力。本文从内格尔《利他主义的可能性》的立场出发，在他看来，动机的效力问题不是一个实践理性问题，而是需要回到理性结构中寻找规范性，而规范性的来源正是一种康德式的普遍人性。

关键词： 动机　理由　道德

导 言

实践理性怀疑论的范围如此之广，从理性在判断中的作用到行动理由能否激发动机。其中动机怀疑论将会对实践判断提出这样的挑战：普遍实践原则不过是对理想状态下的理性个体提出的行动要求，但是现实中人的不理性、各种情绪和欲望都会中断这种要求的效力。于是，实践原则和行动理由只是一个形式性的规定，并不包含我们要采取行动的理由。这将会颠覆整个实践判断的效力，在现实中任何的道德理由都只能提出"应该如何行动"而不是"我必然要如何行动"，这样的定言命令式终将让位于假言命令式，取而代之的可能是一些礼规、习俗或者制度设计。

如果伦理学的目标不局限于做出一个合乎情理的实践判断，而是寻求如何共同地生活和我们共享的理由，问题会有什么不同？那么伦理学不仅关乎实践理性，还是一个形而上学问题。实践理性的问题将会从手段与目的关系转向实践判断如何被归于普遍实践原则，普遍实践原则的规范性将成为整个实践判断的基点。这正是内格尔采取的方式。人性作为规范性的来源，提出了个人行动的主观理由和客观理由；客观理由提出了实践判断的普遍要求，主观理由提供了动机性理由。动机效力在于主观理由承认客观理由并归属于自身行动的目的。但是这似乎预示了个人内在地个体性与非个体性①的二元分裂，因为主观与客观并不是内格尔所设想的对应关系，还需要找到解决冲突的办法和原则。本文将会遵循这样的思路，首先分析动机怀疑论区别于其他形式怀疑论的地方：动机怀疑论到底在怀疑什么，这将决定本文工作的范围。然后根据动机理论找到动机和理由的规范性来源，当然在内格尔看来规范性在于一种普遍人性，但是这样的说法会使得内在于人的两种立场分裂表现出来，特别是人在现实中义务的分裂。最后落脚于如何解决主观理由和客观理由的二元对立。在我看来内格尔给出了对于动机怀疑论最为坚决的反驳。

一 动机怀疑论

对于实践理性怀疑论最为经典的表达就是休谟《人性论》中的一段：

> 理性是，而且只应该是情感的奴隶，除了服务和服从情感之外，理性再也没有别的职务。②

在休谟看来实践理性只能起到工具性作用：什么样的手段能够最为有效地达到目的。实践理性既不能选择目的，也不能对目的的优劣进行排序，理性对慎思和选择的影响是很有限度的，只有欲望才能为行动提供动机。内在主义者们③想要如此回应实践理性的怀疑论，他们认为道德判断的知识中包含了行动的动机，如果道德判断是正确的，那么同时意味着接受了行为的理由和动机。判断行为正确性的理由与将其付诸实践的理由是同一回事。但是很多人接受了行为的判断却无动于衷，并不采取任何行动，不论这种中断是如何造成的，可能是意志软弱、情绪低沉、灰心丧气等等。实践理性并不能保证我们接受了前提就必然接受结论，判断或是理由对行动的驱动性效力会受很多因素影响而中断，康德式实践理性的回应只能说明一个论点：当人是理性的时候，那么理性的慎思必然能激发人行为的动机。实践原则只能提供善良且意志坚定的人所具有的行动理

---

① "主观理由"与"客观理由"主要是在《利他主义的可能性》中用到的术语，而"个体性"与"非个体性"是在《平等与偏倚性》中用到的术语。大致说来可以理解为：在《利他》中主观理由就是一种与主体相关的理由，是一种"个体性"视角，客观理由就是一种中立于个体身份的理由，是一种"非个体性"视角。内格尔本人对理由和动机两词的使用是含混的，有的时候理由可以是一种有动机性的理由，也就是主观理由（后文会有相关证明），因此笔者在写作的时候有意将内格尔含混的地方区分开来，与动机相关的主观理由都用动机性理由代替。这样的区分参照帕菲特《重要之事》（*On What Matters*）。

② 休谟：《人性论》，关文运译，北京：商务印书馆，2009年，第497页。

③ 道德哲学某些新近的术语展现了对此讨论的延伸：内在主义与外在主义。但是内在与外在的分类一直存在争论，甚至不仅仅是动机，包括理由在这个问题上也有区分，因此本文中尽量避免使用这种标签性的术语。后文中提到的内格尔和科斯嘉德通常被归为内在主义者，但是在我看来二人的讨论不仅仅限于实践理性范畴，对此的归类也不在本文中沿用。

由和动机倾向，而大多数人却并不如此。如此我们看到了一种新的对实践理性的怀疑论：对实践原则多大程度上能提供动机的怀疑。① 这是两种不同的怀疑论。第一种是对实践理性原则内容的拒斥，而第二种是对动机效力的拒斥。与两种怀疑论相联系的一个事实是，实践判断有的时候可以激发我们，而有的时候我们是因为偏好和兴趣而行动，实践理性没有特殊的权威，囿于实践理性中理由与动机的关系，并不能回答：为什么我们有时候选择较大的福利而非最小，而有时候宁可牺牲自己的性命也不愿意妥协。在手段与目的关系范围内实践理性具有决定性的力量，而有的时候特殊的理性权威需要在其他地方来寻找答案。

认为对道德理由的承认蕴含着对道德动机承认的观点，实际上蕴含了这样的假设：动机与道德判断的真存在必然的联系。这是把二者视为同一个问题的典范，不仅没有正面回应动机怀疑论的问题，而且认知怀疑论将会把实践问题推入另外的深渊。在持有这种观点的人看来，动机怀疑论者并没有做出"真"的道德判断，也就是说他们并没有在通常意义上使用道德的含义，甚至是在异于常人的基础上理解道德和动机——实际上他们并没有做出任何意义上的判断。比较典型的就是对颜色的使用：

> 一个主体具有对于颜色术语的掌握（道德术语），并因此真正地做出了颜色判断（道德判断）只有在这样的情况下才成立……认为人们使用一个术语的能力可以通过她对于颜色术语（道德术语）的掌握，以及真正做出颜色判断（道德判断）的能力来解释。②

在这种观点看来，盲人不具有跟常人一样的视觉器官那么就不能形成关于颜色的"正确"概念，虽然他们可能会正确地使用红色的概念，但是他们可能并不能理解红色的内涵也没有关于颜色的经验，只是在类似或者模仿意义上使用颜色的概念。这种类比是被内格尔排除在外的，颜色只是第一人称的经验，第一人称的经验可以断言共同的东西，但是或许没有获得普遍的认可。颜色概念的定义和内涵受制于人的认知和视觉器官，而实践原则追求的是可被共享的理由，并且我们不能说某人没有道德能力就不能按照我们共享的理由行动。道德能力并不是行动受约束的充分条件，天生双目失明的人并不能因为他不知道红色的定义和内涵就被允许在红灯的时候穿过马路，在我们共同生活的社会中还有更为根本的规范性来源。当我们判断自己有理由做某事时，内格尔看来实际上是断定了：断定获得某种条件，或者是断定由于这些条件行动会被归于普遍原则之

① 两种怀疑论的区分，参见 Korsgaard, Christine, "Skepticism about Practical Reason", *The Journal of Philosophy*, Vol. 83, No. 1, (1986)。

② 史密斯：《道德问题》，林航译，杭州：浙江大学出版社，2011年，第6页。

下；而且我们另外接受了一种对行动证成的理由。① 前者是实践理性根据普遍原则做出的行动判断，而后者提供了接受行动理由的理由。实践理性只能提出这样的要求：理性的个体应该如何行动。而并不蕴含以下两个要素：谁是那个理性的个体；是否承认和接受这个行动的理由。因此回应动机怀疑论需要回答以下两个问题：动机是从哪里来；动机对行动的激发、效力如何体现。

内格尔认为动机学说有其结构性，动机效力是一种体系性的效力。试想一个例子，当口渴的时候，我会想到将硬币投入临近的自动售货机，然后取出水来喝。② 口渴的欲望不能单独作为我投币的动机，因为二者建立的必然关系基于一种认识：投币，然后自动售货机就会吐出一瓶水。也正因为对于投币和售货机的技术性认识，信念提供了什么是值得我们相信的。在这个例子中，口渴的欲望是理性动机的先行条件，基于目的和手段的推理以及对某些技术认知的信念，从而产生投币的欲望；同时口渴提供了行动的理由，借助目的和手段的关系，也提供了喝到水的理由。动机（不管是口渴这样的原初欲望还是投币的欲望）对行动的影响是通过目的与手段的关系来传递的，理由也是如此；不仅有来自欲望的理由，还有来自实践判断的理由。由此欲望只是一个原初的条件，欲望单独并不能说明一个行动的动机和理由。实践判断的理由包括了什么是相信的理由，还包括什么是采取行动的理由。当我判断应该把硬币投入售货机时，这个判断为真意为在那个时刻我依照自己掌握的实践原则，发现自己处于有理由将硬币投入自动售货机的情景中。理论理性和实践理性在这里达成了某种契合，都是实践判断的一部分；信念是理论理性推理的材料，欲望是实践理性推理的材料。正是借助理由使得动机内容在场。有理由去做某事的判断包含了对于做某事证成的接受，并认为这就是动机内容（motivational content）。③ 但是这里内格尔似乎重蹈覆辙，因为他肯定了实践判断包含了动机判断。事实上能够称之为"动机"的东西一开始就是在场的，并不是在实践判断中动机与理由一同产生。有喝水的欲望，并不代表在那个时候没有其他的欲望，我们可能还在赶去上课的路上。买水会耽误很长时间而迟到，但是我们还是选择了买水，因为想到接下来三个小时都没有水喝实在是太痛苦。因此实践判断除了决定了如何满足欲望，还要决定什么欲望可以在当下得到满足。

在内格尔看来可以被称为动机内容的实际上是一个集合。人生活在当下也面向未来，认为未来的行动只是未来某个时刻可能会有的理由，只是提供了未来某个时间段内行动的理由，我从对自己未来的关系中分裂出来，好像未来的我跟现在的我没有任何联

---

① 内格尔：《利他主义的可能性》，应奇等译，上海：上海译文出版社，2015年，第72页。
② 《利他主义的可能性》，第36页。
③ 《利他主义的可能性》，第70页。

系，未来的行动也与现在的行动没有关系；认为当下只拥有暂时性的理由行动，我从对自己当下的关心中分裂出来，好像现在行动的理由跟未来的我没有任何关系，虽然现在的行动与未来的欲求相冲突，但是现在的行动就是最为紧要的。时间性持存的人（a temporally persistent human）的概念意为一个人在他生活的所有阶段都是同等真实的条件，其中某一个阶段都不能被认为是有特殊地位。① 同时，人还是以个体身体生命为中心的统一体，如果无视某人的欲望或者只是工具性地满足人的欲望，那么人就会从身体中分裂出来，因为身体的任何部分都不能只是实现理性设定目标的工具。但是欲望也不能随意满足，任何行动付诸实践都是人作为整体在行动。② 这体现了人该如何看待自己：在判断和选择时，需要把自己视为连续的时间和身体生命的统一体，同样人的欲望出于此也才能被称为合理的。这样的说法可以推向一个立场，需要满足一定的规范性条件，欲望和动机才能成立。

二 两种立场的理由

动机借助理由而在场，对动机的说明同样需要对理由的说明。理由提供了应该做某事的要求。按其定义，理由必然具有普遍性。内格尔将理由定义为：每一个理由是谓词 R，那么对于所有人 p 和所有事件 A，如果 R 对于 A 是真的，那么 p 就有显见理由去促成 A。③ 简单说来，对于任何人 p 来说都有显见的理由去促成任何符合他利益的事件 A，而如果 R 仅仅涉及个体自身，那么行动的理由就是主观理由；如果 R 独立于个人的身份，还可以被无人称的观点推演到所有人做这件事的理由，那么 R 就是一个客观理由。

倘若摩尔发现自己所在的路上有一辆正迎面而来的卡车，并且断言他有理由让自己避开……如果他被问及因何理由必须避开卡车，他可能做出（各种其他回答中）下述回答：

（1）这个行动会延续摩尔的生命；

（2）这个行动会延续他的生命；

（3）这个行动会延续某人的生命。④

其中（1）和（3）就被称为客观理由："摩尔"和"某人"都没有具体的指称；并且行动者与行动的接受者的关系并不明确。在客观理由中，没有具体的行动者而没有明

---

① 《利他主义的可能性》，第 65 页。
② 《利他主义的可能性》，第 80~81 页。
③ 《利他主义的可能性》，第 50 页。
④ 《利他主义的可能性》，第 98 页。

确的欲望和目的，因此客观理由不是具体的某人行动的理由，而是任何人都拥有普遍理由，甚至可以简化为这样的要求：应该如此行动。客观理由表示出了一种形而上学式的无人称立场，这意味着在此立场上谈论任何人都拥有相同的意义，理由的价值不与任何人的利益相关，因此行动理由本身就具有内在价值。而没有断言理由与主体的具体关系，那么客观理由所提供的动机内容必然不能是个人的欲望和目的，而只能是被普遍接受的目的和欲望。如此客观理由会对人的行动提出两种要求：存在一个行动的理由；不论任何人持有这个理由，我们都要承认他有理由持有。（2）被称为主观理由，行动者和行动的接受者是同一个人，人称化的立场是个人站在有利于实现自身目的和欲望的立场来看待世界，它们标示出了理由与个人的关系，个人可以根据自身在具体环境中的处境决定自己可以合理地期待什么：某人有理由做某事。

> 只有客观理由才允许保留实践判断的动机内容。客观理由从这个立场来保留它们的动机内容，因为它们并不代表为了特定行动者的价值，而仅仅是为了发生或获得行动的理由。[①]

客观理由提出的非人称立场表明所有行动者都是平等的态度，我们可以在相同的意义上谈论任何人都有理由做某事，行动的动机就是行动发生的理由——客观理由自身具有客观的平等价值，肯定了每一个行动者作为价值的来源，如此客观价值必然引发动机，客观理由提供的动机成为一种因果必然性。当我们提出客观理由时，意味着每个人都承认拥有动机和理由。但是这里的动机明显不同于主观理由所包含的动机内容，后者包括与个人身份和具体环境相联系的欲望和目的。内格尔提到一个例子：

> 那么"坐在我右边的人他的左脚痛"给我承诺了对于特定个体相关的我的位置的判断，对于如果我重重地踩在他的左脚上会发生什么的判断，对于我可以期待听到什么的判断，等等。但是同样的情景也可以被认为是无人称的，通过描述两个人一个紧挨着一个坐着，并且如果后者踩了前者的脚，他会感觉到什么以及另一个人会听到什么，等等……如果我是那个脚痛的人，并且我见到我左边的这个人把他的脚后跟放到我疼痛的脚趾头上。我断定，我最好是把它们挪开以避免如果不这样而导致的剧痛，而我就这么做了。这点至少是非常清晰的：托马斯·内格尔有理由挪开他的脚这个判断可以在这些无人称的环境中做出；另一方面，挪开脚的行动依靠人称化立场，这个立场允许在挪开脚的形式中下断言，而不是它应该被挪开。[②]

[①] 《利他主义的可能性》，第 108 页。
[②] 《利他主义的可能性》，第 120~121 页。

在这个例子中，客观理由提出了：为了避免疼痛应该把脚挪开。如果没有具体人称规定，那么这个理由对二者中的任何一个以及旁观者都是行动的理由，也给人提出了行动的动机。行动证成的判断所需要的理由可以被无人称地提出，左边的人和右边的人都能得出有理由实现判断的目的，而且两者中的任何一个都能无人称地设想这个判断。但是对于左边和右边的人来说却有不同的主观理由和动机，左边的人看来：我应该把我的脚从他的左脚上挪开，因为我有义务不能带给他疼痛。其中"不能带给他疼痛"基于"任何人都有理由避免疼痛"这个客观理由。右边的人看来：我应该把我的脚从他的右脚下挪开，因为我有理由避免疼痛。其中"我有理由避免疼痛"也是基于同样的客观理由。客观理由使得行动者可以合理地期待什么事情可以发生，人称立场的差别并不会使期待发生的事有太大的差别。人称立场的引入，使得行动的动机内容也被引入，并且不同的人称拥有不同的动机内容。也就是说，客观理由基于客观的价值提出行动的理由和动机，但是并没有实际上激发某人的具体行动。承认客观理由提供给任何人行动相互平等的空间和承认。人称立场提供了行动理由的证成，也提供了动机内容，不同的人称动机内容是不同的，因此在客观理由与动机内容之间需要建立起合理的联系，而这个过程被动机怀疑论者所忽略。我们也会发现客观理由提供的动机不同于某个具体行动者的动机，内格尔对二者不加区分地使用造成了对文本理解的困扰。具有行动效力的动机必然是个人的动机，而为了将客观理由和动机归属于个人，还需要一个承认的理由连接做某事的理由（客观理由）和个人的动机内容，如此动机才能真正激发人的行动。动机怀疑论者只看到客观理由——有做某事的理由，那么就有做某事的动机——但是并没有意识到拥有对于行动的欲望和意愿在于个人的动机性理由。所谓的意志软弱等扰乱了动机传递机制的情绪，都是没有将客观理由归于自身，没有在个人的欲望和目的与理由之间建立正确或是必然的内在联系。主观理由不仅提供了我做某事的理由，还提供了我接受这个行动理由的理由。而后者就是一种具有激发力的动机性理由，"我应该做某事"就变成了"我去做某事"，一个完整的行动必须要具备两种理由的同时在场，如此内格尔觉得对动机体系的解释就算完成了。

史密斯认为在这种状况下没有主观理由我们也可以按照客观理由行动：

> 假设我故意踩在某人的脚上，因此导致那个人的疼痛，可以肯定的是我们能够想象，对于一个旁观者所说的我具有一个不再踩那个人的脚的理由，是适当的，甚至虽然我缺乏有关的欲望，并且实际上，就算我欲求引起那个人疼痛。[1]

---

[1] 《道德问题》，第 92 页。

"我不引起他人疼痛"单独提供了行动的理由。可能站在旁边的人是我很讨厌的人，我很想借机踩他一脚以泄愤，但是就算我不踩他的欲求缺失的情况下，规范性理由也提供了行动的理由，决定付诸哪一个行动由理性权衡决定，理性的运用加强规范性理由的效力。一种合理解释看来是对内格尔的误读，史密斯的规范性理由已经是带有人称立场的理由，承认不引起痛苦的客观理由，意味着接受理由的证成，同时承认带有人称的动机内容；并且决定按照规范理由行事而不是仅仅按照欲望行事，也是经过了理性权衡，这一点可以被内格尔的论证所包容。这个例子也说明原初的无人称的理由并不必然具有动机内容。但是史密斯可以说，这里的客观理由与带人称的规范性理由就是一回事，"不引起别人痛苦"的理由是如此清楚明白，任何人都可以据以为行动的理由和动机。在笔者看来这种反驳是有力的，因为《利他》一书中内格尔并没有给出客观理由的确定内容，而仅仅代表了一种客观的价值：平等地看待所有人及其行动。有的客观理由可以直接被主观化，而有的客观理由只能被推演地运用，主观理由和客观理由的定义有很多模糊的地方，显然二者有重合之处，二者可以被用到同样的行动中，通过这样的行动在个人那里达到延续自己生命的目的，而这也正是依据主观理由判断的核心。比如与基本的生存和自我保存有关的自我依靠的客观价值。如果一辆卡车开过来，不管是我还是内格尔，每个人都有理由让路。诸如此类的目的可能会有：幸福的生活，实现自己的人生价值，帮助自己的家庭……这些都是共同生活在社会中的人共享的目的。这些行为也同时为主观理由所指向，这些目的为每一个个体延续生命和实现基本的生活需求提供保障，其中任何的缺乏都不能实现在社会中的基本生活。但是二者也存在明显的差距，有的理由虽然是客观理由，但是在主观上只对个人的行为有约束力，而并不要求其他人也要像我一样如此行动，个人的具体环境和条件也属于判断的依据之一。有的理由可以直接运用，而有的理由只能推演运用，比如既可以作为主观理由而又可以作为客观理由的理由，个体的欲求与理由的关系已经建立，而不需要在手段与目的之间重新建立联系；如果仅仅是一个抽象的客观理由，没有个体与身份和欲望的联系，则需要重新建立起联系作为欲望和信念推理的基础；如此客观理由的推演范围大于主观理由，客观理由可以在不同的个体之间推演，而主观理由只能运用于个人自己。但是二者有的时候却仅仅是视角不同的关系，客观理由的推演，可以对不同的个体产生不同的目标，而主观理由能对所有的个体产生共同的目标。从客观理由到个体，还要受到个体所处的环境和时间的限制，因此个人根据实践原则判断出的有理由做的事和想要的东西，每个人之间会存在很大的差距；主观理由虽然只与个人相关，却把不同但是相关的目标分配给个人，比如幸福、家庭、安全或者国家的福祉等等。因此主观理由不能脱离个人而存在，它与人的目的、理性和身份息息相关，如果没有个体与客观理由的具体关系，那么理由就没有对具体的某人的约束力。因此二者的差距在于约束范围：主观理由是对个体行为有约束力的理由，而客观理由是对整体有约束力的理由，这个整体不是所有个体的相加，而是个体仅仅作为整体中的一员的集体性意义。客观理由所追求的一致性要求把我你他的理由都纳入规范性的考量中，无人称的立场意味着我们在谈论他人的任何东西时，也能够在这个意义上谈论自我；当某人能有意义地断言自己的东西时，也必然在相同意义上断言他人的东西；虽然不同的人称断言的东西对于个人来说会有不同的内容，但是它们表达了共同的价值，而这只能由无人称的立场识别出来。

客观理由体现了一种行动者中立的价值，主观理由则体现了行动者相关的价值，那么内格尔为之辩护的理由到底是哪一种？《利他》一书的开篇，内格尔就谈到只有客观理由才是可以被接受的理由，主观理由从客观理由推论出时才是正当的。这种立场表明了两个态度：客观理由必然有主观理由与其相对应。但是并不是所有的主观理由都是从客观理由中推论出来的。在此内格尔并没有说明客观理由的具体内容，这就会造成客观理由与主观理由在个人那里是分裂的两个概念，个人的行动也被分裂开来。这样的分裂在人际选择的时候尤为明显。每一个独立的个体都希望自己的生活拥有独一无二的价值，而不是大家都一样的单一生活。个人生活的选择条件被形而上学式地设想出：

> 我们可以相信一个人分成几个人，他们中的每一个为了一个普通个体而承载原初的、历时的、构成超时间性的人格同一性的那种关系……单个人不同阶段之间的关系在某些方面就像同一东西的不同部分之间的关系……人的两个不同阶段可能承载对于第三个阶段"同一个的阶段"的关系，而没有承载对每一个阶段的关系。①

个人被分裂为具有不同身份的个体，不同身份统一于时间上连续的这个个体。我是中华人民共和国的公民，是四川大学哲学系的学生，也是某个兴趣小组成员，是父母的女儿，是医生的某个病人……不同的身份带有不同的义务和职责，它们都依附于在时间上连续的"我"，伴随着过去、生活在当下而又朝向未来。但是设想这样一种情况：如果政府颁布政策违背了正义原则，那么一个政府官员该履行自己对于政府的工作职责还是该履行对于宪法和正义原则的原初义务？前者会要求执行的职责，而后者会要求反对政府政令的义务。这个问题在身份统一体的框架下无法回答：客观理由并没有实质性的定义也不能对身份和义务的优先性做任何规定，这就造成了主观上的动机性理由也是混杂的。

---

① 《利他主义的可能性》，第150页。

三　理由的客观化

非个体性称立场和个体性立场的分裂，实际上是个人内在分裂：个人如何看待世界与个人如何看待自己的分裂。但是道德问题最终要在人自身之内得以解决，因此要回到能够被内化的主观理由。虽然在《利他》一书中内格尔看来只存在客观理由，但是有很多迹象表明内格尔并不想给客观理由添加明确的原则和内容，在后期的著作中内格尔也放弃了这个说法，但是在笔者看来他并没有放弃只有客观理由才能作为规范性来源的立场。因此答案要从可以充当动机的主观理由中寻找：什么样的动机性理由可以被客观理由承认。

客观理由并没实质性的规定，但是客观理由有其原初理由。《利他》只有客观理由的一种程序性说明，而没有实质内容。内格尔提到了一种奇怪的理由：与基本生存和自我保存有关的自我依靠的理由。没有人会在躲避迎面而来的卡车的时候想到这个理由，但是我们自然而然就那么做了，同样的理由还包括善和幸福，这些都被摩尔称为内在价值的性质，这些价值独立于任何人的特殊利益和欲望而存在。我们只能知道这个理由正是以个体的身体和生命为中心的理由。如何确定客观理由真实地存在，或者说我们如何找到它、在哪里遇见了它？在很多人看来对理由的发现从来没有实现过，而欲望和信念的规范性建立在对它们的确信上，这只是表达了一种信心而已，内格尔的实在论立场并不能解答规范性问题，如果规范性的来源——某种形而上学式的自我观念①——建立在某种确信上，然后这种形而上学的自我观念提供道德要求，那么为什么不确信立场直接提供道德要求呢？在内格尔看来理由是自明的：如果我们不能否认它，那么就证明了它的实在性。对痛苦的避免对任何人来说都是自明的，如果否认掉它那么我们就不该把不小心放到热炉上的手拿开。避免痛苦和追求快乐对任何人来说都很自然，并且它们并不需要在限定人称的身份、利益和欲望的时候才能说痛苦是恶而快乐是善，而是它们本身就具有客观价值的目的，可以直接被客观化。这样的论证似乎有些荒谬，却相当直观，对"避免痛苦"理由起支撑作用的就是基本生存和自保相关的理由，内格尔没有说明，但是不难看出这个理由是作为原初理由而存在的，它是如此不加审慎地被我们接受。在这样说的时候我们不是在霍布斯自保原则的基础上谈论内格尔。霍布斯以自保原则作为客观理由（更多的时候是在公共理性意义上来使用），那么一个稳定和良好的社会的价

---

① 有趣的是，内格尔本人很反对自我的观念作为规范性的来源，科斯嘉德那种反思性的自我作为规范性的来源，不仅有陷入唯我论的危险，而且还会使伦理学陷入虚无主义。但是不管是主观理由还是客观理由都表达了人以一种具有普遍性形式的立场来看待自己，规范性的来源都诉诸了一种形而上学式的立场。

值凌驾于所有成员之上，因此仅仅从个人利益中就可以推论出主观的动机性理由，这恰好是内格尔所反对的。因此要从主观的动机性理由入手，看什么原则可以被客观化，主观理由和客观理由才能找到相契合的点。

内格尔进一步区分了主观理由，一些主体合理偏好产生了主体中立的价值，而一些则产生了与主体相关的价值：一种是自主的理由，包括人的兴趣和爱好产生的、过分依赖于个人的态度和目标，从个人生命体内部看来才是重要的；一种是道义论的理由；一种是对身边与我们密切联系的、我们有对其表示特殊关切的人义务的理由。第一种和第三种对个人来说有意义，它们的价值依赖于个人的目标、计划及对他人的关切，这种关切反映了我们与他人和所追求的东西的特殊关系。比如我一直有攀登乞力马扎罗山的梦想，当我终于有机会站在山脚下的时候，却发现自己头痛难忍，大家都劝我不要再去登山应该原路返回寻求借助，但是在我看来头痛并不能阻碍自己前进的步伐。对于登山的理由或者事物获得的价值是因为我们对它们感兴趣以及这种兴趣赋予它们在我们生活中的地位，而不是它们的价值引起我们的兴趣。如果不从个体视角来看待它们，那么是不会被发现的，甚至在他人眼中我就是一个不珍惜自己生命的疯子，在登山过程中我随时可能死掉，因此这部分东西不能作为非个体的价值加以接受；但是这样的主观理由对于个人来说却有着不可忽略和不可被还原的价值。当这样来陈述的时候，我们偏爱的理由并不是事物本身的价值，而是就是主观赋予事物的特殊价值，还会出现没有考虑这种事物是否符合客观理由的情况，在他人眼中爬山仅仅是主观偏好、甚至是他人不可理解的偏好，而保存自己的生命才是可以被接受的客观理由。因此问题在于，客观理由在这种自主理由中扮演了什么样的角色，自主理由合理的延伸范围在哪里。一种有说服力的结构看来，自主理由的结构不是权衡什么样的手段可以达到某个目的，而是：

(1) 存在一个主体中立的理由（目的）；

(2) 这个理由同时也是主体相关的理由。①

能够被客观化的理由提供的不是主观的欲望和利益，而是希望主观理由与客观价值之间建立某种联系，自主理由也就被限制在了这个范围内，甚至我们可以用一个很康德式的表达：你的主观理由和目的必须能够得到客观的承认。这就包括你的自由、自尊、发展机会和兴趣根源，都应该是（1）所能包容的。从非个人立场看来，使人拥有（1）的是一种"感觉"，没有任何人比其他人重要，因此主体中立的理由还可以提供这样的原则：他人合理的理由和目的应该得到支持和尊重。两种客观化的立场还说明了一个问

---

① 科斯嘉德：《创造目的王国》，向玉乔、李倩译，北京：中国人民大学出版社，2013年，第299页。

题，并不存在与每一条主观理由相对应的客观理由，自主理由存在这样一个区间：源于自己生命的视角为自己的行动提供理由却又不能为其他人的行动提供理由，而其他人能意识到这样的理由存在。同时客观理由的平等性要求对人的行为提出了这样的要求：当他人的基本需求与我个人的欲望和利益相冲突时，裁决的标准不能是个人的，而应该是外在的。自主理由所能提供的是主观理由可选择的范围，而道义论的理由则提供了不可选择的义务。道义论理由聚焦于这样的原则：不管我们是否是为了得到更大的善，都不应该以伤害他人、说谎或是背信弃义为代价。而恰恰这个理由也被认为拥有与主体相关的价值。当参与某种行动时，我们就处于一种特殊的关系中：与行动以及与对象。内格尔试想了这样的例子：为了救助自己的朋友去医院，而要去拧一个小朋友的胳膊，小朋友是无辜的，仅仅因为这样做他的奶奶才会将车钥匙借给我。在这样的行动中，我处于与另一个人——那个受害的小男孩——的直接关系中。但是为了更大的目标，也不能将目标转移到受害者身上。一种更为康德式的解读是：我们不应该把别人仅仅当作手段。但是在内格尔看来理由不仅如此，如果拧那个小男孩，那么你的直接目的就变成了制造痛苦。虽然痛苦本质上并不是邪恶的，但是对于你或是小男孩或是任何人来说，痛苦都是恶的、任何人都想极力避免的。因此你的目的是在违背你自身的原则：避免痛苦既是一种主观理由，也是一种可以直接被客观化的理由，其原初理由在于人的身体和生命原则。不管是自主理由还是道义论理由，内格尔都回归到了他在《利他》一书中的立场，虽然他没有将人如何看待自己的规范性价值作为一种客观理由，但是却是客观理由围绕的核心。

宗教学

作为中介的身体

——早期道教性观念研究说

陈新阳

摘要： 在早期道教的各类文献中，性不光没有受到压抑，反而以不同的表现形式诉说着自身。本文试图借用福柯的相关理论，从外部视角着手，梳理寇谦之与陆修静改革之前的相关文献，以身体为中心，关注其与婚姻、家庭、修行、快感之间的联系，探讨早期道教性观念的形成，还原其本来面目。

关键词： 身体　性观念　早期道教

导　言

北魏和刘宋时期，寇谦之和陆修静曾在道教内部进行过大规模的改革，关键原因就在于"祭酒"世袭制度导致的"道益荒浊"[①]。"荒浊"的直接表现便是性伦理或性道德的混乱。刘宋前半期的《老君说一百八十戒》中对这种堕落情况作出了最直接的描述：

> 诸男女祭酒托老君，尊位贪财，好色擅色，自用更相是非，各谓我心正，言彼非真，利于供养，欲人奉己。[②]

因此书里明确规定了诸多戒律，希望对此情况进行整顿，例如"不得淫他妇人""不得以药落去子""不得观六畜交阴阳"等。除此之外，早期道教修行重要手段之一的房中术逐渐演变成纵欲的"黄赤之术"，也是这场改革得以发生的重要原因之一。那么，在早期道教中性处于何种位置？它是否从一开始就被压抑与回避？性观念又是如何构成的？福柯曾在《性经验史》第一卷里表明："性既受到约束，又急于表白，一旦我们碰上它或拷问它，它的回答就会滔滔不绝。"[③] 本文试图将目光投向改革之前，将身体看

[①]　小林正美：《中国的道教》，王皓月译，济南：齐鲁书社，2010年，第81页。
[②]　《中国的道教》，第81页。
[③]　福柯：《性经验史》（增订版），佘碧平译，上海：上海人民出版社，2005年，第50页。

作承载和表征"性"的关键中介,以身体为中心,通过对婚姻与真理、家庭与生育、房中术与性快感等几个方面的考察,探究早期道教性观念的建构方式。

一 婚姻与真理

在古代中国,婚姻一直占据极为重要的地位,在儒家那里,它不光是男女个体的生活实践,更是向社会生活转化的重要中介。《礼记·昏义》讲"昏礼者,将合二姓之好,上以事宗庙,而下以继后世也,故君子重之"①,便是从"姓氏"(即家族)的角度切入婚姻的。而早期道教的婚姻描述的侧重却与之有着极大的不同。

在早期道教中,婚姻是指向真理的。《太平经》中有大量利用"阴阳""天地"等概念来比拟婚姻关系的例子,比如"男女者,乃阴阳之本也"②,"传之当象天地,一阴一阳,故天使其有一男一女,色相好,然后能生也"③ 等。《太平经》的成书时间是在东汉时期,正是谶纬神学大行其道的时候,因此这种类比法在很大程度上受到了董仲舒的影响。通过这种描述,《太平经》确立了婚姻存在的根本原则:夫妻之间的婚姻是对世界本质规定的明证,夫妇只有在婚姻之中才能够与"自然"规律相合。既然婚姻仍然属于一种规律性(或真理性)的必然结果,那么在这样极为重要的实践关系之中,性是否真的被压抑了?要回答这个问题,我们可以首先观察一下基督教关于"贞洁"的叙述策略。在基督教的生活方式中,贞洁是一种极为重要的修行实践。最初贞洁和婚姻是两个完全相异的领域。"为了表示童贞的完整状态,卡西安从未诉诸过婚礼词汇"④,贞洁是有关灵魂和上帝结合的重要方式,"不是两个人的性结合充当了这一体验隐晦或明确的模式,而是被视为目光、对象与光明之间的认识活动"⑤,灵魂的贞洁与身体的性相分离。后来奥古斯丁为了反对将童贞和婚姻完全对立的行为,对相关内容进行了重新阐述,它们之间只是"较小的善"和"较大的善"之间的区别,他引用古代哲学家的话表明"夫妇的荣誉是在生育中的贞洁"⑥。可见对于基督教来说,问题的关键就在于如何将贞洁嵌入与生育相关的婚姻关系之中,婚姻中的性必须经过特殊的解释。而在早期道教的描述里,这点似乎并不成为一个困难:在《太平经》中,真人讲"夫贞者,少情欲而不妄为也"⑦,马上就遭到了反驳:"夫贞男乃不施,贞女乃不化也。阴阳不交,乃出

---

① 孙希旦撰:《礼记集解》,王星贤、沈啸寰点校,北京:中华书局,1989年,第1416页。
② 王明编:《太平经合校》,北京:中华书局,1960年,第38页。
③ 《太平经合校》,第44页。
④ 福柯:《性经验史(第四卷)·肉欲的忏悔》,佘碧平译,上海:上海人民出版社,2021年,第237页。
⑤ 《性经验史(第四卷)·肉欲的忏悔》,第238页。
⑥ 《性经验史(第四卷)·肉欲的忏悔》,第350页。
⑦ 《太平经合校》,第37页。

绝灭无世类也。"① 在婚姻关系之中，禁欲并不是一个值得赞扬的品质，它不光代表天地规律的反面，更直接指向各种从小到大的惩罚机制。所谓"多病寒热者，阴阳气忿争也"②，表明阴阳之气的失调会引发身体上的病痛；"天地之间无牝牡，以何相传？寂然便空，二大急也"③ 更是设想了一个类似"末世"的未来世界。从身体的衰败到整个世界的秩序崩溃构成了一个因果的链条。它表明了早期道教并不将人的身体看作是简单的、无机的、器官部件的单纯组合，而是一个生生不息的内在宇宙。身体既要保证内部阴阳之气的平衡，又要与外部天地构成联系，这个天地不是理念世界，而是生存世界，只有使内外都处于一种和谐状态，整个世界才能够顺利地运转下去。

另外，《太平经》还使用"饮食"比喻来表明婚姻生活的特性："故此饮食与男女相须，二者大急。"④ 这句除了对婚姻必然性进行了补充说明之外，更重要的是它以饮食为例强调了婚姻状态所表现出的生命权力。对于中国古代来说，饮食是衡量生存状态的最重要指标，它是日常所必需的生活实践，根本上决定着我们是否能够正常地存活下去。在古代医学中有众多关于吃食所引起的病症，最直接的表现是吃得过多或过少都会引发身体上的反应。更重要的是，不同食物之间的相生相克状态会直接体现在身体之上，甚至掌控着生死。因此，人们必须从最开始就要学习如何感受自己的身体状态以确定吃食的平衡，铭记饮食中的禁忌，以避免身体上的损伤。此外，饮食还代表了一种规律性的时间观念，身体被一日两餐或三餐的时间点隔离开来，并且学会如何根据吃食的时间来安排正常的生活。可以说，饮食不光是一个有关饱腹或饥饿状态的生活实践，更是一个有关健康、对象、时间和自我掌控的技术手段。因此，早期道教的饮食比喻，也从这几个方面对婚姻作出了暗示：首先婚姻的生育属性表明了它是人所必需的生活实践；其次，婚姻状态确定着各种不同的时间观念：第一是性行为的时间，第二是性行为的频率，纵欲状态会使得身体出现衰退的反应，而贞洁状态又会导致家族的灭绝，只有合适频率的性行为才是被肯定的；第三是夫妻生活的安排，在婚姻状态中，时间不再是个体的，双方都必须要根据对方的一些情况来调节自己的时间，通过时间的互相妥协，婚姻状态才能够持续下去。

由此可见，对于早期道教来说，身体的贞洁和夫妇的婚姻关系是矛盾的，婚姻使身体成为预兆的发生之地，透过身体的反映，可以看出一个人社会关系的状态。指向真理的描述暗示了夫妇的婚姻需要的是放弃自我，婚姻之前，各自的两人与自然之间存在隔

---

① 《太平经合校》，第 37 页。
② 《太平经合校》，第 23 页。
③ 《太平经合校》，第 44 页。
④ 《太平经合校》，第 44 页。

阁；在婚姻之中，个体才和天地产生了共鸣，融为一体。自我从个体的自我演变为自然（遵从真理）的自我。这种要求从婚姻开始，直到人最后死亡（或长生久视），身体完成了连接个体与社会生活的中介作用，性经验是其中的关键环节。当然，这种以惩罚或危险为核心的阐述是对性价值的反面论证，直接的正面描述实际上在《太平经》里还并不明显，正是这种空缺使得生育与房中术能够成为早期道教表现性观念的另外两极。

二 家庭与生育

虽然早期道教并没有像儒家那样把家族作为唯一的重要论述，但家庭的比喻在道教典籍中仍然占有重要位置。《太平经》"安乐王者法"一篇中提道：

> 不能变化万物，不能称君也。比如一夫一妇共生一子，则称为人父母，亦一家之象。无可生子，何名为父母乎？故不能化生万物者，不得称为人父母也。①

《太平经》本质上是一部具有浓厚政治色彩的典籍，书中几乎都是对君主生活的劝诚与阐述。而家庭生活被频繁地用来作为君主生活的借鉴，可见在早期道教的观念之中，家庭与政治生活有着极强的相似性。在这个环节中最重要的是"生"的概念，而其在家庭中的直接表现就是生育观念，这是早期道教性经验的另一重话语空间。在《太平经》的论述中，家庭不只是一个有关夫妇的双人领域，更重要的是有关夫妇和子女的三边关系。这源自早期道教对于"三"这个概念的强调。《老子》讲"道生一，一生二，二生三，三生万物"②，这里的三还是一个虚指的概念，但是到了《太平经》的创作时代，由于吸收了董仲舒的天人相类理论，"三"被用作更加直接的比喻：

> 太阴，太阳，中和三气，共为理，更相感动，人为枢机。③
> 形体有三名：天、地、人。天有三名：日、月、星，北极为中也。地有三名，为山、川、平土。人有三名：父、母、子。治有三名：君、臣、民。④

为了完成这种"三"的构建，早期道教把家庭概念建立成了一个不断套圈的循环结构，父母既是上一辈家庭完成的结果，也是一个新的家庭构成的开始，生育成为这个链条得以接续的中心。那么早期道教是如何具体论述生育实践的呢？

首先它涉及一个有关"容器"的比喻，这个比喻在早期道教的不同典籍里都有提

---

① 《太平经合校》，第 20 页。
② 王弼注：《老子道德经注校释》，楼宇烈校释，北京：中华书局，2016 年，第 117 页。
③ 《太平经合校》，第 18 页。
④ 《太平经合校》，第 19 页。

到。比如《太平经》里讲："中和为赤子，子者乃因父母而生，其命属父，其统在上，托生于母，故冤则想君父也。"① 对于一个婴孩来讲，他的本命属于父亲，统系归属于上天。在生育之中，真正创造孩子本质的是父亲，母亲只是一个承担孩子得以出生的容器，其身体与孩子的本性相分离，正是容器比喻最重要的一点。《老子想尔注》解释"玄牝门，天地根"② 一句时说："牝，地也，女像之，阴孔为门，死生之官也，最要，故名根。"③ 要理解这段话，必须明晰"地"的概念。《易经》讲"地势坤，君子以厚德载物"④，给大地赋予"载物"的属性是人对于周遭经验世界的直接感受，把这个理解和《老子想尔注》结合在一起就会发现，"阴孔为门"的阐述至少与容器和边界这两种比喻密切相关。女性的身体在生育中起到了承载的作用，内部世界和外部世界是相分离的，通过作为"门"的"阴孔"，两者才得以交流，死生的转化通过"阴孔"得以完成。

其次，生育中的性也极为关键，《太平经》中有一段直接描写女仙怀孕的段落值：

　　有上玄虚生之母，九玄之房，处在谷阴。玄虚母之始孕，梦玄云日月缠其形，六气之电动其神，乃冥感阳道，遂怀胎真人。既诞之日，有三日出东方；既育之后，有九龙吐神水。⑤

这场交合的主人公是女仙和真人，表明了成仙并不意味着和世俗世界的完全割裂，通过生育的环节，世俗和超世俗世界得以联系在一起。这里的问题在于，原文中并没有明确表明两者结成了婚姻关系，那么成仙之后的生育是否可以脱离婚姻？第一个部分已经论述过，婚姻的存在基础是由"真理"所规定的，而成仙并不意味着超越了真理状态，并且这段后紧接着就是女仙养育子嗣的故事。应该说，这里暗示的是一种区分，即成仙之后的婚姻状态和世俗的婚姻状态之间的区别，如果借用基督教的婚姻概念，这里的关系类似于一种灵性的婚姻状态。其次，"梦"是这段话所表现的第二个关键之处。可以说，"梦"是一个具有双重属性的概念，它不光规定了事件发生的地点，也规定了时间状态。梦的世界是一个具有虚幻色彩的世界，它依托于现实世界，又超离于现实世界，正是这种矛盾性使得其获得了一种模糊描述。在梦里，客观时间被主观时间所替代，主体感受被提到了一个极为重要的位置。马泰·卡林内斯库曾在《现代性的五副面孔》里描写中世纪时期基督教的时间感受："在中世纪，时间本质上还是按照神学思想

---

① 《太平经合校》，第 19 页。
② 饶宗颐：《老子想尔注校证》，上海：上海古籍出版社，1991 年，第 9 页。
③ 《老子想尔注校证》，第 9 页。
④ 黄寿祺、张善文译注：《周易译注》，上海：上海古籍出版社，2007 年，第 17 页。
⑤ 《太平经合校》，第 2 页。

来理解的，它被看作人类生命短暂性的明证，是对于死亡和死后生活的一种永恒提示。"① 支配人们生活的并不是均质流动的客观时间，而是身体的主观感觉。《太平经》这段故事将"梦"的概念引入就是为了将客观时间打破，来表现人的身体或精神感受。"玄云之月"和"六气之电"两句明显具有互文的表现形式。在梦境状态之中，身体和精神融合为一体，"动"字表现出了个体首先是接收到外在的力量，然后再主动地参与交互。肉体的紧张得以解除，精神与世界完成了存在性的统一。这两句已经是极具美学性质的描绘了，正如叶朗在《美学原理》里描述的那样，情欲是身体的紧张，但爱欲是精神的自由与统一。这一段的重要之处就在于它通过性活动的描述，使身体、精神和世界得以联系在一起，构成了存在的统一体。这种"爱欲"的快感状态是家庭以及生育活动中十分重要的一环，在这个过程之中，正是身体承担了联系各个部分的重要中介，透过身体的联系，主体的欲望感受和外在世界才能够统一起来。可见对于早期道教来说，性绝对不是一个需要回避的道德缺口，相反，它在以身体为中心的家庭链条上占据着重要的地位。

在家庭中，另外一个重要部分是对夫妇之间关系的阐述。早期道教关于这一点的主要矛盾集中在《太平经》和《老子想尔注》对女性地位的不同描述上。前文已提到，《太平经》本身具有强烈的政治色彩，内部的各种描述是向皇帝所妥协的，因此能看到众多男尊女卑的描述，例如：

> 妻子不得君父之教，为逆家也。②

> 阳者尊，阴者卑，故二阴当共事一阳，故天数一而地数二也，故当二女共事一男也。③

而《老子想尔注》里有一段对"谷神不死"的阐述似乎强调了女性地位：

> 谷者，欲也。精结为神，欲令神不死，当结精自守。牝者，地也，体性安，女像之，故不掔。男欲结精，心当像地似女，勿为事先。④

这两处看似矛盾的表达体现了早期道教对夫妇关系的看法。参看福柯在论述古希腊时期的婚姻关系时所探讨的主动—被动、支配—被支配的性行为模式：

---

① 卡林内斯库：《现代性的五副面孔：现代主义、先锋派、颓废、媚俗艺术、后现代主义》，顾爱彬、李爱华译，北京：商务印书馆，2003 年，第 33 页。
② 《太平经合校》，第 20 页。
③ 《太平经合校》，第 33 页。
④ 《老子想尔注校证》，第 9 页。

性关系——总是被人从典型的插入行为和区分主动与被动的两极性的角度来看
待的——被视为和高级与低级、统治者与被统治者、领导与仆从、征服者与被征服
者之间的关系具有相同的类型。[①]

可以发现，《太平经》将男女或夫妇关系与天地位次、政治关系相比拟的阐述方式
正是统治与被统治的角色定位。前文所引述的女仙感孕就是从性行为方面来暗示这种角
色定位的，在整段故事的描述中，男性真人是一个始终没有正面出场的人物，文本从始
至终没有表现他的任何特点。但是在整个过程中男性真人却是一直具有主动性的一方：
虚生之母的梦是突然出现的，"玄云之月"和"六气之电"也是主动接触其身体的，以
及性行为结束之后并没有对男性真人有后续的描述，而《老子想尔注》也是从男性视角
来对整个欲望结构进行解读。这样的种种性质都表明了在这场活动之中男性的优先性和
主体地位，不管是《太平经》还是《老子想尔注》，事实上都没有真正确立女性在天地、
政治、家庭中的主体地位，在"感孕"的性行为模式中，女性作为标出项表达了早期道
教性话语中女性的从属地位。

在对婚姻—家庭链条进行了一系列考察之后，我们确定了早期道教是如何解释生
育、性活动、夫妇关系等要素的。在这些话语的使用之中，身体仍然成为一个不变的中
心点：在生育层面上，它是连接主体的内部世界和外部世界的中介；在性活动层面上，
它是连接肉体快感和精神快感的桥梁；而在夫妇关系上，它决定着主动—被动、统治—
被统治的结构问题。通过身体这个中心，各种具有连续性的体系才能被建构起来。

三 房中术与性快感

在家庭结构之中，性行为指向的是生育。而房中术的目的却是希望达到长生久视的
宗教状态。表面上看这两者似乎代表了世俗世界和宗教世界的分隔，性实践也随着两个
世界的区分而进行了分割。然而在女仙感孕的故事中我们已经发现，对早期道教来说，
婚姻并不纯粹属于世俗，因为其根本是由真理原则所规定的，虽然它展现了一种形式上
的变化，但在以成仙为核心的宗教世界里它也仍然保持着自己的重要性。而对于房中
术，葛洪在《抱朴子内篇》中表明：

然长生之要，在乎还年之道，上士知之，可以延年除病，其次不以自伐者也。
若年尚少壮而知还年，服阴丹以补脑，采玉液于长谷者，不服药物，亦不失三百岁

---

① 《性经验史》（增订版），第 260 页。

也，但不得仙耳。①

如果不配合药物的服用，房中术顶多也就只能做到延年益寿，这是因为"房中之术。所以尔者，不知阴阳之术，屡为劳损，则行气难得力也"②，其核心在于调节阴阳关系，如果要成仙，那么还需其他技术手段的配合。因此可以说，房中术实际上并不处于婚姻关系的上位。那么问题就是：如果不是世俗和宗教世界的分野区分了两种性实践，那么又是什么呢？或许我们可以参考福柯在《性经验史》（第四卷）中提出的那个问题："难道我们没有可能从被引导着从'婚姻的好处'过渡到'性的好处'吗？"③ 按照这个思路去看待婚姻和房中术，可以发现二者实际上只是从不同角度对性实践作出了阐释：以生育为目的的婚姻状态表明了性行为是如何被置于一个不断循环的时间链条之上的，而房中术则表现了性行为在医学领域中的好处，可以说房中术为性行为的正面价值作出了补充。在早期道教的文学作品《列仙传》中，正好有这样的一个故事：

> 女丸者，陈市上沽酒妇人也，作酒常美。遇仙人过其家饮酒，以《素书》五卷为质。丸开视其书，乃养性交接之术。丸私写其文要，更设房室，纳诸少年，饮美酒，与止宿，行文书之法。如此三十年，颜色更如二十时。仙人数岁复来过，笑谓丸曰："盗道无师，有翅不飞？"遂弃家追仙人去，莫知所之云。④

在这个故事里，婚姻与房中术被和谐地统一起来了。故事的主人公是一位处于婚姻生活之中的妇人，她在仙人的书中发现了房中术的修炼秘法并予以了实践，最后甚至跟随仙人一同远去，不知所踪。在现代的婚姻道德中，夫妇的双边关系被以"性忠诚"为核心的道德纽带维系在一起。而从这段故事中可以发现，早期道教也许并没有将性忠诚看作婚姻关系的必然要素，或者说性忠诚原则在婚姻关系中并不是一个牢不可破的限制，性道德的单一性还没有被建立起来。

另外这段故事仍然包含《列仙传》故事里的惯用手段——试炼书写。从一开始仙人就已经知晓女丸抄写了他的书籍，但是他并没有对其进行过度干预，而是成为一个幕后者来观察女丸获得秘法之后的行动。在最后的现身状态中，他用"有翅不飞"一句来描述女丸修行之后的状态。可见房中之术与人的关系就如同翅膀与人的关系一样，通过技术的练习，最终可以达成转变。翅膀和身体的关系不只是人—工具的关系，而是通过修炼使其成为身体的一部分。

---

① 王明撰：《抱朴子内篇校释》，北京：中华书局，1985 年，第 245 页。
② 《抱朴子内篇校释》，第 114 页。
③ 《性经验史（第四卷）·肉欲的忏悔》，第 357 页。
④ 林屋译注：《列仙传》，北京：中华书局，2021 年，第 281 页。

此外，其中还隐藏着一个关键性的隐喻元素——酒。纵观东西方的各式文化现象，酒都是一个充满意义内涵的象征之物。而我们在这里主要关注它和情感以及快感的联系。

在基督教的婚姻生活中，快感是一个被避开或排除的因素。奥古斯丁对于与快感密切相关的"力比多"作出解答："人们在必要时，自愿根据对恰当审慎的预见，让流向性关系并伴随它的欲望——'力比多'涌现出来；最后，在完全没有'力比多'的情况下，人们毫无困难地让生殖器和其他身体器官一样，服从意志的表达。"① 通过这种方式，奥古斯丁把伊甸园的性关系定义为从中至少排除"力比多"及其包含的约束力的一种行动。根据这样的原则，有人也认为在道教的逐渐发展的过程中，"性快感的享用必须是缺席的"②。然而事实上在早期道教的书写中，性快感并没有缺席，这种快感描述只是被转化成了隐喻符号而藏身在道教的性话语之中。女丸故事中的酒就是快感描写转化的一种表现：尼采曾在《悲剧的诞生》一书中描述过古希腊社会里"酒神精神"的原则，虽然都是一种非理性的冲动，但"酒神精神"与"日神精神"的明显不同之处在于它与狂热和不稳定联系在一起。酒是一种界限，一边代表现实世界的秩序和稳定，一边代表着情感爆发之下的梦幻。杜威也曾借用酒的比喻描述过情感的冲动：

> 想要压出（ex-press）果汁，既需要榨酒机，也需要葡萄；同样，不仅需要内在的情感和冲动，而且需要周围的、作为阻力的物体，才构成情感的表现（expression）。③

在女丸的故事里，主人公是一个卖酒的人，仙人为酒而来，在女丸和诸位少年进行房中术的修行时，也有"饮美酒"的过程，文本花了众多笔墨来凸显酒这个元素，就是想表明，酒在房中术中是极为重要的一环。在修行实践里，酒是打开情感的中介性道具，双方内在的情感通过酒的外在力量达到释放，并且这股情感要融合在性行为之中，从而使身体和世界进入一种同一状态。哈里森在《古代的仪式与艺术》中提道："就趋向生活的情感而言，仪式和艺术有一个共同的根源，而且原始艺术是直接从仪式中发展而来的。"④ 情感作为一种特殊的中介，连接了仪式和艺术，借助情感的冲动，我们得以在两者中共通。性是房中术实践中必要的仪式行为，而其中的快感部分不可或缺，这和"虚生之母"故事里的"玄云日月""六气之电"两句所表达的意味有着极高的相似性。"正是在狂欢中，历史和现实、时间和空间、经验和传统、多样性和单一性巧妙地

---

① 《性经验史（第四卷）·肉欲的忏悔》，第 363 页。
② 李笑樊：《道教性观念的转变与天师道男女合气术》，《中国性科学》，2016 年第 25 卷第 11 期，第 156 页。
③ 杜威：《艺术即经验》，高建平译，北京：商务印书馆，2010 年，第 74 页。
④ 哈里森：《古代的艺术与仪式》，吴晓群译，郑州：大象出版社，2011 年，第 81 页。

融合在一起，形成宏伟壮观的创作欢乐的高潮。"① 当然，醉酒的梦幻状态并不是永久的，不管什么样的美酒终有醒酒的一刻，情感的释放状态也终将有停止的一刻，在第一个部分里提到的饮食比喻，也同样体现在房中术的实践之中，时间的隐喻再次出现，表现了性快感被牢牢限定在了修行状态里，超出这个状态的快感需求就不再被看作正当且合理的了，于是它又提示着我们必须时刻关注自己的身体状况，警惕这种醉酒所象征着的快感状态不断地持续下去。

结　语

通过对婚姻与真理、家庭与生育以及房中术与快感之间的关系进行探究，本文梳理了早期道教以身体为中心的性观念的形成。对于早期道教来说，性以不同的隐喻和叙述手段潜藏在各个文献之中。在真理层面上，与天地的关系确立了婚姻正当性，身体成为指向真理的中介，性行为的正当性也随之而建立。在生育中，身体是连接主体的内部世界和外部世界的中介；是连接肉体快感和精神快感的桥梁；也决定着主动—被动、统治—被统治的结构问题。最后在房中术的实践中，快感补充了婚姻的另一面，为身体带来活力与生机，在醉酒的爱欲状态中，身体获得了关注，人们在身体的快感之中享受到与天地的统一。

---

① 高宣扬：《福柯的生存美学》，北京：中国人民大学出版社，2005 年，第 465 页。

图书在版编目（CIP）数据

思问. 第一辑 / 熊林主编. — 成都：四川大学出版社，2023.8
ISBN 978-7-5690-5983-0

Ⅰ. ①思… Ⅱ. ①熊… Ⅲ. ①哲学－文集 Ⅳ. ①B-53

中国国家版本馆 CIP 数据核字（2023）第 021519 号

书　　名：思问（第一辑）
　　　　　Siwen（Di-yi Ji）
主　　编：熊　林

选题策划：张宇琛
责任编辑：张宇琛
责任校对：毛张琳
装帧设计：冯雨柔
责任印制：王　炜

出版发行：四川大学出版社有限责任公司
　　　　　地址：成都市一环路南一段 24 号（610065）
　　　　　电话：（028）85408311（发行部）、85400276（总编室）
　　　　　电子邮箱：scupress@vip.163.com
　　　　　网址：https://press.scu.edu.cn
印前制作：四川胜翔数码印务设计有限公司
印刷装订：四川煤田地质制图印务有限责任公司

成品尺寸：185 mm×260 mm
印　　张：19.25
字　　数：426 千字

版　　次：2023 年 8 月 第 1 版
印　　次：2023 年 8 月 第 1 次印刷
定　　价：89.00 元

扫码获取数字资源

四川大学出版社
微信公众号